羅球慶學術論文集

羅球慶學術論文集

ISBN 978-988-79651-3-8

作者：羅球慶

主編：何冠環

編輯：何德琦 吳火有 胡美玲 伍伯常
　　　楊炎廷 白智剛 趙雨樂 張月嬌
　　　王章偉 張志義

出版：新龍門書店

地址：香港新界葵涌華星街 8-10 號華達工業中心 A 座 313 室
　　　香港九龍旺角通菜街 1A-1L 號威達商業大廈 1809 室

電郵：newlungmen@gmail.com

電話：(852)27062153　傳真：(852)23975217

設計：葉芷熒

初版：2023 年 1 月

定價：港幣 200 元

ISBN 978-988-79651-3-8

9789887965138

自 序

一九四九年是中國近代史上非常重要的一年。那時中國內戰已近尾聲，共產黨軍隊席捲全國，十月在北京宣布成立新政府；國民黨政府倉皇撤退，撤出南京後，展轉由廣州而重慶而成都，最後遷往臺灣。

香港，中國南部距離廣州不遠的一個小城市，自一八四二年中英鴉片戰爭清廷戰敗後割讓給英國，已由荒僻的漁村而成為一個現代的城市，是英國在遠東的殖民地。

就在一九四九年，不少逃避逼害和尋求自由的人從廣州由陸路與海道來到香港。他們包括一些前國民黨政府的軍政人員、一些學者和文化界人士和一些商人，企圖在這個陌生的地方暫且棲身，雖然明知前路茫茫和險阻重重，但慶幸可以呼吸到自由的空氣。

我便是在那一年跟從父母由廣州來到香港的。我時年十六歲，還差半年便讀完中學。一家安頓下來後，我考上聖保羅男女中學繼續學業。但半年後即一九五零年春季，我便轉到知行中學就讀。我很喜歡聖保羅，但它是英文中學，和內地的學制不銜接；知行則是和內地學制相同的中文中學，它更破例錄取我為高中三年級下學期的插班生，半年後我便可畢業。當時很多親友都為我輕易放棄聖保羅而可惜，因為聖保羅是香港著名的學府。不過世事很奇，也許是我和聖保羅的緣份未了，十三年後，我受聘為該校的中文和中史教師，教了三年。

我離開聖保羅不久，有一天，意外地收到一封信，是在聖保羅教授中文的黃維琩老師(1902-1993)寫給我的。信中說別後非常想念，約我到他家中一談。我應約前往，和黃師談了很久，如沐春風，那是在學校時沒有的感覺。他說好幾次在回家途中，特意繞道經過我住所的街道，希望可以相遇，但不成功。他說雖然只是教了我半年，但對我的作文和書法印象深刻，適有友人作有古近體詩五百餘首，想找一個善書者為他鈔寫一遍，因此，推薦我做這件事。

自從這次見面後，當我讀書遇有疑難，便到黃師家中請教，黃師無不盡心為我解惑。

I

想不到我離開聖保羅，反而得到更多親炙黃師的機會。黃師不但舊學深邃，更是著名的書法家。他的真書效褚遂良(956-658)，行書法黃山谷(1045-1105)，皆造其妙，而隸書仿曹全碑尤為世重。我自幼習書，但未嘗寫篆隸，於是從黃師臨習漢碑，尤喜愛禮器。黃師特為我臨寫數十字，作為範本，我至今仍然珍藏。

黃師的朋友名吳天任(1916-1992)，是一位博學多才的詩人，不但能詩，亦工書畫。我用了一個月時間把詩鈔完，和他相處很是投契，遂結為忘年之交。他也是一九四九年從大陸來港的，擬設館授徒，我襄助籌劃，設立「中華藝苑」，招收有志學詩的學生。他教導有方，從學者眾。我暇時便往旁聽，獲益良多。中華藝苑成了我經常流連之所。吳先生常常參加一些詩文書畫雅集，並攜同我前往，使我增長見識，也讓我認識了不少書畫界的前輩。

我在知行中學畢業後，馬上面臨升學的問題。那時香港唯一的大學是香港大學，只有英文中學的畢業生才有資格報考。其次，香港工業專門學院和羅富國師範學院也不收中文中學畢業生。因此，和我這樣從大陸來港，一向接受傳統的中式教育的青年便苦無出路。一些社會賢達提出設立一所以中文為主的專上學校，讓他們可以升學。一向不重視中國文化的殖民地政府表示順應民意，籌建「高級漢文夜學院」，招攬一些由國內來港的學者和教授任教，設有文學、商學、和新聞三系，是三年制的專科學校，公開招生。它沒有校舍，晚上借用香港大學的課室上課。雖然如此，在我們這一群中文中學畢業生心目中，已是理想的藏修之所。我是抱著這種期望考入文學系肄業的。

漢文夜學院由籌備到正式上課用了半年時間，直至一九五一年春天才開課，所以第一屆的學生，只需兩年半便可畢業。在那段時間內，我修讀了二十多門功課，主要是文學的課程。我在這裡遇到不少名師，其中謝扶雅師(1892-1991)(教「經學」)、羅香林師(1906-1978)(教「中國通史」)、趙尊嶽師(1898-1965)(教「詞曲」)、和張葆恆師(教「西洋文學史」)對我的影響至大。他們不但傳給我高深的知識，更堅定了我追求學問的信心，開啟了我治學的門徑。

　　漢文夜學院後來易名為官立文商專科學校。一九五三年我畢業的時候，謝扶雅師鼓勵我繼續求學。他給我寫了兩封推薦信，一是給新亞書院的，一是給崇基書院的。他說這兩間書院各有其獨特的精神和高尚的理想，可以滿足我的求知慾和達成我的志向。

　　在暑假期間的一個炎熱的下午，我到達九龍桂林街新亞書院。它位於兩間相連舊樓的三、四層，四樓是課室，三樓是辦公室和教授宿舍。我到三樓辦公室求見院長錢穆師(1895-1990)。他午睡初醒，穿唐裝便服從側邊的房間出來，我呈上謝師書函，他閱後問我讀過些甚麼文史書籍。不久，唐君毅師(1909-1978)也從另一房間出來，他是教務長，問我在文商專校修讀了一些甚麼學科。錢師的無錫話和唐師的四川話我都只能聽懂五六成，而我的普通話也不靈光，但我們居然能夠會意。這樣談了約半小時，唐師說我可以入讀文史系或哲教系三年級，並且免試和免學費。我以前讀過錢、唐二師的一些著作，對他們景仰已久，又敬佩他們在窮困中辦學的精神和認同新亞守護中國文化的宗旨，於是決定入讀文史系三年級。這麼一來，便沒有再考慮去崇基書院了。

　　我在新亞文史系讀了兩年，學習重點在史而不在文。除了選修了一些唐師的哲學科和張丕介師(1905-1970)的經濟學科外，錢師所講授的史學課程全部修讀。第二年，牟潤孫師(1909-1988)從臺灣大學轉來，任文史系主任，我也修讀了他所教的課。那一年，張葆恆師也來了新亞，我修讀了他教的「莎士比亞」。他指導我研讀莎翁四大悲劇中的《麥克白》(Macbeth)，這是我在新亞修讀的唯一的文學課程。經過新亞兩年的學習，我的研究興趣已由文學不知不覺地轉為史學了。

　　在我入讀新亞書院那一年(1953 年)，錢、唐二師等開始籌辦一間大學以上的學術機構：新亞研究所。到 1955 年，研究所正式成立，公開招生。我剛好在那一年畢業，趕上參加入學試。結果取錄五人，我幸在榜內，是唯一在香港大專學校畢業的學生。其他四人是柯榮欣、孫國棟(1922-2013)、石磊和余秉權(1926-1988)。他們都是在國內大學畢業後來港的。研究所籌辦期間，曾經招收唐端正、章群(1925-2000)、和何佑森為研究生。前後的研究生合共八人，除唐端正是研究哲學的外，其他都是研究歷史的。錢、牟二師

是歷史導師，唐師是哲學導師，張葆恆師為教務長兼英文導師。四位導師都有專題講課，我們要依時聽講。研究所修讀時間為兩年，期滿須繳交論文。我的論文導師是牟潤孫師，所以和他見面和討論問題的時間較多。牟師是陳垣(1880-1971)的學生，他要我多讀太師父的著作，我閱讀了《史諱舉例》、《校勘學釋例》、《通鑑胡注表微》、《南宋初河北新道教考》、《元西域人華化考》等書，因而對宋元史的研究產生興趣。在牟師的指導下，我完成了論文〈北宋兵制研究〉，後來在《新亞學報》發表。

以上是我從廣州來香港後八年的求學過程，路途有點迂回，還算平坦，而且屢遇名師，對於一個離鄉別井的青年，可說是難逢的機遇。

五十年代，中國大陸的新政府正推行一連串的社會階級鬥爭運動：土地改革、三反五反，以致人人自危，朝不保夕，加上物資缺乏，民生凋敝。臺灣的國民黨政府則風雨飄搖，託庇於美國保護傘下，前途未卜。兩岸都無暇顧及中國文化。中國文化遂陷於「花果飄零，隨風吹散」(用唐君毅師語)的險境。此時的香港，在英國人統治下，新移民雖然謀生困難，但在困苦中仍可過著安定的生活，可以享有言論和思想的自由；政府和社會崇尚西洋文化，但不排斥中國文化。流亡到港的碩學鴻儒，不乏弘揚國粹的有心人。他們為香港締造了振興中國文化的條件，使這個中國文化的沙漠慢慢變成綠洲。新亞書院便是一個守護和弘揚中國文化的堡壘，創校老師們意欲「自植靈根」(用唐師語)，喚醒國人的民族意識和對國家文化的自信心。我們作為新亞培養出來的學生，也就肩負著承前啟後的使命。

一九五九年，我得到牟潤孫師的推薦，在新亞歷史系教授「宋遼金元史」。同年，鍾天心(1903-1987)先生創立逸仙書院，張葆恆師推薦我到該校教授「中國文學史」。從此我開始了大學教學生涯，兢兢業業，務求不負師長的期望。

1961年至1963年我獲得洛克斐勒基金會的獎學金，到美國哈佛大學進修兩年。回港時適逢中文大學正式成立，我仍在新亞歷史系教授「宋遼金元史」，同時在聖保羅男女中學教授中國文史科。三年後，崇基學院的史地系有專任空缺，我便轉到崇基任教，

直至退休。崇基的史地系後來分為歷史系和地理系，我受委為歷史系主任。那時新亞的歷史系主任是孫國棟，我和他都是出身新亞，平日耳濡目染，早已以發揚中國文化為己任。我們要把新亞精神帶到中文大學，把老師教導的學術和思想傳給下一代。我在大學工作了三十多年，一直都朝著這個目標而努力。

中文大學歷史系的學生多數勤奮好學，有上進心，畢業後成績優良的多考入研究院深造。我是研究院的宋史導師，由 1977 年的何冠環起，至 1988 年的張志義、王章偉止，我先後收了十四名修讀宋史的研究生。(人名及論文題目見「附錄一」)他們大學畢業時名列前茅，學術根基穩固，有獨立研究的能力。孟子(前 372-前 289)說：「君子有三樂，……得天下英才而教育之，三樂也。」十多年來，我和他們一堂講肄，其樂無窮。他們撰寫論文時，我指導他們蒐集和分析史料，和他們討論各種問題，感覺就像我自己在撰寫論文一樣。

我自 1994 年在中文大學退休，至今已二十五年。這些年來，弟子們各自努力，各自成長，有些已成為宋史專家，著述豐富；有些在大學或中學擔任教職，作育人才；又有些在大機構出任要職，服務社會群眾。我為他們的成就而感到安慰，也引以為榮。2003年，曾瑞龍(1960-2003)因病英年早逝，我和眾弟子悲痛欲絕。瑞龍天資過人，長於宋代軍事史，在中文大學繼承我講授宋史的位置。他死後，同門為他刊印遺著，不遺餘力；十六年來，年年拜祭，從不停歇。師兄弟間的感情何等深厚！我 1997 年移居美國，和眾弟子相隔萬里，但彼此不離不棄，息息相關，休戚與共。我每年都會抽一個月的時間回港和他們相聚，是我一年中最開心和興奮的日子。

今年春節何冠環等在港團拜茶敘，席上他們決定為我編印一本學術論文集。我久已看破名利得失，對以前寫過的文章從不在意，但對他們的盛情卻欣然接受，因為這本文集代表著師生四十多年的情誼。

這本文集也喚起我五十年代在港求學的回憶。先師們對我的教導和眷顧，使我畢生難忘！〈北宋兵制研究〉和有關宋夏戰爭和宋代胥吏的宋史論文，都是在牟潤孫師的啟

發和指導下寫成的。一些不成氣候的文史論述和雜文，是在漢文夜學院和新亞書院做學生時的習作。對有識之士來說是無甚高論，但對我來說是為學過程的一段重要的紀錄，從裡面也可以看到五十年代香港青年學子的苦惱與徬徨。七十年代撰寫的幾篇書法史文章，雖出於興之所至，實亦有感而發。如果沒有黃維琨師的啟蒙和傳授，吳天任前輩的鼓勵和帶引，我無從得窺書法的堂奧。最後要一提的，曾瑞龍遺著的序跋，寫時心情異常沉重，想到他的才華從此斷絕，感到無限悽苦。悼念孫國棟的文章，不止痛惜老友離去，更懷念當年新亞研究所第一屆五子同窗的時光。

在何冠環和眾弟子分工合作下，論文集很快便編校完竣，行將付梓。我喜忭之餘，因略述當年在香港尋師學藝的遭遇，並在此衷心感謝眾弟子愛重之情。

二零一九年九月二十日

目　　錄

寫作漫談

藝文隨筆

紀念文章

附錄

編後記

北宋兵制研究

前言

　　元脱脱(1314-1355)《宋史‧兵志》(以下簡稱《兵志》)，篇幅浩繁，共十二卷約十一萬餘言。於宋代的禁軍、廂軍、鄉兵等組織，召募、訓練、馬政等制度，均有敘述；但讀後對宋代的兵制，卻很難獲得一個完整和明確的概念。

　　原來《兵志》材料雖豐，皆拼湊而成；敘述雖多，而不能得其關鍵。加以次序顛倒、舛誤重複的地方，常見迭出。清錢大昕(1728-1804)《廿二史考異》亦曾指出一二。[1]可見修史者眼前只有一堆材料，胸中並無整個制度。

　　因此，作者企圖於《宋史‧兵志》之外，別尋一貫串宋代兵制發展的線索，進而闡發其竅要。先成北宋兵制研究一篇，以分析北宋兵制的特質，並詳究其轉變之迹；希望由此而明白它的創建真意與來龍去脈。至於南宋的兵制，當另文考之。

　　本文取材於宋李燾(1115-1184)《續資治通鑑長編》(以下簡稱《長編》)和王稱(?-1200 後)《東都事畧》為多。按二書記述北宋事，最稱詳審。更輔以宋人的文集和筆記。至於《兵志》所詳者，皆不再贅，間或引用其文，但都只是作材料用，以證明所論而已。故述禁軍、廂軍、鄉兵、蕃兵，則指出其兵力重心的轉移，與夫相互間的關係，而略其組織、番號、與駐地等；述義勇、保甲、置將，則重其法意、來源、與影響，而不縷述其條例。蓋凡組織、番號、駐地、條例等，皆已載於史籍，顯而易見；其關鍵、來源、與影響，則隱而難察，正是應當探討的問題。至若太祖創制的用意，與靖康時在兵制上許多權宜措施、而極關大局者，《兵志》皆付闕如。本文亦為之一一指出。

第一章　北宋兵制的建立

　　太祖起戎行，有天下，收四方勁兵，列營京畿，以備宿衛；分番屯戍，以捍邊圉。於時將帥之臣，入幸朝請；獷暴之民，收隸尺籍，雖有桀驁恣肆而無

---

1 錢大昕(撰)，孫開萍、孫永如(點校)：《廿二史考異》，收入陳文和(主編)：《嘉定錢大昕全集》第三冊(南京：江蘇古籍出版社，1997 年 12 月)，卷七十二〈宋史六〉，「兵志一至兵志三」，頁 1361-1367。

所施於其間。凡其制為什長之法，階級之辨，使之內外相維，上下相制，截然
而不可犯者。是雖以矯累朝藩鎮之弊，而其所懲者深矣。[2]

上面是《兵志》對太祖(趙匡胤，927-976，960-976 在位)建立兵制的經過和用意的
全部叙述，其中最扼要的話，可算是「使之內外相維，上下相制」了。然而這兩句話
究嫌籠統；《兵志》在此段文字以後，未有再論；對於太祖何以用這原則來定兵制，
更不著一辭。這不能不說是一種缺失。

本文的開端，便以補救《兵志》此缺失為目的，故先尋溯太祖兵制的根源，再分
論其特質，以求揭開太祖兵制的真面目。

第一節　陳橋兵變的政治背景與太祖定兵制的關係

在中國歷史上，政局混亂，享國短促的，無過於五代。[3]考其開國之君，後梁太祖
朱全忠(朱溫，852-912，907-912 在位)與後唐莊宗李存勗(885-926，923-926 在位)，本
來都是藩鎮；[4] 後晉高祖石敬瑭(892-942，936-942 在位)，在後唐為河東節度使，雖曾
為軍士所扶立，但未成功。[5] 他所以終能篡奪帝位者，乃因有契丹為聲援(許以事成割
地為酬)，故仍是以藩鎮入主中原。後漢高祖劉知遠(895-948，947-948 在位)，則以
「契丹陷京城，執天子，天下無主」而即帝位。[6]至於為軍士所擁立而開國的，唯後周
太祖郭威(904-954，951-954 在位)而已。[7]

---

2 脫脫：《宋史》(北京：中華書局點校本，1977年11月)，卷一百八十七〈兵志一・禁軍上〉，頁4569-
4570。

3 後梁享國十六年（由太祖開平元年(907)至均王龍德二年(922)），後唐十三年（由莊宗同光元年(923)至
潞王清泰二年(935)），後晉十一年（由高祖天福元年(936)至齊王開運三年(946)），後漢四年（由高祖
天福十二年(947)至隱帝乾祐三年(950)），後周九年（由太祖廣順元年(951)至世宗顯德六年(959)），共
五十三年。

4 後梁太祖朱全忠，唐昭宗天復元年(901)五月為宣武、宣義、天平、護國四鎮節度使，天復三年(903)二
月進爵梁王。後唐莊宗的父親李克用(856-908)，唐僖宗中和三年(883)七月為河東節度使，昭宗乾寧二
年(895)十二月進爵晉王。可見梁、唐之得天下，皆奠基於藩鎮，而非由於擁立。參見司馬光(1019-
1086)：《資治通鑑》(北京：中華書局點校本，1956年)，卷二百五十五〈唐紀七十一〉，僖宗中和三年
七月丁卯條，頁 8297；卷二百六十〈唐紀七十六〉，昭宗乾寧二年十二月乙未條，頁 8480；卷二百六
十二〈唐紀七十八〉，昭宗天復元年五月癸卯條，頁8553；卷二百六十四〈唐紀八十〉，昭宗天復三年
二月庚辰條，頁 8603。

5《資治通鑑》，卷二百七十九〈後唐紀八〉，潞王清泰二年六月乙酉條，頁 9131，記：「（石）敬瑭
將大軍屯忻州，朝廷遣使賜軍士夏衣，傳詔撫諭，軍士呼萬歲者數四。敬瑭懼。幕僚河內段希堯請誅其
唱首者。敬瑭命都押衙劉知遠挾斬挾馬都將李暉等三十六人以徇。」

6《資治通鑑》，卷二百八十六〈後漢紀一〉，天福十二月二月丁卯條，頁 9340。

7 清趙翼(1727-1814)指出五代由軍士擁立的君主，有後唐明宗李嗣源(867-933，926-933 在位)，後唐廢帝
王從珂(885-937，934-937 在位)，和後周太祖郭威三人。這裡只論開國之君，故未說及後唐明宗與廢

　　郭威在後漢隱帝乾祐三年(950)，因鎮州(今河北石家莊市正定縣)、邢州(今河北邢台市)奏契丹入寇，領兵抵禦，師至澶州(今河南濮陽市)，為軍士所擁立，裂黃旗以被其體，擁以南行，遂即帝位。（見《通鑑》卷二八九）宋太祖趙匡胤陳橋兵變，便是澶州兵變的重演。《長編》卷一云：

> 　　建隆元年、春、正月、辛丑朔，鎮定二州言：「契丹入侵，北漢兵自土門東下，與契丹合。」周帝命太祖領宿衛諸將禦之。……甲辰、黎明，四面叫呼而起，聲震原野，（趙）普與（趙）匡義入白太祖，諸將已擐甲執兵，直扣寢門曰：「諸將無主，願策太尉為天子。」太祖驚起披衣，未及酬應，則相與扶出聽事。或以黃袍加太祖身，且羅拜庭下，稱萬歲。太祖固拒之，眾不可，遂相與共太祖上馬，擁逼南行。[8]

　　試將陳橋兵變與澶州兵變來比較，軌轍幾全相同。第一、郭威與趙匡胤皆以聞契丹入侵而出兵，被擁立而南行；第二、郭威在漢為樞密使兼侍中，趙匡胤在周為太尉、殿前都點檢，皆握兵權，名位已極；第三、擁立的方式相同。由此可知，宋太祖顯然是師周太祖郭威的故智。[9] 但宋太祖也由此認識了軍隊譁變的力量，亟思早為之制。 即位後，首定兵制的規模，立國基礎遂得以鞏固。因此，宋代的兵制，在精神上和五代是絕不相同的。

　　一種制度的創立，不能憑空而來，一定有舊的根據，再灌以新的精神。這種舊的根據，多是形式上的。考太祖兵制，承五代兵制的形式的很多，如禁軍分隸殿前、侍衛兩司，其將帥的名稱，如都檢點、都指揮使、都虞候等，都和五代相同。又如節度、觀察、防禦、團練、刺史之名，則唐代已然；但是在宋代，實權已迥不相侔了。至於宋代軍隊的來源，雖取非一途，但以招募為主。這仍是五代募兵制之舊。

　　太祖兵制的新精神，是由軍校專構和藩鎮跋扈激引而來的。故其建制的思想淵源，有下列兩點：

　　第一、由陳橋事件引起。

帝。參見趙翼(撰)，王樹民(校證)：《廿二史箚記校證》(北京：中華書局，1984 年 7 月)，卷二十一，第 294 條，「五代諸帝多由軍士擁立」條，頁 464-467。

8 李燾：《續資治通鑑長編》(以下簡稱《長編》) (北京：中華書局點校本， 1979 年 8 月至 1995 年 4 月)，卷一，建隆元年正月辛丑朔條，頁 1。

9 考郭威討河中(今山西運城市永濟市西)李守真（《五代史》作李守貞）時，趙匡胤即在行間，澶州兵變，或曾目擊身經。故陳橋兵變，師其故智，當毫無疑義。參見《宋史》，卷一〈太祖紀一〉，頁 2。

太祖定兵制時，似乎注意三點：一、懷柔兵將：由陳橋事變的成功，太祖深深地了解到懷柔是對付兵將的秘奧；他在即位以前，就曾用這種方法來取得軍心。[10] 二、不使名位已高的武臣領軍：上面說過，周太祖、宋太祖都是名位已高，所以能得天下。後者更能深鑑此弊。三、使文武大臣互相掣肘：宋太祖雖得士心，但若非專掌軍政，[11] 亦不能成帝業。為了不蹈郭氏的覆轍，宋太祖要使文武大臣互相掣肘。

第二、能深鑑唐末五代之弊。

晚唐五代軍政之弊有三：一、藩鎮專橫跋扈，中央不能制，成尾大不掉的局面，故有朱全忠之篡立。二、士卒驕惰，故有殺一帥立一帥之弊。三、文武職權混亂，節度使常守中書令兼侍中，握軍政大權。如朱全忠、李克用皆是。太祖對這三點都分別加以抑制或改革。所以宋人多謂：「祖宗兵制之精者，蓋能深鑑唐末五代之弊也。」[12]

太祖定兵制的目的既如是，其所表現出來的特質有下列五點：

一、文武柄的分持；

二、內外兵權的分守；

三、強幹弱枝的兵力分布；

四、對將士的羈縻與懷柔；

五、士卒在精不在多。

前三者所以使將相士卒互相掣肘，杜絕變亂的根源；後二者所以驅策將士，緩急時盡忠效死。這幾點表現出一個精神，就是「互相維制」。

第二節　文武柄的分持

隋、唐行三省制度，以三省長官主理政務。中書主出命，門下主審議，尚書主執行。及後中書門下職權相混，並主決策。至唐代宗永泰中(765)置樞密使，以宦者董秀

10 宋蘇轍(1039-1112)《龍川別志》卷上云：「周顯德中，以太祖在殿前點檢。功業日隆，而謙下愈甚；老將大校多歸心者，雖宰相王溥亦陰效誠欵。今淮南都園，則溥所獻也。」《長編》亦云：「士卒服其恩威，數從世宗征伐，洊立大功，人望固已歸之。」（卷一）可見太祖早就善用懷柔的方法。參見蘇轍(撰)，俞宗憲(點校)：《龍川別志》(與《龍川別志》合本)(北京：中華書局，1982 年 4 月)，卷上，頁71；《長編》，卷一，建隆元年正月辛丑朔條，頁 1。
11《長編》卷一，建隆元年正月辛丑朔條，頁 1，即云：「太祖自殿前都虞候再遷都點檢，掌軍政凡六年。」
12 參見陳傅良(1141-1203)：《歷代兵制》，道光瓶花書屋本，卷八〈宋〉，頁一上；王明清(1127-1204後)：《揮麈錄‧餘話》(上海：上海書店出版社，2001 年 8 月)，卷一，第 368 條，〈祖宗兵制名樞廷備檢〉，頁 219-223。

為之，[13]「其職惟掌承受表奏，於內進呈；若人主有所處分，則宣付中書門下施行而已。」樞密使既和君主接近，又為將士所喜，遂漸握軍政大權，進而侵入中書省權力範圍之內。[14]

但樞密院和中書省對立，分掌朝政，卻是在樞密使改用士人之後，而始於後唐莊宗用郭崇韜(約 865-926)為樞密使。[15]五代是將士恣橫、變亂頻仍的時代，掌軍權的樞密使抬頭是必然的結果。這與晚唐樞密使因親近君主而獲權的性質不同。

宋太祖因五代制度而設樞密使，其性質又變。這時，中書、樞密的職權劃分得很清楚，樞密院也正式成了一個與中書省並稱並重的行政機關，專有職掌，凡軍國機務，兵防邊備，戎馬之政令，侍衛諸班直，內外禁兵招募，閱試，遷補，屯戍，賞罰之事皆掌之；並出納密命，以佐邦治。而尚書省的兵部，卻只掌兵衛儀仗、鹵簿、武舉、民兵、廂軍、土兵、蕃兵等事。這在宋初都不是重要的。於是，「樞密院與中書對持文武二柄，號為二府。」[16]在宋太祖之意，是使文武兩權分制，以免集中于少數人的身上。這樣，不但五代樞密使驕橫之弊可免，大臣專政之患亦不會發生了。

宋太祖不使文武二柄合一，可由下列六點得到證明：

13《石林燕語》卷四：「據《續事始》云：『代宗永泰中，以中人董秀管樞密，因置內樞密使。』《續事始》為蜀馮鑑所作也。」參見葉夢得(1077-1148)，宇文紹奕(考異)、侯忠義(點校)：《石林燕語》(北京：中華書局，1984 年 5 月)，卷四，頁 54。

14《揮麈後錄》卷一云：「((唐)昭宗光化二年九月)崔胤為宰相，與上密謀，欲盡誅宦官。中尉(宦官而握兵權者)劉季述、王仲元，樞密使王彥範、薛齊偓陰謀廢上，請太子監國。已而太子改名縝即位。十二月，孫德昭、董彥弼、周承誨三人，除夜伏兵誅季述等。翌日，昭宗復位，三人賜姓李，除使相，加號三功臣，寵遇無比。崔胤與陸扆乞盡除宦官。上與三人謀之，皆曰：『臣等累世在軍中，未聞書生為軍主者。若屬南司，必多更變，不若仍歸之北司為便。』上論胤等曰：『將士意不欲屬文臣，卿等勿堅求。』於是復以袁易簡、周敬容為樞密使。」可見武人寧願由宦官(樞密使)主軍政，亦不願由文臣(中書)。這樣，軍權便漸漸由中書而轉到樞密使手中。參見王明清：《揮麈錄‧後錄》，卷一，第 125 條，「宰相樞密分合因革」，頁 52。

15《揮麈後錄》卷一云：「朱梁建國，深革唐世宦官之弊，乃改為崇政院，而更用士人敬翔、李振為使。二人官雖崇，然止於承進文書、宣傳命令，如唐宦者之職。今士大夫家猶有《梁宣底》四卷，其間所載，大抵中書奏請，則具記事，與崇政使令於內中進呈；所得進止，卻宣付中書施行。其任止於如此。至後唐莊宗入汴，復改為樞密院，以郭崇韜為使，始分掌朝政，其中書抗衡。宰相豆盧革為弘文館學士，以崇韜父名弘正，請改弘文為昭文，其畏之如此。明宗即位，以安重誨、范延光為樞密使，二人尤為跋扈。晉高祖即位，思有以懲戒，遂廢之。至開運元年復置，末帝以其后之兄馮玉為之。自是相承不改。」沈括(1031-1095)《夢溪筆談》卷一亦謂後唐莊宗復樞密使，以郭崇韜、安重誨(?-931)為之，始與中書分領政事。參見王明清：《揮麈錄‧後錄》，卷一，第 125 條，「宰相樞密分合因革」，頁 52；沈括(撰)，金良年(點校)：《夢溪筆談》(北京：中華書局，2015 年 11 月)，卷一〈故事一〉，頁 4。

16《宋史》，卷一百六十二〈職官志二‧樞密院〉，頁 3797-3798；卷一百六十三〈職官志三‧兵部〉，頁 3854-3855。

一、太祖每出師，均用樞密使之言，而不詢及宰相。建隆元年(960)四月，昭義節度使李筠(?-960)叛，反書至，樞密使吳延祚(911-964)請速引兵擊之，太祖納其言。九月，淮南節度使李重進(?-960)叛，太祖親征，問樞密使趙普(922-992)事宜，並用其言。[17]

二、有關軍政的事，用樞密使言處決。《長編》卷七云：

> 初，四川戍卒或亡命在賊黨中，有請按其妻子。上以語樞密使李崇矩。崇矩曰：「彼叛亡，固當孥戮，然按其籍，死者幾萬餘人。」上曰：「朕慮其間有被賊驅脅，非本心者。」乃盡釋弗誅。[18]

三、太祖即位後翌月，便罷宰相范質(911-964)、王溥(922-982)參知樞密院事。范質、王溥在後周為宰相、參知樞密院事，是握有軍政大權的。故陳橋兵變，「范質下殿執王溥手曰：『倉卒遣將，吾輩之罪也。』爪入溥手，幾出血。溥噤不能對。」[19]

四、每朝奏事，樞密使與中書先後上，所言兩不相知。[20]

五、太祖不喜宰相與樞密使交結。《長編》卷十三云：

> 樞密使李崇矩與宰相趙普厚相交結，以其女妻普子承宗。上聞之，不喜。先是樞密使、宰相候對長春殿，同止廬中，上始令分異之。

趙普與李崇矩(924-988)，都是太祖的寵臣；但因此事為太祖不喜。會鄭伸(崇矩門下客)上書發崇矩陰事，遂於開寶五年(972)九月癸酉(十七)，出崇矩為鎮國節度使(即華州，今陝西渭南市華縣)。而對趙普之恩亦漸替。[21]

六、由以後君臣的說話，可見太祖不把文武二柄，專付一人。元豐五年(1082)，將改官制，議者欲廢樞密院歸兵部。神宗(趙頊，1048-1085，1067-1085在位)說：「祖宗不以兵柄歸有司，故專命官以統之，互相維制，何可廢也。」[22]神宗不使兵部主兵柄，是溯其原意於太祖。哲宗元祐四年(1089)七月，知樞密院事安燾(1031-1105)以母憂去位，左司諫劉安世(1048-1125)議擇大臣兼領樞密院事，他在奏中也說：「國朝以

---

17 《長編》，卷一，建隆元年四月戊子條，頁13；十月丁亥條，頁27。
18 《長編》，卷七，乾德四年九月壬辰朔條，頁178。
19 《長編》，卷一，建隆元年正月癸卯條，頁3；二月乙亥條，頁9。
20 王明清：《揮麈錄‧後錄》，卷一，第125條，「宰相樞密分合因革」，頁52。
21 《長編》，卷十三，開寶五年九月庚午至癸酉條，頁289；錢若水(960-1003)(撰)，燕永成(點校)：《宋太宗實錄》(蘭州：甘肅人民出版社，2005年11月)，卷四十三，端拱元年二月乙卯條，頁129-130。
22 馬端臨(1254-1323)(著)，上海師範大學古籍研究所暨華東師範大學古籍研究所(點校)：《文獻通考》(北京：中華書局點校本，2011年9月)，第三冊，卷五十八〈職官考十二〉，頁1714。

來，初革五代之弊，用宰相以主文事，則建參知政事以為之貳：命樞密使掌武備，則設副使、簽書以為之佐。雖員數名品，時或不同，而文武二柄，未嘗專付於一人也。」[23]

由上可以窺見太祖使文武柄分持的意思，所謂「以中書制民，樞密主兵」，使文武大臣互相維制。[24]

第三節　內外兵權的分守

宋范祖禹(1041-1098)說：「祖宗制兵之法：天下之兵，本於樞密，有發兵之權，而無握兵之重；京師之兵，總於三帥，有握兵之重，而無發兵之權。上下相維，不得專制。此所以百三十餘年無兵變也。」[25]靖康時(1126)李綱(1083-1040)持此理由，力辭知樞密院事。他說：「祖宗舊法：兵符出於密院，而不得統其眾；兵眾隸於三衙，而不得專其制，今臣既統行營之兵，又制樞密之令。考於舊法，未見其可。」[26]由此可見太祖不但有意使中書省、樞密院分持文武二柄，而且進一步將武柄分為內外，不使集中于一。

樞密院的職權，上一節已述及。至於所謂「三衙」，就是殿前司、侍衛馬軍司和侍衛步軍司。其實只有殿前侍衛兩司。[27]兩司分掌天下禁兵，職權甚重。殿前司掌殿前諸班直及步騎諸指揮之名籍，凡統制、訓練、番衛、戍守、遷補、賞罰，皆總其政

---

23 劉安世：《盡言集》，文淵閣《四庫全書》本，卷九〈論樞密院闕官事〉，頁十六下至十七上。
24 《長編》，卷一百二十六，康定元年二月丁酉條，頁2975。
25 范祖禹：《范太史集》，文淵閣《四庫全書》本，卷二十六〈論曹誦箚子〉，頁八下。
26 李綱(撰)，王瑞明(點校)：《李綱全集》(長沙：嶽麓書社，2004年5月)，上冊，卷四十三〈奏議·辭免知樞密院事札子〉，頁516。
27 宋初只有殿前、侍衛兩司，真宗時侍衛司才分為馬軍司和步軍司，合殿前司成「三衙」。參見趙彥衛(1140-1210)(撰)，傅根清(點校)：《雲麓漫鈔》(北京：中華書局，1996年8月)，卷五，頁84。殿前侍衛的名稱，沿於五代。後梁已有侍衛親軍。《舊五代史》卷十云：「（梁末帝龍德元年）五月丙戌，朔，制曰：『……侍衛親軍及諸道行營將士等第，頒賜優賞，已從別敕處分。』」而據《新五代史》卷二十七及《石林燕語》卷六，後唐明宗始置侍衛親軍馬步軍都指揮使。至於後周始設殿前司，《舊五代史》卷一百十三即記云：「（周太祖）廣順三年春三月，……丙戌……以殿前都指揮使李重進領泗州防禦使。」另《石林燕語》卷六亦記之。參見薛居正(912-981)：《舊五代史》(北京：中華書局點校本，1976年5月)，卷十〈梁書十·末帝紀下〉，頁147-148；卷一百十三〈周書四·太祖紀四〉，頁1495；歐陽修(撰)，徐無黨(1024-1086)(注)：《新五代史》(北京：中華書局點校本，1974年12月)，卷二十七〈康義誠傳〉，頁296；《石林燕語》，卷六，頁80-81。

令。入則侍衛殿陛，出則扈從乘輿，大禮則提點編排，整肅禁衛，鹵簿儀仗，掌宿衛之事。侍衛親軍馬軍步軍司，掌馬軍步軍諸指揮之名籍。此外所掌與殿前司同。[28]

　　兩司的將帥，地位很是重要，其官階亦頗高，在太祖建隆初，都副指揮使、都虞候以節度使充。如殿前都點檢慕容延釗(913-963)領昭化節度使，殿前副都點檢高懷德(926-982)領義成節度使。[29] 殿前都指揮使王審琦(925-974)領泰寧節度使，侍衛馬步軍都指揮使韓令坤(923-968)領天平節度使，侍衛馬步軍副都指揮使石守信(928-984)領歸德節度使，馬步軍都虞候張令鐸(911-970)領鎮安節度使，馬軍都指揮使張光翰(?-967)領寧江節度使，步軍都指揮使趙彥徽(?-968)領武信節度使等。[30]

　　若邊境有事，則由樞密院命將討捕，立都部署、鈐轄、都監之名，使各領所部以出。事已則復如初。[31]

　　凡樞密使（或副使、簽書）出任守臣，便不復預軍政。這種觀念一直到神宗時仍然存在。《揮麈後錄》卷二云：

> 熙寧初，韓魏公力辭機政，以司徒侍中判相州。已命未辭，忽報西邊有警，曾宣靖乞召公同議廷中，神宗從之。公辭云：「已去相位，今帥臣也。但當奉行詔書，豈敢預聞國論。」時人以為得體。元豐末，呂吉父以前兩地守延安，過闕，乞與樞密院同奏事。上親批云：「弼臣議政，自請造前，輕躁矯誣，深駭朕聽。免朝辭，疾速之任。」已而落職知單州。其後呂吉父貶建州安置，東坡先生行制辭云：「輕躁矯誣，德音猶在。」以謂此也。[32]

至於禁衛將帥出任守臣，自然也不能兼管京師的禁旅。我們由程大昌(1123-1195)下面一段話可見：

> 周恭帝時，李重進出鎮揚州，領宿衛如故。太祖受禪，命韓令坤代為馬步軍都指揮使，正是奪其所帶軍職耳。[33]

---

28 《宋史》，卷一百六十六〈職官志六・殿前司、侍衛親軍〉，頁3927-3931。
29 自建隆二年(961)閏三月甲子朔(初一)，慕容延釗罷殿前都點檢；七月庚午(初九)，高懷德罷殿前副都點檢，此後不除。見《長編》，卷二，建隆二年閏三月甲子朔條，頁42；七月庚午條，頁50。
30 《長編》，卷一，建隆元年正月辛亥條，頁6-7；《宋史》，卷一〈太祖紀一〉，頁5。
31 洪邁(1123-1202)：《容齋隨筆》(上海：上海古籍出版社，1978年7月)，《容齋五筆》，卷三，「三衙軍制」條，頁840-841。
32 王明清：《揮麈錄・後錄》，卷二，第146條，頁81。
33 程大昌(撰)，許沛藻、劉宇(整理)：《演繁露續集》，收入朱易安、傅璇琮(1933-2016)(主編)：《全宋筆記》第四編第九冊(鄭州：大象出版社，2008年9月)，卷一，「殿前三司軍職」條，頁168。

第四節　強幹弱枝的兵力分布

　　太祖用趙普的計畫，實行強幹弱枝的政策，多方削奪方鎮的權力。於建隆三年(962)三月己巳(十二)，令大辟奏案刑部詳覆，以止藩鎮專殺；十二月丙戌(初二)，詔諸縣盜賊鬥訟事皆歸令尉，鎮將唯得掌郭下。並逐漸使藩鎮支郡歸轄京師。乾德元年(963)四月，諸州置通判，既非副貳，又非屬官，實寓監視之意。又於乾德二年(964)，令諸州每歲受民租及筦榷之課，除支度給用外，凡緡帛之類悉輦送京師。這麼一來，藩鎮的刑事、經濟、行政等權力，都大大削減，一反晚唐五代藩鎮擁權、外重內輕之局。[34]

　　上述的強幹弱枝政策，只是就一般情形來說。這裏所注意的乃是太祖兵制受此一政策所影響的措置——強幹弱枝的兵力分布。

　　此一措置，是將精兵集於京師，成為中央的軍隊，這便是禁軍。各地的軍隊，或用以供役，如廂軍；或用以固邊防，如鄉兵、蕃兵，戰鬥能力不強，故不為太祖重視。[35]（禁軍、廂軍、鄉兵、蕃兵的組織番號等，詳見《宋史·兵志》各卷）[36]地方需

---

34 參見《長編》，卷三，建隆三年三月丁卯條，頁 63；十二月癸巳條，頁 76；歐陽修(撰)，李偉國(點校)：《歸田錄》(與《澠水燕談錄》合本)(北京：中華書局，1981 年 3 月)，卷二，頁 31；司馬光(撰)，王亦令(點校)：《稽古錄》(北京：中國友誼出版公司，1987 年 12 月)，卷十七〈本朝一〉，乾德元年四月條，頁 661；乾德五年六月丙子條，頁 665；邵伯溫(1056-1134)(撰)，李劍雄、劉德權(點校)：《邵氏聞見錄》(北京：中華書局，1983 年 8 月)，卷一，頁 2-3，6；《宋史》，卷一〈太祖紀一〉，頁 11，13，18；王稱(？-1200 後)：《東都事略》，收入趙鐵寒(1908-1976)主編：《宋史資料萃編第一輯》(臺北：文海出版社，1967 年 1 月)，卷二〈太祖紀二〉，頁三下至四下(頁 80-82)。

35 (一) 太祖設廂軍，目的是用以供役，以漸漸減免人民的力役。《長編》，卷二，建隆二年五月己卯條，頁 45，云：「令諸州勿復調民給轉置，悉代以軍卒。」卷十二，開寶四年三月壬辰條，頁 264，云：「發廂軍千人詣京兆修先代陵寢，令勿復調民。自今有當繕治者，以鎮兵給其役。」故太祖朝除了大役 (如塞決河) 外，很少動用民夫。(二) 鄉兵早在周廣順初已有，太祖有意加以放散。《長編》卷二，建隆二年十二月乙卯條，頁57，云：「周廣順初，鎮州諸縣，十戶取才勇者一人為弓箭手，餘九戶資以器甲、芻糧。是歲 (建隆二年) 詔釋之，凡一千四百人。」卷四，乾德元年十月癸未條，頁 107，云：「放潭、邵州鄉兵數千人歸農。」卷六，乾德三年四月乙丑條，頁 153，又云：「放洋洲義軍八百人歸農。」卷九，開寶元年九月丁未條，頁 210；云：「雅州義軍都指揮使、權知黎州曹光實入貢京師。因言州境安靜，不須義軍巡警，請罷之，使歸業。上喜謂左右曰：『此蜀之俊傑也。』今升殿，勞問久之。」(三) 太祖對蕃兵不很重視，亦不願重用。由下面二事可見：建隆三年八月癸巳(初八)，遣引進使郭承遷會秦州(今甘肅天水市)吳延祚率兵往尚書寨，驅蕃卒歸本部。乾德元年四月甲辰(廿三)，令涇、原、邠、慶州不得補蕃人為沿邊鎮將。參見《長編》，卷三，建隆三年八月癸巳條，頁 71；卷四，乾德元年四月甲辰條，頁 90。

36 《宋史》，卷一百八十七〈兵志一·禁軍上〉，頁 4569-4602；卷一百八十八〈兵志二·禁軍下〉，頁 4609-4634；卷一百八十九〈兵志三·廂兵〉，頁 4639-4696；卷一百九十〈兵志四·鄉兵一〉，頁 4705-4729；卷一百九十一〈兵志五·鄉兵二〉，頁 4733-4761；卷一百九十二〈兵志六·鄉兵三〉，頁 4767-4795。

軍隊戍守，便由京師派禁軍前往，故有駐泊、屯駐、就糧之名。《山堂群書考索》後集卷四十云：

> 餘軍皆以守京師，備征戍。而出戍邊或諸州更戍者，謂之屯駐；非戍諸州而隸於總管司者，謂之駐泊。非屯駐、駐泊而以耀賤而留便廩給，謂之就糧。（按《宋史·兵志一》於此但云：「其在外者，非屯駐、駐泊，則就糧軍也。」）[37]

這裏有兩點必須注意：

一、京師兵以能控制各地屯戍兵為額。宋王應麟(1223-1296)《玉海》卷一百三十九云：「藝祖平定天下，養兵止二十二萬；而京師十萬餘。明強幹弱枝之勢也。」[38]這是就太祖朝初期來說。《揮麈餘話》卷一云：「其定荊、湖，取巴、蜀，浮二廣，平江南者，前後精兵不過三十餘萬。京師屯廿萬，足以制外變；外郡屯十萬，足以制內患。京師天下，無內外之患者此也。」[39]這是就太祖整朝來說。由此我們可以看出：太祖朝內外兵數大約是六四之比。

二、各地戍兵不專在一地。因為專在一地便成州禁軍，故必須更戍。[40]這樣，便發展成「兵無常帥，帥無常師。」[41]自然可以避免地方勢力的長成。

上述兩點都表現出太祖兵制的精神—內外維制。

第五節　對將士的羈縻與懷柔

太祖的兵制，是一種非常靈活的制度，不是一些死條文可比。他一方面對禁衛將帥和藩鎮限制得非常嚴緊，一方面卻給予邊將多方便利。所以，要深切觀察太祖兵制，不能只看一面，也不能只執一端；必須從各方面去究其用意。太祖立制的原則雖然不變，但對內和對外的處理顯然是不同的。

---

37 章如愚(?-1205 後)：《山堂先生群書考索》，文淵閣《四庫全書》本，後集，卷四十〈兵門〉，頁二十下至二十一上；馬端臨：《文獻通考》，第八冊，卷一百五十二〈兵考四〉，頁 4554，4556；《宋史》，卷一百八十七〈兵志一·禁軍上〉，頁 4570-4571。

38 王應麟(1223-1296)：《玉海》(上海：上海書店據光緒九年浙江書局刊本影印，1988 年 3 月)，第五冊，卷一百三十九〈兵制四·宋朝侍衛親軍、三衙〉，頁四下(頁 2586)。

39 王明清：《揮麈錄·餘話》，卷一，第 368 條，「祖宗兵制名樞廷備檢」，頁 221。

40 更戍之制可參見《宋史》，卷一百九十六〈兵志十·屯戍之制〉，頁 4894-4905。

41 見《文獻通考》，第八冊，〈兵考四〉，引《兩朝國史志》，頁 4554。

北宋國境，與外夷接壤的，東北有滄州(今河北滄州市)、棣州(今山東濱州市惠民縣東南)、齊州(今山東濟南市)等，西有慶州(今甘肅慶陽市)、環州(今甘肅慶陽市環縣)等，西南有辰州(今湖南懷化市沅陵縣)、沅州（今湖南省芷江侗族自治縣）等。這些都可以說是邊要的地方，尤其是西北，要對付狡獪的西夏和強大的契丹，局勢更形重要。這些地方的守將，都可以說是外的；禁衛將帥在京師，可以說是內的。

論者多以為太祖釋禁衛諸將兵權、[42] 罷藩鎮為環衛，[43] 是一種刻毒的裁將手法。如果我們明白太祖立制的思想淵源，就知道裁將的說法不對。太祖罷石守信、王審琦等禁衛帥權，必須另以劉光義(即劉廷讓，929-987)、崔彥進(922-988)、 韓重贇(?-974)等補其缺的；罷武行德、郭從義、王彥超、白重贊、楊廷璋為環衛，亦必以向拱(912-986)、陳思讓(903-974)、符彥卿(898-975)、馮繼業(927-977)、袁彥(907-972)代之。太祖這一措施，純粹是鑒於自己的經歷，謀以後不再有擁立的活劇出現。他對待禁衛將帥的方法，有兩點是值得注意的：

第一，當禁衛將帥名位一高，便設法解其兵權。這可分為兩步驟：第一步驟是由禁衛將帥出領大藩，如建隆二年(961)，慕容延釗罷殿前都點檢，出為山南西道節度使；高懷德罷殿前副都點檢，出為歸德節度使；韓令坤罷侍衛馬步軍都指揮使，出為

---

42 太祖釋石守信、王審琦等兵權事，《長編》繫於建隆二年(961)七月。李燾參考《邵氏聞見錄》、《涑水記聞》、《王文正公筆錄》、《澠水燕談錄》、《丁晉公談錄》等書；而在《長編》卷二引之，並詳加訂正。參見《長編》，卷二，建隆二年七月戊辰至庚午條，頁 49-50；邵伯溫：《邵氏聞見錄》，卷一，頁2-3；司馬光(撰)，鄧廣銘(1907-1998)、張希清(點校)：《涑水記聞》(北京：中華書局，1989 年 8 月)，卷一，第 24 條，「杯酒釋兵權」，頁 11-12；王曾(978-1038)(撰)，張其凡(1949-2016)(點校)：《王文正公筆錄》(北京：中華書局，2017 年 7 月)，第 22 條，「罷功臣兵權」，頁 16；王闢之(1031-?)(撰)，呂友仁(點校)：《澠水燕談錄》(與《歸田錄》合本)(北京：中華書局，1981 年 3 月)，卷一〈帝德〉，頁 3-4；潘汝士(1016-1082 後)(撰)，楊倩描、徐立群(點校)：《丁晉公談錄》(外三種)(北京：中華書局，2012 年 6 月)，「趙普器度」條，頁 22-23。考杯酒釋兵權事的真偽，宋史前輩學者丁則良(1915-1957)早在 1945 年即發表〈杯酒釋兵權考〉一文，據宋人官私文獻，詳加辨證，認為此事不實。該文刊於《人文科學學報》1945 年 1 卷 3 期。惜該文流傳不廣。丁氏後門人在 2009 年為丁氏出版文集，此文始廣為人知，值得參考。參見丁則良：《丁則良文集》(北京：清華大學出版社，2009 年 11 月)，〈杯酒釋兵權考〉，頁 1-45。

43《長篇》卷十，開寶二年十月己亥至庚子條，頁 233-234，云：「十月己亥，上宴藩臣於後苑。酒酣，從容謂之曰：『卿等皆國家宿舊，久臨劇鎮，王事鞅掌，非朕所以優賢之意也。』前鳳翔節度使兼中書令王彥超喻上指，即前奏曰：「臣本無勳勞，久冒榮寵。今已衰朽，乞骸骨，歸邱園，臣之願也。」前安遠節度使兼中書令榆次武行德、前護國節度使郭從義、前定國節度使白重贊、前保大節度使楊廷璋，競自陳攻戰閥閱及履歷辛苦。上曰：『此異代事，何足論也。』庚子，以行德為太子太傅，從義為左金吾衛上將軍，彥超為右金吾衛上將軍，重贊為左千牛衛上將軍，廷璋為右千牛衛上將軍。」關於此事，羅從彥(1072-1135)《遵堯錄》卷一亦有記載，惟較簡略。參見羅從彥(撰)，黃寶華(整理)：《遵堯錄》，收入朱易安、傅璇琮(主編)：《全宋筆記》第二編第九冊(鄭州：大象出版社，2006 年 1 月)，卷一〈太祖〉，頁 116。

成德軍節度使等。第二步驟是由藩鎮罷為環衛，如開寶二年(969)，以護國軍節度使郭從義為左金吾衛上將軍，鳳翔節度使王彥超為右金吾衛上將軍，定國節度使白重贊為左千牛衛上將軍，保大節度使楊廷璋為右千牛衛上將軍等。原則上則以爵祿厚為羈縻，這是針對晚唐、五代驕兵悍將之禍而行的辦法。這種做法，能收防患未然、上下相安之效。

其次，禁止禁衛帥養親兵。《長編》卷四云：.

> 乾德元年八月壬午，殿前都虞候、嘉州防禦使張瓊自殺。瓊性麤暴，多所陵轢。時軍校史珪、石漢卿等方得幸，瓊輕目為巫嫗。珪、漢卿銜之切齒。瓊嘗擅選官馬乘之，又納李筠僕從於麾下。珪、漢卿因譖瓊養部曲百餘人，自作威福，禁旅畏懼；且誣毀皇弟光義為殿前都虞候時事。時上已下郊祀制書，方欲肅靜京都。召瓊面訊之。瓊不伏。上怒，令擊之。漢卿即奮鐵撾擊其首，氣垂絕，乃曳出。遂下御史府按鞫。瓊自知不免，行至明德門，解所繫帶以遺母，即自殺。上旋聞其家無餘資，止有奴三人，甚悔之。責漢卿曰：「汝言瓊部曲百人，今安在？」漢卿曰：「瓊所養者，一敵百耳。」亟命卹瓊家，官給葬事。以瓊子尚幼，乃擇其兄進為龍捷副指揮使。然亦不罪漢卿。[44]

同書卷八云：

> 乾德五年二月甲戌，殿前都指揮使、義成節度使韓重贊罷軍職，出為彰德節度使。先是，有譖重贊私取親兵為腹心者。上怒，欲誅之，謀於趙普。普曰：「陛下必不自將親兵，須擇人付之。若重贊以讒誅，即人人懼罪，誰敢為陛下將者。」上怒猶未解。普開陳愈切，上納其言。止命重贊出鎮。[45]

這兩種措施，都是為了鞏固統治權而發的。因為禁衛將帥掌握精兵，駐在京師，權力很大，故不能不嚴加注視。

禁衛帥和邊將同是太祖所看重的，一主內而一主外，因其環境情勢不同，故對待的方式迥異。太祖對邊事，是委權於地位不高的邊將，而不是地位高的藩鎮。由太祖給予邊將所在州軍的租賦與准予便宜行事（說詳下）來看，那些邊要的州軍，實已隸屬中央。太祖對藩鎮的權力務加削減，對禁衛將帥的舉動務加注視；而對邊要州軍的

44《長編》，卷四，乾德元年八月壬午條，頁 101-102。
45《長編》，卷八，乾德五年二月甲戌條，頁 190。

守將却絕對寬厚。王稱譽其為：「結之以恩，豐之以財，小其名而重其權，少其兵而久其任。」[46]范仲淹(989-1052)在〈奏議許懷德等差遣〉中也說：「祖宗朝任用邊將，賞賜至厚，使用度充足；委信至重，使生殺在己。惟惜官職，不令滿志，恐有懈惰，不思立功。實前王馭將之術也。」[47]

一、結之以恩。太祖對邊將，凡有可以表示恩惠的，無不為之。這可分兩點來說：

1. 賜以御用的或不可希冀的物件，使邊將感覺對天子有如父子之親。如董遵誨(926-981)母在幽州(今北京市)，太祖令人賂邊民使迎之，送於遵誨。遵誨遣其外弟劉綜(955-1015)來貢馬，及還，太祖解所服真珠盤龍衣使齎賜之。綜曰：「遵誨人臣，豈敢當此賜！」太祖曰：「吾委遵誨方面，不得以此為嫌。」[48]又如太祖命有司為洺州防禦使郭進(922-979)治第，廳堂悉用了（甋瓦）瓦。有司言：「唯親王公主始得用此。」太祖怒曰：「郭進控扼西山逾十年，使我無北顧憂，我視進豈減兒女耶？亟往督役，無妄言。」[49]

2. 讒謗不入，以示信任。例如：有軍校詣闕告郭進陰通河東劉繼元(?-992)，將有異志。太祖以其誣害忠臣，命縛其人予進，使自處置。[50]

二、豐之以財。邊將應付強敵，最重間諜、斥堠，所以需大量錢財來養士。太祖對此絕不吝嗇，蘇轍(1039-1112)便說太祖對邊將「厚之以關市之征，饒之以金帛之賜。其家之在京師者，仰給於縣官；貿易之在道路者，不問其商稅。」[51]這使邊將一方面貪於貨財而終身效力，一方面有錢措置軍事。

1. 賜錢。太祖對文武大臣，常賜錢以結恩，而對邊將尤厚。如李漢超(?-977)為關南巡檢使，百姓有訟其貸民錢不還、及掠其女以為妾的。太祖使人對漢超說：「汝需

46《東都事略》，卷二十九〈王稱贊〉，頁八下(頁 486)。

47 范仲淹(撰)，李勇先、王蓉貴(校點)：《范仲淹全集》(成都：四川大學出版社，2002 年 9 月)，中冊，《范文正公政府奏議》，卷上〈奏議許懷德等差遣〉，頁 568。

48《長編》，卷九，開寶元年七月乙未條，頁 203-204；《東都事略》，卷二十九〈董遵誨傳〉，頁七上下(頁 483-484)；僧文瑩(?-1076 後)(撰)，鄭世剛、楊立揚(點校)：《玉壺清話》(與《湘山野錄》合本)(北京：中華書局，1984 年 7 月)，卷一，頁 2。

49《東都事略》，卷二十九〈郭進傳〉，頁六上下(頁 481-482)；《長編》，卷十一，開寶三年八月庚寅條，頁 249；《宋史》，卷二百七十三〈郭進傳〉，頁 9336；葉夢得：《石林燕語》，卷三，頁 34。

50 歐陽修：《歸田錄》，卷一，頁 3-4；羅從彥：《遵堯錄》，卷一〈太祖〉，頁 108。

51 蘇轍(撰)，曾棗莊、馬德富(校點)：《欒城集》(上海：上海古籍出版社，1987 年 3 月)，上冊，卷二十一〈上神宗皇帝書〉，頁 469。

錢，何不告我，而取於民乎？」乃賜錢數百兩，曰：「汝自還之，使其感汝也。」漢超感泣，誓以死報。[52]

2. 筦榷之利，悉以與之。北宋初，藩鎮租賦之入，未歸京師。太祖罷石守信等兵權時，便曾說過：「卿等各自擇善地，出就藩鎮，租賦之入，奉養甚厚。」[53]邊州的租賦，自然任由守將支配了。如齊、棣有鹽海之利，數倍他郡；太祖即命何繼筠(921-971)守棣州，李漢超守齊州，給予一州之賦。關南的屬州錢七千萬貫，也一并給了漢超。[54]郭進在西山，盡得筦榷之利。太祖下荊、湖，以辰州徭人秦再雄(?-976後)為辰州刺史，亦賜與一州租賦。[55]

3. 縱邊將貿易黷貨。清趙翼(1727-1814)《廿二史劄記》卷二十四指出宋初嚴懲贓吏。這只是一面的看法。[56]在另一面，太祖是縱容邊將貿易黷貨的。郭進在西山，可任意貿易。李漢超在關南，私販権場，規免征稅。有以此事達於太祖者，太祖即詔漢超私物所在，悉免關征。興州(今陝西漢中市略陽縣)刺史王晉卿以黷貨聞，太祖惜其才，不問。[57]

三、小其名而重其權。擁有兵權和財力的邊將，其職位必不高。這也是維制將帥的方法之一。誠如知兵的工部侍郎集賢學士錢若水在咸平二年(999)上奏所言，因為「位不高則朝廷易制」，有權力也不足以專橫。故以郭進那樣得太祖寵愛，亦位僅西山巡檢使而已。[58]宋初邊境諸名將，只有何繼筠為節度使。但他們的權力很大。咸平中楊億(974-1020)上疏，中有云：

---

52 此處據《歸田錄》卷一及《遵堯錄》卷一，《事畧》卷二九、《宋史》卷二五九皆引之。《涑水記聞》卷一則以李漢超為張美，《長編》用之，並注云：「按漢超在關南，民為立碑頌德，當不如此。」不過，據《宋史》卷二五九〈張美傳〉，則張美在同州(今陝西渭南市大荔縣)，不取率分錢，頗有廉潔之名。至若民為漢超立碑頌，則張美在滄州亦以政績聞。且漢超私營権場，規免征稅，當時人所皆知。故貸民錢不還等事，極可能是漢超所為。

53 王闢之：《澠水燕談錄》，卷一〈帝德〉，頁 3；王曾：《王文正公筆錄》，第 22 條，「罷功臣兵權」，頁 16。

54《東都事略》，卷二十〈李繼和傳〉，頁四上下(頁 353-354)；卷二十九〈李漢超傳〉，頁五下(頁480)；

55 魏泰(1050-1110)(撰)，李裕民(點校)：《東軒筆錄》(北京：中華書局，1983 年 10 月)，卷一，頁 1-2。

56 趙翼：《廿二史劄記校證》，下冊，卷二十四，第 329 條，「宋初嚴懲贓吏」，頁 525-527。

57《長編》，卷七，乾德四年十月乙丑條，頁 180；卷二百二十二，熙寧四年四月辛巳條，頁 5412；《東都事略》，卷二十〈李繼和傳〉，頁四上下(頁 353-354)；《宋史》，卷二百七十一〈王晉卿傳〉，頁 9295。

58《長編》，卷四十五，咸平二年十二月丙子條，頁 973-974。

> 臣切見太祖命姚內斌領慶州，董遵誨領環州。二人所統之兵，裁五六千而已。閫外之事，一以付之；軍市之租，不從中覆。用能士卒效命，羌夷畏威，朝廷無旰食之憂，疆場無羽書之警。[59]

又如太祖除秦再雄辰州刺史，亦使自辟官屬。[60]

至於邊將的親兵，與禁衛將帥的自有不同意義。邊將巡邊，必須有親信保護，其用意完全是對外的，並不致養成威脅中央政府的勢力。故太祖對邊將養親兵，似乎尚能寬容。建隆三年(962)十二月甲辰(二十)，他便說過這樣的話：

> 若分邊寄者，能稟朕意，則必優卹其家屬，厚其爵祿，多與公錢及屬州課利，使之回圖，特免稅算，聽其召募驍勇，以為爪牙。[61]

其後，在乾德四年(966)閏八月己丑(廿八)，雖詔禁殿前侍衛及邊防監護使臣選軍中驍勇為牙隊，但亦不聞邊將有因養親兵而得罪者。[62]

四、少其兵而久其任。兵少，則不能擁兵以自重；久任，則能知邊情及蕃漢關係。故郭進等所領的兵，「多者不過萬人，少者五六千人」[63]。曾鞏(1019-1083)亦謂姚內斌(911-974)、董遵誨之兵，率不過五六千人。[64]而他們的任期，多的竟至二十年。今據《長編》、《東都事畧》、《宋史》，將太祖時西北邊諸名將的職位任期表列於下：

	防守地名	邊將	職位	任職年數
防契丹	關南	李漢超	太祖建隆二年(961)秋七月，為齊州防禦使；乾德元年(963)十二月，兼關南(即瓦橋關、益津關、淤口關以南地區，即今河北白洋淀以東的大清河流域至河間市一帶)兵馬都監；開寶九年(976)十一月，為雲州觀察使，判	十八年

59《東都事略》，卷四十七〈楊億傳〉，頁一下(頁 704)。
60 魏泰：《東軒筆錄》，卷一，頁 1。
61《長編》，卷三，建隆三年十二月甲辰條，頁 77。
62《長編》，卷七，乾德四年閏八月己丑條，頁 178。
63 蘇轍：《欒城集》，上冊，卷二十一〈上神宗皇帝書〉，頁 469。
64 曾鞏(撰)，陳杏珍、晁繼周(點校)：《曾鞏集》(北京：中華書局，1984 年 11 月)，卷四十九〈本朝政要策五十首‧添兵〉，頁 654-655。

			齊州，仍護關南屯兵；太宗太平興國二年(977)九月卒。	
	瀛州	馬仁瑀 (933- 982)	開寶四年(971)三月，由密州防禦使徙瀛州(今河北滄州市河間使)防禦使；開寶九年(976)十一月，徙知遼州；太平興國四年(979)，遷朔州觀察使，判瀛州事；七年(982)卒。	十三年
	易州	賀惟忠 (?-981)	宋初知易州(今河北保定市易縣)；開寶二年(969)六月為易州刺史，兼易、定、祁等州巡檢使；六年(981)四月卒。	十四年
	棣州	何繼筠	宋初為棣州刺史；建隆二年(961)十月，為棣州團練使；三年(962)十月，為關南兵馬都監；開寶二年(969)四月，為棣州防禦使，石嶺關部署；八月，領建安節度使，判棣州；開寶四年(971)七月卒。	十二年
防北漢	西山	郭進	建隆元年(960)五月，由洺州(今河北邯鄲市永年縣東南)團練使升本州防禦使，兼西山巡檢；開寶九年(976)八月，為河東忻代等州行營馬步軍都監；十一月，領應州觀察使、判邢州、兼西山巡檢；太平興國四年(979)正月，為太原石嶺關都部署；四月；自縊而死。	二十一年
	隰州	李謙溥 (915- 976)	建隆四年(963)，為慈州刺史，晉隰等州都巡檢；尋遷隰州(今山西臨汾市隰縣)刺史，晉、隰等州都巡檢；開	十四年

			寶三年(970)八月，為濟州團練使；六年(973)四月，復為隰州巡檢使；九年(976)正月卒。	
防 西 戎	慶州	姚內斌	建隆三年(962)十二月，為慶州刺史；開寶七年(974)二月卒。	九年
	環州	董遵誨	開寶元年(968)六月，為通遠軍使(即環州)，拜羅州刺史；太平興國二年(977)，兼領靈州路巡檢；六年(981)三月卒。	十五年
	原州	王彥昇 (917- 974)	開寶二年(969)十二月，由防州防禦使移原州(今甘肅慶陽市鎮原縣)防禦使；七年(974)，以病代還。	六年

此外，太祖對於領兵削平僭偽的主帥，亦待以懷柔之道。如乾德二年(964)十一月，王全斌(908-976)領兵伐蜀。十二月，京師大雪，太祖設氈帷於講武殿，穿紫貂裘帽視事。忽對左右說：「我被服如此，體尚覺寒。念西征將帥，衝犯霜霰，何以堪處？」即解裘帽遣中黃門馳驛齎賜全斌。且諭諸將，以不能遍賞。全斌拜謝感泣。[65]

太祖對待士卒，亦以此法。如在建隆元年(960)親征澤、潞時，山程狹隘多石，太祖親取數石於馬上抱之。羣臣六軍皆爭負石開道。[66]到開寶二年(969)閏五月親征太原時，屯兵甘草地，歲暑雨，軍士多疾。太祖欲班師，殿前指揮使都虞候趙廷翰上言：「以城壘未下，諸班衛士，咸願登城，死力以圖攻取。」太祖說：「汝等吾躬自訓練，皆一以當百，所以備肘腋、同休戚也。一旦以小寇未平而欲先登陷敵，吾寧不得太原城，不欲令汝輩蹈必死之地。」左右再拜呼萬歲。[67]這顯然是用仁愛來收士卒心。又如乾德三年(965)，發兵伐蜀，諸將辭，太祖對他們說：「所破郡縣，當傾帑

---

65 《長編》，卷五，乾德二年十一月甲戌條，頁134-135；十二月壬申條，頁139。
66 《長編》，卷一，建隆元年九月己酉條，頁24。
67 《長編》，卷十，開寶二年閏五月己酉條，頁224；《東都事略》，卷二十三〈劉繼元傳〉，頁九下(頁404)；徐松(1781-1848)(輯)，劉琳、刁忠民、舒大剛、尹波等(校點)：《宋會要輯稿》(上海：上海古籍出版社，2014年6月)，第十四冊，〈兵七‧親征〉，頁8735。

藏，為朕賞戰士。國家所取惟土疆爾。」故人皆效命，所至成功。[68]而「郊祭赦宥，先務贍軍士；金幣緡錢，無所愛惜。」[69]這顯然是用利來收士卒心。

第六節　士卒在精不在多

冗兵是北宋軍政的一個大問題，也是政治、經濟、社會的大問題。它使北宋國威不振，民生凋弊，社會混亂。太祖早就發覺到這問題的嚴重，對士卒的量不務多而質務精，所以注重揀選和訓練（其制詳見《兵志》八、九），這都是五代所忽畧的。

太祖務去冗兵，由下列三點可以證明：

一、太祖時的兵數不多。仁宗慶曆七年(1047)十二月，三司使張方平(1007-1091)上言，中說：

> 伏以太祖皇帝取荆、潭，收蜀、廣，下江南，備晉寇，禦西北二敵，計所蓄兵不及十五萬。國初得周兵十二萬，後平蜀，揀其精兵，祇留一百二十人，及乾德中選練中外之兵，止存十萬，蓋極精銳也，後乃稍增及十五萬人爾。[70]

宋朱弁(1085-1144)《曲洧舊聞》卷九云：

> 藝祖時養兵只二十萬。[71]

嘉祐七年(1062)，樞密院上祖宗已來兵數，中有云：

> 開寶之籍，總三十七萬八千，而禁軍馬步十九萬三千。[72]

上面三種說法，好像不同，但都是對的。十五萬是就建隆、乾德間來說，三十餘萬是就開寶以後來說。故《揮塵餘話》卷一云：「太祖前後精兵，不過三十餘萬。」[73]至於《曲洧舊聞》所說的二十萬，想是乾德與開寶間禁軍之數。總之，我們可以確信，太祖時絕無冗兵的現象，冗食的問題也不會出現。

68《宋會要輯稿》，第十四冊，〈兵七・出師・平蜀〉，頁 8749；《東都事略》，卷二十〈劉廷讓傳〉，頁八下(頁 362)；李攸：《宋朝事實》(上海：商務印書館，1935 年 7 月)，卷十七〈削平僭偽〉，頁 261。

69 王明清：《揮塵錄・餘話》，卷一，第 368 條，「祖宗兵制名樞廷備檢」，頁 220。

70 張方平(撰)，鄭涵(點校)：《張方平集》(鄭州：中州古籍出版社，2000 年 10 月)，《樂全集》，卷二十三〈論事・再上國計事〉，頁 336。

71 朱弁(撰)，孔凡禮(點校)：《曲洧舊聞》(與《師友談記》《西塘集耆舊續聞》合本)(北京：中華書局，2002 年 8 月)，卷九，「藝祖養兵二十萬」條，頁 213。考《玉海》亦謂「藝祖平定天下，養兵止二十二萬。」參見《玉海》，第五冊，卷一百三十九〈兵制四・宋朝侍衛親軍、三衙〉，頁四下(頁 2586)。

72《文獻通考》，第八冊，〈兵考四・兵制〉，頁 4558。

73 王明清：《揮塵錄・餘話》，卷一，第 368 條，「祖宗兵制名樞廷備檢」，頁 221。

二、太祖務去冗兵，不使有傷財之思。《長編》卷三云：

> （建隆三年十一月甲子）上謂羣臣曰：「晉、漢以來，衛士不下數十萬，然可用者極寡。朕頃案籍閱之，去其冗弱；又親校其擊刺騎射之藝，今悉為精銳。故順時令而講武焉。」詔殿前、侍衛兩司將校，無得冗占直兵，限其數，著於令。[74]

同書卷十七云：

> 上曰：「吾將西遷者無它，欲據山河之勝而去冗兵，循周、漢故事，以安天下也。」（晉）王又言：「在德不在險。」上不答。王出，上顧左右曰：「晉王之言固善，今姑從之。不出百年，天下民力殫矣。」[75]

可見冗兵本是五代時的弊政，太祖有鑒及此，故務去之。汴都無險可守，要維持強幹弱枝的政策，不得不長駐重兵。李綱論兵，亦曾指出此點。[76]這樣兵數便很難減省。因此太祖想遷都於險要之地。他本屬意於洛陽或長安(今陝西西安市)。張方平〈論京師衛兵事〉，亦謂太祖修完西京宮內，有建都之意。[77]考太祖在開寶九年(976)四月巡幸洛陽，有意遷都時，起居郎李符(926-984)上奏陳遷都八難，以「京邑凋弊，宮闕不完，軍食不充，壁壘未設。」而鐵騎左右廂都指揮使李懷忠(?-978)則指出開封賴汴渠之漕，歲致江、淮米數百萬斛。太祖雖不從二人之議，但當太宗力言遷都未便時，太祖只好作罷。[78]原來自唐安、史之亂後，經濟中心南移，關中已由富庶之區而轉為貧瘠之地；近人全漢昇(1912-2001)在《唐宋帝國與運河》中，指出北宋所以建都汴京，運河實有決定性的作用。[79]為了這一個重大的原因，太祖才不固執遷都之意，但亦已預料到不出百年，天下民力殫乏。所以，如果冗兵是由於都城在汴的關係，這責任應該在太宗以及後來諸帝身上。太祖定兵制的原意，是不容許有冗兵的。

三、大臣論冗兵的，都以修明祖宗舊典，減省兵籍為補救辦法。仁宗嘉祐七年(1062)，宰相韓琦(1008-1075)上言：

---

74 《長編》，卷三，建隆三年十一月甲子條，頁 74。此事另見《玉海》，第五冊，卷一百四十五〈兵制·講武〉，「建隆便殿講武」條，頁一下(頁 2673)。
75 《長編》，卷十七，開寶九年四月癸卯條，頁 369。
76 李綱：《李綱全集》，下冊，卷一百四十八〈迂論四·論兵〉，頁 1396。
77 張方平：《張方平集》，《樂全集》，卷二十一〈論事·論京師衛兵事〉，頁 330。
78 《長編》，卷十七，開寶九年四月癸卯條，頁 369。
79 參見全漢昇：《中國經濟史研究》(香港：新亞研究所，1976 年 3 月)，上冊，《唐宋帝國與運河》，第七章〈北宋的立國與運河〉，頁 361-381。

以祖宗所養之兵，視今數之多少，則精冗易判。裁制無疑矣。於是詔中書、樞密院同議，樞密院撥祖宗已來兵數以聞。……自是稍加裁制，以為定額。[80]

治平四年(1067)三月，張方平說：

今欲保泰豐財，安民固本，當自中書、樞密院同心協力，修明祖宗已前舊典，先由兵籍減省。[81]

善制兵的，在精不在多。開寶三年(970)十月，契丹以六萬騎攻定州(今河北保定市定州市)，判四方館事田欽祚(?-986)領兵三千拒之，獲捷。北邊傳言「三千折六萬。」[82]故蘇轍〈元祐會計錄序〉說：太祖時「士卒精練，常能以少克眾。」[83]熙寧二年(1069)蘇轍上皇帝書，又云：「夫祖宗之兵至少，而常若有餘。」[84]這和真宗以後，兵日多而戰不克，實不可同日而語。

---

80 《文獻通考》，第八冊，〈兵考四·兵制〉，頁 4558。
81 張方平：《張方平集》，《樂全集》，卷二十四〈論事·論國計事〉，頁 355。
82 《長編》，卷十一，開寶三年十月甲寅條，頁 252；李攸：《宋朝事實》，卷二十〈經略幽燕〉，頁 316-317。
83 蘇轍：《欒城集》，下冊，《欒城後集》，卷十五〈敘三首·元祐會計錄敘〉，頁 1327。
84 蘇轍：《欒城集》，上冊，卷二十一〈上神宗皇帝書〉，頁 469。

第二章　北宋兵制的動搖

第一節　太宗欲守太祖成規

太祖和太宗皆目覩五代的政治混亂和軍隊專橫（太宗在周為內殿祗候供奉官都知），太祖針對這些弊端而建立兵制，太宗自然也有同感。所以，太宗對太祖所定的規模，是有意恪守的。太平興國二年(977)春正月，太宗便曾對侍臣說：「朕以涼德，繼守鴻圖。凡機務邊事，皆奉行先帝成規，不敢輒有改易。」[85]

雍熙三年(986)，太宗北伐契丹，獨與樞密院計議，一日至六召，中書不預聞。[86]李昉(925-996)身任元宰，當北戎入寇，亦不憂邊，致為布衣翟馬周所訟。[87]淳化元年(990)十二月，右正言謝泌(950-1012)請：「凡政事送中書，機事送樞密院，財貨送三司，覆奏而行。」太宗從之，遂著為定制。[88]可見太宗能守文武二柄分持之意。

太宗每朝罷，即於便殿或後苑親閱禁軍，取其伉健者隸親軍，罷其老弱，分配外州。自是藩衛之卒益精。[89]可見太宗尤著意於強幹弱枝之道。

太平興國二年九月，太宗大閱兵，命天武左廂都指揮使崔翰(930-992)董其事。事畢，太宗密遣中使以金帶賜翰，對他說：「此朕藩邸時所服者也。」[90]太原降將楊業(935?-986)，所戰屢捷，為契丹所畏，主將戍邊者多嫉之，或潛上謗書，斥言其短。太宗皆不問，封其書付業。[91]太平興國四年(979)，太宗親征太原(今山西太原市)，常親擐甲冑，蒙犯矢石，指揮戎旅。左右有諫者。太宗說：「將士爭效命於鋒鏑之下，朕豈忍坐視。」諸軍聞之，皆冒死先登。[92]可見太宗能懷柔將士。

雍熙元年(984)二月壬午朔(初一)，太宗御崇政殿，親閱諸軍將校，按名籍參攷勞績而升黜之，對近臣說：「兵雖眾，苟不簡擇，與無兵同。先帝訓練之方，咸盡其

85《長編》，卷十八，太平興國二年正月丙寅條，頁 392；羅從彥：《遵堯錄》，卷二〈太宗〉，頁126。
86《長編》，卷二十七，雍熙三年六月戊戌朔條，頁 618。
87《長編》，卷二十九，端拱元年正月庚子條，頁 647。
88《長編》，卷三十一，淳化元年十二月辛酉條，頁 708；《宋史》，卷三百六〈謝泌傳〉，頁10094。
89《長編》，卷十八，太平興國二年九月丁未條，頁 412；《玉海》，第五冊，卷一百四十五〈兵制·講武〉，「太平興國講武臺大閱」條，頁四上(頁 2674)。
90《長編》，卷十八，太平興國二年九月丁未條，頁 413。
91《長編》，卷二十一，太平興國五年十二月丁丑條，頁 482；《宋史》，卷二百七十二〈楊業傳〉，頁 9303-9304。
92《長編》，卷二十，太平興國四年四月壬申條，頁 450。

要，朕因講習，漸至精銳。倘統帥得人，何敵不克。」[93]可見太宗不求士卒眾多，而務求精銳。

第二節　削藩與邊患的影響

太宗在意識上是要維持太祖兵制的，但由於削藩與邊患，北宋兵制在不覺中動搖了。這原非太宗想像所及的。

第一，太宗太着意於削減藩鎮之權。初節度使得補子弟為軍中牙校，太宗即位，即召諸州府籍其名，送闕下，補殿前承旨，以賤職羈縻之。太平興國二年正月丙寅(初五)，「詔中外臣僚，自今不得因乘傳出入，齎輕貨，邀厚利，並不得令人於諸處回圖，與民爭利；有不如詔者，州縣長吏以名奏聞。」於是藩鎮再不能遣親吏在諸道來回貿易了。又申禁藩鎮補親吏為鎮將。同年八月，用高保寅與李瀚(?-979 後)之言，罷節鎮領支郡，使皆直屬中央。[94]

太宗一方面使各州不相統隸，一方面於太平興國二年五月辛酉朔(初一)，詔轉運使考察諸州，凡諸職任，第其優劣，尋復遣使分行諸道，廉察官吏。[95]轉運使本司漕運之事，至此權力便提高了，諸州長吏皆為所制。故轉運使又稱監司，為地方的監察，而那些廉察官吏善惡的使臣，尤為太宗所信任。《長編》卷十九云：

> 嶺南使者言：「知封州李鶴不奉法，誣奏軍吏謀反。」詔誅之，不問狀。[96]

第二、自太平興國四年平定太原，與契丹的衝突更形直接。雍熙三年，北伐無功，驍將楊業戰死，邊患便成了一個很嚴重的問題。

第一點的結果，是太祖對邊將「豐之以財」和「重其權」的精神動搖。此後對待邊將的方法，便與太祖不同。

93《長編》，卷二十五，雍熙元年二月壬午朔條，頁573。
94《長編》，卷十八，太平興國二年正月丙寅條，頁392-393；八月丙寅條，頁410-411；李攸：《宋朝事實》，卷九〈官職〉，頁154-155。按宋太祖時，逐漸將重要州軍直隸京師。據《長編》，直隸京師的州軍，乾德二年(964)七月有階州(今甘肅隴南市武都區)、成州(今甘肅隴南市成縣)二州，乾德五年(967)二月有慶州，開寶三年(970)五月有通遠軍(今甘肅慶陽市環縣環城鎮)等。參見《長編》，卷五，乾德二年七月己丑條，頁129；卷八，乾德五年二月甲申條，頁190；卷十一，開寶三年五月丁卯條，頁246。
95《長編》，卷十八，太平興國二年五月辛酉朔條，頁404。
96《長編》，卷十九，太平興國三年五月戊寅條，頁430。

一、邊將再不能乘傳貿易圖利，這當然是一種政治上軌道的措施，但邊將應付強敵，實需財用，故須從別些途徑上使它們有足夠的財用，這就是太祖「豐之以財」的原則。太宗好像沒有注意及此。

二、太宗令轉運使與親信察官吏善惡，邊將亦在廉訪之列。太平興國三年(978)五月，秦州節度判官李若愚之子飛雄(?-978)，矯稱制以巡邊為名，掠巡驛殿直姚承；遂至隴州(今陝西寶雞市隴縣)，掠監軍供奉官王守英；至吳山縣(今陝西寶雞市陳倉區縣功鎮)，掠縣尉盧贊，皆令從行。時秦州內屬戎人為寇，都巡檢使周承瑨(?-978 後)與田仁朗(930-989)、劉文裕(944-988)、王侁(?-994)、梁崇贊(?-978 後)、韋韜(917-996 後)、馬知節(955-1019)等受詔屯兵清水(今甘肅天水市清水縣)。飛雄矯制奏縛之。仁朗獨號泣求觀詔書。飛雄怒叱曰：「吾受密旨，以汝輩逗撓不用命，且今盡誅汝輩，豈不聞封州殺李鶴邪？詔書豈可見也。」[97]李飛雄後被揭發假傳旨意而伏誅，但亦可由此見太宗對邊臣控制的嚴緊。周承瑨、田仁朗等的職位，和太祖時郭進、李漢超等無異，但他們的權力，顯然不及太祖時那麼「專」和「重」了。

上述二事，都是真宗朝對邊將寡恩與猜疑的先聲。

第二點的結果，是西北緣邊都部署的建立和「文武柄分持」的精神的動搖。

一、太祖朝所倚重的邊將，地位都不很高，如郭進、李漢超等，只是沿邊巡檢使。太宗既下太原，直接與契丹接觸，因此西北沿邊的地方，如高陽關（即關南，太宗時改此名）、鎮州、定州、滄州等都設都部署。這麼一來，巡檢使那樣的武職，便無關輕重了。這是太祖不使邊將名重的精神的動搖。

二、文武柄分持精神的動搖，就是樞密院職權被侵奪的先兆。這可於下列五事見之：

1. 太宗覺樞密院不足以應付軍政。端拱二年(989)春正月癸巳(十一)，詔文武羣臣各陳備邊禦戎之策。並召大臣至便殿，問以邊事。[98]

2. 大臣上奏指出邊事須與宰相商量。端拱二年正月，知制誥田錫(940-1003)上疏云：

97《長編》，卷十九，太平興國三年五月戊寅條，頁 429-431。
98《長編》，卷三十，端拱二年正月癸巳條，頁 666-678。考先後上言的有右正言溫仲舒(944-1010)、戶部郎中張泊(934-997)、右拾遺王禹偁(954-1001)、知制誥田錫。

臣聞前年出師向北，命曹彬以下欲取幽州，是侯利用、賀令圖之輩熒惑聖聰，陳謀畫策，而宰臣（李）昉等不知。又去年招置義軍，芻配軍分，宰相（趙）普等亦不知之。豈有議邊陲、發師旅，而宰相不與聞。若宰相非才，何不罷免；宰相可任，何不詢謀。……乞陛下以軍旅之事，機密之謀，悉與籌量，盡其規畫。[99]

3. 至道二年(996)五月辛亥(十二)，太宗以靈州(今寧夏吳忠市利通區古城鎮)孤絕，救援不及，乃詔宰相呂端(935-1000)，知樞密院事趙鎔(944-998)等各述所見利害。[100]

4. 樞密院與中書省的關係漸趨密切。《長編》云：

（淳化五年十一月）辛亥(初三)，舍人院言：「先是，除授內殿崇班及諸司副使，只樞密院吏送除目，閭閻、爵里並不得知。乞自今詔樞密院件析事狀，送中書作詞頭，乃付院草制。」從之。[101]

5. 太宗於太平興國四年(979)，置簽署樞密院事。淳化三年(992)，設同知院事。[102]舊制：樞密院只有樞密使、樞密副使，至是權力乃漸分散。

此外，在太宗朝兵制上出現了兩種趨勢：一是文臣漸握兵權，一是蕃兵和鄉兵漸被重用。前者由於太宗提高文臣的權力地位；後者由於征伐與邊患的影響，和以夷制夷的政策的運用。[103]

太祖初用文臣知州，並未及於邊要地方，如雄州(今河北保定市雄縣)、棣州、瀛州、易州、慶州、晉州(今山西臨汾市)等皆用武臣守之。（見第一章第五節）太宗朝普遍用文臣知邊州。至真宗(趙恒，968-1022，在位 997-1022)、仁宗(趙禎，1010-1063，1022-1063 在位)便發展成文臣節制一路或四路兵將，成為主帥。而樞密使副，亦多用文臣為之。

---

99 《長編》，卷三十，端拱二年正月癸巳條，頁 676。
100《長編》，卷三十九，至道二年五月辛亥條，頁 834-835。
101《長編》，卷三十六，淳化五年十一月辛亥條，頁 800。
102《文獻通考》，第三冊，卷五十八〈職官考十二〉，「同知樞密院、簽書樞密院」條，頁 1719。
103《長編》卷二十五，雍熙元年三月丁巳條，頁 575，記太宗「謂宰相曰：『……朕前後遣師將，皆諭以柔服之旨，戎人畏威，故不煩戰伐，皆相率內附。』」這是以「柔服之旨」待邊蕃。端拱二年正月，詔文武羣臣陳備邊策，右拾遺王禹偁上奏議，有云：「以夷狄伐夷狄，中國之利也。」太宗用其策。至真宗景德元年(1004)正月，西夏李繼遷(963-1004)被殺，也是西蕃潘羅支(?-1004)的力量。（見《長編》卷五六）故當時西方稍息戎事，不可謂非此政策的成功。參見《長編》，卷三十，端拱二年正月癸巳條，頁 672；卷五十六，景德元年正月壬子條，頁 1228-1229。

　　太平興國四年，太宗親征太原，三月乙未(十六)，命知府州(今陝西榆林市府谷縣)折御卿(958-995)分兵攻嵐州(今山西呂梁市嵐縣)，破之。乙巳(廿六)，定難留後李繼筠(?-979)言：「遣所部銀州刺史李光遠、綏州刺史李光憲帥蕃漢兵卒，緣黃河列寨，渡河略敵境，以強軍勢。」折御卿、李光遠、李光憲等都是蕃族而受羈縻的。[104]太平興國八年(983)四月壬寅(十七)，以豐州(今陝西榆林市府谷縣西北)刺史王承美(?-1012)為團練使，沒細都大首領越移為懷化大將軍，瓦瑤為歸德大將軍，耶保移邁二族首領弗香克浪買，乞黨族大首領歲移，並為歸德郎將，以賞其破契丹之功。同年十二月戊申(廿七)，宥州(今陝西榆林市靖邊縣東與內蒙古鄂托克前旗境內)言：「戎人二萬眾入寇，巡檢李詢率所部蕃漢卒擊走之。」[105]可知那時邊境已普遍利用蕃兵作戰。

　　至於鄉兵之被重用，由太宗置河北忠順軍可見。《文獻通考》云：

> 太宗朝以瀛、莫、雄、霸州，乾寧、順安、保定軍，家戶置，凡三千人。自陶河至泥姑海口九百里為二十六寨，一百二十六鋪。沿界河分番巡徼，隸緣邊戰棹巡檢司。自十月悉上，人給糧二升，至二月輪半營農。[106]

這種趨勢，到了真宗、仁宗時便成了一種兵制上的轉變。

104《長編》，卷二十，太平興國四年三月乙未至乙巳條，頁447。
105《長編》，卷二十四，太平興國八年四月壬寅條，頁543；十二月戊申條，頁562。
106《文獻通考》，第八冊，〈兵考八・郡國兵鄉兵〉，「河北忠順」條，頁4654-4655。

第三章　北宋兵制的破壞

北宋自太祖、太宗樹立國家規模，至真宗、仁宗文物大盛，蔚成治世；但是北宋兵制的破壞正在此時進行。考其原因有三：

一、邊患：自太宗太平興國四年(979)以後，頻與契丹交兵；淳化年間，西夏李繼遷或叛或降。真宗即位，屢為二邊所困擾。至景德元年(1004)冬，與契丹議和於澶淵；三年(1006)，西夏亦稱臣。中國才得到喘息的機會。仁宗寶元元年(1038)，西夏元昊(李元昊，夏景宗，1004-1048，1032-1048 在位)反，西邊用兵不已。為了應付邊患，軍政上便發生了許多變動，兵制自然隨之而變。中書樞密職權混淆，郡國紛置禁軍，以至韓琦(1008-1075)刺義勇，王安石(1021-1086)置保甲等，都由此而來。

二、和議：趙翼說：「是宋之為國，始終以和議而存，不和議而亡。」又說：「統宋一代論之，燕雲十六州淪於契丹，太祖、太宗久欲取之，自高梁河、歧溝關兩敗之後，兵連禍結，邊境之民爛焉。澶淵盟而後，兩國享無事之福者且百年。元昊跳梁，雖韓、范名臣不能制，亦終以歲幣餌之，而中國始安枕。」[107]此論似是而非，實則元昊之不能制，乃因北宋的兵將不能戰；兵將之不能戰，乃因和議使上下習於苟安。

真宗與契丹議和，及西夏稱臣，可說是北宋兵制轉變的一個關鍵。起初真宗尚屢示不忘邊備，[108]但不久，注意力已放在封禪符瑞的事上，致邊備久弛，人不知兵。當時簽書樞密院事馬知節便大不以為然。[109]結果，仁宗時元昊叛聲一起，上下震動。歐陽修說：「自真宗皇帝景德二年盟北虜於澶淵，（按盟事本在景德元年冬十二月，此處誤作二年。）明年，始納西夏之款，遂務休兵。至寶元初，元昊復叛，蓋三十餘年矣。天下安於無事，武備廢而不修，廟堂無謀臣，邊鄙無勇將，將愚不識干戈，兵驕

---

107 趙翼：《廿二史箚記校證》，下冊，卷二十六，第 344 條，「和議」，頁 552。
108 《宋朝事實》卷十六〈兵刑〉，頁 243；云：「石熙政知寧州，上言：『昨清遠軍失守，蓋朝廷素不留意』，因請兵三五萬。真宗曰：『西邊事，吾未嘗忘之，熙政遠不知耳。』……」《長編》，卷八十一，大中祥符六年七月乙未條，頁 1837，亦記：「上謂王欽若曰：『訪聞河北州軍城池廨宇，頗多摧圮，皆云敕文條約，不敢興葺。今雖承平無事，然武備不可廢也。宜諭令及時繕修，但無改作爾。』」可見真宗初非完全忘懷邊備，只以事勢與人心的發展，是向着苟安之途，真宗漸亦任之而無法矯正。
109 《宋朝事實》，卷十〈宰執拜罷〉，頁 161。

不識戰陣，器械朽腐，城郭隳頹......所以用兵之初，有敗而無勝也。」[110]范仲淹也有同樣的論調，且謂「昔之戰者，今已老矣，今之少者，未知戰事。人不知戰，國不慮危，豈聖人之意哉！」[111]

慶曆三年(1043)元昊納欵順服，仁宗重蹈真宗覆轍，誠如錢彥遠(994-1050)所言：「被邊長吏，不復銓擇，高冠大袍，恥言軍旅。」[112]及至西夏再叛，政府為了興師討伐，不得已出於募軍及刺民兵二途。冗兵之患，由此發生。

三、重文治：太祖建國，革五代武人跋扈之弊，起用文臣。故北宋文臣操縱政事是必然的趨勢。重文的影響，就是輕武。真宗以後，朝野大臣，都輕視武人。樞密院為文臣所控制，武臣任事的漸少，這是和太祖時有點不同的。[113]不但如此，文臣更進而把邊境軍隊的指揮大權攬於手中。太祖對邊將的懷柔之道，漸被忽畧。真宗雖亦會

---

110 歐陽修：《歐陽修全集》，第四冊，卷一百十四，《奏議集》卷十八〈政府進箚子五首‧言西邊事宜第一狀‧治平二年〉，頁 1721。
111 范仲淹：《范仲淹全集》，上冊，《范文正公文集》，卷九〈書‧奏上時務書〉，頁 201。
112 《東都事略》，卷四十八〈錢彥遠傳〉，頁七下(頁 728)。
113 太祖朝主樞密院的，實多武臣，若吳延祚、李崇矩、王仁贍(917-982)、楚昭輔(914-982)等。至若趙普、沈義倫(909-987)，雖非武臣，但也非文臣，只是幕府之才罷了。太宗朝的樞密使副：曹彬(931-999)、王顯(932-1007)皆武臣；周瑩(951-1016)、張遜(940-995)、石熙載(928-984)、弭德超(?-982)、柴禹錫(943-1004)、趙鎔，皆太宗未即位時給事左右、應對書記之臣（其中周瑩、張遜且歷任武職）；張齊賢(943-1014)為西都布衣；王沔(949-991)、趙昌言(945-1009)、張宏(939-1001)、温仲舒、寇準、向敏中、錢若水皆進士出身。由此可知太宗時文臣在樞密院已漸抬頭。到真宗朝，王欽若(962-1025)、陳堯叟(961-1017)領樞密使後，武臣任樞密使副的寖少。即或有之，亦為文臣所輕。如寇準輕視曹利用(971-1029)。仁宗朝繼承此風氣，武臣在樞府的益少。天聖三年(1025)十二月，張耆(974-1048)由淮南節度使拜樞密使，便為樞密副使晏殊所反對。宰相王曾(978-1038)亦輕視他，說他只是「一赤腳健兒」。參見《東都事畧》，卷五十一〈王曾傳〉，頁四下(頁 762)；《長編》，卷一百三，天聖三年十二月乙丑條，頁 2395。又在明道二年(1033)四月，仁宗拔王德用(980-1058)為簽書樞密院事，德用亦謝云：「臣武人，幸得以馳驅自効，賴陛下威靈，待罪行間足矣。且臣不學，不足以當大事。」又在皇祐五年(1053)五月，狄青(1008-1057)以平儂智高大功除樞密使，曾薦引他的宰相龐籍(988-1063)便力以為不可。御史中丞王舉正亦力爭，不能奪，甚至請解言職。參見《宋史》，卷二百七十八〈王超傳附王德用傳〉，頁 9467；《澠水燕談錄》，卷一〈讜論〉，頁 7；《長編》，卷一百七十四，皇祐五年五月乙未條，頁 4207-4208；癸亥條，頁 4211。歐陽修在至和三年(即嘉祐元年，1056)以危言攻擊時任樞密使的狄青也說：「武臣掌機密而得軍情，不唯於國不便，亦於其身未必不為害。」那時文臣已把持樞府，武臣難以插足。是以王德用終以「宅枕乾岡，貌類藝祖」之譖早在寶元二年五月(1039)而去位，狄青亦以「家數有光怪」而出鎮。據魏泰所記，所謂狄青家有光怪，實「夜醮」而已。至英宗治平三年(1066)，殿前都虞候郭逵(1022-1088)為同簽書樞密院事。知制誥邵必(1005-1069)說：「逵武力之士，不可置廟堂。」及逵入西府，眾多不服，或以咎韓琦。韓琦說：「吾非不知逵望輕也。故事：西府當用一武臣。上欲命李端愿，吾知端愿傾邪，故以逵當之。」韓琦寧可任用才不勝的郭逵，而不願外戚李端愿(?-1091)出任樞使，此可見仁宗以後武臣即使入西府，亦「備位」而已。參見《歐陽修全集》，第四冊，卷一百九《奏議集》，卷十三〈論狄青箚子〉，頁1656；《長編》，卷一百二十三，寶元二年五月己酉條，頁 2907；卷二百八，治平三年四月庚戌條，頁 5051；《東都事略》，卷六十二〈王德用傳、狄青傳〉，頁一下(頁 932)，頁六上(頁 941)；魏泰：《東軒筆錄》，卷十，頁 117。

留意保存一二武臣，[114]但一般來說，對邊臣的恩賞漸薄；而士大夫對武人輕視之心，已根深蒂固，牢不可拔了。

上述三點帶來的後果，是「兵士雜於疲老，而未嘗申勅訓練，又不為之擇將，而久其疆場之權。宿衛則聚卒伍無賴之人，而未有以變五代姑息羈縻之俗。」[115]換句話說，就是北宋兵制固有精神的喪失。要知道北宋兵制之所以獨特於異代者，在其互相維制、互相調協的精神。此精神喪失，北宋兵制自必大壞。

第一節　中書樞密職權的混淆

中書、樞密職權的混淆，在太宗時已露出端倪。真宗、仁宗時，文武柄分持的觀念更泯然無存了。唐置樞密院，本意是分中書省之權；至此，則中書省反而侵奪樞密院的職掌，我們由下列四事可以見到：

一、宰臣權同發遣樞密院事與兼樞密使：真宗咸平三年(1000)正月，因上封者言樞密使王顯(932-1007)「專司兵要，謀略無所取」。乃命參知政事向敏中(949-1020)權同發遣樞密院事。[116]仁宗慶曆二年(1042)七月戊午(十七)，命右僕射兼門下侍郎平章事呂夷簡(979-1044)判樞密院，戶部侍郎平章事章得象(978-1048)兼樞密使，樞密使晏殊(991-1055)同平章事。後參知政事王舉正(991-1060)：「二府體均，判名太重，不可不避也。」右正言田況(1005-1063)亦以為言，九月丙午(初六)，於是夷簡改兼樞密使。[117]

二、中書、樞密同議軍政：真宗咸平四年(1001)十二月，邊臣請城綏州(今陝西榆林市綏德縣)，未決，詔中書省、樞密院會議決之。[118]咸平六年(1003)五月，河東轉運

114《宋史‧楊延昭傳》記：「帝（真宗）謂宰相曰：『（楊）嗣及（楊）延昭並出疏外，以忠勇自效，朝中忌嫉者眾，朕力為保庇，以及於此。』」另宋王君玉《國老談苑》卷二云：「李允則守雄州，匈奴不敢南牧，朝廷無北顧之憂。一日，出官庫錢千緡，復斂民間錢起浮圖。即時飛謗至京師，至於監司，亦屢有奏削。真宗悉封付允則。然攻者尚喧沸，真宗遣中人密諭之。允則謂使者曰：『某非留心釋氏，實為邊地起望樓耳。』蓋是時北鄙方議寢兵，罷斥堠。允則不欲顯為其備。然後謗毀不入，畢其所為。」參見《宋史》，卷二百七十二〈楊業傳附楊延昭傳〉，頁9307；王君玉(撰)，楊倩描、徐立群(點校)：《國老談苑》(與《丁晉公談錄》合本)(北京：中華書局，2012年6月)，卷二，「李允則守雄州」條，頁67-68。
115 王安石(撰)，李之亮(箋注)：《王荊公文集箋注》(成都：巴蜀書社，2005年5月)，上冊，卷四〈箚子‧本朝百年無事箚子〉，頁137。
116《長編》，卷四十六，咸平三年正月辛巳條，頁984。
117《長編》，卷一百三十七，慶曆二年七月戊午條，頁3283；九月丙午條，頁3290。
118《長編》，卷五十，咸平四年十二月丁未條，頁1089-1090。

副使鄭文寶(953-1013)上言：「管內廣銳兵萬餘，難得資糧。請徙置近南諸州。又欲令強壯戶市馬，以備征役。」真宗詔中書、樞密院參議。[119]仁宗康定元年(1040)二月，用翰林學士丁度(990-1053)與知諫院富弼(1004-1083)之言，詔樞密院自今邊事並與宰相張士遜(964-1049)、章得象參議。三月庚辰(廿六)，又從知樞密院事晏殊之請，詔參知政事同議邊事。癸未(廿九)並詔中書別置廳於樞密院之南，與樞密院議邊事。[120]慶曆五年(1045)十月庚辰(廿八)，雖罷宰臣兼樞密使，但樞密院亦請進退管軍之事，並與宰臣同議。[121]

三、真宗、仁宗皆以為中書應總文武大政：《遵堯錄》卷三云：

> 真宗自北道用兵，有邊奏至，凡軍旅之事，多先送中書。謂畢士安、寇準曰：「此皆欲卿等先知。中書總文武大政，樞密雖專軍機，然大事須本中書。頃來李沆往往別具機宜上奏，卿等當詳閱之。但於討論者悉言利害，勿以事干樞密而有隱也。」

卷六云：

> 帝（仁宗）曰：「軍國之事，當盡歸中書，樞密非古官。」[122]

四、大臣皆以為中書應預邊事，甚至議廢樞密院：真宗咸平五年(1002)十月，侍御史知雜事田錫說：「賞罰二柄，不必一一問中書；通變萬機，不必一一由密院。」[123]仁宗康定元年二月丁酉(十二)，翰林學士丁度說：「古之號令，必出於一。今二府分兵民之政，若措置乖異，則天下無適從，非國體也。請軍旅重務，二府得通議之。」知諫院富弼亦說：「邊事係國安危，不當專委樞密院。周宰相魏仁浦兼樞密使，國初范質、王溥亦以宰相參知樞密院事。今兵興，宜使宰相以故事兼領。」[124]西夏首領二人來降，補借奉職，羈置荊、湖。宰相初亦不知。富弼歎道：「此豈小事而

119《長編》，卷五十四，咸平六年五月庚寅朔條，頁1191。
120《長編》，卷一百二十六，康定元年二月丁酉條，頁2975；三月庚辰至癸未條，頁2992。
121《長編》，卷一百五十七，慶曆五年十月庚辰條，頁3805。
122 羅從彥：《遵堯錄》，卷三〈真宗〉，頁137；卷六〈富弼〉，頁187。
123《長編》，卷五十三，咸平五年十月庚寅條，頁1161。
124《長編》，卷一百二十六，康定元年二月丁酉條，頁 2975；羅從彥：《遵堯錄》，卷六〈富弼〉，頁187。

宰相不知耶。」[125]而晏殊知樞密院事，亦以令參知政事議邊事為請。慶曆二年(1042)，張方平(1007-1091)更請廢樞密院歸中書。他說：

> 臣竊以朝廷政令之所出，萬事之本原，一統於中書。若樞密院，則古無有也。起於後唐權宜之制，因循相承，兵柄寖重，乃與中書對秉衡軸，至於分軍民為二體，別文武為兩途。宣敕並行，議論難一，事無任責，更相顧望。自古為理，患在多門。……謂宜詳求利害，稽復古制，省樞密院，歸於中書。若又重於改為，則莫若通樞密院之職事於中書。[126]

嘉祐三年(1058)，詔翰林學士胡宿(996-1067)、知制誥劉敞(1019-1068)詳定官制。在他們所上的奏中，有云：

> 唐制：無公卿為樞密使。五代用兵，始與中書對掌機密。欲改正官制，當以院事還中書及尚書兵部。[127]

綜合來說，真宗以後，君臣上下，皆以為中書應總文武大政，而樞密非古制。故初而詔宰臣與樞密使同議邊事(由真宗咸平至仁宗慶曆初)；繼而宰臣兼樞密使(仁宗慶曆二年)；再而議廢樞密院(慶曆二年以後)，但結果沒有實現。

中書樞密職權混淆的直接原因，無疑是邊患。仁宗命呂夷簡兼樞密使，乃出於大將劉平(973-1040 後)戰死西邊之後。故元昊納款後，宰相便不兼樞密使。至其間接原因，則為相權漸重。慶曆二年七月丙午(初五)，樞密副使任布(975-1052)，便因數忤宰相呂夷簡而罷去。[128]

中書與樞密職權混淆後，不但中書兼握武柄，樞密院亦常參預中書事。嘉祐初，韓琦為相，或中書有疑事，往往私與樞密院謀之。治平元年(1064)五月，英宗(趙曙，1032-1067，1063-1067 在位)議除曹太后(1016-1079)弟曹佾(1018-1089)同平章事，先以

---

125 蘇軾(1037-1101)(撰)，孔凡禮(點校)：《蘇軾文集》(北京：中華書局，1986 年 3 月)，第二冊，卷十八〈碑‧富鄭公神道碑〉，頁 530。

126 《張方平集》，《樂全集》，卷二十〈論事‧論請通中書樞密院事〉，頁 274。

127 胡宿：《文恭集》，《叢書集成初編本》(北京：中華書局，1985 年新一版)，第二冊，卷七〈奏議‧論詳定官制〉，頁 80；劉敞：《公是集》，《叢書集成初編本》(北京：中華書局，1985 年新一版)，第五冊，卷三十三〈奏疏‧條上詳定官制事件〉，頁 398。

128 《長編》，卷一百三十七，慶曆二年七月丙午條，頁 3282。

問宰相韓琦，繼問樞密使富弼，然後決定。[129]而軍國大事，多由中書樞密同決定或同取旨。故三省長官與樞密使副，通謂之執政，在政治上的地位和作用更相近了。[130]

仁宗以後，樞密院的地位雖時抑時張，但中書樞密職權的互通，殆無疑義。今附述其梗概于後：英宗朝宰相韓琦、曾公亮(999-1078)，在治平二年(1065)五月甲申(廿五)，以樞密使富弼在告，於是英宗命二人權兼樞密院公事，但為期甚暫。[131]治平四年(1067)閏三月甲辰(廿六)，神宗(趙頊，1048-1085，1067-1085 在位)詔諸路帥臣及副總管有移易，可依慶曆故事，中書、樞密院參議。[132]神宗朝王安石(1021-1086)為相，欲張相權，遂抑樞密院。於熙寧三年(1070)五月丁巳(廿八)，王與次相韓絳(1012-1088)以審官院為審官東院，別置審官西院，以差遣使臣。神宗從之。大使臣差遣本屬樞密院，樞密使文彥博(1006-1097)反對無效。[133]元豐四年(1081)十一月，宋廷準備更改官制，議者又欲廢樞密院歸兵部，但未成功。[134]哲宗(趙煦，1077-1100，1085-1100 在位)元祐元年(1086)閏二月，章惇(1035-1105)仍知樞密院事，被回朝的舊黨大臣劉摯(1030-1097)和王巖叟(1044-1094)指斥他頗肆專橫，說他在樞密院的職權，擴至參預除授諫官。諫官有不如意，竟斥其可斬。雖然章惇在同月辛亥(廿三)卒為劉摯、王巖叟等所劾去位，但以後樞密院的權力亦稍復。[135]元祐二年(1087)二月辛卯(初八)，攝政的宣仁高太后(1032-1093)以太師文彥博之請，另樞密院亦以為言，詔兵部自今進廂軍兵籍之冊，以其副上樞密院。[136]三年(1088)二月辛卯(十四)，詔令今後文臣換大使臣，並三省、樞密院同取旨。[137]同年閏十二月丙辰(十四)，詔陝西、河東蕃官蕃兵，三路廣西、川、陝、荊湖民兵及敢勇、效用之屬並隸樞密院，兵部依舊主行，其餘路民兵，令兵部依舊上尚書省。[138]元祐五年(1090)七月丁卯(初四)，樞密院上言：「諸路主兵官

129《長編》，卷二百一，治平元年五月戊申條，頁 4866；丙辰條，頁 4871-4872。
130 王闢之：《澠水燕談錄》，卷五〈官制〉，頁 58。
131《長編》，卷二百五，治平二年五月甲申條，頁 4966。
132《長編》，卷二百九，治平四年閏三月甲辰條，頁 5088。
133《長編》，卷二百十一，熙寧三年五月丁巳條，頁 5138-5139。
134《長編》，卷三百二十，元豐四年十一月甲辰條，頁 7725。
135《長編》，卷三百六十九，元祐元年閏二月庚戌條，頁 8917，8923-8926；卷三百七十，元祐元年閏二月辛亥條，頁 8934-8935。
136《宋會要輯稿》，第十四冊，〈刑法七·軍制〉，頁 8587；《宋史》，卷一百八十九〈兵志三·廂兵〉，頁 4645。
137《長編》，卷四百八，元祐三年二月辛卯條，頁 9936。
138《長編》，卷四百十九，元祐三年閏十二月丙辰條，頁 10154；《宋會要輯稿》，第十四冊，〈刑法七·軍制〉，頁 8587。

及使臣等犯法，下所屬鞫治，及案到大理寺論法，乃上尚書省取旨。慮有元犯情重，或事干邊防，合原情定罪者。既元自樞密院行下，當申樞密院取旨。」得到宋廷准許。[139]至徽宗(趙佶，1082-1135，1100-1125 在位)朝，宰相王黼(1079-1126)銳意北伐，收復幽燕，於三省置經撫房，專治邊事，不復以關樞密院。[140]但這只是一種畸形發展而已。

中書參預軍政，在真宗、仁宗來說，不能不算是一種濟時的措施。邊患頻仍，確非樞密院足以應付。但這一轉變，卻發生兩種影響：

第一：中書、樞密議事多不合，常使政令不一。《東都事略》卷五十九〈范仲淹傳〉云：

> 會盜起淮南，知高郵軍晁仲約度不能禦，諭軍中富民出金帛，具牛酒，使人迎勞，且厚遺之。賊悅，徑去。事聞，富弼時在樞府，議欲誅仲約，以正軍法。（范）仲淹（時為參知政事）欲宥之。弼曰：「盜賊公行，守臣不能戰，又不能守，而使民醵錢遺之，法所當誅也。」仲淹曰：「郡縣兵械足以戰守，遇賊不禦，而又賂之，此法所當誅也。今高郵無兵無械，雖仲約之義當勉力戰守，然事有可恕。戮之恐非法意也。」仁宗從之。仲約由此免死。[141]

《揮麈後錄》卷一云：

> 熙寧初，滕達道為御史中丞，上言：「中書、密院議邊事多不合。趙明與西人戰，中書賞功而密院降約束。郭逵修補柵寨，密院方詰之，而中書已下褒詔矣。夫戰守，大事也，安危所寄，今中書欲戰，密院欲守，何以令天下？願敕大臣，凡戰守、除帥，議同而後下。」神宗善之。[142]

第二、晚唐五代，樞密院既侵奪了中書的職權，而本身卻未明白劃分職掌，故成了政治上的贅疣。宋太祖定兵制，使樞密院專理軍政，樞密院才成為一有生氣、有活力的獨立機關。至此，中書復奪其權，樞密院實無設立的必要。但北宋樞密院始終存在，則又成了政治上的贅疣無疑。

---

139 《長編》，卷四百四十五，元祐五年七月丁卯條，頁 10711。
140 《東都事略》，卷一百六〈王黼傳〉，頁二上(頁 1619)。
141 《東都事略》，卷五十九上〈范仲淹傳〉，頁五上下(877-888)。
142 王明清：《揮麈錄‧後錄》，卷一，第 125 條，「宰相樞密分合因革」，頁 53。

第二節　內外兵權的合一

真宗甫即位，便遭受到邊患的威脅；至景德元年(1004)與契丹議和，景德三年(1006)西夏請降，戰事延續達八九年之久。仁宗景祐初(1034-1035)，西夏元昊始謀入寇。寶元元年(1038)，開始大舉用兵。至慶曆三年(1043)，夏人請和，邊患也擾攘了六年。由於邊患嚴重，禁衛將帥紛紛領兵出邊，轉戰經年，既為邊境各路都部署的兵職，又兼帶禁衛職(軍職)。於是，太祖內外兵權分守的觀念漸趨淡薄。

第一，禁衛將帥出為邊境都部署兵職，仍帶禁衛職銜(軍職)。在出戰期間，兩種職位都可能遷徙或黜陟。《長編》卷四十五云：

> （咸平二年七月）甲申，以馬步軍都虞候、忠武節度使傅潛為鎮、定、高陽關行營都部署。[143]

卷四十六云：

> （咸平三年正月）乙酉，鎮、定、高陽關行營都部署、馬步軍都虞候、忠武節度使傅潛……削奪官爵，潛流房州。[144]

則傅潛(939-1017)由領兵出外以至被貶，皆帶邊職(兵職)與禁衛職(軍職)。

卷四十六云：

> （咸平三年正月）癸未，以殿前都虞候葛霸為貝冀、高陽關前軍行營都部署。

卷四十七云：

> （咸平三年四月）丁巳，徙天雄軍都部署、殿前副都指揮使、保順節度使葛霸為邠寧環慶都部署。

卷四十八云：

> （咸平四年四月）丙午，以馬軍都指揮使、感德軍節度使葛霸為并代行營都部署。

卷五十七云：

> （景德元年閏九月）丙子，馬軍都指揮使葛霸為駕前西面邢洺路都部署。

143《長編》，卷四十五，咸平二年七月甲申條，頁955。
144《長編》，卷四十六，咸平三年正月乙酉條，頁986。

145

考葛霸(934-1008)於景德二年(1005)十二月癸未(初九)解軍職,是則在四五年內,其邊職與禁衛職幾經遷徙。[146]

卷一百二十三云:

> (寶元二年正月)丙午,以殿前都虞候、邕州觀察使、環慶路副都部署劉平兼鄜延、環慶路安撫副使。

卷一百二十七云:

> (康定元年四月)丁未,贈步軍副都指揮使、靜江軍留後劉平為忠武節度使兼侍中。

可見劉平在戰死之前,已陞軍職為步軍副都指揮使。[147]

第二,有本任邊職而入為禁衛帥,再兼邊職者。《長編》卷一百二十九云:

> (康定元年十月)丙申,環慶部署、忻州團練使、兼知慶州任福為龍神衛四廂指揮使、賀州防禦使……尋命福兼鄜延路副都部署。

又云:

> (康定元年十二月)癸卯,龍神衛四廂都指揮使、賀州防禦使、環慶副都部署任福為馬軍都虞候。[148]

這是說,任福(981-1041)以邊臣加禁衛軍職仍任邊職。慶曆元年(1041)二月庚寅(十一),當他戰死好水川(今寧夏固原市西吉縣境內之籠落川、什字路河川)時,他所加的管軍軍職已從最低的龍神衛四廂都指揮使,遷三階為馬軍都虞候。[149]

由上述兩點,可見那時內外的兵權,不再像宋初那樣劃分得很清楚。更有一點,可作此說的旁證。《長編》卷二百八云:

---

145 《長編》,卷四十六,咸平三年正月癸未條,頁984;卷四十七,咸平三年四月丁巳條,頁1011;卷四十八,咸平四年四月丙午條,頁1056;卷五十七,景德元年閏九月丙子條,頁1269。

146 《長編》,卷六十一,景德二年十二月癸未條,頁1377。

147 《長編》,卷一百二十三,寶元二年正月丙午條,頁2892;卷一百二十七,康定元年四月丁未條,頁3007。

148 《長編》,卷一百二十九,康定元年十月丙申條,頁3052;十二月癸卯條,頁3061。

149 《長編》,卷一百三十一,慶曆元年二月己丑至庚寅條,頁3100-3101。按三衙管軍最低一階為龍神衛四廂都指揮使,再遷為天武捧日四廂都指揮使、步軍都虞候、馬軍都虞候。按任福自龍神四廂遷三階為馬軍都虞候。

（治平三年十月）丁亥，同簽書樞密院事郭逵為陝西四路沿邊宣撫使兼權判渭州。逵懇辭簽書。上曰：「初欲授卿宣徽使，慮外人以為罷政，第領樞職。」往重使權，自呂餘慶以參知政事權知成都府，其後見任執政無守藩者。至逵始以同簽書樞密院事出鎮。[150]

英宗享祚短促，一切政制仍依仁宗，可算是仁宗朝的延續。而以同簽書樞密院事兼判藩鎮，實違反太祖內外兵權分守的原則。為了此事，侍御史呂景在治平四年(1067)五月，神宗繼位不久便說過「樞府兵柄，方鎮帶之，於體非便」的話。[151]雖然這只是偶然發生的事，不成定制，但當時對此觀念的忽視，亦可以想見。

第三節 地方性的禁軍與作戰主力的轉移

太祖制兵，禁軍最為精銳，駐在京師；地方除戍守駐泊外，沒有禁軍之設；而就糧之兵，亦不甚多。這是強幹弱枝之道，前已詳及。所以真宗、仁宗時，各地紛置就糧禁軍，實失太祖之意。加以北人事釁，西敵合從，不得不外遣重兵，宿衛之兵日形單薄。難怪張方平恐怕有「尾大不掉」之患了。[152]。

那時各地所置的禁軍，大都由鄉兵和廂軍升格而成。咸平五年(1002)五月丙辰(廿一)，遣使往邠、寧、環、慶、涇、原、儀、渭、隴、鄜、延等州，於保安、保毅義軍內，與逐處官吏選取有力者二萬人，各置營本州，號振武指揮，升為禁軍。咸平六年(1003)四月，令西京左藏庫副使張延禧，乘傳簡選河東州兵萬三千餘人，立為神銳二十四指揮、神虎十指揮，又升石州(今山西離石市)廳子軍為禁軍。又以神虎十指揮隸虎翼軍。[153]

各地紛置禁軍，是由一種邊患日迫、禁軍缺乏的狀況引激而來，如陳傅良所說：「自元昊叛而西北有保毅，王倫叛而東南有宣毅，於是列郡稍置禁軍。」[154]在當時的

---

150 《長編》，卷二百八，治平三年十月丁亥條，頁 5064。
151 楊仲良(?-1184 後)：《通鑑長編紀事本末》(以下簡稱《長編紀事本末》)，收入趙鐵寒主編：《宋史資料萃編》，第二輯，(臺北：文海出版社，1967 年 11 月)，第四冊，卷五十七〈神宗皇帝‧宰相不押班〉，頁十下(頁 1836)。
152 張方平：《張方平集》，《樂全集》，卷二十一〈論事‧論京師衛兵事〉，頁 303。
153 《長編》，卷五十二，咸平五年五月丙辰條，頁 1133；卷五十四，咸平六年四月乙丑條，頁 1187；《文獻通考》，第八冊，卷一百五十六〈兵考八‧郡國兵鄉兵〉，頁 4652；《宋史》，卷一百八十七〈兵志一‧禁軍上〉，頁 4573。
154 陳傅良：《止齋先生文集》，文淵閣《四庫全書》本，卷十九〈奏狀箚子‧赴桂陽軍擬奏事箚子第二〉，頁四下。

帝王眼中，是不得已之舉。《長編》卷五十二記咸平五年(1002)五月甲辰(初九)，真宗與輔臣論邊事，有云：

> 方今州兵亦不可太盛，須防之於漸。唐自明皇後，藩方逐帥，坐邀旄鉞，河朔三鎮，終不能制，此可為鑑戒也。

同月丙辰(廿一)又云：

> 當今邊防闕兵，朝廷須為制置，蓋不得已也。俟疆場寧靜，乃可消弭耳。[155]

各地置禁軍後，國計民生頗受影響，冗兵之患更形凸出了。陳傅良說：

> 自州郡各有禁軍，而三司之卒不出，不出則常坐食於京師；常坐食於京師，則必盡天下之利歸於公上；利盡歸於公上，而州郡之益兵已多，則其勢巧取陰奪而後足。於是養兵始為大患。[156]

各地置禁軍是一種很不尋常的事，而另一不尋常的事也在真宗、仁宗時普遍表現出來。那便是禁軍多怯懦不善戰鬥，作戰主力轉移到鄉兵、蕃兵和廂軍身上。這與太祖兵制更是背道而馳的。(《兵志》敘述鄉兵、蕃兵、廂軍之事甚詳，但儘管羅列事實，這一種作戰主力的轉移卻沒有看出來。)

北宋的鄉兵，主要的，有河北、河東神銳、忠勇（仁宗時久已廢）、強壯（五代時已有，真宗咸平三年復籍河北、河東民為之），河北忠順（太宗時置）、強人（真宗時募），陝西保毅寨戶強人（周廣順之制，真宗咸平五年正月點沿邊丁壯充保毅軍六萬八千七百七十五人）、強人弓手（真宗時募）、河東陝西弓箭手（周廣順之制，宋太祖建隆二年詔釋之，真宗景德二年復募），河北、河東、陝西義軍，川峽土丁（神宗熙寧七年募）、壯丁，荊湖南北弩手、土丁，廣南東西路槍手（仁宗嘉祐六年置）、土丁（嘉祐七年置），邕州溪峒壯丁（英宗治平二年籍）等。[157]鄉兵在宋初，只是一種後周的殘餘政制，到真宗以後，才普遍起來；同時也得到發展的機運。

155《長編》，卷五十二，咸平五年五月甲辰條，頁 1132；丙辰條，頁 1133。
156 陳傅良：《止齋先生文集》，卷十九〈奏狀箚子・赴桂陽軍擬奏事箚子第二〉，頁四下至五上。
157 參見《文獻通考》，第八冊，卷一百五十六〈兵考八・郡國兵鄉兵〉，頁 4653-4670；《宋會要輯稿》，第十四冊，〈兵一・鄉兵〉，頁 8601-8620。

　　鄉兵中最稱強勁的，是河東、陝西弓箭手。弓箭手異於其他鄉兵的地方，是「官給閑田，永蠲其租」，故多募於邊界。給田之議始自曹瑋(973-1030)。《長編》卷六十云：

　　　　（景德二年五月）知鎮戎軍曹瑋言：「邊民應募為弓箭手者，皆習障塞蹊隧，能解羌人語，耐寒苦，有警可參正兵為前鋒。而官未嘗與器械資糧，難責其死力。請給以境內閑田，永蠲其租。」……詔：「人給田二頃，出甲士一人；及三頃者，出戰馬一匹。設堡戍，列部伍，補指揮使以下，校長有功勞者，亦補軍都指揮使，置巡檢以統之。」其後鄜、延、環、慶、涇、原并河東州軍，亦各募置。（同見《宋會要》兵四，《兵志》四）[158]

　　真宗、仁宗兩朝的禁軍，已缺乏了原有的特出和勇武的精神，代之而起的是宋初不關重要的鄉兵。真宗咸平四年(1001)九月，曾詔陝西保毅軍與正兵分戍守城壘。景德三年十一月，遣陝西振武鄉兵代戍西邊。[159]此後鄉兵代替禁軍出戍成了常事。（詳見《兵志》四、五、六）[160]非但如此，鄉兵在邊境的戰績，實遠勝禁軍，故契丹與西夏兵都畏鄉兵，而不畏禁軍。寶元三年(即康定元年，1040)知制誥王拱辰(1012-1085)說：

　　　　昨奉使時，聞契丹不畏官軍而畏土兵。[161]

慶曆四年(1044)六月，富弼上禦敵之策：

　　　　北敵惟懼邊兵。凡聞以南兵替入內地，敵人大喜，故來則決勝而回。[162]

《文獻通考》卷一百五十五〈兵考七〉云：

158《長編》，卷六十，景德二年五月癸丑條，頁 1337-1338；《宋會要輯稿》，第十四冊，〈兵四‧弓箭手〉，頁 8677；《宋史》，卷一百九十〈兵志四‧鄉兵一〉，頁 4712。

159《長編》，卷四十九，咸平四年九月庚寅條，頁 1074；卷六十四，景德三年十一月庚戌條，頁 1433-1434；《宋史》，卷一百九十〈兵志四‧鄉兵一〉，頁 4709。

160《宋史》，卷一百九十〈兵志四‧鄉兵一〉，頁 4705-4706，4709-4710，4712-4714；卷一百九十一〈兵志五‧鄉兵二〉，頁 4735-4736，4741-4744；卷一百九十二〈兵志六‧鄉兵三〉，頁 4769，4773-4774。

161《宋會要輯稿》，第十四冊，〈兵一‧鄉兵〉，頁 8603。

162《長編》，卷一百五十，慶曆四年六月戊午條，頁 3647。

康定初，趙元昊反……是時禁軍多戍陝西，陝西並邊土兵雖不及等，然驍勇善戰，而以京師所遣戍為東兵。東兵雖魁碩，大率不能辛苦，而摧鋒陷陣非其所長。[163]

慶曆四年(1044)五月，范仲淹、韓琦上書說：

西戎以山界蕃部為強兵，漢家以山界屬戶及弓箭手為善戰。以此觀之，各以邊人為強。[164]

英宗治平二年(1065)十二月，司馬光說：

其所以誘脅熟戶，迫逐弓箭手者，其意以為東方客軍皆不足畏，唯熟戶、弓箭手生長極邊，勇悍善鬥，若先事翦去，則邊人失其所恃。入寇之時，可以通行無礙也。[165]

熙寧二年(1069)，蘇轍上書論仁宗時事，亦謂「今世之強兵，莫如沿邊之土人；而今世之惰兵，莫如內郡之禁旅。」[166]無怪李綱〈禦戎論〉謂「吾之師，獨土兵及熟戶、蕃漢弓箭手為可用」了。[167]

禁軍怯懦，與鄉兵善戰，並不是偶然的。今先述禁軍怯懦不能戰的原因：

一、新募之兵，質素欠佳。真宗、仁宗時，募兵多市井無賴之人，加以缺乏訓練，故質素日壞。《文獻通考》卷一百五十五〈兵考七〉云：

康定初，趙元昊反，西邊用師。詔募神捷兵，既而易名萬勝軍，為二十營。所募多雜市井之人，選懦不足以備戰守。[168]

歐陽修也說：

---

163 考《三朝名臣言行錄》卷一亦如是云云，且謂「賊常輕之，目曰東軍。」參見《文獻通考》，第八冊，〈兵考七·禁衛兵〉，頁 4636；朱熹(1130-1200)、李幼武(?-1172 後)(編)，李偉國(校點)：《八朝名臣言行錄》，《三朝名臣言行錄》，載朱杰人、嚴佐之、劉永翔(主編)：《朱子全書》，第十二冊(上海：上海古籍出版社，2010 年 9 月)，卷一之一〈丞相魏國韓忠獻王〉，頁 344。
164 范仲淹：《范仲淹全集》，中冊，《范文正公政府奏議》，卷下〈邊事·奏陝西河北和守攻備四策〉，〈三·陝西攻策〉，頁 591。
165 司馬光(撰)，李文澤、霞紹暉(點校)：《司馬光集》(成都：四川大學出版社，2010 年 2 月)，第二冊，卷三十三〈章奏十八·西邊劄子〉，頁 780-782。據《長編》卷二百六，治平二年十二月丁未條，頁 5008-5009，司馬光此奏上於是年十二月丁未(廿二)。據該書注者所考，《國朝名臣奏議》卷一百三十六，則繫於十一月。
166 蘇轍：《欒城集》，上冊，卷二十一〈書一首·上神宗皇帝書〉，頁 470。
167 李綱：《李綱全集》，下冊，卷一百四十四〈論下·禦戎論〉，頁 1368。
168《文獻通考》，第八冊，卷一百五十五〈兵考七·禁衛兵〉，頁 4636。亦見《宋史》，卷一百八十七〈兵志一·禁軍上〉，頁 4574。

其諸軍禁兵，共九萬五千餘人，內駐泊兵三萬餘人，惟萬勝最多最不精。[169]

《長編》卷七十七也記在大中祥符五年(1012)二月，上書者向真宗稱莫州(今河北滄州市任丘市北)、順安軍(今河北保定市高陽縣東舊城)騎捷兵，皆被邊惡少。[170]

二、承平日久，人不習戰：司馬光在治平二年(1065)正月上奏說：

國家承平日久，人不習戰。雖屯戍之兵，亦臨敵難用。惟弓箭手蕃部，皆生長邊陲，習山川道路，知西人情偽，材氣勇悍，不懼戰鬥。從來國賴之以為藩蔽。[171]

三、禁軍的升補標準降低：由於邊患嚴重，原有禁軍不足用。於是廂軍、鄉兵紛紛升為禁軍，其例見前。此外弓手、役夫等，皆有可能升為禁軍。現更舉例如下：

章獻劉太后(968-1033，1022-1033 攝政)時，丁度請選河北、河東役兵補禁軍。[172]仁宗天聖五年(1027)十月，詔修河兵夫，候功畢日，其少壯願隸禁軍者聽之。[173]康定元年(1040)二月，揀在京諸坊監及宮觀雜役、修倉、備征、措事、河清、馬遞鋪卒升補禁軍。四月，又揀諸路牢城、及強盜、惡賊配軍，年未四十壯健者隸禁軍。五月，又詔御輦院揀下都輦官年四十以下為禁軍。[174]慶曆二年(1042)二月，升涇原路靜邊(今甘肅平涼市靜寧縣紅土嘴，又名鮑家嘴頭) 等寨新置蕃落指揮隸禁軍。[175]這麼一來，禁軍和鄉兵廂軍的性質和能力，已是相差不遠。

四、揀軍者只務多而不務精：太祖揀補之制，頗為嚴格，[176]至真、仁兩朝，則揀選不精，苟且充數而已。我們由嘉祐六年(1061)七月，同知諫院司馬光所上言可見：

169《歐陽修全集》，第五冊，卷一百十五《河東奉使奏草》卷上〈箚狀十六首‧論宣毅萬勝等兵箚子〉，頁1750-1751。

170《長編》，卷七十七，大中祥符五年二月丁未條，頁1755。

171《司馬光集》，第二冊，卷三十二〈章奏十七‧陳述古箚子〉，頁 768；《長編》，卷二百四，治平二年二月丙午條，頁 4948-4949。按文集注者據各本，以此箚子上於治平二年正月十日，惟《長編》繫於治平二年二月丙午(十六)條。

172《宋史》，卷二百九十二〈丁度傳〉，頁9762。

173《長編》，卷一百五，天聖五年十月戊寅條，頁2452。

174《長編》，卷一百二十六，康定元年二月庚子條，頁 2976；卷一百二十七，康定元年四月壬子條，頁3009；五月己未條，頁3010。

175《長編》，卷一百三十五，慶曆二年二月戊子條，頁3224。

176《宋史》，卷一百九十四〈兵志八‧揀選之制〉，頁4825。

臣竊聞朝廷近降指揮，揀選諸指揮兵士，補填近上軍分。其主兵之官，惟務人多，不復精加選擇，其間明知羸弱，悉以充數。[177]

禁軍的作戰能力既然日趨下坡，漸亦不為人所重。仁宗末年到英宗初年，知雄州步軍都虞候趙滋(1008-1064)便役使禁軍如廂軍，莫敢有言。[178]

此消彼長，禁軍衰而鄉兵興，是當然的道理。考鄉兵勇悍善戰的原因，有下列三點：

一、知山川道路；

二、熟敵人軍情；

三、有愛護鄉土骨肉之心，故戰必盡力。

這三點都是鄉兵特有，而禁軍所無的。富弼說：

夫土兵居邊，知其山川道路，熟其彼中人情，復諳敵兵次第，亦藉其營護骨肉之心，且又伏習州將命令，所禦必堅，戰必勝也。[179]

夏竦(985-1051)在寶元二年(1039)亦謂：

東兵不慣登陟、耐寒暑，驕懦相習，廩給至眾；土兵便習，各護鄉土，山川道路，彼皆素知。[180]

因此，真宗時錢若水、曹瑋；仁宗時韓琦、范仲淹、富弼、夏竦、尹洙(1001-1047)、薛向(1016-1081)、包拯(999-1062)、司馬光等，都極力主張募鄉兵。

除了鄉兵外，真、仁時蕃兵和廂軍的作戰能力亦提高，而且顯得非常重要。尤其是蕃兵，其作用本就和鄉兵一樣，是用來鞏固邊防的。而蕃兵亦有鄉兵一部分特長，熟悉敵情與山川道路。故《兵志一》說蕃兵「分隊伍，給旗幟，繕營堡，備器械，一律以鄉兵之制」；因附述於鄉兵之後。[181]但是鄉兵與蕃兵的待遇和制度頗有不同。蕃兵的被重用，是基於以夷制夷的理論。這種理論在真宗、仁宗時甚囂塵上。真宗時張齊賢；仁宗時劉平、梅詢(965-1040)、范仲淹等皆主之。但因蕃人性反覆，又不免為漢

177《司馬光集》，第一冊，卷十八〈章奏一·揀兵〉，頁531。
178《長編》，卷二百一，治平元年閏五月癸酉條，頁 4883-4884。據《長編》所記，趙滋治軍甚嚴，戰卒舊不服役，但他就役使他們如廂兵，莫敢有言，從繕治樓櫓，到簿書米鹽，都有條法。他性尤廉謹，月得公使酒，不以入家，他守雄州六年，在治平元年閏五月癸酉(初八)卒於任上。他守雄州，遼人都對他憚而惡之。
179《長編》，卷一百五十，慶曆四年六月戊午條，頁3647。
180夏竦：《文莊集》，文淵閣《四庫全書》本，卷十四〈募土兵奏〉，頁十三下。
181《宋史》，卷一百八十七〈兵志一·禁軍上〉，頁4569。

人歧視。故戰陣必先驅蕃卒於前，純粹是利用的性質。蕃兵的組織，在真宗時才由曹瑋制定：

> 屬羌百帳以上，其首領為本族軍主，次為指揮使，又其次為副指揮使。不及百帳為本族指揮使。其蕃落將校，止於本軍敘進，以其習知羌情與地利，不可徙他軍也。[182]

至於用蕃兵作戰得勝的例，更是不可勝數。其中最能表現蕃兵善戰的事，便是狄青平儂智高，完全是靠著延州舊府蕃落騎兵的力量。[183]

說到廂軍，早在太宗雍熙三年(986)十二月，張齊賢知代州(今山西忻州市代縣)，便曾因禁軍少而怯懦，屢以廂軍出戰。[184]真宗咸平五年(1002)七月，因緣邊部隊缺乏，帝命內臣六宅使劉承珪(950-1013)往環、慶等州，選廂軍之材勇者，得四千五百人，付諸城寨，易禁旅歸部署司，使悉充行陣，皆以為便。[185]仁宗時，元昊反，張亢(994-1056)為并代都鈐轄，因禁軍無鬥志，故募役卒數百擊賊，禁軍慚，始請效死。[186]可見廂軍的作戰能力，已逐漸增強而向禁軍看齊了。

仁宗皇祐中，有所謂教閱廂軍。京東安撫使富弼募饑民為廂軍，教以武技，其作戰能力與禁軍不相上下。仁宗便「詔以其騎兵為教閱騎射、威邊，步兵為教閱壯武、威勇。分置青、萊、淄、徐、沂、密、淮陽七州軍，征役同禁軍。」嘉祐四年(1059)，復詔「西路於鄆、濮、齊、兗、濟、單州置步兵指揮六，如東路法。於是東南州軍多置教閱廂軍，皆以威勇、忠果、壯武為號，訓肄如禁軍，免其他役。」到此時，廂軍升格為禁軍便成了必然的趨勢。熙寧時教閱廂軍升為禁軍的很多(詳見《兵志》三)。[187]

第四節　邊將權力的低落

182《東都事略》，卷二十七〈曹瑋傳〉，頁六下(頁 452)；《宋史》，卷二百五十八〈曹瑋傳〉，頁8988。

183 吳曾(?-1170 後)：《能改齋漫錄》(上海：上海古籍出版社，1979 年 11 月據中華書局 1960 年 11 月點校本重印，卷十二〈記事〉，「狄武襄不知體」條，頁 348。

184《東都事略》，卷三十二〈張齊賢傳〉，頁七上下(頁 529-530)；《長編》，卷二十七，雍熙三年十二月乙未條，頁 626-627。

185《長編》，卷五十二，咸平五年七月丙辰條，頁 1144。

186《東都事略》，卷六十一〈張亢傳〉，頁一上(頁 915)。

187《文獻通考》，第八冊，卷一百五十六，〈兵考八·郡國兵鄉兵〉，頁 4652-4653；《宋史》，卷一百四十二〈兵志三·廂兵〉，頁 4642-4644。

太祖對藩鎮務嚴，對邊將尚寬。真宗以後，走上文治的軌道，知州多用文臣，不愁藩鎮生變；其注意力已轉向邊將身上，自然不能再像太祖那樣寬大了。如蘇轍所言，那時，「一錢以上，皆籍於三司，有敢擅用，謂之自盜。而所謂公使錢，多者不過數千緡，百須在焉。而監司又伺其出入而繩之以法。」[188]邊將既無貨財之誘，自然無法得其死力，因此間諜不精，將士不勇。一方面邊將不得久任，誠如張方平在慶曆七年(1047)二月十六日答手詔所論，「地形山川未及知，軍員士伍未及識，吏民土俗未及諳，已復去矣。」將何以服邊境而得稱職？[189]在這樣的情況下，雖邊境屯百萬之眾，亦不足防寇患了。

此外，真宗、仁宗更多方講求掣肘和控制邊將的方法。總括來說，有下列三點：

第一、用宦官監軍：

用宦官監軍，是晚唐的弊政。真宗竟亦效尤，用宦官為鈐轄、都監，以掣肘邊將。《長編》卷五十二云：

> （咸平五年）六月乙亥，以（王）超為定州路駐泊行營都部署，殿前都虞候王繼忠副之。入內都知韓守英為鈐轄。上謂守英曰：「汝腹心之臣，遠戍邊鄙，切須盡心，令上下輯睦。若知敵中事宜，尤當詳審，不可虛發士馬，以致擾動。」[190]

由此可見真宗對宦官委任之重，期望之殷；實遠非邊臣所可及。

鈐轄、都監雖位次部署，但部領邊兵，地位亦很重要。太祖即位之初，便曾利用都監來控制藩鎮。[191]宦官既在內為帝王之親信，出外為鈐轄、都監，自然權勢更重；

---

188 蘇轍：《欒城集》，上冊，卷二十一〈書一首‧上神宗皇帝書〉，頁 469。

189 張方平：《張方平集》，《樂全集》，卷十八〈對詔策‧對手詔一道〉，頁 227。

190《長編》，卷五十二，咸平五年六月乙亥條，頁 1137。

191 太祖初平天下，即利用監軍以察方鎮的動靜（時方鎮尚擁兵權）。監軍位固卑於方鎮，但受帝命，權反出其上。察方鎮之功過，若有反側之意，便進而圖之，竟握生殺之權。在《長編》中，發現下列數事，可以為證：

(1)「初，成德節度使金城郭崇聞上受禪，時或涕泣。監軍陳思晦密奏其狀。且言常山近契丹，崇懷怨望，宜早為之所。上曰：「我素知崇篤於恩義，此蓋感激所發耳。」然亦遣使偵之。（卷一，建隆元年七月戊午條，頁 19）。

(2)「保義節度使河東袁彥，性凶率，政出羣小，陝人患之。及聞禪代，日夜繕甲治兵。上慮其為變，命潘美往監其軍，遂圖之。美單騎入城，諭令朝覲。彥即治裝上道。上喜謂左右曰：「潘美不殺袁彥，成我志矣。」丙子，徙彥為彰信節度使。」（卷一，建隆元年八月丙子條，頁 20）。

(3)「（楊）庭璋（建雄節度使）姊，故周祖妃，上疑有異志，命鄭州防禦使信都荆罕儒為晋州兵馬鈐轄，使伺察之。罕儒每入府中，從者悉持刀劍，庭璋開懷接納，殊不設備，罕儒亦不敢發。」（卷一，建隆元年十月丁卯朔條，頁 25-26）。

主將往往被掣肘，而失於應變。仁宗康定元年(1040)，劉平、石元孫(993-1064)因延帥范雍(979-1046)、內臣鈐轄盧守懃(?-1040後)閉門不救，內臣都監黃德和(?-1040)引兵先走，以致敗亡。而雍、守懃歸罪於通判計用章，德和反誣劉平降賊。[192]於是掀起文臣反對宦官監軍的浪潮。仁宗以夏守贇(997-1042)為陝西都部署，以入內都知王守忠(?-1054)為都鈐轄。知諫院富弼便說：「用守贇已為天下笑，而守忠鈐轄，乃與唐中官監軍無異。將吏必怨懼，盧守懃、黃德和覆車之轍，可復蹈乎？」詔罷守忠不遣。[193]知樞密院事晏殊亦請罷監軍。[194]至此仁宗不能再蔑視大臣的意見，因而稍抑宦官。《澠水燕談錄》卷二云：

> 或乞罷諸帥監軍，仁宗以問宰臣，呂文靖公（夷簡）。曰：「不必罷，但擇謹厚者為之。」仁宗委公擇之。對曰：「臣待罪宰相，不當與中貴私交，無由知其賢否。願詔都知、押班保舉，有不職，與同罪。」仁宗從之。翌日，都知叩首，乞罷諸監軍。士大夫嘉公有謀。[195]

這一次文臣與宦官暗爭，總算是文臣勝利了，宦官自請罷監軍。但不久，宦官出為鈐轄、都監的更多，至嘉祐更成定制。《宋會要》職官四十八云：

> 嘉祐二年九月七日，詔內臣為鈐轄、都監者，逐路止置一員。[196]

這便啟以後李憲(1042-1092)、王中正(1029-1099)之獨攬軍權，童貫(1054-1126)、譚稹(?-1126後)之紊亂軍政了。

　　第二、用陣圖控制軍事：

---

(4)「上初即位，（孫）行友（義成節度使）不自安，累表乞解官歸山，上不許。行友懼，乃繕治甲兵，將棄其孥，還據山寨以叛。兵馬都監藥繼能密表其事。」（卷二，建隆二年八月甲辰條，頁52）。
(5)「（侯）仁矩在雄州日，方飲宴，敵騎數千白晝入州城，居民驚擾。延廣（其子）引親信數騎馳出衙門，射殺其酋一人，斬首數級，悉擒其餘黨，持首級以獻。仁矩喜，撫其背曰：「興吾門者必汝也。」監軍李漢超以其事聞，詔書褒美，賜錦袍、銀帶。」（卷十一，開寶三年二月己卯條，頁241-242）。太祖利用監軍以察方鎮，此乃統一之初，欲鞏固政權之必然措施。
192《東都事略》，卷十九〈石守信傳附石元孫傳〉，頁二下(頁 332)；卷六十八〈富弼傳〉，頁一下(頁1028)；卷一百十〈忠義傳·劉平〉，頁二上下(頁 1685-1686)；魏泰：《東軒筆錄》，卷九，頁 105-106。
193《蘇軾文集》，第二冊，卷十八〈碑·富鄭公神道碑〉，頁 529。
194《歐陽修全集》，第二冊，《居士集》卷二十二〈碑銘二首·觀文殿大學士行兵部尚書西京留守贈司空兼侍中晏公神道碑銘〉，頁 352-353。
195 王闢之：《澠水燕談錄》，卷二〈名臣〉，頁 15。
196《宋會要輯稿》，第七冊，〈職官四十八·都鈐轄、鈐轄〉，頁 4379；按《文獻通考》卷五十九同，且云：「祖宗不常置。」，參見《文獻通考》，第三冊，〈職官考十三〉，頁 1782。

　　陣圖本來是用來訓練軍隊作戰的方法，歷代都有應用。宋太祖乾德元年(963)閏十二月，有龍捷軍校王明獻陣圖，便得到很優厚的賞賜。[197]太宗在雍熙四年(987)五月亦曾製《平戎萬全陣圖》，親授邊將。[198]其用意只是一種作戰方略的講求。但到了真宗，卻利用陣圖來控制邊境軍事，盡奪諸將權柄。《宋會要》兵八云：

> （咸平二年）十二月，又以殿前都指揮使王超，權都虞候張進為先鋒、策先鋒大陣往來都提點；馬步軍都軍頭呼延贊，馬軍都軍頭王潛為先鋒；濱州防禦使王榮、馬步軍副都軍頭王繼忠為策先鋒。內出陣圖，令識其部分。

又云：

> 咸平四年七月，以山南東道節度使、同平章事王顯為鎮、定、高陽關三路都總管。……十月……仍列繪為圖，遣內侍都知閣承翰齎示王顯等，且戒之曰：「設有未便，當極言以聞，無得有所隱也。」[199]

《長編》卷五十云：

> （咸平四年）十一月戊寅，王顯上言：「先奉詔令於近邊布陣，及應援北平控扼之路。無何，敵騎已越亭障。今前陣雖有尅捷，恐未贖違詔之罪。」上慮顯憂懼，即降手札慰獎之。[200]

《宋會要》兵七云：

> （景德元年十一月）二十五日，給隨駕諸軍介冑，內出陣圖二，一行一止，付殿前都指揮使高瓊等。[201]

真宗賜諸將陣圖，固能收指控之效；但對作戰方面，很是不利。

　　其一是諸將死守陣法，智謀無所施，緩急不相救。慶曆中，仁宗問王德用邊事，他就指出這一點來：

> 咸平、景德中，賜諸將陣圖，人皆死守戰法，緩急不相救，以至于於屢敗。誠願不以陣圖賜諸將，使得應變出奇，自立異效。[202]

197《長編》，卷四，乾德元年閏十二月乙卯條，頁112。
198 錢若水：《宋太宗實錄》，卷四十一，雍熙四年五月庚寅條，頁104。
199《宋會要輯稿》，第十四冊，〈兵八‧出師二‧契丹遼〉，頁8759-8760。
200《長編》，卷五十，咸平四年十一月戊寅條，頁1084。
201《宋會要輯稿》，第十四冊，〈兵七‧親征〉，頁8740。
202《宋史》，卷二百七十八〈王超傳附王德用傳〉，頁 9468-9469；葉夢得：《石林燕語》，卷九，頁132。

其一是易為敵所乘。《長編》卷五十六云：

> （景德元年七月乙未）先是，以大陣步騎相半，敵諜知王師不敢擅離本處，
> 多盡力偏攻一面。既眾寡不敵，罕能成功。[203]

宋羅從彥對真宗此舉有很切當的批評，今錄之如下：

> 此於制勝一時之策，可謂善矣。然非常行之道也。自古朝廷之事，可付之
> 相；邊事付之將。苟自中制之，立為陣圖以授之，內外不相及，必有失機會者
> 矣。古人云：閫外之事，將軍主之。此最為知言也。[204]

仁宗時，晏殊亦請「無以陣圖授諸將，使得應敵為攻守。」[205]可見仁宗仍是承襲真宗的做法。

第三、用文人為最高統帥：

太祖朝出兵征伐叛逆，總帥為都部署，以武人為之。曾任此職的，有石守信(928-984)、慕容延釗(913-963)、王景(889-963)、王全斌(908-976)、李繼勳(916-977)、韓重贇(?-974)、曹彬(931-999)、潘美(925-991)、党進(928-978)等。太宗朝因邊患嚴重，西北邊境，皆設都部署，亦以武人為之。如郭進、曹彬、潘美、崔翰、李漢瓊(927-981)、崔彥進(922-988)、米信(928-994)、劉廷讓(929-987)、郭守文(935-989)等，皆曾為之。真宗咸平年間，曾任都部署的有傅潛(939-1017)、石保吉(954-1010)、高瓊(935-1006)、葛霸、康保裔(?-1001 後)、王顯、王漢忠(949-1002)、桑贊等(?-1006)。這些都是武將。

但自真宗咸平年間，設宣撫使、安撫使、經略使、安撫經略使，以後兵權便漸由武將手中轉到文臣身上來。宣撫使、安撫使、經略使等，初不常置，其身份為使臣，其職務是為帝王訪尋民間疾苦，賜犒地方官吏，宣布德澤而已，並未參預軍事。由大臣擔任，出使之期甚暫。我們可由下列諸條見之：

《長編》卷四十七云：

> （咸平三年六月）上以大兵（王均之亂）後，議遣重臣巡慰兩河。初命宰
> 相張齊賢，辭不行。丁卯，命參知政事向敏中為河北、河東宣撫大使，樞密直

203《長編》，卷五十六，景德元年七月乙未條，頁 1246。

204 羅從彥：《遵堯錄》，卷三〈真宗〉，頁 136。

205《歐陽修全集》，第二冊，《居士集》卷二十二〈碑銘二首‧觀文殿大學士行兵部尚書西京留守贈司空兼侍中晏公神道碑銘〉，頁 353。

學士馮拯、陳堯叟為副大使，發禁兵萬人翼從。所至訪民疾苦，宴犒官吏。
（同見《宋會要》職官四十一）[206]

又云：

> （咸平三年十月）丙寅，命翰林學士王欽若，知制誥梁顥分為西川及峽路安撫使；國子博士袁及甫、秘書丞李易直副之，閤門祇候李承象同勾當安撫事。所至錄問繫囚，自死罪以下得第降之。上諭欽若等曰：「朕以觀省風俗，尤難其人。數日思之，無易卿等。各宜宣布德澤，使遠方知朕勤卹之意。」[207]

卷四十九云：

> （咸平四年八月）辛丑，命兵部尚書張齊賢為涇、原、儀、渭、邠、寧、環、慶、鄜、延、保安、鎮戎、清遠等州軍安撫經署使，知制誥梁顥副之。即日馳騎而往。[208]

自咸平五年(1002)張齊賢為邠、寧等州經略使後，經略使才專管軍馬，但亦任期不久。《長編》卷五十一云：

> （咸平五年正月）甲辰，以右僕射張齊賢為邠、寧、環、慶、涇、原、儀、渭、鎮戎軍經略使、判邠州。令環慶、涇原兩路及永興軍駐泊兵並受齊賢節度。

又云：

> （咸平五年正月）癸亥，改命張齊賢判永興軍府兼馬步軍部署，罷經略使之職。[209]

是則張齊賢為經略使，為時不足一月。

《長編》卷五十二云：

> （咸平五年七月）丙申，以鄧州觀察使錢若水為并代經略使，判并州。上新用儒將，未欲使兼都部署之名，而其任實同也。

卷五十四云：

---

[206] 《長編》，卷四十七，咸平三年六月丁卯條，頁 1019-1020；《宋會要輯稿》，第七冊，〈職官四十一‧宣撫使〉，頁 4007。
[207] 《長編》，卷四十七，咸平三年十月丙寅條，頁 1030。
[208] 《長編》，卷四十九，咸平四年八月辛丑條，頁 1068。
[209] 《長編》，卷五十一，咸平五年正月甲辰條，頁 1107-1108；癸亥條，頁 1112。

（咸平六年）五月庚寅朔，召錢若水歸京師。[210]

則錢若水經略并代，亦不足一年。

真宗景德三年(1006)，因雄州位當要衝，故置河北緣邊安撫使，用雄州守臣為之。雄州守臣率皆武將，故任河北緣邊安撫使的，亦是武臣。《長編》卷六十二云：

（景德三年《四月》）乙酉，置河北緣邊安撫使、副使、都監於雄州，命雄州團練使何承矩、西上閤門使李允則、權易副使楊保用為之，並兼提點諸州権場。[211]

河北緣邊安撫使的任務，除指揮軍事外，主要是招誘邊民。權力卻不很大，常為朝臣所掣肘。《長編》卷六十三云：

（景德三年五月）庚午，河北安撫使何承矩等言：「昨準詔，緣邊人戶自修好後未復業者，令安撫司招誘之。臣慮北境猜忌，以為招誘陷敵之人，事體非便，輒增水旱逃移等語，使彼不疑。」上覽之，謂王欽若等曰：「可諭承矩：自今宣敕如有未便，非機宜急速，當具事疾置待報。」欽若因曰：「朝廷比置安撫司，固將招誘流民，俾復農業，而承矩等不能勤官思職，茲又擅改詔文，援漢汝南太守蟲皇柔及太常周仲居不收赤仄錢故事，請罪承矩等。」上以承矩任邊有功，特優假之。[212]

大中祥符元年八月，置河東緣邊安撫司，令河北安撫副使、都監一員掌其事。此外，陝西沿邊諸州，亦設安撫使。[213]

以上是北宋經略安撫等使的草創階段，總括來說，要點有二：一、如是安撫官民性質的，用文臣充任；二、如是管軍事的，則不限於文臣。

但發展到仁宗，情形便有些不同了。寶元中，因夏人入寇，乃命陝西沿邊守臣兼經略、安撫、招討等使。及西事已平，因而不廢。那時邊要州軍的守臣，多是文臣，

210《長編》，卷五十二，咸平五年七月丙申條，頁 1140；卷五十四，咸平六年五月庚寅朔條，頁 1191。
211《長編》，卷六十二，景德三年四月乙酉條，頁 1394。
212《長編》，卷六十三，景德三年五月庚午條，頁 1404。
213《長編》，卷六十九，大中祥符元年八月庚子條，頁 1555；《文獻通考》，第三冊，卷六十一〈職官考十五〉，「安撫使」條，頁 1850-1851。

故經略安撫使，都用文臣直秘閣以上充。[214]而經略安撫使又往往兼為都部署。副使及副都部署，則多由武臣充任。我們由王堯臣(1003-1058)的奏中可以見到：

> 自陝西用兵，夏竦、陳執中並以兩府舊臣為陝西經略、安撫、招討使，韓琦、范仲淹止為經略安撫副使（按陝西經略、安撫、招討使為四路總帥，職權甚重，故其副亦文臣。）既而張存知延州，王沿知渭州，張奎知慶州，俱是學士待制之職，亦止管勾本路總管司事。及竦、執中罷，四路置帥，遂各帶都總管（即都部署，治平初以避英宗名改此，見《揮塵後錄》卷二。仁宗時當仍稱都部署。）及經略、安撫、招討等使，因而武臣副總管亦為副使。[215]

韓琦在皇祐元年(1049)所撰的〈定州閱古堂記〉中說得更清楚：

> 慶曆八年夏五月，天子以河朔地大兵雄而節制不專，非擇帥分治而并撫其民不可。始詔魏、瀛、鎮、定四路悉用儒帥，兼本道安撫使。[216]

當時人的觀念，認為主帥應是文臣，武臣不能獨當一路。王安石所謂「邊疆宿衛，皆得士大夫為之。」[217]慶曆三年(1043)七月丙寅朔(初一)，仁宗命龍神衛四廂都指揮使郭承祐(993-1051)為真定府、定州路馬步都部署，以諫官歐陽修的反對而罷。[218]同年十月丁酉(初三)，步軍副指揮使李昭亮(993-1063)為真定府定州路都部署，歐陽修亦極論其不可。[219]慶曆四年(1044)六月，詔狄青知渭州，諫官余靖(1000-1064)說：「今來以青獨當一路，豈不憂偏裨不服，而敗國家之事。」[220]皇祐四年儂智高反，宋軍不利，仁宗遣狄青為宣撫使，諫官韓絳(1012-1088)說：「武人不宜專任。」後以宰相龐籍(988-1063)力主乃行。[221]狄青以武人而能專兵討伐，可算是一件很例外的事。宋王應麟(1223-1296)《困學紀聞》卷二十很明白地說：

---

214 《文獻通考》，第三冊，卷六十一〈職官考十五〉，「安撫使」條，頁 1851；卷六十二〈職官考十六〉，「經略使」條，頁 1862。

215 《宋史》，卷二百九十二〈王堯臣傳〉，頁 9774；王明清：《揮塵錄‧後錄》，卷二，第 152 條，「總管之總字但從手不從絲」，頁 83。

216 韓琦(撰)，李之亮、徐正英(箋注)：《安陽集編年箋注》(成都：巴蜀書社，2000 年 10 月)，上冊，卷二十一〈記‧定州閱古堂記〉，頁 697。

217 《王荊公文集箋注》，上冊，卷二〈書疏‧上仁宗皇帝言事書〉，頁 35。

218 《長編》，卷一百四十二，慶曆三年七月丙寅朔條，頁 3395；戊寅條，頁 3401-3402。

219 《長編》，卷一百四十四，慶曆三年十月丁酉條，頁 3476-3478；《歐陽修全集》，第四冊，卷一百一《奏議集》，卷五〈論李昭亮不可將兵箚子‧慶曆三年〉，頁 1550-1551。

220 《長編》，卷一百五十，慶曆四年六月癸卯條，頁 3626-3630。

221 《司馬光集》，第三冊，卷七十六〈碑誌二‧太子太保龐公墓誌銘〉，頁 1546；王闢之：《澠水燕談錄》，卷二〈名臣〉，頁 13。

> 祖宗之制，不以武人為大帥，專制一道；必以文臣為經略以摠制之。[222]

所謂「祖宗之制」，實在就是仁宗以後之制。

真宗、仁宗對待邊境帶兵的武將，非事關緊急，不許便宜從事。查《宋會要》兵十四所載真、仁兩朝武臣之得便宜從事者，王超、曹利用、狄青而已，而文臣則比比皆是。[223]但自文臣為經畧安撫使兼都部署以來，朝臣都以大帥得便宜行事為應當之事，且極力爭取帥臣的權力。仁宗以韓琦、范仲淹為招討使，而以王堯臣乘傳安撫涇原。堯臣還奏曰：

> 陛下以邊事屬仲淹等，而盛其備涇原，誠得制勝之要，賊必不敢動矣。然軍貴神速，不容呼吸。願委以便宜，毋令中覆。[224]

慶曆四年(1044)正月，范仲淹為滕宗諒(991-1047)、張亢(994-1056)獲罪事，上奏云：

> 且遣儒臣，以經略部署之名重之，又借以生殺之權，使彈壓諸軍，禦捍大寇，不使知其乏人也。若一旦以小過動搖，則諸軍皆知帥臣非朝廷腹心之人，不足可畏，則是國家失此機事，自去爪牙之威矣。[225]

假如是武臣為經略、安撫、都部署，相信王堯臣、范仲淹都沒有上面那樣的說話。宋趙升(?-1236後)《朝野類要》卷四云：「安撫之權，可以便宜行事，如俗謂先施行後奏之類是也。」[226]這話雖未必盡然，但在文臣力爭之下，安撫使多得到便宜從事是可能的。

總之，文人為大帥的制度，發軔於真宗，而極盛於仁宗。邊將的權力愈來愈低落，實在已由被掣肘而變成被驅策了。

第五節　士卒的冗濫

照史實來看，北宋的軍隊，是隨著時間的過去而增加的。太祖時兵最少，亦最精銳；真宗以後兵數開始銳增，而且漸趨疲弱，不善戰鬥。量的多與質的精剛成反比

---

222 王應麟(撰)，孫通海(整理)：《困學紀聞》，收入戴建國(主編)：《全宋筆記》第七編第九冊(鄭州：大象出版社，2016年2月)，卷二十，頁496。

223《宋會要輯稿》，第十五冊，〈兵七‧便宜行事〉，頁8879-8880。

224 劉敞：《公是集》，第八冊，卷五十一〈行狀‧宋故推忠佐理功臣光祿大夫行尚書吏部侍郎參知政事柱國太原郡開國公食邑二千三百戶食實封四百戶贈尚書左僕射王公行狀〉，頁610-611。

225 范仲淹：《范仲淹全集》，中冊，《范文正公政府奏議》，卷下〈再奏辯滕宗諒張亢〉，頁630。

226 趙升(撰)，王瑞來(點校)：《朝野類要》(北京：中華書局，2007年10月)，卷四〈帥幕〉，第269條，「安撫」，頁92。

例。今據《文獻通考》卷一百五十二，（《兵志》一同）將太祖、太宗、真宗、仁宗、英宗五朝的兵數列表如下：

帝王	年號	兵總數	禁軍	其他軍隊	備考
太祖	開寶	三十七萬八千	十九萬三千	十八萬五千	三司使張方平言：太祖所蓄兵，不過十五萬。當是指剛得國時言。（見《樂全集》卷二十三〈再上國計事〉，頁 336）
太宗	至道	六十六萬六千	三十五萬八千	三十萬八千	張方平又言：太宗平太原時，兵不過四十餘萬。太宗平太原時為太平興國四年；所謂四十萬之兵，當是承開寶末年之兵數。
真宗	天禧	九十一萬二千	四十三萬二千	四十八萬八千	張方平又言：咸平中，募戰士至五十餘萬人。
仁宗	慶曆	一百二十五萬九千	八十二萬六千	四十三萬三千	張方平又言：景祐以前，兵五十萬。至慶曆間增置禁軍約四十二萬餘人。通三朝舊兵且八九十萬人。
英宗	治平初	一百一十六萬二千	六十六萬三千	四十九萬九千	

由上表可知冗兵在真宗時才顯得嚴重。考其原因有三：

第一、和議與邊患的影響：

本章的開端，已指出真宗、仁宗自與遼夏和好以後，軍政武備有弛廢的趨勢。今更以數事證之：真宗時，「天下久罷兵，有言鬻廄馬者。（楊）崇勳曰：『馬者，兵之用而戰之備也，雖無事其可去耶？』議遂格。」[227]仁宗天聖中，史館修撰李淑(1002-1059)上時政十議，其八為「閱武」。他說：「閱武曰：《開寶通禮》有四時備武儀。國初疆埸未平，多親閱試，按礮角射。太平興國年間，築台楊村，備大閱之

---

[227]《東都事略》，卷五十〈楊崇勳傳〉，頁四上(頁 751)。

禮。咸平初，闢場東武原發卒會射。其後再幸飛山教場，躬親訓練。今兵革不試三十年矣，士不聞鉦鼓之聲，人不識行伍之列。願陛下按《通禮》厲兵講事而躬閱之。」[228]慶曆四年(1044)十二月，樞密直學士文彥博知益州(今四川成都市)，以本道兵馬久不習戰，為立訓練之法。[229]嘉祐六年(1061)，樞密副使胡宿(995-1067)奏云：「今三邊武備多弛，牧馬著虛名於籍，可乘而戰者百無一二。」[230]所以，說到武備廢弛，則仁宗更甚於真宗。

由於邊備不修，兵不習戰，不幸戰事再爆發時，便覺得兵不足用，而有增兵的必要。《東都事略》卷五十二〈張士遜傳〉云：

> 時西邊馳備已久，人不知兵，識者以為憂。既而和事一絕，元昊遂入寇。西鄙用兵。士遜議揀輦官為禁軍，於是輦官皆諠訴待漏院。士遜上馬將朝，而遮道不得進。馬駭墮地。士遜年老不自安。乃七上章請老。[231]

為了應付邊患，邊境的許多城壘，便需大量戍兵防守和役兵修築。因此只有出於增兵一途。《長編》卷五十二云：

> 時（咸平五年七月）緣邊禁旅分守城寨，而帥臣以部隊鮮少為言。[232]

《兵志》三云：

> 熙寧三年五月……而河北及熙河路修城壘，河北所募兵五千人，熙河亦三千人。修京城，以廢馬監兵置廣固、保忠凡十指揮，亦五千人。湖南猺人平，戎、瀘軍興，洮河轉漕，又皆增置焉。[233]

真宗雖然在咸平五年(1002)五月，向輔臣表示不想多築城壘以增勞費和戍兵，[234]但是邊境舊存的城壘，一定不少。一旦爆發戰事，便不能不增兵戍守了。及至邊事既平，已增的兵，便不能汰。[235]在這樣的情況下，冗兵自然發生。

第二、募兵的流弊：

---

228 《東都事略》，卷五十七〈李淑傳〉，頁五上(頁 845)，六下(頁 848)。
229 《東都事略》，卷六十七〈文彥博傳〉，頁一下至二上(頁 1012-1013)。
230 《東都事略》，卷七十一〈胡宿傳〉，頁八上(頁 1091)。
231 《東都事略》，卷五十二〈張士遜傳〉，頁二上下(頁 769-770)。
232 《長編》，卷五十二，咸平五年七月丙辰條，頁 1144。
233 《宋史》，卷一百八十九〈兵志三・廂兵〉，頁 4643。
234 《長編》，卷五十二，咸平五年五月丁未條，頁 1132。
235 蘇轍：《欒城集》，下冊，《欒城後集》，卷十五〈敘三首・元祐會計錄敘〉，頁 1327。

北宋的募兵者，所在設旗給賞，長吏、都監專視之。[236]司馬光說「慶曆中，元昊叛，西邊用兵，朝廷廣加召募，應諸州都監、監押募及千人者，皆特遷一官。」[237]募兵者為了得賞，難免濫加招募。歐陽修在慶曆二年(1042)上書說：

> 數年以來，點兵不絕，諸路之民，半為兵矣。其間老弱病患、短小怯懦者，不可勝數。兵額空多，所用者少，是有點兵之虛名，而無得兵之實數也。[238]

北宋的募兵還有一點弊害，足以使冗兵發生。錢師賓四(1895-1990)在《中國歷代政治得失》中把它明白指出來：

> 一個士兵募了來，輕易不脫行伍，直養到六十歲，還在軍隊裏。其間只有二十歲到三十歲這十年可用，三十歲到六十歲這三十年，他已老了，而且在軍伍十年，精神也疲了。這樣的軍隊，有名無實，於是祇有再招新的。因此軍隊愈養愈多。[239]

第三、天災的影響：

在募兵制度下的軍隊，一定多各方無賴不逞之人；安份的農民，很少應募。但如發生天災，農民失業，流離失所，便成了招募的對象了。真宗、仁宗時每遇天災，或歲穀不登，政府一方面為了設法安置那些難民，一方面為了實際需要，便廣泛地招募他們為軍隊。《長編》卷一百三十九云：

> （慶曆三年正月）庚寅，募關中流民補振武指揮。咸平中，選鄉兵為振武，後益衰耗。至是歲數不登，因有是詔。[240]

卷一百六十四云：

> （慶曆八年七月戊戌）詔河北水災，其令州縣募饑民為軍。[241]

《文獻通考》卷一百五十六〈兵考八〉云：

[236]《文獻通考》，第八冊，卷一百五十二〈兵考四‧兵制〉，頁4551。
[237]《司馬光集》，第二冊，卷三十三〈章奏十‧招軍箚子〉，頁776。
[238]《歐陽修全集》，第二冊，卷四十六《居士集》〈上書一首‧準詔言事上書，慶曆二年〉，頁648。
[239]錢穆：《中國歷代政治得失》，第三講〈宋代〉，「四、宋代兵役制度與國防弱點」，頁110。
[240]《長編》，卷一百三十九，慶曆三年正月庚寅條，頁3342。
[241]《長編》，卷一百六十四，慶曆八年七月戊戌條，頁3957。

仁宗皇祐中，京東安撫使富弼上言：「臣頃因河北水災，農民入京東者三十餘萬。臣既憫其濱死，又防其為盜，遂募尫健者以為廂兵。」[242]

募饑民為兵的害處，便是兵冗而怯懦。故司馬光在治平二年(1065)二月五日上奏竭力反對。[243]

冗兵的弊害，論者多極言之。簡要來說，則有兩點：

一、在經濟上言，冗兵使國計民生為之窒息。治平四年(1067)三月（神宗即位未改元），翰林學士承旨張方平把冗兵所費衣糧分析得很清楚。他說：

> 略計中等禁軍，一卒歲給約五十千，十萬人歲費五百萬緡。臣前在三司勘會慶曆五年禁軍之數，比景祐以前增置八百六十餘指揮，四十餘萬人，是增歲費二千萬緡也。太祖皇帝制折杖法，免天下徒，初置壯城、牢城，備諸役使，謂之廂軍。後乃展轉增創軍額，今遂與禁軍數目幾等。此其歲增衣糧幾何，是皆出於民力，則天下安得不困。[244]

所以，當他論國計出納事時，便曾沉痛地說：「……今禁兵之籍，不啻百萬人，坐而衣食，無有解期。七八年間，天下已困，而中外恬然，不知云救。萬一因之以寇戎，加之以饑饉，則國家遠計，臣恐智者難以善於後矣。」[245]

二、在戰鬥上言，冗兵不足以禦外侮，大凡選兵嚴則必不多；募兵多則必不精，故慶曆間新募的兵，多市井無賴之徒，實不能戰，尤其是上述的萬勝軍，是當時最不能戰的軍隊。范鎮(1008-1088)《東齋記事》卷一云：

> 慶曆初，萬勝軍皆市井罷軟新應募者，西賊易之，而素畏虎翼。是時，麟府路兵馬鈐轄張亢修建寧寨，更其旗幟。賊見萬勝旗幟，不知其虎翼軍也，而先犯之。萬弩齊發，賊奔潰，斬首二千餘級。遂築建寧、清塞、百勝、中候、鎮川五堡。亢之智謀，大率如此。[246]

242《文獻通考》，第八冊，卷一百五十六〈兵考八‧郡國兵鄉兵〉，頁 4652-4653。
243《司馬光集》，第二冊，卷三十三〈章奏十八‧招軍箚子〉，頁 775-777。
244 張方平：《張方平集》，《樂全集》，卷二十四〈論事‧論國計事〉，頁 353。
245 張方平：《張方平集》，《樂全集》，卷二十三〈論事‧論國計出納事〉，頁 335。
246 考《夢溪筆談》卷十三謂取萬勝旗付虎翼以制虜，為狄青寶元中事；與《東齋記事》不同。據《文獻通考》卷一百五十五，萬勝軍募於康定初，在寶元之後，原名神捷兵。狄青在寶元中無用之之理。故以《東齋記事》所載為合。宋曾鞏《隆平集》卷十九所載，亦與《東齋記事》同。參見范鎮(撰)，汝沛(點校)：《東齋記事》(與《春明退朝錄》合本)(北京：中華書局，1980 年 9 月)，卷一，頁 6；沈括：《夢溪筆談》，卷十三〈權智〉，第 227 條，頁 132；曾鞏(撰)，王瑞來(校證)：《隆平集校證》(北

慶曆四年(1044)二月，崇政殿說書趙師民(?-1053後)上疏，也曾慨而言之：

> 兵興以來，招募尤廣。縣官所養，浮冗者眾，皆不業之徒，無所教之法。可戰之士，十無二三。諸路本城，復非戰卒，虛設班行，亦數十萬。仰費公廩，坐殫國財……此永久之歎也。[247]

京：中華書局，2012年7月)，下冊，卷十九〈武臣傳・張亢〉，頁579-580；《文獻通考》，第八冊，卷一百五十五〈兵考七・禁衛兵〉，頁4636。

[247]《長編》，卷一百四十六，慶曆四年二月丙辰條，頁3548。

第四章　北宋兵制的變革

在北宋發生了兩次政治上的大變革：一是仁宗慶曆時由范仲淹提出的，[248] 一是神宗熙寧時由王安石策動的。[249] 兩次變革的規模和影響，雖有大小的不同，但它們的意義和背後推動的力量是一樣的。錢師賓四說：北宋慶曆、熙寧的變法，是士大夫的自覺與政治革新運動。[250] 士大夫的自覺，成了政治革新的背後推動的力量。這是研究北宋政治所不能忽畧的。

現只就兵制來說，真宗、仁宗時已到了破壞的階段（詳見上一章），故兵制成了兩次變革的目的之一，士大夫都自覺到兵制和軍政的隳壞不足以禦外侮，紛紛提出變革的方針。其中最主要的問題有三點：一是冗兵，一是募兵，一是弱兵。由於冗兵的弊害日顯，便激起了裁兵運動；由於募兵的流弊太多，便發生了刺義勇、置保甲的徵兵制；由於弱兵的缺乏戰鬥能力，便出現了以訓練士卒為主要目的的置將法。

裁兵運動在慶曆變政以後很積極進行，刺義勇是仁宗康定初和英宗治平初的大事，置保甲和置將是熙寧新法的一部分。總之，北宋兵制的變革，和這兩次變法有莫大關係。

第一節　裁兵運動

范仲淹於慶曆三年九月上的十事疏中。雖沒有明顯指出裁兵的必要；但和他站在同一政治陣線上的韓琦，卻極力主張裁兵，並且實行把羸弱老兵揀退。《三朝名臣言行錄》卷一說：

---

248 慶曆三年(1043)七月丁丑(十二)，仁宗以樞密副使、右諫議大夫范仲淹為參知政事，資政殿學士、侍讀學士、右諫議大夫富弼為樞密副使。九月丁卯(初三)，開天章閣召對賜坐，給筆札使疏於前。仲淹、弼退而列奏十事：一曰明黜陟，二曰抑僥倖，三曰精貢舉，四曰擇官長，五曰均公田，六曰厚農桑，七曰修武備，八曰減徭役，九曰覃恩信，十曰重命令。仁宗悉用其說，當著為令者皆以詔書畫一次第頒下，獨府兵輔臣共以為不可而止。這便是所謂慶曆變政。見《長編》卷一百四十二，慶曆三年七月丁丑條，頁3399；卷一百四十三，慶曆三年九月丁卯條，頁3430-3444。
249 宋神宗熙寧二年(1069)二月庚子(初三)，王安石拜參知政事，始議「變風俗，立法度」。於是設三司條例司，而農田、水利、青苗、均輸、保甲、免役、市易、保馬、方田諸法相繼並興，號為新法。見《宋史》，卷三百二十七〈王安石傳〉，頁10544-10545。
250 見錢穆：《國史大綱》(上海：商務印書館，1947年10月三版)，第三十二章〈士大夫的自覺與政治革新運動〉，頁399。

（韓琦）又以兵數雖多而雜以疲老，耗用度，選禁軍不堪征戰者，停放一萬二千餘人。[251]

按《長編》卷一百四十五把這事繫於慶曆三年十二月，在范仲淹執政以後。這是北宋第一次大規模裁兵的序幕。

在韓琦之前，並非沒有提出裁汰冗兵的，但都未能積極地成為一種運動。早在太宗時，何承矩上疏，已提出：「簡其精銳，去其冗繆。」[252]真宗即位，知揚州(今江蘇揚州市)王禹偁(954-1001)上疏請減冗兵。[253]咸平二年(999)閏三月，京西轉運副使朱台符(965-1006)上疏說：

不任人無以安邊，不安邊無以省兵，不省兵無以惜費，不惜費無以寬民，不寬民無以致治。[254]

景德罷兵，張耆(974-1048)、曹璨(950-1019)、李神祐(?-1016)、岑保正(?-1027 後)等都請汰疲癃之兵。[255]天禧二年(1018)三月壬寅(初九)，宰相向敏中等說：「……陛下以德綏懷，遠無不服，邊境雖安，而兵數未減。慮冗費之間，尤宜節省。」真宗說：「今京師兵可議裁減，存其精銳。」敏中等說：「軍額漸多，農民轉耗。近準詔已住召募。或斥疲老，則冗食漸少。」帝曰：「卿等常宜講求，務在經久也。」[256]仁宗寶元元年(1038)，宋祁(998-1061)上疏論三冗三費，其中一冗便是一「天下廂軍不任戰而耗衣食」。[257]慶曆三年(1043)十一月，諫官孫甫(998-1057)說：「朝廷若減冗兵，罷不材之將，為持久之計以待之，何患賊之不困也。」[258]

在韓琦以後，諫官余靖（慶曆四年三月）、真定府定州路安撫使田況（慶曆五年正月）、御史中丞魚周詢(?-1048)（慶曆八年三月）等，都倡汰兵之議。[259]到了慶曆五

251 朱熹：《三朝名臣言行錄》，卷一之一〈丞相魏國韓忠獻王〉，頁346。
252 《宋史》，卷二百七十三〈何承矩傳〉，頁9328。
253 《東都事略》，卷三十九〈王禹偁傳〉，頁六上(頁611)。
254 《長編》，卷四十四，咸平二年閏三月庚寅條，頁938。
255 《宋史》，卷二百九十〈張耆傳〉，頁9710。
256 《長編》，卷九十一，天禧二年三月壬寅條，頁2103-2104。
257 宋祁：《景文集》，文淵閣《四庫全書》本，卷二十六〈上三冗三費疏〉，頁十四下。
258 《長編》，卷一百四十五，慶曆三年十一月辛卯條，頁3508。
259 《長編》，卷一百四十七，慶曆四年三月丁亥條，頁3569；卷一百五十四，慶曆五年正月丙戌條，頁3743；卷一百六十三，慶曆八年三月辛亥條，頁3931。

年(1045)二月，仁宗正式接納韓琦等的提議，「詔選汰諸路羸弱兵：京東西、淮南、兩浙、荊湖、福建諸州，宣毅過三百人者無得更募。」[260]

第二次大規模的裁兵運動，在皇祐元年(1049)十二月，由樞密使龐籍與宰相文彥博主持。《長編》卷一百六十七云：

> （皇祐元年十二月）壬戌，詔陝西保捷兵，年五十以上及短弱不任役者聽歸農。若無田園可歸者，減為小分。凡放歸者三萬五千餘人。……初，樞密使龐籍與宰相文彥博以國用不足，建議省兵。眾議紛然陳其不可，緣邊諸將爭之尤力。且言：「兵皆習弓刀，不樂歸農。一旦失衣糧，必散之閭閻，相聚為盜賊。」上亦疑焉。彥博與籍共奏：「今公私困竭，上下皇皇。其故非他，正由養兵太多爾。若不減放，無由蘇息。萬一果聚為盜賊，二臣請死之。」上意乃決。於是簡汰陝西及河北、河東、京東西等路羸兵，無慮八萬人，其六萬有餘悉放歸農，其二萬有餘，各減衣糧之半。[261]

此外，楊偕(980-1049)、何郯(1005-1072)、包拯、范鎮、司馬光等大臣，都附和裁兵之議。

神宗即位，王陶(1020-1080)、王舉元(1009-1070)等紛紛請求汰兵。[262]於是第三次裁兵運動在積極地進行。《文獻通考》卷一百五十三云：

> 熙寧元年，詔諸路監司察州兵，揀不如法者按之，不任禁軍者降廂軍，不任廂軍者免為民。……七月，手詔：「揀諸路半分年四十五以下勝甲者，陞為大分，五十以上願為民者，聽之。……二年，詔并廢諸軍營，陝西馬步軍營三百二十七，併為二百七十，馬軍額以三百人，步軍以四百人。其後，總兵之撥併者，馬步軍五百四十五營，併為三百五十五。而京師之兵，類皆撥併畿甸諸路，及廂軍皆會總畸零，各定以常額。[263]

熙寧三年(1070)十二月，神宗召樞密使文彥博等對於資政殿，參以治平中兵數，定各路兵額。各路兵既有了定額，便可以阻止軍隊的增加。[264]

---

260 司馬光：《稽古錄》，卷二十，慶曆五年二月條，頁 740。
261《長編》，卷一百六十七，皇祐元年十二月壬戌條，頁 4023。
262《東都事略》，卷八十五〈王陶傳〉，頁二下(頁 1292)。
263《文獻通考》，第八冊，卷一百五十三〈兵考五・兵制〉，頁 4573-4574。
264《長編》，卷二百十八，熙寧三年十二月壬申條，頁 5305；《宋史》，卷一百八十七〈兵志一・禁軍上〉，頁 4576-4577。

綜觀北宋自仁宗慶曆開始大量裁兵，歷英宗、神宗兩朝而不輟。所裁減的兵，應是不少。但結果裁兵運動不能持久，而兵數屢減屢增。其原因有二：

第一，邊事未了，邊臣屢請增兵。故雖今日減兵，明日便即增募。結果，「欲減冗兵而冗兵更多」。司馬光在治平二年(1065)二月曾把這一點指出來：

　　蓋邊鄙之臣，庸愚懦怯，無他材略，但求添兵。在朝之臣，又恐所給之兵，不副所求，他日邊事或有敗闕，歸咎於己。是以不顧國家之匱乏，只知召募，取其虛數，不論疲軟，無所施用。[265]

第二，裁兵運動的阻力很多。其中最主要的是邊臣藉口恐怕退兵作亂。慶曆五年(1045)正月，秦鳳路經略安撫使田況議汰兵，便說過：「議者必曰兵驕久，一旦遽加澄汰，則恐立以致亂。此慮事者之疏也。」[266]皇祐元年(1049)十二月，宰相龐籍和樞密使文彥博議裁兵，反對者也說：「兵皆習弓刀，不樂歸農，一旦失衣糧，必散之閭閻，相聚為盜賊。」[267]而事實上，在裁兵運動中，亦曾經發生過軍士怨恨的事。《長編》卷一百九十云：

　　(嘉祐四年七月)甲辰，時河北都轉運使李參簡退諸軍老羸者萬餘人，軍士頗出怨言。[268]

於是，軍士怨恨裁兵成了裁兵運動的一塊絆腳石。

由於反對裁兵的很多，主張裁兵的偶一鬆弛，政府隨即增募軍隊。因此軍隊的數目始終不能減少。總括來說：裁兵運動可算是北宋士大夫自覺的一種具體表現，可惜這運動是失敗了。

第二節　義勇保甲與兵農合一的理想

北宋的募兵制，產生了冗兵；冗兵帶來經濟的崩潰。為了挽回這既倒的狂瀾，北宋的士大夫，便有了一種「兵農合一」或「兵民合一」的理想。他們以為這是三代的遺法。

265《司馬光集》，第二冊，卷三十三〈章奏十八・招軍箚子〉，頁776-777。
266《長編》，卷一百五十四，慶曆五年正月丙戌條，頁3743。
267《長編》，卷一百六十七，皇祐元年十二月壬戌條，頁4023。
268《長編》，卷一百九十，嘉祐四年七月甲辰條，頁4578。

先是范仲淹提出恢復隋唐的府兵制，但未成功。[269]「兵農合一」的理想只得在另一種方式下求實現。那就是仁宗、英宗時刺義勇和神宗時置保甲。於是，徵兵制在北宋普遍實行起來。

宋人「兵農合一」的理想，很早已經孕育着。真宗咸平二年(999)閏三月，京西轉運副使朱台符上疏云：

> 古者井田之法，兵則民也，民則兵也，出則戰，入則耕，人各自供，官無所贍。今農不習戰，士不務農，離為二途，絕不相用。臣愚以為古制不可全取，宜參驗當今便利酌中而漸制之。[270]

這是比較中和的理論，仁宗和英宗時刺三路義勇便是這一理論的實現。

在宋人心目中，義勇的立法根源，就是唐的府兵制。故韓琦和范仲淹說：「今河北所籍義勇，雖約唐之府兵法制，三時務農，一時教戰。」[271]熙寧初，令呂大忠(1025-1100)條陳義勇利害；他也說：「義勇近於府兵。」[272]

「義勇」不是全國性的，在仁宗、英宗兩朝，只有河北、河東、陝西三路點刺。這同時也是由於實際的需要使然，因為三路要對付強大的遼和夏，不得不講求強兵之道。

慶曆二年(1042)二月，詔選河北強壯為義勇。三月，選河東鄉弓手為義勇。河北路總十八萬九千二百三十人，河東路總七萬七千七十九人。[273]

治平元年(1064)十一月乙亥(十四)，英宗用宰相韓琦之議，命屯田郎中徐億、職方員外郎李師錫、屯田員外郎錢公紀刺陝西諸州軍百姓為義勇，並定下了點刺的法則：

> 凡主戶家三丁選一，六丁選二，九丁選三，年二十至五十材勇者充，止刺手背。以五百人為指揮，置指揮使并副二人，正都頭三人，十將、虞候、承

---

269 仁宗慶曆三年九月，范仲淹上十事疏，在第七事「修武備」中，提及唐代府兵，很是推崇；並請約唐之法，先於畿內并近輔州府，召募強壯之人，充京畿衛士，三時務農，一時教戰。慶曆四年(1044)正月，又請建置府兵。但為諫官余靖(1000-1064)所反對，理由是「天下百萬農夫，皆失其業，北敵慢書，亦隨而至。」結果，范仲淹建府兵之議沒有得到施行。參見《長編》，卷一百四十三，慶曆三年九月丁卯條，頁 3431；卷一百四十五，慶曆三年十二月庚申條，頁 3519；卷一百四十六，慶曆四年正月辛未條，頁 3529；卷一百四十九，慶曆四年五月壬戌條，頁 3603-3604。

270《長編》，卷四十四，咸平二年閏三月庚寅條，頁 938。

271 范仲淹：《范仲淹全集》，中冊，《范文正公政府奏議》，卷下〈邊事·奏陝西河北和守攻備四策〉，〈四·河北備策〉，頁 594。

272《東都事略》，卷九十一〈呂大忠傳〉，頁八下(頁 1406)。

273《宋會要輯稿》，第十四冊，〈兵二·義勇保甲〉，頁 8621；司馬光：《稽古錄》，卷二十，慶曆二年二月乙未至三月乙卯條，頁 737；《長編》，卷一百三十八，慶曆二年十月己酉條，頁 3312。

局、押官各五人。歲以十月番上，閱教一月而罷。又詔秦州成紀等六縣，有買保毅甲承名額者，三丁刺一，六丁刺二，九丁刺三，悉以為義勇，人賜錢二千。總得十五萬六千八百七十三人。其後復詔秦、隴、儀、渭、涇、原、邠、寧、環、慶、鄜、延十二州義勇，遇召集防守，日給米二升，月給醬菜錢三百。[274]

以上是治平元年刺陝西義勇的大概，那一次共得義勇十五萬六千八百七十三人。人數雖未及慶曆初所刺的義勇那麼多，但所遇到的阻力很大。知諫院司馬光便曾聲嘶力竭地反對這一措施。

韓琦的刺義勇，背後雖有一個崇高的理想；但實行起來，卻是「人情驚擾」。這是由於古代的社會制度和宋代的不同。古代可以行兵民合一之制，而宋代則覺不便。司馬光在治平元年(1064)十一月上奏便說：

> 古者兵出民間，民耕桑之所得，皆以衣食其家。故處則富足，出則精銳。今既賦斂農民之粟帛，以贍正軍；又籍農民之身以為兵。是一家獨任二家之事也。如此民之財力安得不屈。豈非名與古同而實異乎！[275]

這可以說是切中肯綮的語。此外，司馬光指出刺義勇的流弊還有以下兩點：

一、康定、慶曆間，由於正兵缺乏，籍陝西之民，三丁選一充鄉弓手，當初明出勅牓，說只是守護鄉里，必不刺充正軍，屯戍邊境。但牓猶未收，便即盡刺充保捷指揮，於沿邊戍守。人民既害怕名在兵籍，又多因此而破產。故一聞刺義勇，便互相驚擾。[276]

二、人民平生所習的，只是桑麻耒耜的事；至於甲冑弩槊，雖日加教閱，還是不免生疏。而且資性愚戇，加之畏懦。臨敵之際，得便即思退走。這樣不但自喪其身，兼更拽動大陣。故義勇未必能戰。[277]

刺義勇本基於一種「以民兵代正兵」和「兵農合一」的理想，用義勇來運糧戍邊是必然的結果。《長編紀事本末》卷五十六云：「其後十年，義勇運糧戍邊，率以為

274《長編》，卷二百三，治平元年十一月乙亥條，頁 4914-4915。
275《司馬光集》，第二冊，卷三十二〈章奏十七・義勇第五劄子〉，頁 761-763。
276《司馬光集》，第二冊，卷三十一〈章奏十六・義勇第三劄子〉，頁 754-755；卷三十二〈章奏十七・義勇第四劄子〉，頁 757-758。
277《司馬光集》，第二冊，卷三十一〈章奏十六・義勇第二劄子〉，頁 752-754。

常矣。」[278]但因義勇不能戰,正兵便不可廢,於是義勇成為多餘。故治平以後,不再刺義勇。神宗時置保甲,便是對這理想作更進一步的努力,在元豐四年(1081)正月廿一日,宋廷詔五路義勇亦悉改為保甲。保甲雖與義勇有規模大小和法制繁簡的不同,但它們的目標是一樣的。故《宋會要》兵二謂:「二者之法既同,則熙寧以後,當併為一門。」將保甲義勇合為一章討論。[279]

神宗與王安石君臣二人,都深信保甲可以漸代募兵,並寄以很大的期望。《長編》卷二百二十一記二人在熙寧四年(1071)三月對話云:

> 上言:「久遠須至什伍百姓為用,募兵不可恃。」安石曰:「欲公私財用不匱,為宗廟社稷久長計,募兵之法,誠當變革,不可獨恃。」上曰:「密院以為必有建中之變。」安石曰:「陛下躬行德義,憂勤政事,上下不蔽,必無此理。」

又云:

> (安石)又曰:「今所以為保甲,足以除盜。然非特除盜也。因可漸習其為兵。既人人能射,又為旗鼓。變其耳目,漸與約免稅,上番代巡檢下兵士,又令都副保正能捕賊者獎之,或使為官,則人競勸,然後使與募兵相參,則可以消募兵驕志,省養兵財費,事漸可以復古。」[280]

元豐七年(1084)六月,神宗詔罷招河東路缺額禁軍,而以其「請受」充訓練保甲之費;[281]可見他重民兵而輕禁軍。

話雖如此,保甲最初的制置,是為了防禦盜賊。這也是不可抹煞的。

我們如果要溯源上去,則真宗咸平二年(999)十月,刑部員外郎、直史館陳靖(?-1020後)已建議行「伍保之法」,以檢察奸盜,籍游惰之民而役作之。京西轉運使耿望亦附和此議,但卒不果行。[282]這可說是北宋保甲制度的濫觴。仁宗時,夏竦所至立「伍保之法」,盜賊不發。吳育(1004-1058)知蔡州(今河南駐馬店市汝南縣),亦嚴保伍之法,以檢制盜賊。[283]至神宗熙寧三年(1070)十二月時,同管勾開封府界常平事趙

---

278 《長編紀事本末》,卷五十六〈英宗皇帝・刺陝西義勇〉,頁十上(頁 1799)。
279 《宋會要輯稿》,第十四冊,〈兵二・義勇保甲〉,頁 8622,8632。
280 《長編》,卷二百二十一,熙寧四年三月甲午條,頁 5375;丁未條,頁 5392。
281 《長編》,卷三百四十六,元豐七年六月己巳朔條,頁 8304。
282 《長編》,卷四十五,咸平二年十月辛未條,頁 966-967。
283 《東都事略》,卷五十四〈夏竦傳〉,頁三上(頁 803);卷六十三〈吳育傳〉,頁三下(頁 952)。

子幾，請因舊保甲重行驛括，將逐縣主客戶兩丁以上，自近及遠，結為大小諸保，各立首領，使相部轄；無非也是因為地方的耆長壯丁，勢力怯弱，不足以禦盜，故立此法以為補救而已。[284]

這樣看來，置保甲的初意是防禦盜賊。熙寧三年十二月，司農寺制定的畿縣保甲的條例，也是以此為目標。(其條例見於《長編》卷二百十八、《宋會要》兵二。《兵志》六全錄之。)[285]——保甲先行於京畿，再推廣至各路。

在條例中，規定保長、保正都選有物產的人充任，他們既有物產，自須注意防盜，且亦不輕易為害閭里。但是，熙寧置保甲的目的和保甲的作用決不止此。我們由保甲的嚴受軍事訓練與出戍運糧，可知它是有着另一重大的使命的。

欲使保甲代替正兵，必須保甲本身具備戰鬥能力；因此保甲的教閱非常重要。熙寧四年(1071)，開始詔畿內保丁肄習武事，歲農隙，所隸官期日於要便鄉村都試騎步射。並以射中親疏遠近為等，而多方加以獎勵誘勸。第一等保明以聞，引見於庭，天子親閱之，命以官使。第二等免當年春夫一月，馬藁四十，役錢二千，本戶無可免，或所免不及，聽移他戶而受其直。第三、第四等視此有差。[286]元豐二年(1079)十一月二十九日，詔開封府界教大保長充教頭，其提舉官以內臣入內副都知王中正(1029-1099)及東上閤門使狄諮(?-1100)為之。三年(1080)，此法並推行於河北、河東、陝西三路，詔各選文武官一員為提舉官。[287]

保甲有了戰鬥能力，便可以代正兵兵上番、運糧和戍守，這是必然的措施。熙寧五年(1072)，因知制誥、判司農寺曾布(936-1107)之議，令保甲分番隸巡檢司、尉司，以備巡警，月給口糧薪菜錢。[288]元豐六年(1083)二月，詔熙河蘭會經略制置司，如自熙州(今甘肅定西市臨洮縣)摺運，事力不足，即發義勇、保甲。[289]元豐七年(1094)七月，知太原府呂惠卿(1035-1111)上言：「麟、府、豐州守禦人缺，已牒提舉保甲司發

284 《長編》，卷二百十八，熙寧三年十二月乙丑條，頁 5298-5299。
285 《長編》，卷二百十八，熙寧三年十二月乙丑條，頁 5297-5298；《宋會要輯稿》，第十四冊，〈兵二·義勇保甲〉，頁 8623-8624；《宋史》，卷一百九十二〈兵志六·鄉兵三〉，頁 4767-4768。
286 《文獻通考》，第八冊，卷一百五十三〈兵考五·兵制〉，頁 4578。
287 《宋會要輯稿》，第十四冊，〈兵二·義勇保甲〉，頁 8630-8631；《宋史》，卷一百九十二〈兵志六·鄉兵三〉，頁 4770-4771。
288 《文獻通考》，第八冊，卷一百五十三〈兵考五·兵制〉，頁 4578。
289 《長編》，卷三百三十三，元豐六年二月壬子條，頁 8017。

保甲。」八月乙酉(十八)，又詔河東陝西發保甲，給路費遠近有差。於是，保甲正式負起了捍衛國家的責任。[290]

保甲初隸於司農寺，熙寧八年(1075)改隸兵部，而政令聽於樞密院。[291]元豐五年(1082)九月，更令緣邊義勇、保甲事並隸樞密院。[292]由此可以推想當時的執政者對保甲的重視。最初以其可以實現「兵農合一」的理想，故隸司農寺；後以其在地方禦盜，故隸兵部；再後希望其能代替正兵，故隸樞密院。

置保甲不但在兵制上是一件很大的變革，在北宋的政治上也是前所未有的創舉，當然持相反意見的人很多。在神宗時便有韓維(1017-1098)、文彥博屢言其擾民。《長編》卷二百二十一云：

> （熙寧四年三月）權知開封府韓維等言「諸縣團結保甲，鄉民驚擾。……」
> 時府界諸縣初行保甲，鄉民或自傷殘以避團結。[293]

樞密使文彥博更謂民有因此而「截指斷腕」的。神宗和王安石論保甲事時，也說：「中官歷十三縣探麥苗問得如此。」[294]蘇轍〈民賦序〉，指出當時人民「嫁母、贅子，斷壞支體，以求免丁。」[295]元豐六年(1083)十二月，提舉開封府保甲劉琯(?-1086後)上言：「諸縣保甲戶，有年已成丁，尚為稚小以避役者。」[296]由此可見至少有一部分人民對保甲懷著恐懼之心。這與刺義勇時的反應如出一轍。

在哲宗初，司馬光、呂公著(1018-1089)、王巖叟(1044-1094)、呂陶(1027-1103)、范純仁(1027-1101)、劉摯(1030-1097)、蘇轍、孫升(1038-1099)等極陳保甲之弊，並請罷去。他們所指出的保甲的流弊，總括來說，有下列五點：

一、鄉村之民，二丁取一為保甲，便是農民半為兵。而保甲五日一教，自然無暇再顧耕耘收穫稼穡之事。故保甲有妨農業。

二、巡檢指使，按行鄉村，往來如織；保正保長，依倚弄權，坐索供給，少不副意，便妄加鞭撻。中下之人，罄家所有，亦無法供億。故保甲使人民困弊。

290《長編》，卷三百四十七，元豐七年七月丁未條，頁 8324；卷三百四十八，元豐七年八月乙酉條，頁 8348。
291《文獻通考》，第八冊，卷一百五十三〈兵考五・兵制〉，頁 4579。
292《長編》，卷三百二十九，元豐五年九月辛丑條，頁 7939。
293《長編》，卷二百二十一，熙寧四年三月己酉條，頁 5392-5393。
294《長編》，卷二百二十一，熙寧四年三月丁未條，頁 5391。
295 蘇轍：《欒城集》，下冊，《欒城後集》，卷十五〈敘三首・民賦敘〉，頁 1331。
296《長編》，卷三百四十一，元豐六年十二月甲午條，頁 8215。

三、朝廷時遣使者徧行按閱，所至犒設賞賚，耗費金帛以巨萬計。故保甲虛耗財用。

四、人民生長太平，服田力穡，雖教以武藝，遇敵時亦不免潰散。故緩急時保甲不能用，仍須倚賴正兵。

五、置保甲後，悉罷三路巡檢下兵士及諸縣弓手，而易以保甲，令主簿兼縣尉，但主草市以裏，其鄉村盜賊，悉委巡檢，而巡檢兼掌巡按保甲教閱，朝夕奔走，猶恐不辦，無暇捕盜。更壞的是保甲中又有自為盜的。故保甲非但不能制盜賊，反而使盜賊滋生。

上述五點，是根據司馬光於元豐八年(1085)四月（哲宗即位未改元）上的乞罷保甲狀。[297]此狀論保甲之弊，搜羅殆盡，足以代表當時反對保甲者的意見，故引述之。

我們試細看上述保甲的弊害，可以發現保甲制度失敗的三個關鍵：第一、第二點、和第四點，與司馬光論義勇之弊差不多，可見義勇與保甲的性質相同，而其失敗的原因也是一樣。此其一。第二點與第五點流弊的發生，顯然是用人不當所致。此其二。第一點與第四點，神宗與王安石雖曾討論及之，[298]但王安石剛愎自用，不暇深究其利弊，急於以民兵代募兵。結果，「正兵不可代，而保甲化天下之民皆為兵。於是虛耗之形見，而天下之勢弱矣。」[299]這和義勇不能代正兵同出一轍。此其三。

保甲法雖在元祐時成了司馬光等攻擊的箭垛，結果卻仍未全廢，當時只作了兩種改變：

一、罷保甲團教及提舉官。元豐八年(1085)十月，詔提舉府界三路保甲官並罷，令逐路提刑及府界提點司兼領。所有保甲，止冬教三月，自來年一月施行。又詔逐縣監教官並罷，委令佐監教。十二月，詔府界三路保甲第五等兩丁之家免冬教。元祐五

---

297 《司馬光集》，第二冊，卷四十六〈章奏三十一・乞罷保甲狀〉，頁 992-996。

298 《長編》卷二百十八，熙寧三年十二月乙丑條，頁 5300，記云：「上曰：『民兵雖善，止是妨農事，如何？』（王）安石曰：『先王以農為兵，因鄉遂寓軍旅。方其在田，什伍已定，須有事乃發之以戰守，其妨農之時少。今邊陲農人則無什伍，不知戰守之法，又別募民為戍兵。蓋邊人耕織不足以給衣糧，乃至官司轉輸勞費，尚患不足。遇有警急，則募兵反不足以應敵；無事，則百姓耕種不足以給之。豈得為良法也！』上曰：『止是民兵未可恃以戰守，奈何！』安石曰：『唐以前未有黥兵，然可以戰守。臣以為募兵與民兵無異，顧所用將帥如何爾。將帥非難求，但為人主能察見羣臣情偽，善駕御之，則人材出而為用，而不患無將帥；有將帥則不患民兵不為用矣。』」

299 葉適(1150-1223)(撰)，劉公純、王孝魚、李哲夫(點校)：《葉適集》(北京：中華書局，1961 年 12月)，第三冊，《水心別集》，卷十一〈兵總論二〉，頁 781。

年(1080)八月，詔自今開封府界保甲並免冬教。[300]計由止令開封府界保甲冬教起至全部免教，前後凡四年。

二、招保甲為禁軍。這是用蘇轍、劉摯等的建議。[301]元祐元年(1086)三月，樞密院言：「河北路保甲已令寄招充填在京禁軍闕額、投軍人若神龍衛年二十已下，中軍已下年二十五已下，雖短小一指，並許招刺。」五月，樞密院又提及河北州軍寄招保甲填在京禁軍缺額事。[302]

前者是想避免擾民；後者是想恢復禁軍，而漸去民兵。

保甲免教閱，漸不能戰鬥，雖名存而實亡。元祐諸大臣既自稱深明保甲之弊，而仍許其存在，這是令人不解的。徽欽時緩急用保甲守城，便如司馬光當初所言，一戰而潰。這些事，元祐諸大臣實應負其咎。

第三節　置將與訓練

上一章說過，真宗、仁宗時士卒冗濫，缺乏訓練，到神宗時便有了一個補救的辦法。——那便是置將法。《文獻通考》卷一百五十三云：

> 其後又團結諸軍，置將分領，謂之「將」云。[303]

這裏沒有明顯地說明置「將」是以訓練士兵為目的，也沒有指出「將」是訓練士兵的單位；但如果我們深究置將法的根據、源始和內容，便可以得到這種觀念。

一、置「將」的根據，是九軍陣法。《東都事略》卷五十三〈蔡延慶傳〉云：

> （延慶）嘗得《安南九軍法》，讀之，謂諸將曰：「漢蕃兵馬未整，幸今無事，可依此團結，以備調發。」乃以正兵、弓箭手人馬，團為九將，合百隊，分四部，為左右前後，而隊有駐戰、拓戰之別，步騎器械，每將皆同。又以蕃兵人馬為別隊，各隨所近，分隸諸將。諸將之數，不及正兵之半，所以制之

---

[300]《長編》，卷三百五十三，元豐八年三月壬戌條，頁 8465-8467；卷三百六十，元豐八年十月己丑條，頁 8622；卷三百六十二，元豐八年十二月丙寅條，頁 8661-8662；卷四百四十六，元祐五年八月丙午條，頁 10742-10743。

[301] 蘇轍：《欒城集》，中冊，卷三十六〈右司諫論時事十首・乞招河北保甲充軍以消盜賊狀・十四日〉，頁 800-802；卷三十八〈右司諫論時事十四首・乞招畿縣保甲充軍狀・九日〉，頁 833；劉摯(撰)，裴汝誠、陳曉平(點校)：《忠肅集》(北京：中華書局，2002 年 9 月)，卷六〈奏議・論保甲奏〉，頁 114-115。

[302]《長編》，卷三百七十三，元祐元年三月乙酉條，頁 9042；卷三百七十七，元祐元年五月戊午條，頁 9150。

[303]《文獻通考》，第八冊，卷一百五十三〈兵考五・兵制〉，頁 4575。

也；處老弱於城砦，使漢蕃不相雜，所以防其變也。書成，上之，會鄜延亦分畫兵將，延慶條上鄜延所奏未便者，神宗是之。[304]

依九軍陣法團結將兵，就是用九軍陣法來訓練士卒。神宗很是看重九軍陣法，熙寧中，使六宅使郭固(?-1073後)等加以討論，著之為書，頒下諸帥府，副藏秘閣。又使沈括加以詳定。[305]元豐四年(1081)三月乙巳(十八)，以九軍法一軍營陣案閱於城南好草陂。[306]而元豐三年(1082)五月，韓存寶(?-1081)奉命經制瀘州夷賊事，所領正兵萬五千人，亦依九軍陣法，分隸行營四將。[307]

二、置「將」的源始：在仁宗時，知延州范仲淹分州兵為六將，每將三千人，以便訓練和禦敵。歐陽修〈范文正公神道碑〉云：

> 自邊制久隳，至兵與將常不相識。公始分延州兵為六將，訓練齊整，諸路皆用以為法。[308]

這可以說是置將的先聲。

神宗熙寧七年(1074)，樞密副使蔡挺(1020-1079)提出置將，其要旨乃在訓練士卒。《東都事略》卷八十二〈蔡挺傳〉云：

> 神宗問挺涇原訓兵之法，召部將按于崇政殿，以為諸路牙校法。北虜議雲中地界，久不決。挺請盡召還河北緣邊戍兵，示以無事，兼可積蓄邊儲。因奏乞置三十七將，將有正副，及畿縣及諸道兵分隸，皆給虎符，以河北路次第為額，又以河北兵數教習不如法，緩急不足用，奏乞於陝西選兵官訓練。……從之。

蔡挺涇原之法，就是置將法的雛型。他的方法是這樣的：

> 涇原路內外凡七將，又涇、儀州左右策應將，每將皆馬步軍各十陳，分左右各第一至五，日閱一陳，此其大概也。[309]

304《東都事略》，卷五十三〈蔡延慶傳〉，頁六下(頁796)。
305 沈括：《夢溪筆談・補筆談》，卷三，第579條，頁310；《長編》，卷二百六十，熙寧八年二月戊寅條，頁6339-6342。
306《長編》，卷三百十一，元豐四年三月乙巳條，頁7553。
307《長編》，卷三百四，元豐三年五月甲申條，頁7410；《宋會要輯稿》，第十四冊，〈兵十・出師・黎瀘州蠻夷〉，頁8795。
308《歐陽修全集》，第二冊，《居士集》，卷二十一〈碑銘三首・資政殿學士戶部侍郎文正范公神道碑銘・至和元年〉，頁334；羅從彥：《遵堯錄》，卷六〈范仲淹〉，頁186；《東都事略》，卷五十九上〈范仲淹傳〉，頁三上(頁873)。
309《東都事略》，卷八十二〈蔡挺傳〉，頁二上(頁1251)，頁三上(頁1253)。

河北置將，實在是涇原訓兵之法的正式推廣實行罷了。

三、置將法的內容。諸軍團結以便訓練謂之「將」，或稱「將兵」；而各「將兵」的負責人亦稱「將」，或稱「將官」（其副稱「副將」）。《文獻通考》卷一百五十三云：

> 凡諸路「將」各置副一人，東南兵三千以下唯置單「將」。凡將副皆選內殿崇班以上、嘗歷戰陣、親民者充，亦詔監司奏舉。又各以所將兵多寡，置部將、隊將，押隊使臣各有差。又置訓練官，次諸將佐。春秋都試，擇武力士，凡千人選十人，皆以名聞，而待旨解發。其願留鄉里者勿強遣。此將兵之法也。（同見《兵志》二）[310]

我們由「將」內有訓練官及「春秋都試」，更可證明置將是為了訓練軍隊無疑。（《兵志》雖沒有指出這點，但關於置將的許多材料，都列入訓練之制中。）

將兵雖然總隸於三衙，但分駐在外。將官的權力很大，諸州長吏不能干涉。這也是為了便利訓練士卒的緣故。我們由元豐八年(1085)四月（哲宗即位未改元）司馬光上的疏中可見：

> 先帝欲征伐四夷，患諸州兵官不精勤訓練，士卒懈弛。於是有建議者請分河北、陝西、河東、京東、京西等路諸軍若干人為一將，別置將官，使之專切訓練。其逐州總管以下及知州、知縣皆不得關預。及有差使，量留羸弱下軍及剩員，以充本州官白直及諸般差使，其餘禁軍皆制在將官，專事教閱。[311]

雖然州郡長吏不能關預「將兵」，但中央對諸「將」非常注視，其目光也是集中在軍隊的訓練上。其一是派教頭指導訓練。《長編》卷二百九十七云：

> （元豐二年四月庚申）京西第五將言：「昨奉詔遣教頭二人教習馬軍，各已精熟。」[312]

卷三百三云：

---

310 《文獻通考》，第八冊，〈兵考五・兵制〉，頁 4580；《宋史》，卷一百八十八〈兵志二・禁軍下〉，頁 4628。
311 《司馬光集》，第二冊，卷四十七〈章奏三十二・乞罷將官狀〉，頁 1000-1002。
312 《長編》，卷二百九十七，元豐二年四月庚申條，頁 7234。

> （元豐三年四月乙巳）詔開封府界、京東西諸將下弩手每五十人差教頭一
> 人。[313]

正如元豐三年(1080)十一月辛卯(初三)宋廷下詔所言，「將」下軍隊經過訓練後，武藝
精熟，便具姓名人數聞奏，聽旨呈驗，然後遣還本「將」下。[314]

其次，朝廷遣使前往按閱諸將所教軍隊，更是常事。《兵志》九云：

> （元豐）二年四月，遣內侍石得一閱視京西第五將所教馬軍。五月，得一
> 言其教習無狀。詔本將陳宗等具析，宗等引罪。帝責曰：「朝廷比以四方驕悍
> 為可虞，選置將臣分總禁旅，俾時訓肄，以待非常。至於部勒規模，悉經朕
> 慮，前後告戒，已極周詳。使宗等稍異木石，亦宜略知人意；尸祿日久，既頑
> 且懦。苟遂矜寬，實難勵眾。可並勒停。」[315]

要收到訓練士卒的效果，必須將官與士兵合作，因此宋初「兵不知將，將不知
兵」的分戍制度便要打破。真宗、仁宗時，許多地方已有禁軍（見上一章），但只是
就糧性質，還未成為純粹的地方武力；神宗置將，顯然是更進一步，將與兵打成一
片，成為純粹地方性的軍隊。於是，太祖時有事由中央遣兵出戍的制度，一變而為有
事由各地遣兵了。《文獻通考》卷一百五十三亦云：

> 神宗即位，慨然更制，部分諸路將兵，總隸禁旅，使兵知其將，將練其士
> 卒。平居訓屬蒐擇，無復出戍，外有事而後遣焉，謂之將兵。（同見《兵志》
> 二）[316]

神宗熙寧置將，不是將全國軍隊都團結為若干將，只是把各邊要地面的軍隊團
結，此外還有許多不係於「將」的軍隊。今據《長編》、《文獻通考》、《玉海》、
《兵志》，將熙寧、元豐間所置諸「將」表列如下：

313《長編》，卷三百三，元豐三年四月乙巳條，頁7381。
314《長編》，卷三百十，元豐三年十一月辛卯條，頁7512。
315《宋史》，卷一百九十五〈兵志九‧‧訓練之制〉，頁4858。
316《文獻通考》，第八冊，卷一百五十三〈兵考五‧兵制〉，頁4580；《宋史》，卷一百八十八〈兵
志二‧禁軍下〉，頁4627。

路名	將數	各「將」分駐地	備註
開封府畿、京東西、河北路	37	河北四路（第一至第十七） 府畿（第十八至第二十四） 京東（第二十五至第三十三） 京西（第三十四至第三十七）	1. 熙寧七年九月置。 2. 《玉海》一百三十九云：共領兵二十萬。 3. 《長編》、《文獻通考》與《玉海》均謂京東九將，京西四將；《東都事略》卷八則謂京東十將，京西三將。
鄜延	9		附漢蕃弓箭手
涇原	12	渭州（第一、第二） 原州（第三）綏甯寨（第四） 鎮戎軍（第五）彭陽城（第六） 德順軍（第七）水洛城（第八） 靜邊寨（第九）隆德寨（第十） 永興軍奉天縣（第十一） 隴山（第十二）	1. 第一將至第十一將的駐地，據《長編》卷二九九（元豐二年七月定） 2. 《兵志》四云：「元豐四年，詔將隴山一帶弓箭手人馬別置一將管幹，仍以涇原第十二將為名。」
環慶	8	慶州（第一） 環州（第二） 大順城（第三） 淮安鎮（第四） 業樂鎮（第五） 木波鎮（第六） 永和寨（第七） 邠州（第八）	環慶各將駐地據《長編》卷二九六。（元豐二年二月定）

秦鳳	5		
熙河	9		以上五路四十二將（涇原第十二將除外）是熙寧八年三月置，各七八萬人。（見《玉海》）
東南諸路	13	淮南東路（第一） 淮南西路（第二） 兩浙西路（第三） 兩浙東路（第四） 江南東路（第五） 江南西路（第六） 荊湖北路（第七） 荊湖南路（第八） 全邵永州應援廣西（第九） 福州路（第十） 廣南東路（第十一） 廣南西路（第十二） 邕州（第十三）	1. 元豐四年二月置。 2. 兵三千以下唯置單將。

在有些「將」兵中，雜有禁軍、鄉兵和蕃兵等。元豐六年(1083)七月，熙河蘭會路經略安撫制置使李憲(1042-1092)謂蕃漢雜為一軍，嗜好言語不同，部分居止皆不便。故請本路蕃兵自置將，五州軍各置都同總領蕃兵將二員以統領之。（按李憲論如何使用蕃兵及蕃將詳見《長編》卷三百三十七，元豐六年七月壬戌條）[317]

哲宗即位，司馬光、孫覺(?-1090)等以置將為熙豐新政之一，亟請罷去。他們指出將官的流弊很多，綜合來說，則有四點：

一、置將使兵卒疲於訓練，緩急時不能得其死力。元祐元年(1086)四月，右司諫蘇轍上言：

---

[317]《長編》，卷三百三十七，元豐六年七月壬戌條，頁 8126-8131。

右臣竊見諸道禁軍，自置將以來，日夜按習武藝，劍槊、擊刺、弓弩、鬥力，比舊皆倍。然自比歲試之於邊，亦未見勝敵之效。蓋士卒服習，止軍中一事耳。至於百戰百勝，則自有道，不可不察也。臣訪聞凡將下兵，皆早晚兩教，新募之士，或終日不得休息，士卒極以為苦。頃歲西鄙用兵，士自內郡往即戰地，皆奮踴而去，以免教為喜。……今平居無事，朝夕虐之以教閱，使無遺力以治生事，衣食殫盡，憔悴無聊，緩急安得其死力？臣請使禁軍除新募未習之人，其餘月止一教，使得以其餘力為生，異日驅以征伐，其樂致死以報朝廷，宜愈于前日也。[318]

二、置將養成士卒驕惰，本意想訓練武藝，而結果竟孱弱不知戰。司馬光在元祐元年(1086)三月上奏云：

又自祖宗以來，諸軍少曾在營，常分番往緣邊及諸路屯駐駐泊，蓋欲使之均勞逸，知艱難，識戰鬥，習山川。自置將官以來，苟非有所征討，全將起發，與將官偕行外，其餘常在本營，不復分番屯駐駐泊，飽食安坐，養成驕惰之性，歲月滋久，恐不可復用。[319]

而將官不得人，乃是將兵訓練失敗的主要原因。《長編》卷三百十云：

（元豐三年十二月）客省副使王淵言：「近按閱河北第十二將軍馬，多不應格。其將官段懷德，副將王用，兼押隊供奉官苗遇、楊立，殿直石舜封，全不曉軍中教閱次第。其押隊使臣試以弓馬，又不諳習。」詔將副段懷德、王用各特追兩官勒停，押隊苗遇、楊立、石舜封全特勒停。[320]

將兵訓練的法則雖然周到，但因所用未盡得人，故收不到預期的效果。到了徽宗時，正如內臣童貫(1054-1126)所言，東南三將「類皆孱弱，全不知戰」，以致「寇盜橫行，毒流一方」。[321]這又斷非置將之初所想像得到的。

三、將官侵害地方權力，州縣長吏及總管等，對所部士卒，不相統攝，往往不得差使，有事時地方反無武備。哲宗元祐元年(1086)三月，司馬光上疏云：

---

318 蘇轍：《欒城集》，中冊，卷三十八〈右司諫論事十四首・乞禁軍日一教狀・二十二日〉，頁 835-836。

319 《司馬光集》，第二冊，卷五十二〈章奏三十七・請罷將官劄子〉，頁 1094-1096。據文集注者所考，此奏《長編》繫於元祐元年六月。

320 《長編》，卷三百十，元豐三年十二月辛未條，頁 7525。

321 《宋史》，卷一百八十八〈兵志二・禁軍下〉，頁 4630。

今為州縣長吏及總管等官，而於所部士卒，有不相統攝、殆如路人者。至
於倉庫守宿街市巡邏，亦皆乏人。雖於條有許差將下兵士者，而州縣不能直
差，須牒將官，將官往往占護，不肯差撥。萬一有非常之變，州縣長吏何以號
令其眾，制禦姦宄哉？……歲諸處多闕雨澤，盜賊頗多。州縣全無武備，長吏
侍衛單寡；禁軍盡屬將官。將官多與長吏爭衡，長吏勢力，遠出其下。萬一有
如李順、王倫攻城陷邑之寇，或如王均、王則竊發肘腋之變，豈不為朝廷旰食
之憂邪！[322]

四、置將使官吏重設，虛破廩祿。元豐二年(1079)十一月，定州路安撫使薛向
(1016-1081)便說過：置將官後，公使錢不能贍，乞加公使錢。[323]司馬光在元祐元年六
月也說：

又每將下各有部隊將準備差使之類一二十人，而諸州總管、鈐轄、都監、
監押員數亦如舊，計官重複，虛費廩祿。[324]

憑著這幾點理由，司馬光、孫覺等亟請罷去將官，但結果未能成功。而四點弊端
中，亦只有後二者稍為得到改善。元豐八年(1085)八月壬申(十一)（哲宗即位未改
元），詔諸將副、押隊、訓練官，非教閱事有違法者，許本州長吏覺察，監司點檢。
十月己丑(廿八)，樞密院令逐將下公事，並本處知州同管，在縣即知縣同管。[325]這可
說是稍抑將官，而提高地方長吏的權力。元祐元年(1086)，稍省諸路鈐轄及都監員
數，仍以將官兼都監職事。[326]這可說是補救官吏重設的措施。此外，將官的訓練，則
未見改善。馴至徽、欽用兵，便見驕弱不足用了。

322《司馬光集》，第二冊，卷五十二〈章奏三十七・請罷將官劄子〉，頁 1094-1096。
323《長編》，卷三百一，元豐二年十一月己卯條，頁 7322。
324《長編》，卷三百七十九，元祐元年六月庚子條，頁 9217。
325《長編》，卷三百五十九，元豐八年八月壬申條，頁 8581；卷三百六十，元豐八年十月己丑條，頁
8622。
326《文獻通考》，第八冊，卷一百五十三〈兵考五・兵制〉，頁 4587；《宋史》，卷一百八十八〈兵
志二・禁軍下〉，頁 4629-4630。

第五章　北宋兵制的崩潰

第一節　宦官弄權與軍政紊亂

太祖的兵制，雖破壞於真宗仁宗，再變於神宗；但都含有積極的理性的改良意味。因為那時主持改制的，是滿腹經綸的文臣。發展至徽宗，由佞幸近嬖得寵的宦官把持軍政，對祖宗兵制，隨意妄加改易，北宋兵制便淪於崩潰的地步，而宋室亦不能不南渡了。

太祖深以前代宦官之禍為戒，據邵伯溫所說，他曾刻石禁中，令後世子孫毋以內臣主兵。[327]故北宋開國之初，宦官鬱鬱不得志。《東都事略》卷一百二十說：

> 太祖開基，所用宦者不過五十人，但掌宮掖之事，未嘗令采他事也。嘗有中黃門因禱祠山川，於洞穴中得怪石形類羊者，取以為獻。太祖曰：「此墓中物爾，何以獻為？」命碎其石，杖其人。[328]

太宗時，稍用宦官指揮軍事，但不倚重，更隄防他們參預政事。如竇神寶(949-1019)、王繼恩(?-999)都曾立戰功。但竇神寶之兵職位不過鈐轄、巡檢，王繼恩亦止授比昭宣使高的宣政使。[329]

真宗、仁宗時普遍用宦官為鈐轄、都監，宦官勢力漸抬頭，幸文臣的力量還可以把他們制維。（見第四章第五節）《澠水燕談錄》卷二云：

> 真宗朝宦者劉承珪以端謹侍上，病且死，求為節度使。上促授之。王魏公旦執不從，曰：「復有求為樞密使者，何以絕之。」（同見《遵堯錄》卷五）[330]

真宗防閑宦官之心，日趨鬆懈；但文臣掌握大權，宦官仍未能得意。

---

327 邵伯溫：《邵氏聞見錄》，卷一，頁4。
328《東都事略》，卷一百二十〈宦者傳·序〉，頁一上(頁1849)。
329 考竇神寶及王繼恩均有傳。竇官至皇城使領密州刺史，兵職至高陽關鈐轄。官位不算太高。王繼恩因平蜀有功，特授宣政使領順州防禦使，官位比竇神寶為高。《宋史·王繼恩傳》曾記他曾被推薦任宣徽使之高職，但太宗不允：「李順亂成都，命（王繼恩）為劍南、兩川招安使，率兵討之。……五月，至成都，破賊十萬餘，斬首三萬級，獲順及鎧甲僭偽服用甚眾。朝議賞功，中書欲除宣徽使。太宗曰：『朕讀前代史書，不欲令宦官預政事。宣徽使，執政之漸也。止可授以他官。』宰相力言繼恩有大功，非此任無足以為賞典。上怒，深責相臣，命學士張洎，錢若水議別立宣政使，序位昭宣使上，以授之。」參見《宋史》，卷四百六十六〈宦者傳·竇神寶、王繼恩〉，頁13600-13601，13602-13605。
330 王闢之：《澠水燕談錄》，卷二〈名臣〉，頁11；羅從彥：《遵堯錄》，卷五〈王旦〉，頁172。

神宗用宦者李憲(1042-1092)、王中正(1029-1099)為帥，節制諸將，宦官氣燄漸張，但也遭受到不少阻力。如在熙寧九年(1076)正月交州叛，神宗以趙卨(1026-1090)為安南招討使，李憲為副。趙卨亟以為不可。同年十一月，神宗以李憲計議秦鳳熙河路經略司邊事，御史中丞鄧潤甫(?-1094)、御史周尹(?-1090 後)、蔡承禧(1035-1084)等說：「自詩書以降，迄於秦、漢、魏、晉、周、隋，不聞有以中人為將帥者，唐明皇時覃行章亂黔中，始以楊思勗為招討使，唐之禍萌於此。代宗時魚朝恩幾危社稷，憲宗時用吐突承璀，卒以輕謀，弊賊得罪後世。陛下其忍襲唐故迹而忘天下之患乎？」又說：「鬼章之患小，用憲之患大；憲功不成其禍小，有成功其禍大。」[331]神宗雖卒用李憲、王中正等，但亦可見文臣勢力仍強。李憲、王中正雖在邊煊赫一時，其位亦團練、觀察、留後而已。[332]

到了徽宗時，宦官的氣派和勢力，便高張到驚人的地步。宋徐夢莘(1126-1207)《三朝北盟會編》卷二引政和八年(1118)五月二十七日安堯臣(?-1126 後)所上書，把當時宦官跋扈情形痛快淋漓地指出來：

> 宦寺之數，不知其幾；但見腰金拖紫，充滿朝廷。處富貴之極，忘分守之嚴；專總威權，決議中禁；蔽九重之聰明，擅四海之生殺。懷諂諛之心、功媚曲求者，則舉而登用；勵匪躬之操，直情忤意者，則旋見排斥。以致中外服從，上下屏氣。府第羅列大都，親族布滿丹陛。南金和璧，冰綃霧縠之積，富侔天子；嬪媛侍兒、歌童舞女之玩，僭擬後宮。狗馬飾彫文，土木被緹繡，更相援引，同惡相濟。一日再賜，一月累封，爵位極矣，田園廣矣，金繒益溢矣，奴婢官矣，搢紳士大夫盡出其門矣，非復向時掖廷永巷之職，閨牆房闈之任也。皇綱何由而振邪！[333]

在徽宗以前，宦官沒有做節度使的。徽宗時，內用梁師成(?-1126)，外用童貫、譚稹等。[334]於是宦官紛紛建節鉞，任要職，「宰相奉行交書而已。內而百司悉以宦者兼

331《東都事略》，卷一百二十〈宦者傳‧李憲〉，頁六上(頁 1859)。

332 李憲在神宗時為景福殿使、武信軍留後，哲宗時降宣州觀察使，又貶右千牛衛將軍。王中正在神宗時為金州團練使，哲宗元祐初兩次貶秩，紹聖初復嘉州團練使。參見《宋史》卷四百六十七〈宦者傳二‧李憲、王中正〉，頁 13638-13640，13642-13643。

333 徐夢莘：《三朝北盟會編》(上海：上海古籍出版社，1987 年 10 月據清光緒三十四年(1908)許涵度本影印)，上冊，卷二〈政宣上帙二〉，政和八年五月二十七日戊申條，頁七上下(頁 12)。

334《東都事略》〈宦者傳‧梁師成〉云：「徽宗凡有御筆號令，皆命主焉。」同書〈譚世勣傳〉：「而宦者梁師成貴幸，諸事者皆是也。獨世勣不附阿諛，六年不得遷。」同書〈童貫傳〉：「會方臘叛，命

領，外而諸路則有廉訪承受之官。」[335]其甚者如童貫，真可說是權傾當代，一時無兩。[336]

　　徽宗政宣年間宦官所以得勢，乃由於文臣勢力逐漸降低，執政的權臣，都是倚仗宦官為助的。因此宰相不能不憚宦官，宦官亦由是奪政柄。如王黼(1079-1126)之與梁師成，二人之家連牆，穿便門往來。王黼身為宰相，竟以父事之，每折簡必稱為恩府先生。[337]又如蔡京(1047-1126)之與童貫，狼狽為奸，亦為當時人所齒冷。[338]

　　不過，他們與徽宗以前大臣勾結宦官的大不相同。[339]徽宗既重用童貫，內使領樞密院事，外使為宣撫使；內則軍政，外則指揮軍隊大權，集中一身，大大違反了太祖制兵的原則。而童貫欺君罔上、攬權專恣、紊亂軍政、破壞兵制的地方，其禍更不止此。《東都事畧》卷一百二十一〈童貫傳〉云：

　　　　（蔡京）既相，始開邊議收復青唐。起王厚為經略使，合諸道兵十萬，用李憲故事，命貫為監軍。師行及敵，會禁中火，徽宗以手書驛止貫。貫視之，遽納靴中。厚訪其故，貫曰：「上促成功耳。」竟出師。[340]

由此可見，童貫心目中已無徽宗在。安堯臣指出他紊亂軍政的事很多，如：

　　　　虛立城砦，妄奏邊捷，以為己功。汲引羣小，易置將吏，以植私黨；交通饋遺，鬻賣官爵，超躐除授，紊亂典常。……有自行伍不用資格而得防團

貫南討，以為江、浙、淮南等路宣撫使，傾所聚兵以往，徽宗以賊熾為慮，親握貫手送之曰：「東南事盡以付汝，不得已者徑以御筆行之。」可見徽宗對宦官的專任與倚重。參見《東都事略》，卷一百九〈譚世勣傳〉，頁八下(頁 1680)；卷一百二十一〈宦者傳・童貫、梁師成〉，頁二下至三上(頁 1866-1867)，頁六下(頁 1874)。

335《東都事略》，卷一百二十〈宦者傳・序〉，頁一上(頁 1849)。

336 據《東都事略》卷一百二十一〈宦者傳・童貫〉，頁一上至四上(頁 1863-1869)，童貫先為熙河蘭湟秦鳳等路經略安撫制置使，累遷武康軍節度使、中太一宮使。政和初，領六路邊事，以太尉為陝西河東河北宣撫使，遷開府儀同三司，權簽書樞密院河西河北兩房事，後改為權領樞密院事，拜太保，河中節度使；遷太傅。歷山南東道、劍南東川二鎮，封益國公。方臘(?-1121)起事，貫為江浙淮南等路宣撫使以討之。方臘平，進太師，封楚國公。後宣撫陝西河東河北路。聯金伐遼後，為真太師，加封徐豫國公。越兩月致仕。明年，復起領樞密院事，河北燕山府宣撫使。又明年，封廣陽郡王。

337《東都事略》，卷一百六〈王黼傳〉，頁三上(頁1621)。

338《東都事略》，卷一百一〈蔡京傳〉，頁二下(頁1552)，頁四下至五上(頁1556-1557)；卷一百二十一〈宦者傳・童貫〉，頁一上下(頁1863-1864)。

339.在徽宗以前，大臣也有勾結宦官的，如丁謂(966-1037)之與雷允恭(?-1022)，呂夷簡(979-1044)之與閻文應(?-1039)，皆見於《東都事略》卷一二零〈宦者傳〉。此外，賈昌朝(998-1065)、陳升之(1011-1079)都以交結宦者而受攻擊，詳見《東都事畧》本傳。但他們純粹是利用性質，絕不受其掣肘，與王黼、蔡京之憚梁師成、童貫不同。參見《東都事略》，卷六十五〈賈昌朝傳〉，頁二下(頁 982)；卷八十〈陳升之傳〉，頁一上(頁 1219)；卷一百二十〈宦者傳・雷允恭、閻文應〉，頁三下至四下(頁 1854-1856)。

340《東都事略》，卷一百二十一〈宦者傳・童貫〉，頁一上(頁 1863)。

者。……兵法：戰士冒石傷弓，生有金帛之賜，死有褒贈之榮，自兵權歸貫，紛更殆盡。戰傷之卒，秋毫無所得；死者又誣以逃亡之罪。賞罰不明，兵氣委靡。凱還未久，書品已崇。庖人廝卒、掃門執鞭之隸，冒功奏賞，有馴致節鉞者。名器一何輕哉？山西勁卒，貫盡選為親兵，實自衛也。方戰伐之際，他兵躬行陣之勞；班師之後，親兵冒無功之賞。意果安在？……每得內帑金帛，以濟軍需，悉充私藏；乃立軍期之法，取償於州縣。[341]

牟潤孫師(1909-1988)在〈折可存墓誌銘考證兼論宋江之結局〉一文中，論童貫冒功偏私之事甚詳，且謂「當夫靖康之際，宋軍士氣之不振，實造因於童貫賞功之偏私。」足見童貫的紊亂軍政和靖康之禍有很大關係。[342]《東都事略》卷一百二十一〈童貫傳〉又指出他破壞蕃官的遷補法與把弓箭手徙居新邊：

祖宗法：屬羌不授漢官，有功則於蕃官轉遷；至是則引拔之，或至節度使。弓箭手有分地，得以保其鄉里墳墓；至是則皆使居新邊。禁軍逃亡者罪至死不貸，至是則許改刺別官。邊備軍政，自貫壞矣。[343]

此外，童貫招降遼降將郭藥師(?-1132後)的常勝軍，與譚稹在邊置山後漢兒組成的義勝軍，都遺禍很烈，簡直把北宋引入衰亡的道路上。這將在下一節詳述之。

宦官雖在徽宗時權傾中外，但反抗的勢力仍在。如崇寧初，殿中侍御史侯蒙(1054-1121)請求「毋與政閹寺」。[344]而蔡卞(1048-1117)、朱勔(1075-1126)雖是奸邪，亦力排量童貫、梁師成。那時宦官氣勢正盛，故顯得這些反抗力量很是微弱。[345]但一到欽宗(趙桓，1100-1156，1126-1127 在位)即位，形勢大變。靖康元年(1126)正月乙未(廿九)，便將竊弄權柄的梁師成貶死八角鎮(今河南開封市西南八角店)；七月辛卯(廿七)，將招致外患的童貫誅死南雄州(今廣東韶關市南雄市)。監察御史余應求(?-1152

341《三朝北盟會編》，上冊，卷二〈政宣上帙二〉，政和八年五月二十七日戊申條，頁八上下(頁 12)。
342 牟潤孫：〈折可存墓誌銘考證兼論宋江之結局〉，原載《文史哲學報》第二期，現收入牟著：《注史齋叢稿》(香港：新亞研究所，1959 年 8 月)，頁 198。
343《東都事略》，卷一百二十一〈宦者傳・童貫〉，頁二下(頁 1866)。
344《東都事略》，卷一百二〈侯蒙傳〉，頁四上(頁 1585)。
345《東都事略》，卷一百一〈蔡卞傳〉，頁六上(頁 1560)；卷一百六〈朱勔傳〉，頁四上下(頁 1623-1624)。

後)、胡舜陟(1083-1143)等也在五月庚午(初五)及壬申(初七)先後上疏,請求抑制宦官。[346]而士人憤恨宦官之情,亦到處流露出來。《東都事略》卷一百八〈聶昌傳〉云:

> 李綱之罷,太學生陳東及士庶十餘萬人搥鼓伏闕下,經日不退。遇內侍輒殺之,殺三十餘人,擘裂無遺體。府尹王時雍麾之不去。(聶)山(後改名昌)出諭旨,相率聽命而退。[347]

北宋宦官雖未致成禍,但紊亂軍政,隨意改制,直接使兵制崩潰,間接使宋室南渡,亦足為後世鑑戒。當時李綱(1083-1140)便曾慨歎地說:

> 自崇、觀以來,政出多門。閹宦、恩倖、女謁,皆得以干與朝政。所謂宰相者,保身固寵,不敢以為言,遂失其職。法度廢弛,馴致靖康之禍,非一朝一夕之積也。[348]

第二節　招邊民為軍與京師缺兵

政和七年(1117),王黼、童貫用燕人馬植(後改名趙良嗣,?-1126)之謀,建議聯金伐遼,徽宗從之。京師的禁兵,多調上前綫;而且唯恐不足,更納遼常勝軍,招山後漢兒為義勝軍。形成外駐重兵、京城空虛的危險現象。一旦與金人破裂,舊有兵不能戰,常勝軍、義勝軍又叛,金人便勢如破竹,直搗汴京。京師缺兵,自然不能堅守。故宋室南渡,實由於軍隊的「內重外輕」轉變為「外重內輕」所致。

自宣和北伐以來,軍隊開邊的很多。《三朝北盟會編》卷五云:

> (宣和四年)四月十日戊戌,太師領樞密院事童貫為陝西河東河北路宣撫使,勒兵十萬巡邊。[349]

卷九云:

> (宣和四年)七月二十六日壬午,童貫、蔡攸自瓦橋關、莫州回河間府,忽知中山詹度奏耶律淳死。燕人越境而來者,皆以契丹無主,願歸土朝廷為

---

346 汪藻(1079-1154)(撰),王智勇(箋注):《靖康要錄箋注》(成都:四川大學出版社,2008 年 7 月),第一冊,卷一,頁 191;第二冊,卷六,頁 733,742;卷九,頁 975。
347 《東都事略》,卷一百八〈聶昌傳〉,頁六上(頁 1657)。考李綱《靖康傳信錄》謂「不期而集者數十萬人……殺傷內侍二十餘人。」參見李綱:《李綱全集》,下冊,卷一百七十二《靖康傳信錄中》,頁 1588。
348 李綱:《李綱全集》,中冊,卷五十九〈奏議・議政本〉,頁 644。
349 《三朝北盟會編》,上冊,卷五〈政宣上帙五〉,宣和四年四月十日戊戌條,頁八下(頁 36)。

言。朝廷猶豫未決間，太宰王黼欲功高蔡京，力主再興師議，手詔優允。於是悉諸道兵二十萬，期九月會三關，詔貫、攸毋歸。異議者斬。於是伐燕之議成矣。[350]

計前後開上前線的軍隊已達三十萬。

正兵大量戍邊，童貫、譚稹等尚嫌不足，以燕雲之人，勇悍可用，故有納常勝軍和置義勝軍之舉。這便鑄定了不可補救的錯誤。因為燕雲之民，雖是漢人，但久陷契丹，多已同化，幾與蕃人相若，失去了原有的忠君愛國之念，視易主投降為等閒。徽宗不察，竟重用之，怎能不踏上悲慘的道路呢？

常勝軍是宣和四年(1122)八月二十三日，遼涿州(今河北保定市涿州市)留守郭藥師帶領來降的。《三朝北盟會編》卷十云：

> 常勝軍本謂之怨軍。遼人始以征伐女真，為女真所敗，多殺其父兄，乃立是軍，使之報怨女真，故謂之怨軍。然怨軍初未嘗報怨，每女真兵入，則怨軍從以為亂；女真退，則因而復服，常以為苦。天祚與羣下謀殺怨軍除其患，故其中郭藥師等反殺其首領而降都統蕭幹，遂拜金吾大將軍，俾守涿州，屢以勝我。及九大王死，蕭后攝位，藥師知燕中勢將亡，遂決策首以涿州來降。則常勝軍實反覆之徒，然虜中號健鬥者也。其副曰張令徽，下又有四將，號彪官，每彪五百人，則常勝軍本二千人。本朝收復之後，因增至二萬，其後又增號五萬，實燕人之先以城降者，故朝廷寵異之。[351]

義勝軍之設置，却是為了掣肘常勝軍。因那時常勝軍漸漸表現出驕橫難制。《三朝北盟會編》卷十九云：

> （宣和六年）三月，譚稹奏置義勝軍。譚稹初至燕山，聞常勝軍恣橫，藥師輩不為約束。稹慮生事，奏朝廷乞於河東別創一軍，分作權勢。如雲朔之人，以五萬為率，屯於州縣要徑處，號為義勝軍。令李嗣本、耿守忠為帥，欲俾常勝軍有所畏懼，朝廷從之。[352]

350《三朝北盟會編》，上冊，卷九〈政宣上帙九〉，宣和四年七月二十六日壬午條，頁四上下(頁61)。
351《三朝北盟會編》，上冊，卷十〈政宣上帙十〉，宣和四年九月二十九日乙酉條，頁三下至四上(頁68-69)。
352《三朝北盟會編》，上冊，卷十九〈政宣上帙十九〉，宣和六年三月條，頁四上(頁134)。

可是，義勝軍和常勝軍同是一丘之貉。他們都是邊境燕雲之民，有着同一的氣質，雖然勇悍善戰，但反覆無常，不忠不義。有事時非但不能倚靠，而且反為所害。故徽宗取邊民為軍是很不智之舉。考其弊有三：

一、這些新納和新招的軍隊，待遇都很優厚，以致政府大傷財用。《東都事略》卷一百二十五〈附錄三〉云：

> 凡常勝軍計口給錢糧，月費米三十萬石，錢一百萬緡。河北之民，力不能給。朝廷下諸路起免夫錢六百二十萬緡（李心傳《建炎以來繫年要錄》卷一據《北征紀實》作六千二百餘萬緡）以助之。於是天下民力竭矣。[353]

而義勝軍的請給優厚，則又超過常勝軍。《三朝北盟會編》卷十九云：

> 既而（李）嗣本、（耿）守忠（義勝軍帥）選歸朝，人中少壯者籍其姓名，其月糧衣賜，倍於他軍。後常勝軍知其請給豐厚，往往潛來投附。[354]

二、北宋到了徽欽朝，經濟亦瀕於崩潰。朝廷既重視常勝軍和義勝軍，對他們待遇優厚，便不能不減削了原有兵丁的衣糧。既而常勝軍和義勝軍的衣糧亦不能贍足。因此兩種軍隊都感覺不滿，而生離異之心。《三朝北盟會編》卷二十四引《秀水閑居錄》云：

> （郭藥師）所領常勝軍等至十萬，皆給家口食，河北諸郡收市牛馬殆盡，至四萬餘騎，朝廷竭力應副，自京師漕粟，泛大河轉海口以給之。內地所遣戍兵，初亦數萬人，衣糧既為常勝軍所先，皆饑寒失所，或逃或死，不能久駐。於是藥師一軍獨擅邊柄。[355]

《靖康要錄》卷十二云：

> （義勝軍）皆山後漢兒也，實勇悍可用。其河東者約十萬餘人，官給錢米以贍之，雖諸司不許支用者，亦聽支使。久之，倉廩不足，以饑而怒出不遜語。我軍所請皆陳腐，亦怨。道路相逢，我軍輒辱罵之曰：「汝，蕃人也，而

---

353 《東都事略》，卷一百二十五〈附錄三〉，頁四下(頁 1928)；李心傳(1167-1244)(撰)，辛更儒(點校)《建炎以來繫年要錄》（下簡稱《繫年要錄》）(上海：上海古籍出版社，2018 年 12 月)，第一冊，卷一，頁8。

354 《三朝北盟會編》，上冊，卷十九〈政宣上帙十九〉，宣和六年三月條，頁四上(頁 134)。

355 《三朝北盟會編》，上冊，卷二十四〈政宣上帙二十四〉，宣和七年十二月十日丁未條，頁十一下至十二上上(頁 180)。

食新；我，官軍也，而食陳。吾不如蕃人乎？我將誅汝矣。」漢兒聞之懼，其心益貳。（並見《三朝北盟會編》卷二十三）[356]

這兩點的結果，便是遇敵時舊有兵不能戰，新招兵迎降。後者更是北宋軍事和政治的致命傷。早在宣和七年(1125)十二月丙午(初九)，常勝軍在郭藥師率領下投降金人。[357]此後金人入寇，便勢如破竹，「所至徑趨其所」，李綱謂「實藥師導之」。[358]而同月乙巳(初八)，金人南犯朔州(今山西朔州市)，「漢兒」即開門獻之。至武州(今河北張家口市宣化區)，「漢兒」亦為內應。於是金人佔朔、武州，長驅至代州(今山西忻州市代縣)，「漢兒」又擒守將李嗣本以降。金人至石嶺關(今山西太原市陽曲縣東北，北界忻州)，「漢兒」義勝軍將耿守忠啟關以獻。靖康元年(1126)正月十九日，金人至平陽府(即晉州，今山西臨汾市)，守將劉嗣初領「漢兒」義勇軍四千人迎降。因此，當時的人一面驚惶地逃走，一面憤恨地大聲叫道：「奸臣置漢兒內地，今果墮其計中！」[359]

由於徽宗重視所招的「漢兒」，多用以防守邊要地方。而「漢兒」易降，金人便很容易長驅南下。京城藩籬盡撤，不得不靠本城力量防禦。可是，那時重兵在外；京師守備廢弛，缺乏兵將。李心傳《建炎以來朝野雜記》甲集卷十八云：

> 國朝舊制，殿前、侍衛馬、步三衙禁旅合十餘萬人。宣和間，僅存三萬而已。京城之破，多死於狄。[360]

說徽宗時京城禁軍僅存三萬，也許是誇張的說法。但欽宗靖康元年時，京城的正兵想亦不會超過十萬，而且多是老弱不能戰的，能戰者可能真的只有三萬而已。李綱《靖康傳信錄上》云：

356《三朝北盟會編》，上冊，卷二十三〈政宣上帙二十三〉，宣和七年十二月七日甲辰條，頁十下(頁171)；《靖康要錄箋注》，第二冊，卷十二，頁1246-1247。

357《三朝北盟會編》，上冊，卷二十三〈政宣上帙二十三〉，宣和七年十二月九日丙午條，頁十三上至十六下(頁172-174)。

358李綱：《李綱全集》，下冊，卷一百七十一《靖康傳信錄上》，頁1575，1579。

359《三朝北盟會編》，上冊，卷二十三〈政宣上帙二十三〉，宣和七年十二月八日乙巳條，頁十上至十二下(頁 171-172)；卷五十九〈靖康中帙三十四〉，靖康元年十月二十四日丙辰條，頁一上至二下(頁437-438)，《長編紀事本末》，第八冊，卷一百四十四〈徽宗皇帝‧金寇〉，頁十四下至十五上(頁4376-4377)；《靖康要錄箋注》，第二冊，卷十二，頁1247。

360李心傳(撰)，徐規(1920-2010)(點校)：《建炎以來朝野雜記》(北京：中華書局，2000 年 7 月)，上冊，甲集卷十八〈兵馬、戎器、舟車〉，第467條，「三衙廢復」，頁401。

      方治都域四壁守具，以百步法分兵備禦，每壁用正兵一萬二千餘人，而保甲、居民、廂軍之屬不與焉。……又團結馬步軍四萬人，為前、後、左、右、中軍，軍八千人，有統制、統領、將領、步隊將等，日肆習之。[361]

每壁兵各一萬二千餘人，四壁兵是五萬人左右；再加上前、後、左、右、中軍四萬人，共約九萬人。這便是靖康時京師的兵數。

    再由用保甲、弓手守城，和倉卒募民為兵二事，可以證實那時京師缺兵。《靖康要錄》卷十三云：

      （靖康元年十一月廿五日）……京畿提刑秦元集保甲三萬，先請出屯，自當一面，朝廷不從。虜兵薄域，又乞行訓練，乘間出戰。守禦使劉韐奏取秦元保甲自益，元謀遂塞。

同卷云：

      (靖康元年閏十一月五日）京師之兵不滿十萬，秦元所教保甲雖眾，然怯懦無足用。嘗有五千餘人聚食朝陽門外，胡騎六七疾驅其前，眾棄兵潰走，賊亦知我之虛實，無所憚。

又云：

      （靖康元年閏十一月）二十三日，遣京畿弓手出戰，敗死千餘人。[362]

正兵不足，便要用保甲；保甲不足，繼之以弓手；弓手亦不足，只有出於大量募民為兵一途。《文獻通考》卷一百五十三云：

      時京城四壁共十萬人，黃旗滿布，應募者悉傭丐寒乞之人，全無鬥志。何奧用王健募奇兵。操瓢行乞羸劣之人，皆躍然應幕，倉卒未就紀律。（同見《兵志》七）[363]

《建炎以來繫年要錄》卷一云：

      金之再圍城也，何奧等得殿前司剩員郭京，擢為大將，使募市井游惰為六甲神兵。（同見《東都事略》卷一百七〈劉延慶傳〉）[364]

---

361 李綱：《李綱全集》，下冊，卷一百七十一《靖康傳信錄上》，頁 1579。

362《靖康要錄箋注》，第三冊，卷十三，頁 1300，1338，1383。

363《文獻通考》，第八冊，卷一百五十三〈兵考五‧兵制〉，頁 4597；《宋史》，卷一百九十三〈兵志七‧召募之制〉，頁 4810。

364 李心傳：《建炎以來繫年要錄》，卷一，頁 17；《東都事略》，卷一百七〈劉延慶傳〉，頁六上(頁1643)。

《靖康要錄》卷十二云：

> （靖康元年十一月）十九日，郭京募百姓兵萬二千人。[365]

由於那時京城兵微將寡，故郭京之徒得用；而所募之兵，質素太劣，保甲亦素失訓練。在這樣的情勢下，雖孫、吳復生，京城亦不能保。

考徽、欽時京師缺兵的原因，共有三點：

第一、士卒逃亡。

逃兵在北宋是一個很嚴重的問題，太宗以下各朝都有發生，不過在徽欽時最顯得嚴重，尤其是京師兵的逃亡很多。《東都事略》卷一百九〈程振傳〉載，開封尹程振(1071-1127)捕得亡命卒數千人。[366]宣和三年(1121)四月一日，戶部尚書沈積中(?-1123)亦奏云：

> 夫禁軍逃亡，罪亦重矣，然將副則遷就。歲終賞罰之格，軍校則利其每月糧食之入，往往逃亡者，並不開落，獲者亦不行法，至有部轄人糾率隊伍，公然私竄。其中冒名代充者，比比皆是。[367]

第二、禁軍缺額不補。

禁軍缺額不補的原因，其一是營房毀壞。《宋會要》兵六云：

> 徽宗大觀二年七月一日，御筆：闕額禁軍，久不招填，其營房必久不修治，在京仰工部，在外仰提刑、提舉司，限兩季完葺了當。[368]

其次由於封樁缺額禁軍錢以備上供。封樁庫設於太祖，本意是備歉以恢復燕雲。[369]神宗時才把缺額禁軍請受封樁，以作訓練保甲和按閱將兵之費。[370]至徽宗時更以為上供之用，因而忽略了禁軍的招補。建炎初李綱上〈乞募兵箚子〉，中有云：

365《靖康要錄箋注》，第二冊，卷十二，頁 1269。

366《東都事略》，卷一百九〈程振傳〉，頁六上(頁 1675)，

367《宋會要輯稿》，第十四冊，〈刑法七・軍制〉，頁 8590。

368《宋會要輯稿》，第十四冊，〈兵六・營壘〉，頁 8724。

369《澠水燕談錄》卷一〈帝德〉，頁 3，云：「太祖討平諸國，收其府藏，貯之別府，曰封樁庫，每歲國用之餘，皆入焉。嘗語近臣曰：『石晉割幽、燕諸郡以歸契丹，朕憫八州之民久陷夷虜，俟所蓄滿五百萬緡，遣使北虜，以贖山後諸郡；如不我從，即散府財募戰士，以圖攻取。』會上宴駕，乃寢。後改曰左藏庫，今為內藏庫。」又王曾：《王文正公筆錄》，第 13 條，「太祖皇帝創封樁庫」，頁 10 所記略同。

370 神宗著重軍隊的訓練，而務去冗兵，故把缺額的禁軍錢封樁，作為訓練保甲和將兵的費用。參見《長編》，卷三百三十八，元豐八年八月辛巳條，頁 8142，云：「詔按閱開封府界將兵賞物，並支封樁禁軍闕額錢。」卷三百四十六，元豐七年六月己巳朔條，頁 8304，云：「詔河東路銷廢五指揮禁軍錢糧，即非一路兵額，偶有闕數衣糧之比，並封樁以給提舉保甲司起教之費。」

臣竊以祖宗建國，以兵為重。熙、豐盛時，內外禁卒，馬步軍凡九十五萬人。承平既久，闕額三分之一，失於招填。比年西鄙喪師，江浙山東寇作，繼之以燕山陷沒，所失亡者又半。[371]

第三、禁軍多習奇巧，身為戰士，而攻守不預。

早在崇寧元年(1102)九月十七日，尚書省臣僚上言：

竊以朝廷置兵，本備戰守，約束稍緩，游藝寖多，率以工匠之名，影占身役，主兵之官，差在本廳，則利於役使；習學之人，得預占破，則利於偷安。又其甚者，巡檢士兵占充樂人，有妨巡邏。[372]

其後變本加厲。《靖康要錄》卷十云：

（靖康元年八月三日）臣僚上言：「祖宗以來，天下禁兵皆使之習攻守戰陣之法，挽強擊刺之利。至於它技，未嘗習也。用心專而藝能精。近年以來，上之帥臣監司，下之守倅將副，多違法徇私，使禁卒習奇巧藝能之事，或以組繡而執役，或以機織而致工，或為首飾玩好之事，或為塗繪文鏤之事，皆公然占破，坐免教習。名編卒伍，而行列不知；身為戰士，而攻守不預。……欲乞除廂兵合用匠外，如有尚襲故態，輒敢占破禁兵為匠作者，嚴行禁止。」奉聖旨依奏。[373]

上述三點原因，總括來說，就是軍政敗壞的惡果。這惡果不是徽宗時一朝一夕突然發生的，而是由以前幾朝逐漸累積擴大而成；不過到徽宗時才發潰流濃罷了。

第三節　勤王兵與四道都總管

紊亂的軍政和敗壞的兵制，把北宋國運帶入黑暗悲慘的境域。我們由徽、欽時金人大軍壓境，北宋君臣手足無措的情形，可以想見。

靖康元年(1126)正月六日，金人初圍京師，京師缺兵，危如累卵，非倚仗各地的勤王兵不可。幸而那一次勤王的兵也不少。正月六日，閤門宣贊舍人吳革(?-1127)自關中帥師勤王入城；二十日，京畿河北路制置使种師道(1051-1126)與統制官姚平仲(1099-1127 後)以騎兵三千、步兵一千入援；統制馬忠(?-1128 後)、熙河路經略使姚古(?-1127 後)、秦鳳路經畧使种師中(1059-1126)、與折彥質(約 1080-1160)、折可求(?-

---

371 李綱：《李綱全集》，中冊，卷六十一〈乞募兵箚子〉，頁 654。
372 《宋會要輯稿》，第十四冊，〈刑法七‧軍制〉，頁 8589。
373 《靖康要錄箋注》，第二冊，卷十，靖康元年八月三日條，頁 1001。

1137)、劉光國(?-1126)、楊可勝(?-1126)、范瓊(?-1129)、李寶(?-1129後)等紛紛領兵而至。各路勤王兵號二十萬。二十五日,至京的又有鄜延張俊(1086-1154)、環慶韓世忠(1089-1151)、涇原馬千等。到那時,京師人心才稍覺安定。[374]

各路兵逐漸雲集京師,必須設法統制。那時本有親征行營使司統制京城兵將,當正月二十日种師道、姚平仲的勤王兵到後,便另置宣撫司來處置勤王兵。[375]

二月十二日,金人得割三鎮之詔及肅王樞(1103-1130)為質,便連忙退軍。宋室既得暫延殘喘,亦罷諸道勤王兵。據《靖康要錄》,宋廷於九月二十三日,設置四道都總管,以謀長久抵抗金人,使各地兵緩急時易於應援京師。[376]

《三朝北盟會編》卷二十六,把「臣僚箚子乞置四總管」繫於宣和七年十二月二十九日內,並把臣僚所條具的四總管細則排在同年月的二十五日內;都說「聖旨依奏」。《靖康要錄》卻說置四道都總管是靖康元年九月二十三日的事。[377]試考之,則《靖康要錄》是而《三朝北盟會編》非。其故有三:

第一、《三朝北盟會編》卷二十六,並未指明是何人提議置四總管。《東都事略》卷一百八、《宋史》卷三百五十三〈何㮚傳〉、卷三百五十七〈譚世勣傳〉都明白地說是欽宗時何㮚(1089-1127)建議。考何㮚在靖康元年三月為尚書右丞,八月進中書侍郎,閏十一月為右僕射。他能主持置四道都總管,當在執政以後。[378]

---

[374]《三朝北盟會編》,上冊,卷二十八〈靖康中帙三〉,靖康元年正月六日壬申條,頁一下(頁 206);卷三十〈靖康中帙五〉,靖康元年正月二十日丙戌條,頁十一下至十四下(頁224-226),頁十八下至十九上(頁 228);卷三十二〈靖康中帙七〉,靖康元年正月二十五日辛卯條,頁一上(頁 235)。按《會編》將韓世忠訛寫為「韓時中」。

[375]靖康元年(1126)正月三日,欽宗下詔親征。五日,議決固守,以尚書右丞兼知樞密院事李綱為親征行營使,主管侍衛步軍司曹曚(?-1127 後)為副使,置司於大晟府,辟置官屬,許便宜從事。二十日,种師道(1051-1126)、姚平仲(約 1099-1127 後)等勤王兵至京師,李綱慮節制不一,乞令師道、平仲聽其節制。欽宗欲以師道為親征行營副使,但有宰執以為不可。於是別置宣撫司,以師道簽書樞密院事、充河北、河東、京畿宣撫使。平仲為宣撫司都統制,應西兵及四方勤王之師並隸宣撫司,又撥前後軍在城外者屬之。而行營使司所統者獨左右中軍而已。二月初,由於姚平仲劫金人寨不克敗績,罷李綱行營使,因廢行營使司。越日,李綱復用,則改充京城四壁守禦使。詳見李綱:《李綱全集》,下冊,卷一百七十一《靖康傳信錄上》,頁 1577-1583;卷一百七十二《靖康傳信錄中》,頁 1587-1588。

[376]《三朝北盟會編》,上冊,卷三十六〈靖康中帙十一〉,靖康元年二月十一日丁未條,頁十上下(頁271);卷三十七〈靖康中帙十二〉,靖康元年二月十二日戊申條,頁一上下(頁 276):《靖康要錄箋注》,第一冊,卷二,頁 291,294;第二冊,卷十一,頁 1109-1110。

[377]《三朝北盟會編》,上冊,卷二十六〈靖康中帙一〉,宣和七年十二月二十五日壬戌條,頁五下至七上(頁 193-194)。

[378]《東都事略》,卷一百八〈何㮚傳〉,頁四上(頁 1653);《宋史》,卷三百五十三〈何㮚傳〉,頁11135-11136;卷三百五十七〈譚世勣傳〉,頁 11231。

　　第二、《三朝北盟會編》自卷二十六說過置四總管後，一直到卷五十一才說：「（靖康元年八月）二十日癸丑，詔四總管許自選將兵以禦都城。」卷五十六卻說：「（靖康元年九月二十一日）措置守禦京師，置四道總管。」先說宣和七年十二月聖旨依奏置四總管，後說靖康元年九月置，可見自相矛盾。雖然可以說前者是提議，後者才是實行，但又怎會在靖康元年八月詔四總管守禦都城呢？這顯然是弄錯了。[379]

　　第三、四道都總管的北道都總管趙野(?-1130)，在宣和七年為尚書左丞，靖康元年正月辛未(初五)為門下侍郎，四月庚戌(十四)罷政，出知襄陽府(今湖北襄陽市)為北道都總管。故宣和七年趙野沒有為北道都總管之理。[380]

　　因此，四道都總管的設置，當在靖康元年九月，而非宣和七年十二月。

　　四道都總管的權力很大：「事得專決，財得通用，官得辟置，兵得便宜。」[381]據《靖康要錄》卷十一，靖康元年九月二十三日所定的四總管細則是這樣的：

　　　　一、以三京並鄧州為四帥，各帶都總管。北京帥總北道：河北東路、京東東路；西京帥總西道：京西北路、陝西、京兆、秦鳳、環慶路；南京帥總東道：京東西路、淮南東西路；鄧州帥總河南道：京西南路、荊湖北路。仍各置副一員，出則留守，事平日依舊。

　　　　一、四帥分總四道，止為警急，帥所部勤王、差撥兵馬、移運錢糧，令所部州軍，各聽節制，相為應援。其餘事並依舊法。

　　　　一、四帥舊係帥府處，自依舊，舊非帥府處，幕府官屬依帥府差辟，隨府置罷。

　　　　一、合用兵馬並令所部州召募訓練，以備差發，仍於所差處不限文武，選有謀略忠勇官統制。合用錢糧，並令所部州縣，不限高卑，選用曉財用官，以遠及近，遞攢移運，別項椿管，充差發兵馬之用，取進止。奉聖旨依奏。[382]

379《三朝北盟會編》，上冊，卷五十一〈靖康中帙三十六〉，靖康元年八月二十日癸丑條，頁十一下至十二上(頁387-388)；卷五十六，靖康元年九月二十一日甲申條，頁十四上下(頁422)。
380《宋史》，卷二十三〈欽宗紀〉，頁423，427；卷三百五十二〈趙野傳〉，頁11127-11128。
381《東都事略》，卷一百八〈何㮚傳〉，頁四上(頁1653)。
382《靖康要錄箋注》，第二冊，卷十一，頁1109-1110。

靖康時外重內輕，已是太祖中央集兵的反面；設四道都總管，更與太祖強幹弱枝政策大相逕庭。故當時反對者給事中譚世勣(1074-1127)說：「裂天下付四人，而王畿所自治者，才十六縣爾，獨無不掉之虞乎？」[383]

置四道都總管雖說是一種為勤王而設的權宜辦法，但因那時兵制蕩然無存，中央缺乏維制的力量，地方出現離心的趨勢，所以結果對勤王絕無補益。當靖康元年十一月二十五日，金人再度包圍汴京時，僅有南道都總管張叔夜(1065-1127)於是月二十八日以兵一萬三千人前來勤王。西道都總管王襄(?-1131後)則以「賊兵甚盛，不可往也」而勒兵不前。[384]北道都統管趙野將大兵自衛，迂迴不進。東道都總管胡直孺(?-1131)領兵一萬來勤王，遇金「鐵鷂子」百餘騎，不戰而潰，致被金人生擒。[385]這樣便證實了四道都總管對勤王沒有多大作用。而汴京終亦於那年閏十一月二十五日被金人攻破。此後，復國勤王的責任，便落在以康王(即趙構，宋高宗，1107-1187，1127-1162 在位)、陳遘(1090-1127)、汪伯彥(1069-1141)、宗澤(1059-1128)為首的大元帥府了。[386]

第六章　結論

北宋承五代積弱之局，開國即見國勢不振，北有強大的契丹，西有善變的党項、吐蕃。自太祖至徽欽，一百六十多年間，無時不因邊患而惴惴惶惶，終亦不免靖康之禍。

論者多以北宋積弱，歸咎於兵制。北宋的冗兵和邊費，將政府和人民的財力物力，耗費殆盡。這是讀史者最易看到的事實。但如深究下去，則北宋的冗兵所以發

383《東都事略》，卷一百九〈譚世勣傳〉，頁九上(頁 1681)。

384《三朝北盟會編》，上冊，卷六十四〈靖康中帙三十九〉，靖康元年十一月二十五日丙戌條，頁十二上(頁 483)；卷六十五〈靖康中帙四十〉，靖康元年十一月二十八日己丑條，頁九下至十上(頁 489-490)。

385《三朝北盟會編》，上冊，卷七十二〈靖康中帙四十七〉，靖康元年十二月十六日丁丑條，頁十一下(頁 546)；宗澤(1060-1128)(撰)，束景南(校注)：《宗澤集校注》(北京：中華書局，2021 年 9 月)，卷四〈與北道總管趙野約入援京城書‧靖康二年二月〉，頁 176-177。

386 靖康元年閏十一月二十日，欽宗用殿中侍御史胡唐老(?-1129)、右僕射何㮚之議，遣武學進士秦仔齎蠟書往河北，除康王兵馬大元帥，陳遘兵馬元帥，汪伯彥、宗澤兵馬副元帥，應辟官行事並從便宜，以領兵入衛。十二月一日，兵馬大元帥開府於相州(今河南安陽市)，傳檄天下兵勤王。明年五月，康王即位南京(即應天府，今河南商丘市)，是為高宗。參見《宋史》卷三百五十三〈何㮚傳〉，頁 11136；《三朝北盟會編》，上冊，卷六十八〈靖康中帙四十三〉，靖康元年閏十一月二十日辛亥條，頁十三下至十四下(頁 517)；卷七十〈靖康中帙四十五〉，靖康元年閏十一月二十七日戊午條，頁十三上至十四上(頁 532)；卷七十一〈靖康中帙四十六〉，靖康元年十二月一日壬戌條，頁三上(頁 535)，頁七上下(頁 537)；《建炎以來繫年要錄》，卷一，頁 17-20；卷五，建炎元年五月庚寅條，頁 118-120。

生，決非由於兵制的不良，而是根於兵制的破壞。太祖的兵制，是以務去冗兵為原則的。冗兵的問題，在真宗、仁宗以後，才顯得嚴重。那時大臣論邊事，紛以太祖兵制為言，隱然有今非昔比之歎。[387]可見太祖的兵制，在宋人眼中，是一種良法美意；絕非後人所說的致弱的根源。李燾在《長編》中，更誇張地說：太祖兵制，「故百餘年天下無事，雖漢唐盛時，不可以為比。」[388]

再觀太祖一朝，外拒契丹，內平僭偽，國勢雖未臻至盛，但亦沒有以後的亂局出現。這便是太祖制兵的效果。或謂太祖時外敵不強，故太祖可以從容應付；及後則遼夏浸盛，故邊事不可收拾。考之史實，亦不盡然。太祖既立制禦之方，太宗踵之，猶能平太原、伐幽燕，雖未能竟全功，亦足以寒敵膽。真宗澶淵一戰，射殺契丹驍將，使其俯首就盟。故知邊患雖強，非不可拒。而自真宗與契丹定盟後，上下皆務苟安，雖曰治世，而兵制已大壞。在軍力上說，遼夏愈強而北宋愈弱了。設若真宗仁宗能謹守太祖規模，又怎會至此呢？

制度不能一成不變，太祖的兵制不能持久，是必然的發展。但可惜愈轉變而兵制愈壞。就算間有雄才大略之君，忠心輔國之臣，奮起針對時弊，而加以改革或創置，亦只是頭痛醫頭，腳痛醫腳，此病未除，他病又起。如仁、英時韓琦之刺義勇，神宗時王安石之團結保甲、置將官，都是為了事實需要而行，怎料流弊更甚！因此，北宋兵制愈發展下去，就愈趨紊亂了。

北宋兵制，在真仁時一大變，神宗時再變，徽欽時又變，終至隤然崩潰。其間影響兵制轉變的重要人物有兩種：一是文臣，一是宦官。宋太祖重用士人，但初意不是使他們主軍政，而是使他們治國安民，因為太祖對治軍治民是分得很清楚的。太祖對宦官，更以晚唐閹禍為戒，竭力加以抑制隄防。真宗以後，文臣在政府的地位，固然很高；而閹宦的勢力亦漸抬頭。真宗至神宗期間，文臣壟斷軍政，節度指揮之權，都

---

[387] 考真宗即位，王禹偁上疏云：「(太祖)所蓄之兵，銳而不眾；所用之將，專而不疑。」咸平二年(999)十一月，知開封府錢若水上言：「安邊之術，……太祖朝制置最得其宜。」咸平四年(1001)十二月，知鎮戎軍(今寧夏回族自治區固原市原州故城)李繼和(963-1008)請以太祖為法，擇武臣守靈武，高官厚祿，不吝與之。楊億上疏，引太祖待姚內斌、董遵誨事，請以為法。仁宗慶曆二年(1042)十月，賈昌朝請如太祖待李漢超之道待武臣。熙寧四年(1071)四月，王安石與神宗論及郭進事，亦深以太祖「將所收租稅付之」為得法。參見《東都事略》，卷三十九〈王禹偁傳〉，頁六上(頁 611)；卷四十七〈楊億傳〉，頁一下(頁 704)；《宋史》，卷二百六十六〈錢若水傳〉，頁 9167；《長編》，卷五十，咸平四年十二月乙卯條，頁 1092-1093；卷一百三十八，慶曆二年十月戊辰條，頁 3317；《長編》，卷二百二十二，熙寧四年四月癸亥條，頁 5403。
[388]《長編》，卷三百一，元豐二年十一月癸巳條，頁 7324。

握在手中；武臣供驅策而已。於是文武二柄，由分而合；作戰重心，由禁軍而轉為鄉兵。真宗用宦官監軍，神宗用宦官為帥，都不至成禍，乃因文臣勢力尚能加以抑制。徽宗時，宦官羽翼已成，文臣非但不能制，反而附之，如蔡京之於童貫，王黼之於梁師成，類皆狼狽為奸，紊亂內外政事。自童貫主軍政，銳意開邊，內外兵力漸不能均衡，由強幹弱枝而轉為枝幹皆弱。故北宋雖無藩鎮之禍，但有蒙塵之辱了。

原載《新亞學報》第三卷第一期，1957 年 8 月，頁 169-270。

宋夏戰爭中的蕃部與堡寨

一、北宋與西夏的戰爭

宋代是中國歷史上一個衰弱不振的朝代，從公元 960 年趙匡胤(宋太祖，927-976，960-976在位)得國以來，便長期受著北方契丹族(遼)的威脅；待得契丹中衰，代之而起的卻是更強大的女真族(金)。宋室南渡以後，一直爲女真所壓迫。及其季世，蒙古族勃興，宋帝國終亡於異族鐵蹄之下。所以，宋人一直被籠罩在「外患」的陰影裏，而如何去應付「外患」，成了宋朝最嚴重的問題。

就北宋來說，契丹雖強，却不是最嚴重的「外患」，因爲自從眞宗景德元年(1004)宋遼在澶淵訂盟以後，宋藉著每年饋贈的大量銀、絹，便穩住了契丹。實際上使宋人最感困擾的「外患」，是西北面的「西夏」。西夏國勢不如契丹之強，但對宋或叛或服，忽和忽戰，由太宗太平興國七年(982)起，至宋室南渡(1127)，這一百四十餘年間，中國西北邊境一直沒有絕對的和平。

北宋與西夏的戰爭，主要可分爲三個時期：

第一期爲西夏掙脫宋羈絆時期——始於李繼遷(夏太祖，963-1004)叛宋，[1]而迄於繼遷戰死，即由太宗太平興國七年(982)至眞宗景德元年(1004)，前後二十三年。這一期的戰事是在夏人的根據地夏州(定難軍節度，今陝西榆林市靖邊縣以北 55 公里白城子)、銀州(今陝西榆林市橫山縣黨岔鄉黨岔村大寨梁，在無定河與榆溪河交匯處的西南岸，城居毛烏素沙漠與黃土高原的分界線上，無定河在其東北 2 公里處接納榆溪河)、靈州(今寧夏銀川市靈武市西南，一說在寧夏吳忠市南金積鄉附近)一帶進行。結果，這些地方盡爲夏人所復得。繼遷雖死，卻奠定了西夏立國的基礎。

第二期爲西夏大舉侵宋時期——始於繼遷之孫元昊(夏景宗，1004-1048，1032-1048 在位)，而迄於宋夏達成和議，即由仁宗寶元元年(1038)至慶曆四年(1044)，前後

---

1 脫脫(1314-1355)：《宋史》(北京：中華書局點校本，1977 年 11 月)，卷四百八十五〈外國傳一‧夏國上〉，頁 13982：「唐貞觀初，有拓跋赤辭者歸，太宗賜姓李，置靜邊等州以處之，其後析居夏州者號平夏部。唐末，拓跋思恭鎮夏州，統銀、夏、綏、宥、靜五州地，討黃巢有功，復賜李姓。」宋初，夏州仍爲中國所羈縻。太宗太平興國五年（980），李繼捧(962-1004)立，越二年，率族人入朝。宋欲乘勢定其地，但其族弟李繼遷出奔，力謀復佔舊日疆土。

七年。[2]這時西夏的領土已擴張至甘肅北部，遂主動侵宋，戰事發展至宋陝西各路，即今陝西、甘肅地方。戰爭規模之大，情況之慘烈，遠非以前可比，宋雖終能阻遏西夏的攻勢，但損失極為嚴重，故一般說北宋與西夏的戰爭，是指這一期而言。

第三期為宋人主動向西夏進攻時期——始於神宗(趙頊，1048-1085，1067-1085 在位)即位，迄於北宋之亡，即由治平四年(神宗即位未改元)(1067)至高宗建炎元年(1227)，前後約一百六十年。這一期的時間最長，戰爭拖延不了，其影响之大，實不亞於第二期。那時西夏對宋的威脅很小，宋遂反客為主，神宗、哲宗(趙煦，1077-1100，1085-1100 在位)、徽宗(趙佶，1082-1135，1100-1125 在位)先後向西夏用兵。因此，戰事復由宋之陝西各路而進至西夏的腹地靈州，並且發展至吐蕃族所聚居的河湟地區，即今甘肅、青海接壤之地。宋人雖開拓了不少土地，但付出了很大的代價。

宋夏戰爭持續的時間如此長久，蔓延的地區如此廣大，使宋的國力損耗至為嚴重。在戰場上，宋損失大量的將士和軍儲。太宗至道二年(996)，宋夏爭奪靈州，宋使白守榮等護送芻粟四十萬前往，盡為繼遷所奪。仁宗慶曆元年(1041)好水川(今寧夏固原市西吉縣境內之籠落川、什字路河川)之役，宋大將任福(981-1041)戰死，將校死者萬三百人。神宗元豐四、五年間(1081-1082)，有靈州之役與永樂城(在今陝西榆林市大鹽灣鄉，無定河東岸。董秀珍一說在陝西榆林市米脂縣龍鎮馬湖峪村，無定河西岸，南距米脂城 25 公里，北距故銀州城 25 公里)之役，兩役合計，宋官軍、熟羌、義（勇）保（甲）死者六十萬人，錢粟銀絹以萬數者不可勝計。哲宗紹聖三年(1096)，夏兵大舉侵入鄜延路，破金明寨(約今陝西延安市安塞縣南碟子溝、延安市西北約 50 里、延河與杏子河交匯處東側河谷中)，守兵二千八百人惟五人得脫，城中糧五萬石、草千萬束盡失。徽宗宣和元年(1119)，劉法(?-1119)敗死統安城(今甘肅蘭州市永登縣通遠鄉新站附近)，死者十萬。[3]

最能反映出陝西軍費浩大的是國家的財政。當任福敗於好水川之後，三司即宣稱「國用不足」。[4]慶曆三年(1043)四月，權三司使事王堯臣(1003-1058)將陝西、河北、

2《宋史》，卷四百八十六〈外國傳二・夏國下〉，頁 14030，謂：「元昊結髮用兵，凡二十年，無能折其強者。」蓋元昊未稱帝之先，已於景祐元年（1034）稍侵宋邊，故有二十年之說。但元昊大舉向宋用兵是在稱帝之後。

3《宋史》，卷四百八十五〈外國傳一・夏國上〉，頁 13987，13996-13997；卷四百八十六〈外國傳二・夏國下〉，頁 14010-14012，14017，14020-14021。

4《宋史》，卷四百八十五〈外國傳一・夏國上〉，頁 13997。

河東三路未用兵前及用兵後歲出入財用之數，作了一個這樣的報告：「寶元元年 (1038)未用兵，三路出入錢帛糧草：陝西入一千九百七十八萬，出一千五百五十一萬；河北入二千一十四萬，出一千八百二十三萬；河東入一千三十八萬，出八百五十九萬。用兵後，陝西入三千三百九十萬，出三千三百六十三萬；河北入二千七百四十五萬，出二千五百五十二萬；河東入一千一百七十六萬，出一千三百三萬。」[5]其中河北、河東變動不大，但陝西用兵後，收入增加百分之七十以上，而支出增加一倍以上。這是第二期的情形，到了第三期，情況更壞。建中靖國元年(1101)，陳瓘(1057-1122)便有「天下根本之財，皆已運於西邊」之歎。[6]

軍費浩繁，國用不足，勢必取之於民，因而影响民生。人民生計困乏，不少淪為盜賊。慶曆三年(1043)九月，樞密副使富弼(1004-1083)言：「臣伏思西賊未叛以前，諸處雖有盜賊，未嘗有敢殺戮官吏者。自四五年來，賊入州城打劫者，約三四十州。向來入城，尚皆暮夜竊發，今則白晝公行，擅開府庫，其勢日盛。自此以往，只憂轉熾。若不早為隄備，事未可知。」又言：「伏見西鄙用兵以來，騷動天下，物力窮困，人心怨嗟，朝廷不能撫存，遂使為盜。[7]可見元昊入侵間接影响到北宋社會的安寧。所以事定之後，參知政事賈昌朝(998-1065)在慶曆四年(1044)九月，便上言：「請下諸路轉運司，毋得承例折變科率物色，其須科折者，並奏聽裁。即雖有宣勅及三司移文而於民不便者，亦以聞。」[8]這樣做是企圖減輕人民在財力上的負担。

仁宗(趙禎，1010-1063，1022-1063 在位)刻意求治，早就看出韓琦(1008-1075)、范仲淹(989-1052)、龐籍(988-1063)等有經國之才，打算用作執政，[9]但韓、范等同時是陝西沿邊的重心人物，故必須待西夏戰事稍定之後才能完成此願。[10]仁宗在慶曆三年

---

5 李燾(1115-1184)：《續資治通鑑長編》(以下簡稱《長編》)(北京：中華書局點校本，1979 年 8 月至 1995 年 4 月)，卷一百四十，慶曆三年四月己未條，頁 3366。

6 岳珂(1183-1243)(撰)，吳企明(點校)：《桯史》(北京：中華書局，1981 年 12 月)，卷十四，「陳了翁始末」條，頁 159。

7《長編》，卷一百四十三，慶曆三年九月丁丑條，頁 3450。

8《長編》，卷一百五十二，慶曆四年九月壬申條，頁 3701。

9《長編》，卷一百四十，慶曆三年三月丙申條，頁 3361，記：「是月，上令內侍宣諭韓琦、范仲淹、龐籍等，『候邊事稍寧，當用卿等在兩地；已詔中書箚記。此特出朕意，非臣僚薦舉。』」

10 據《宋史》，卷二百十一〈宰輔表二〉，頁 5466-5477，5469，韓琦、范仲淹並於慶曆三年四月為樞密副使；七月，范仲淹除參知政事。龐籍則于慶曆五年(1045)始為樞密副使。

(1043)六月，又曾對輔臣說：「自用兵以來，策試授官人猥多，而任事頗無善狀。」[11]可見戰爭不但影响國計民生，而且影響到內治方面。

此外，在宋夏戰爭的當兒，契丹虎視眈眈，給予宋人極大的精神威脅。契丹當然不肯放過機會，故當慶曆元年宋人慘敗於好水川後，次年，遼即遣蕭英、劉六符(?-1055)來求關南地，弄到舉朝驚恐，幸宋使者富弼能折衝樽俎，卒許增加歲幣了事。[12]及宋與西夏議和，談到歲賜，也不能不考慮到契丹的反應。慶曆四年五月，知制誥田況(1005-1063)云：「今北敵嫚視中國，自欲主盟邊功。苟聞元昊歲得茶二十餘萬斤，豈不動心？若緣此亦有所求，必不肯與元昊等，至時果能以力拒之乎？」知制誥歐陽修(1007-1072)亦云：「契丹常與我爲敵國，指元昊爲小邦。若見元昊得物之數與彼同，則須更要增添，何以應副？」[13]總之，宋一面要盡全力在軍事上與西夏周旋，一面要戰戰兢兢地在外交上應付契丹。契丹在宋夏戰爭中，不但獲得增加歲幣，而且在神宗時得到代北五百餘里的土地。[14]

宋夏戰爭對宋的影响如此巨大，無疑是治宋史或邊疆史的人所不能忽略的。究竟那長久而艱苦的戰爭是怎樣進行的？宋夏雙方的戰略如何？憑藉什麼來爭得戰果？爲了解決這些問題，我們必須對西北的少數民族和沿邊的堡寨加以研究，從而揭開宋夏戰爭的真相。

二、以夷制夷的政策

11《長編》，卷一百四十一，慶曆三年六月己亥條，頁3387。

12《宋史》，卷三百十三〈富弼傳〉，頁10250-10252。

13《長編》，卷一百四十九，慶曆四年六月甲申條，頁3614。

14 熙寧七年(1074)，遼遣蕭禧來議代北地界，議久不決。明年，禧再來，堅持以分水嶺爲界。王安石(1021-1086)使韓縝(1019-1097)奉使分畫，舉其地予之，宋失地五百餘里。按：《宋史‧地理志一序》、《宋史‧韓縝傳》及王稱(?-1200 後)《東都事略‧韓縝傳》及〈附錄一〉皆載其事。《宋史‧地理志》與《東都事略‧韓縝傳》謂失地七百餘里；《宋史‧韓縝傳》謂六百里；《東都事略》〈附錄一〉謂五百餘里，蓋本於邵伯溫(1056-1134)《邵氏聞見錄》卷四。三說未知孰是，今姑從邵說。參見《宋史》卷八十五〈地理志一序〉，頁 2095；卷三百一十五〈韓縝傳〉，頁 10310-10311；《東都事略》，收入趙鐵寒(1908-1976)主編：《宋史資料萃編第一輯》(臺北：文海出版社，1967 年 1 月)，卷五十八〈韓縝傳〉，頁八下至九上(頁 866-867)；卷一百二十三〈附錄一〉頁九上(頁 1907)；邵伯溫(撰)，李劍雄、劉德權(點校)：《邵氏聞見錄》(北京：中華書局，1983 年 8 月)，卷四，頁 31-36。

　　宋人對西北邊境的少數民族，統稱「蕃部」。蕃部主要是指党項族和吐蕃族，由於他們都源出於羌族，故又稱「西羌」、「諸羌」，或簡稱「羌」。[15]党項、吐蕃與宋、夏皆有密切關係。

　　党項於唐貞觀至上元間內附，散居西北邊。五代時嘗入貢。宋時，其族帳散布於靈州、夏州、綏州(今陝西榆林市綏德縣)、麟州(今陝西榆林市神木市北)、府州(今陝西榆林市府谷縣)、環州(今甘肅慶陽市環縣環城鎮)、慶州(今甘肅慶陽市慶城縣慶城鎮慶陽故城)、豐州(今陝西榆林市府谷縣西北)、鎮戎軍(今寧夏回族自治區固原市原州故城)、天德軍(今內蒙古烏拉特前旗北五加河東岸)、振武軍(今內蒙古呼和浩特市和林格爾縣)等地。[16]西夏李氏雖統治著大部份的党項族，但在建國之前，李繼捧對靈夏的党項，亦只能加以羈縻。[17]及至繼遷叛宋，党項族便成爲雙方爭取的目標。當時党項大族對宋表示忠順的不少，其著者如勒浪族十六府大首領屈遇，名波族十二府大首領浪買、兀泥族首領黃羅(?-998 後)、熟倉族首領乜遇，咩逋族首領泥埋等。亦有反覆無信，朝秦暮楚者，如環州酋蘇尙娘(?-1003)便是。[18]

　　吐蕃族在唐時曾建強大的國家，晚唐五代始衰。在其盛時，西夏境內各民族幾乎都受過吐蕃統治，西夏的國土亦爲轄境。[19]西夏崛起，乃是擺脫吐蕃統治的結果，故西夏與吐蕃不能相容。在宋時，吐蕃各族分散，各有首領，有在陝西路儀、渭、涇、原、環、慶、秦、鎮戎等州軍的，亦有在靈、夏等州的。其內屬於宋的謂之「熟戶」，其餘謂之「生戶」。在西涼府(即涼州，在今甘肅武威市涼州區中部)一帶的者龍族勢力最強，眞宗(趙恒，968-1022，997-1022 在位)時，其六谷都首領潘羅支(?-1004)助宋攻擊李繼遷，繼遷中箭而死。潘羅支死後，弟廝鐸督(?-1012 後)繼爲六谷大首領。元昊既立，於景祐年間攻取西涼府。但在甘肅、青海的河湟地區(甘肅武威以南、黃河、湟水兩流域地方)尙有吐蕃的勢力，其首領爲唃廝囉(997-1065)，他們居於河州(今甘肅臨夏回族自治州臨夏市)、邈川(即湟州，今青海海東地區樂都縣)、靑唐(即

15《宋史》，卷四百九十一〈外國傳七‧党項〉，頁 14137：「党項，古析支之地，漢西羌之別種。」；卷四百九十二〈外國傳八‧吐蕃〉，頁 14151：「吐蕃，本漢西羌之地。」
16《宋史》，卷四百九十一〈外國傳七‧党項〉，頁 14138。
17 西夏民族以党項羌爲主，而統治者則爲鮮卑族的拓跋氏（李氏）。《宋史‧夏國傳上》：「太宗嘗宴群臣苑中，謂（李）繼捧曰：『汝在夏州，用何道以制諸部？』對曰：『羌人鷙悍，但羈縻而已，非能制也。』」見《宋史》，卷四百八十五〈外國傳一‧夏國上〉，頁 13984。
18《宋史》，卷四百九十一〈外國傳七‧党項傳〉，頁 14140-14146。
19 參考王忠：〈論西夏的興起〉，《歷史研究》，1962 年第 5 期，頁 20-32。

鄯州，今青海西寧市)、宗哥(今青海海東市平安區)一帶。眞宗時，曾寇畧古渭州(今甘肅定西市隴西縣)，爲知秦州(今甘肅天水市)曹瑋(973-1030)所敗。元昊既取西涼府和瓜州(今甘肅酒泉市瓜州縣)、沙州(今甘肅酒泉州敦煌市)、肅州(今甘肅酒泉市肅州區)三州，於是潘羅支舊部及回鶻人多歸唃厮囉，一時聲勢頗盛。於是元昊屢出兵攻之，宋乃遣使授唃厮囉以爵命，使反擊元昊。故及後元昊南侵，猶恐唃厮囉制其後。可惜唃厮囉的勢力和西夏相去太遠，不久内部又分裂，故終不能對西夏有大威脅。神宗時用兵河湟，其地大部分歸宋。[20]

除了党項、吐蕃和宋、夏皆有密切關係外，尚有回鶻族，亦介入宋夏的戰爭中。回鶻在唐末以來，部族分散，居於西州(今新疆吐魯番市高昌古城)者爲西州回鶻，居於沙州(今甘肅酒泉市敦煌市)者爲沙州回鶻，又有散居於瓜州(今甘肅酒泉市瓜州縣鎖陽城鎮鎖陽城遺址)、秦州(今甘肅天水市)者。西州回鶻地遠，雖在雍熙元年(984)四月曾入貢，但與西夏無利害衝突。甘州回鶻與沙州回鶻則經常與西夏發生戰爭。蓋甘、沙在甘肅北部，拊西夏之背，夏人欲圖發展，必須先除後顧之憂，換言之，必須先取甘、沙回鶻，才能發動對宋的攻勢。因而他們也成爲宋人利用以打擊西夏的工具。眞宗咸平四年(1001)，沙州回鶻可汗王祿勝遣使曹萬通來貢，宋因授以虛銜。西夏與甘、沙回鶻的戰爭，回鶻雖曾數勝，但最後爲西夏所破。天聖六年(1028)，西夏李德明(夏太宗，李繼遷子，982-1032)遣元昊攻下甘州(今甘肅張掖市甘州區)；八年(1030)，瓜州回鶻降，九年(1031)，元昊攻下涼州。景祐三年(1035)，元昊又攻回鶻，盡取瓜州、沙州、肅州(治今甘肅酒泉市肅州區)三州之地。至是元昊始放心南侵。[21]

北宋利用蕃部來打擊西夏的政策，史稱「以夷制夷」政策。「以夷制夷」是中國傳統上對付外族的政策之一，在西漢時已有這種論調。[22]宋太祖初得天下，亦沿用此法以綏定四夷。當北漢入侵，西夏的先世李彝興(?-967)便曾遣將進援麟州；[23]而西南用徭人秦再雄守辰州(今湖南懷化市沅陵縣)，[24]亦可稱爲「以徭制徭」。眞宗時，知雄

20《宋史》，卷四百九十二〈外國傳八‧吐蕃〉，頁14155-14165。
21《宋史》，卷四百八十五〈外國傳一‧夏國上〉，頁13992-13993；卷四百九十〈外國傳六‧回鶻〉，頁14115-14116；李符桐：《回鶻史》(臺北：文風出版社，1963年)，第四章第五節。
22「以夷制夷」之說，始于西漢，以對付匈奴。陳登原(1900-1975)：《國史舊聞》(北京：中華書局，2000年8月)，第一分冊卷二十有「以夷制夷」條。
23《長編》，卷一，建隆元年三月己巳條，頁11。
24《宋史》，卷四百九十三〈蠻夷傳一‧西南溪峒諸蠻上〉，頁14172；《東都事略》，卷二十四〈周行逢傳〉，頁六上(頁417)。

州(今河北保定市雄縣)何承矩(946-1006)主張「以蠻狄伐蠻夷」,[25]事實上在太宗淳化(990-994)中,党項兀泥族大首領黃羅,便曾屢敗契丹。[26]

及李繼遷叛,宋人積極以此策對付。朝中大臣多傾向於這種主張。太宗在端拱二年(989)正月,詔文武群臣陳備邊策,右拾遺王禹偁(954-1001)上奏云:「以夷狄伐夷狄,中國之利也。」[27]真宗咸平四年(1001),涇原等州安撫經畧使張齊賢(943-1014)請封潘羅支爲六谷王,使招集各蕃部攻擊繼遷。[28]直集賢院梅詢(965-1040)亦上書云:「請以朔方授潘羅支,使自攻取。是謂以蠻夷攻蠻夷。[29]仁宗時,元昊叛,劉平(973-1040 後)請招山界洪州(今陝西榆林市靖邊縣南)、宥州(今陝西榆林市靖邊縣東與內蒙古鄂托克前旗境內,為西夏左廂軍治所)等州土豪,授以職名,給以金帛,或授唃廝囉以靈州,使逼元昊。[30]慶曆四年(1044),契丹與元昊發生戰爭,仁宗遣使問知幷州(今山西太原市)鄭戩(992-1049),戩答云:「夷狄相攻,中國之利也。」[31]英宗(趙曙,1032-1067,1063-1067 在位)時,橫山酋豪怨諒祚(夏毅宗,1047-1067,1048-1067 在位)(元昊子),欲率其屬叛,攻取靈、夏,而向宋乞援。鄜延路經畧安撫使程戩(990-1066)上書請許之,有云:「豺虎非自相搏,則未易取也;癰疽非其自潰,則未易攻也。諒祚久悖慢,宜乘此許之。所謂以蠻夷攻蠻夷,中國之利也。」時適英宗不豫,大臣不欲生事,不報,事乃止。[32]神宗欲招納夏將香崖,問麟府駐泊都監王文郁(1034-1099)意見,文郁對曰:「此乃致敵上策,恨未能多爾。並邊生羌,善馳突,識鄉導,儻能撫柔之,所謂以外夷而攻外夷也。」神宗於是決意招納,多獲其用。[33]

仁宗時對此策亦有稍持異議者。當時朝議欲用唃廝囉討元昊,因以其地與之。參知政事程琳(988-1056)以爲不可,他的理由是:「使唃氏有其地,是去一元昊得一元昊也。曷若用間,使二羌不相合,豈不爲中國之利乎?」[34]程琳的目的,是要維持元昊與唃廝囉相持之勢,基本上亦是以夷制夷之策。至若同知樞密院事韓億(972-1044)堅持

25《宋史》,卷二百七十三〈何繼筠傳附何承矩傳〉,頁9331。
26《宋史》,卷四百九十一〈外國傳七·党項〉,頁14143。
27《長編》,卷三十,端拱二年正月乙未條,頁672。
28《宋史》,卷二百六十五〈張齊賢傳〉,頁9155-9156。
29《東都事略》,卷四十八〈梅詢傳〉,頁五下(頁724)。
30《東都事略》,卷一百十〈忠義傳·劉平〉,頁二上(頁1685)。
31《東都事略》,卷五十五〈鄭戩傳〉,頁五下(頁824)。
32《宋史》,卷二百九十二〈程戩傳〉,頁9756。
33《宋史》,卷三百五十〈王文郁傳〉,頁11074-11075。
34《東都事略》,卷五十四〈程琳傳〉,頁五上下(頁807-808)。

反對獎賞唃廝囉，謂「二虜皆外臣，今不能諭令解仇，而因捷以獎之。豈所以綏御四夷之道哉！」[35]則是書生之見，在當時是不受人重視的。

北宋用以打擊西夏的「夷」可分兩類：一是上述和西夏有仇隙的吐蕃和回鶻部族，如吐蕃的者龍族、青唐羌，和甘州回鶻都是；一是附屬於宋沿邊州軍的蕃部，即所謂熟戶，或屬羌。對於前者，宋只能加以羈縻，用官爵、財物來做籠絡的手段，或賜姓名以示旌寵；後者則為宋所控制，而且成為對抗西夏的主力。

屬羌雖內附於宋，但難保其永遠忠順，所以維制蕃部之道，是須加意講求的。北宋邊將統治蕃部，有以威武鎮壓的，如宋初王彥昇(917-974)守原州(今甘肅慶陽市鎮原縣)，「戎人有犯漢法者，會賓客則引而前，以手捽其耳大嚼，沃以巵酒。前後所啗數百人，並塞數年，戎人畏之，無犬吠之警。」[36]這種高壓手段，在承平時或可收效；但在宋夏交戰時，若邊吏苛暴，蕃部便會受西夏所誘而逃去。故又有以恩信結諸羌的，如仁宗時，种世衡(985-1045)知環州，「蕃部有牛家族奴訛者，素倔強，未嘗出謁郡守。聞世衡至，遽郊迎。世衡與約，明日當至其帳，往勞部落。是夕大雪，深三尺。左右曰：『地險不可往。』世衡曰：『吾方結羌以信，不可失期。』遂緣險而進。奴訛方臥帳中，謂世衡必不能至。世衡蹴而起，奴訛大驚曰：『前此未嘗有官至吾部者，公乃不疑我耶？』率其族羅拜聽命。」又有羌酋慕恩，其部落最強，「世衡嘗夜與飲，出侍姬以佐酒。既而世衡起入內，潛於壁隙中窺之，慕恩竊與侍姬戲。世衡遽出掩之，慕恩惶懼請罪。世衡笑曰：『君欲之耶？』即以遺之，由是得其死力。」[37]种世衡為當時名將，這便是他最成功的地方。

宋人統治屬羌，除了恩威並濟外，還有下列五種措施：

一、使蕃部納質——宋人使蕃部納質，始於乾德二年(964)六月權知秦州劉熙古(903-976)，[38]此後吐蕃、党項各族來降，多詣吏納質。[39]納質的目的是約束蕃部，使有所顧忌，但諸蕃質子往往羈留很久，飽嘗骨肉乖離之苦。故咸平初，馬知節(955-1019)

35《東都事略》，卷五十八〈韓億傳〉，頁二上(頁 853)。
36《東都事略》，卷廿九〈王彥昇傳〉，頁八上(頁 485)。按《長編》卷十亦載其事，且云：「至天聖中，西戎猶有無耳者，蓋彥昇所啗也。」見《長編》，卷十，開寶二年十二月乙酉條，頁 236。
37《宋史》，卷三百三十五〈种世衡傳〉，頁 10742。
38《長編》卷五，乾德二年六月乙卯條，頁 128：「秦州接戎境，多被寇害。（劉）熙古至，諭以朝廷恩信，取其酋豪子弟為質，戎人不敢犯法。」
39《宋史》，卷四百九十一〈外國傳七‧党項〉，頁 14145；四百九十二〈外國傳八‧吐蕃〉，頁 14156。

知秦州，下令釋放所質羌酋支屬二十餘人。[40]景德三年(1006)九月，眞宗亦詔釋放西面納質戎人。[41]而范仲淹守邊，「諸蕃質子縱其出入，無一人逃者。」[42]可謂善於制御蕃部。

二、使移居內地——對於新歸投的蕃部，或防其叛，或恐其詐，遂有分徙內地之舉。咸平五年(1002)十月，詔河西戎人歸投者，遷內地，給以閑田。六年(1003)四月，又詔洪德寨(今甘肅慶陽市環縣洪德鄉洪德城村洪德城址)歸附戎人，給內地土田，資以口糧。[43]屬羌的遷入內地，只是特別指定的一部分，當然不是全部，其目的是對可疑的蕃部加以監視。元祐三年(1088)正月十八日，「詔陝西、河東經略司機察來歸蕃族之單獨、可疑者，分徙近郡。」[44]紹聖三年(1096)三月十三日詔：「若迹有可疑，及無信實蕃部保明，即送近裏州軍羈管。」[45]

三、禁與漢人通婚——上述蕃部移居內地，乃出自宋政府的安排；如私自潛入內地却是不容許的。但事實上有很多戎人潛入中國，華人利用他們來耕作，往往「與爲婚媾」。而華夷雜處是傳統思想所反對的。仁宗時李師中(1013-1078)知鄜州洛川縣(今陝西延安市洛川縣)，發現了這種情形，便遍索境內，得戎人數百。他又請延帥大索旁郡，把內居的戎人徙回極邊。[46]哲宗元祐元年(1086)三月二十四日，戶部言：「歸明人除三路及緣邊不得婚嫁，餘州聽與嫁娶。」[47]可見陝西一帶夷夏之防甚嚴，蕃人的婚嫁受到限制。

四、禁漢人侵漁蕃部——漢人和蕃部做買賣，常常發生漢人欺騙蕃人的事情。眞宗景德四年(1007)詔加禁止：「秦州諸人，自今或與蕃部買賣，並各將錢交相博買，不得立限賒買及取覓債負，致有交加。諸色人公然於蕃部取債，及欠負錢物不還，即追領正身，以所欠錢物多少量罪區分，仍差人監催還足。如欠負蕃部錢物稍多，量情理詐欺者，其正身走避，即追禁親的骨肉，及一面緊行追捉，候獲日，依格法斷遣。

40《東都事略》，卷四十三〈馬知節傳〉，頁二下(頁 656)。
41《宋史》，四百九十二〈外國傳八‧吐蕃〉，頁 14158。
42《東都事略》，卷五十九〈范仲淹傳〉，頁四下(頁 876)。
43《宋史》，卷四百九十一〈外國傳七‧党項〉，頁 14144-14145。
44 徐松(1781-1848)(輯)，劉琳、刁忠民、舒大剛、尹波等(校點)：《宋會要輯稿》(上海：上海古籍出版社，2014 年 6 月)，第十五冊，〈兵十七‧歸明〉，頁 8955。
45《宋會要輯稿》，第十五冊，〈兵二十八‧備邊二〉，頁 9230。
46《東都事略》，卷九十一〈李師中傳〉，頁二下(頁 1394)。
47《宋會要輯稿》，第十五冊，〈兵十七‧歸明〉，頁 8954。

若是贓滿，即奏裁。」仁宗天聖五年(1027)，重申此詔，並徧下環慶、鄜延、涇原等三路。又有漢弓箭手及百姓以典買、租賃、或合種爲名，侵欺蕃部田地。天聖四年(1026)，涇原路除了規定漢戶弓箭手、百姓不得「典買」蕃部地土外，又不得「租賃」與「合種」蕃部地土；如有違犯，並科違制之罪。這條規定，後來也徧下環慶、鄜延、涇原三路。[48]

五、對於漢蕃爭訟，或蕃部犯罪，力求公平處理──蕃部歸附後，仍不免受到漢人歧視，一般來說，蕃漢間如發生爭執，官吏總是祖護漢人，故蕃部吃虧的居多。這便有違懷柔遠人之旨。眞宗景德元年(1004)八月，詔陝西轉運使等：「應西路緣邊州所管熟戶蕃部，朝廷素有條制，官吏不能遵承，蕃部或有爭訟，多不依理平決，或自有規求，或遣人騷擾，以茲結釁，致邊鄙不寧。宜令使、副等常加案察，其有不能綏邊勤職者，並以名聞。」可見政府的政策，是要公平對待蕃部的。蕃部犯罪，舊例輸羊錢入官，每口五百文；後來不論罪情輕重，只令輸眞羊。這樣，狡黠的蕃部便放恣地犯法，而安份的蕃部若無意中犯了過錯，便須輸眞羊，送納時又往往受到官吏不合理的科斂。因此，真宗天禧五年(1021)十二月，詔鄜延路鈐轄司：「自今蕃部販鹽及違禁物，與巡檢兵士鬥敵、殺傷人員、兵士者，其元行器械蕃部並處斬，自餘徒黨依漢法區斷。」仁宗天聖三年(1025)九月，陝府西沿邊安撫使范雍(979-1046)上言：「乞自今後令依舊納錢，及量罪重輕，依約漢法定罰，免至苦虐蕃部。」詔從之。六年(1028)十一月十一日，又詔：「陝西諸路緣邊蕃部使臣、首領、人員等，如今後(蕃部)自作過犯，合斷罪罰羊，令蕃部使臣、首領、人員等親自出辦送納，即不得更於族下戶上非理科斂。如違，重行罰斷，仍令逐路總管、鈐轄、軍馬司常切覺察。」[49]由以上數條詔令觀之，宋人處置犯罪的蕃部，是「漢法」與「蕃法」並用，以求獲得合理的裁斷，而不致令蕃部受到「苛虐」的待遇。

以上五點，都可說是控御蕃部的具體措施，如實行得適當，蕃部自然畏服；否則變亂隨之而起。而蕃部之向背，亦即宋夏勢力之消長，不能忽視。

宋人招撫蕃部，主要目的是用作「蕃籬之兵」，即所謂「蕃兵」。那是由附屬於陝西、河東兩路的屬羌組編而成。蕃兵的編制，和禁軍是另一個系統，他們以族帳爲

---

48 《宋會要輯稿》，第十五冊，〈兵二十七‧備邊一〉，頁9194。
49 所引各條俱見《宋會要輯稿》，第十五冊，〈兵二十七‧備邊一〉，頁9186，9193-9194。

單位，以族人爲兵，以首領爲將，有巡檢、軍主、指揮使等名稱，皆以本族大首領或首領充任。其制始創於曹瑋，他在大中祥符七年(1014)爲涇原鈐轄，請求署熟戶百帳以上爲本族軍主，次爲指揮使，又次爲副指揮使；不及百帳者止置指揮使，其蕃落將校，止於本軍序進。[50]天禧元年(1017)六月，冶坊寨都首領郭廝敦(吐蕃族)歸順，曹瑋請就命爲本族巡檢，並賦以俸祿：月給錢五千，米麵五石。[51]是則蕃官之有俸祿，當亦始創於曹瑋。至神宗熙寧初，蕃官之制漸趨嚴密，《宋史》卷一九一〈兵志五〉云：「其大首領爲都軍主，百帳以上爲軍主，其次爲副軍主、都虞候、指揮使、副兵馬使，以功次補者爲刺史、諸衛將軍、諸司使副使、承制、崇班、供奉官至殿侍。其充本族巡檢者，奉同正員，月添支錢十五千，米麵傔馬有差。刺史、諸衛將軍請給，同蕃官例。首領補軍職者，月奉錢自三千至三百，又歲給冬服綿袍凡七種，紫綾三種。十將而下，皆給田土。」由於蕃部的首領是世襲的，故蕃官亦世襲。舊例蕃官襲職必降資，神宗熙寧元年(1068)，議者恐日久蕃官累降，則失其職，請自今蕃官身歿秩高者子孫如例降等，其已降等或三班差使、殿侍身歿無等可降者子孫不降。這樣則本族蕃官名品常在，子孫不失舊職，而世爲宋效忠。宋廷從其議。[52]

蕃官的地位，遠不及漢官。元豐五年(1082)，詔陝西、河東經略司：「聞諸路蕃官雖轉大使臣，並在漢官小使臣之下。朝廷賞功轉資，以爲激勸，如此卑抑，則孰知遷官之榮。」其後河東經略司言：「蕃官部堡寨兵出戰，常以漢官驅策，恐難與漢官序位。」其後蕃官地位逐漸提高，有換授漢官而任職於沿邊之內地者，甚至有擢爲將副，與漢官相見均禮。元祐元年(1086)八月，以河東提刑兼權幹經略司公事范子諒(?-1086 後)以爲言，詔加禁止。[53]徽宗時，執掌西北軍政大權的內臣童貫(1054-1126)再度打破「屬羌不授漢官」的制度，引拔蕃官，或至節度使。[54]由蕃官地位之提高，可以想到蕃部之受重視。

50《宋史》，卷二百五十八〈曹彬傳附曹瑋傳〉，頁 8988；卷四百九十一〈外國傳七・党項〉，頁14147；《東都事略》，卷二十七〈曹瑋傳〉，頁六下(頁 452)。
51《宋史》，卷四百九十二〈外國傳八・吐蕃〉，頁 14160；《宋會要輯稿》，第十五冊，〈兵二十七・備邊一〉，頁 9191。
52《宋史》，卷一百九十一〈兵志五・蕃兵〉，頁 4750-4751，4755-4757。
53《宋會要輯稿》，第十五冊，〈兵十七・歸明〉，頁 8954-8955。
54《東都事略》，卷一百二十一〈宦者傳・童貫〉，頁二下(頁 1866)。

　　蕃兵和入侵的羌人同種，不易辨別，故慶曆二年(1042)知青澗城(今陝西榆林市清澗縣城)种世衡所募蕃兵，皆涅右手虎口，爲「忠勇」二字。神宗時趙卨(1026-1090)在鄜延，亦將蕃兵涅手。王韶(1030-1081)經略熙河，在當地募蕃兵，刺「蕃兵」二字於其耳，以資識別，因爲那時很多蕃兵爲漢兵所殺，冒爲首功；刺字後便可免誤殺。蕃兵之制初止行於河東和陝西四路，到那時便推廣至熙河路。[55]換言之，北宋與西夏交戰的沿邊都有蕃兵在防守。

　　蕃兵效命疆場，初只是做前鋒，以掩護漢兵出擊，[56]後來竟成了攻防的主力。范仲淹云：「西戎以山界蕃部爲强兵，漢家以山界屬戶及弓箭手爲善戰。以此觀之，各以邊人爲强。」[57]蓋當時禁軍質素很差，不能衝鋒陷陣，西夏人輕視之，目爲「東軍」。[58]於是蕃兵在對西夏的戰爭中負起了大部分責任，由於他們愈來愈顯得重要，所以，慶曆二年，有人提議募熟戶，給以禁軍廩賜，使戍邊，而悉罷正兵。後以環慶帥范仲淹反對而止。[59]神宗時，呂惠卿(1035-1111)爲鄜延帥，變更舊法，雜漢、蕃爲一軍。神宗本欲推行其法於諸路，以渭帥蔡延慶(1029-1090)反對而止。[60]這兩事雖未實行，但足以反映出宋人對蕃兵的作戰能力已有深切的認識，而且愈來愈倚重了。

55 《宋史》，卷一百九十一〈兵志五・蕃兵〉，頁 4751，4759。
56 《東都事略》，卷八十六〈徐禧傳〉，頁五下(頁 1310)：「初陝西緣邊兵馬，蕃弓箭手與漢兵各自爲軍，每陣多以蕃部爲前鋒，而漢兵守城，伺便利然後出。」又《宋史》卷四百九十一〈外國傳七・党項〉，頁 14147，亦記：「大中祥符元年，鄜延鈐轄言：小湖臥浪族軍主最處近塞，往時出師，皆命爲前鋒，甚著誠節。詔補侍禁。」
57 范仲淹(撰)，李勇先、王蓉貴(校點)：《范仲淹全集》(成都：四川大學出版社，2002 年 9 月)，中冊，《范文正公政府奏議》卷下，〈邊事・奏陝西河北和守攻備四策〉，「三、陝西攻策」，頁 590-591。
58 朱熹(1130-1200)、李幼武(?-1172 後)(編)，李偉國(校點)：《八朝名臣言行錄》，《三朝名臣言行錄》，載朱杰人、嚴佐之、劉永翔(主編)：《朱子全書》，第十二冊(上海：上海古籍出版社，2010 年 9 月)，卷一之一〈丞相魏國韓忠獻王〉，頁 344。
59 范仲淹以爲「蕃情黠詐，畏强凌弱，常有以制之則服從可用，如倚爲正兵，必至驕蹇。」參見《宋史》，卷一百九十一〈兵志五・蕃兵〉，頁 4751。
60 《東都事略》，卷五十三〈蔡延慶傳〉，頁六下(頁 796)；卷八十六〈徐禧傳〉，頁五下(頁 1310)。

因此，北宋抗禦西夏的名將，沒有一個不是善於招撫蕃部的。如真宗時的曹瑋，[61]仁宗時的范仲淹、[62]張亢(994-1056)、[63]种世衡，[64]都是蕃部畏服的，至繪其像而祀之。可惜仁宗以後，武臣專務驅策蕃部，便再沒有像范仲淹這樣的人物出現了。

三、西北沿邊的堡寨及其作用

宋代的地方行政區域，基本上是兩級制，即府、州、軍、監是一級，縣是一級。其後，府、州、軍、監之上有路，而縣之外復有城、寨、堡、關（以下簡稱城寨或堡寨）。

路之設立，始於太宗至道三年(997)，[65]原是爲了轉運使（或提點刑獄）行使職權而畫分的，可稱之爲「監司路」。但宋代除了「監司路」之外，又有以安撫使或經略安撫使爲長官的「路」，可稱爲「帥司路」。監司和帥司的職權不同，前者主要在於監察及管理地方行政，後者主要在於負責軍事，故監司路和帥司路所統轄的地區不盡相同。[66]通常所說的「路」，是指監司路而言，但本文所注意的是帥司路。據《宋史·地理志》，北宋的帥司路（即設有安撫司或安撫經略司的）有京東東路、京東西路、大名府路、高陽關路、眞定府路、定州路、河東路、永興軍路、鄜延路、環慶路、秦鳳路、涇原路、熙河路、兩浙路、荆湖南路、荆湖北路、廣南東路、廣南西路等。其中河東路（今山西與陝西一部分）、鄜延路（今陝西境）、環慶路、秦鳳路、涇原路（以上三路俱在今甘肅境）、熙河路（今甘肅南部與青海一部分），都是北宋和西夏經常發生戰爭的地區。除了河東路外，其他五路在北宋統稱陝西，實則包括今陝西、甘肅、青海的各一部分地方。陝西初不分路，置陝西經略安撫使及馬步都總管。慶曆初因軍事上的需要，始分爲秦鳳、涇原、環慶、鄜延四路。熙寧五年(1072)

61《東都事略》，卷二十七〈曹瑋傳〉，頁六上(頁 451)：「（曹瑋）爲將幾四十年，未嘗敗衄，威震西鄙。唃廝囉每聞其名，即以手加額而東向之。」
62《東都事略》，卷五十九〈范仲淹傳〉，頁六下(頁 879)：「下至里巷及夷狄，皆知其名字，鄜、慶之民與屬羌皆繪像生祀之。」
63《東都事略》，卷六十一〈張亢傳〉，頁二上(頁 917)：「然軍政嚴整，所至有風力，蕃漢多圖其像而祀之。」
64 同上，卷六十一〈种世衡傳〉，頁四上(頁 921)：「及卒，羌酋臨者數日，青澗及環人圖其像而祀之。」
65《宋史》，卷八十五〈地理志一序〉，頁 2094，云至道三年，分天下爲十五路，仁宗天聖時析爲十八路，神宗元豐時又析爲二十三路，徽宗宣和時增爲二十六路。
66 參考聶崇岐(1903-1962)：〈宋代府州軍監之分析〉，原載《燕京學報》第二十九期，現收入聶著：《宋史叢考》(北京：中華書局，1980 年 3 月)，頁 70。

克熙州(今甘肅定西市臨洮縣)，置熙河路，五路各置帥。後永興軍路亦置帥，合稱陝西六路，但主要和西夏接觸的仍是鄜延、環慶、涇原、秦鳳、熙河五路。（見附圖）

沿邊各路的州軍，都統轄着許多堡寨，它們是該處防守的重心。太祖時李謙溥(915-976)守隰州(今山西臨汾市隰縣)(屬河東路)，築保安、平同等寨，「敵人十年不敢犯境」。[67]仁宗康定時(1040-1041)，延州(今陝西延安市)(鄜延路)諸寨失守，以致「東西四百里無藩籬，人心危恐」。[68]哲宗元祐七年(1092)，游師雄(1037-1097)請自蘭州(今甘肅蘭州市)李諾平東至通遠軍(即環州)、定西城、通渭寨(今甘肅定西市通渭縣)之間，築汝遮、納迷、結珠龍三寨，及置護耕七堡，亦稱「以固藩籬」。[69]可見堡寨有保障邊境的作用。而西夏犯邊，亦以堡寨為攻擊目標。

《宋史‧地理志》所列舉的堡寨，以陝西五路為最多，而陝西又以鄜延路的延州，秦鳳路的秦州，和涇原路的鎮戎軍為最多。河北四路（大名府、高陽關、真定府、定州）雖防契丹，但堡寨僅有六十餘。由此可見北宋的邊防重心放在西面的陝西。這是由於澶淵之盟後，北方息兵而西夏稱叛的緣故。

沿邊堡寨的名稱，大率相近，甚至有異地同名的，如慶州有安疆寨(今甘肅慶陽市華池縣紫坊鄉高莊行政村郭畔自然村之城子山古城)，原為夏人疆詐塞；而河州(今甘肅臨夏回族自治州臨夏市)亦有安疆寨，舊名當標寨。其所以如此者，乃由於建築時的目的大同小異。有表明要平定胡虜或戎羌的，如鄜延路有平羌寨(即安遠寨，今陝西延安市安塞縣北坪橋鄉地橋子川東岸古城)、威戎城(今陝西榆林市子洲縣城西大理河北岸馬岔鄉教場坪村古城)、平戎寨(杏子河新寨，在今陝西延安市志丹縣東北杏子河東岸張渠鄉城台村古城)、殄羌寨(今陝西榆林市靖邊縣與安塞鄰界處的店家城村古城)、威羌寨(今陝西榆林市靖邊縣與安塞鄰界處的店家城村古城)、制羌城、克戎寨(今陝西榆林市子洲縣城西側大理河南岸張家村古城)；環慶路有定羌寨、勝羌堡(今寧夏中衛市海原縣李旺堡路西)、定戎堡(鹼隈川，今寧夏中衛市海原縣乾鹽池古城堡)；秦鳳路有平戎堡、定西堡、伏羌堡、伏羌城(今甘肅天水市甘谷縣)；涇原路有靖夏城、平夏城(今寧夏固原市黃鐸堡平夏故城址)、鎮羌寨(疑在今寧夏固原市西吉縣沙溝鄉下大寨堡附近)、鎮西寨、盪羌寨、勝羌堡(今寧夏中衛市海原縣李旺堡路西)、定戎堡；熙河路

67《東都事略》，卷二十九〈李謙溥傳〉，頁二下(頁474)。
68《東都事略》，卷五十九〈范仲淹傳〉，頁三上(頁873)。
69《宋史》，卷四百八十六〈外國傳二‧夏國下〉，頁14016。

有安羌城、定羌城(今甘肅臨夏回族自治州廣河縣城)、制羌寨等。有表示要安定邊疆的，如鄜延路有永平寨(今陝西延安市延川縣永坪鎮)、安定寨、萬安寨(今名宋家溝，距延安市約 45 公里，今屬陝西延安市安塞縣磚窯灣鎮，位延河支流西川河北岸)、鎮邊寨；環慶路有安疆寨、定邊城、安塞寨、安邊城、安邊寨；秦鳳路有安塞堡、永安堡、鎮邊堡；涇原路有平安寨(今寧夏固原市彭陽縣城陽鄉西)等。亦有表示地當交通要衝的，如秦鳳路秦州有通渭堡；熙河路鞏州(今甘肅定西市隴西縣)有通渭寨(亦名擦珠堡，今甘肅定西市通渭縣什川鄉李家坪)，通西寨(今甘肅定西市隴西縣通安驛鄉古城村)；洮州有通岷寨，樂州有通湟寨等。更有表示為了招徠蕃部的，如鄜延路有招安寨(在今陝西延安市安塞縣西南招安鄉所在地，杏子河北岩古城)，環慶路有柔遠寨(今甘肅慶陽市華池縣城所在地柔遠鎮)，秦鳳路有和戎堡，涇原路有懷遠城(今寧夏固原市西吉縣偏城鄉)，熙河路有懷羌城(今甘肅甘南藏族自治州夏河縣麻當鄉當日卡山麓)、來羌城(今甘肅甘南藏族自治州夏河縣鐵龍溝北岸)、來遠寨等。

堡寨的名稱本不重要，但宋人對於邊事的原意却從此透露無遺。

堡寨或屬於州、軍，或屬於縣，甚至有屬於大城寨的。故許多大城寨之下，領有若干小寨，如秦州伏羌寨城管小寨十一，甘谷城(今甘肅定西市通渭縣南襄南鎮)領三堡，定西寨領十四堡，弓門寨(今甘肅天水市甘肅張家川回族自治縣的恭門)領七堡，靜戎寨(今甘肅天水市秦安縣雲山鎮)領九堡，麻穰堡(今甘肅天水市清水縣城北門)領十四堡，冶坊堡(今甘肅天水市清水縣紅堡)領六堡。原州綏寧寨(今寧夏固原市彭陽縣孟塬鄉)領三堡，靖安寨(今寧夏固原市彭陽縣草廟鄉)領九堡。鎮戎軍熙寧寨(今寧夏固原市城北頭營正東一公里處陸家古城堡，今名胡大堡)領五堡，天聖寨(疑在今寧夏固原市官廳鄉南境)領二堡。懷德軍通峽寨(即沒煙前峽，今寧夏固原市黑城鄉北覓麻河谷口)管下五堡，蕭關(今寧夏中衛市海原縣高崖鄉草場村蕭關故址)領三堡。西安州綏戎堡(今寧夏中衛市海原縣關橋鄉附近)管下有四堡等。至於堡寨之下領有一個堡寨的，不可勝計。

城、寨、堡、是同類型的軍事地區，故城、堡可改為寨，寨、堡亦可改為城，寨亦可改為堡。如慶曆三年(1043)，涇原路羊牧隆城改為隆德寨(今寧夏固原市西吉縣將台鄉南境火家集)。熙寧三年(1070)二月，增修秦鳳路伏羌寨南城，遂改為伏羌城。六年(1073)，改秦州通渭堡為寨。而較小的堡寨又往往併屬於大堡寨，如熙寧四年

(1071)，廢涇原路安邊堡入開遠堡(今寧夏固原市城鄉)，元豐七年(1084)，割蘭州吹龍寨屬阿千堡。

大抵城最大，寨次之，堡又次之；關的數量很少，其大小和城寨差不多。元豐五年(1082)七月，徐禧(1043-1082 後)請於永樂城附近置六寨六堡，他說：「寨之大者，城九百步，小者五百步。……堡之大者，城二百步，小者百步。」[70]這是有關堡寨大小的一項紀載。其實，城、寨、堡的分別並不嚴格，反正它們在邊境的作用相同，稱寨稱城都是一樣，故元豐時新築的銀川寨，亦名永樂城。

城寨有由甲路轉隸乙路，由甲地轉隸乙地的，不是一成不變。如熙寧五年，以秦州古渭寨爲通遠軍，屬熙河路，遂割秦州的永寧寨(今甘肅天水市甘谷縣西四十里鋪)、寧遠堡(今甘肅天水市武山縣舊城)、威遠寨(大落門梟篦寨，今甘肅天水市武山縣南灘歌鎮)、通渭、熟羊六堡隸之。六年(1073)，收復岷州(今甘肅定西市岷縣)，乃割秦州臨江寨隸之。七年(1074)，以岷州遮羊堡隸鞏州，元豐元年(1078)復隸岷州。蓋自熙寧、元豐以來，宋帝始務開邊，邊境堡寨，遂往往改隸新建的州軍。

城寨可升爲州軍（或縣鎮），州軍亦可降爲城寨。慶曆三年，改涇原路籠竿城爲德順軍(今寧夏固原市隆德縣城關)。元符二年(1098)，改環慶路定邊城爲定邊軍(今陝西延安市吳起縣西鐵邊城鎮)。是年，收復邈川城，建爲湟州；收復青唐城，建爲鄯州。又廢廓州(今青海黃南藏族自治州尖扎縣北)爲寧塞城，次年復爲州。大觀三年(1109)，以臨洮城爲洮州(今甘肅甘南藏族自治州臨潭縣)。（以上是城改爲州。）熙寧六年(1073)，改秦州古渭塞爲通遠軍，崇寧三年(1104)升爲鞏州。是年，築延州石堡寨(今陝西榆林市靖邊縣東南李家城子村)爲軍，五年(1106)，復爲寨。元符二年(1099)，改綏德城(今陝西榆林市綏德縣)爲軍。大觀二年(1108)，展涇原路平夏城爲懷德軍。政和六年(1116)，築震武城；宣和六年(1124)改爲震武軍。（以上是城寨改爲軍。）崇寧三年(1104)，升鞏州永寧寨、寧遠寨爲縣。四年(1105)，升河州寧河寨(即香子城，今甘肅臨夏自治州和政縣城)爲縣。五年(1106)，改鞏州通渭寨爲縣，後復爲寨。（以上是寨升爲縣）熙寧七年(1074)，廢鞏州來遠寨爲鎮，屬永寧縣。八年(1075)，改秦州定邊寨爲隴西鎮，隸汧源縣。（以上是寨改爲鎮。）

70《長編》，卷三百二十八，元豐五年七月戊子條，頁 7895-7896。

大抵在極邊的州軍，與城寨（堡）的建設目的，城池大小，與及戰略價值都是差不多。由於對邊防重要性的增減，遂有城寨、州軍升降的情形出現。熙寧七年，陝西轉運副使范純粹(1046-1117)請求將綏德城立爲軍，所持的理由便是該城「當夏賊之衝」。[71]

比較大的城寨，設有知城或寨主、監押，[72]負責管理該地軍民和防守事宜。他們的地位相當高。仁宗時种世衡知青澗城，爲西鄙名將，范仲淹極倚重他。慶曆三年，涇原路安撫使王堯臣奏稱：「鎮戎軍……西北則有三川、定川、劉璠等寨，與石門前後峽連接，皆漢蕭關故地，最爲賊馬奔衝之路。……其寨主、監押，當令本路主帥舉辟材勇班行。」[73]神宗時，劉昌祚(1027-1094)即以右班殿直爲威遠寨主。[74]此外，堡寨的守將尚有巡檢，如神宗時姚兕(1028-1094)爲巡檢，駐於荔原堡(今甘肅慶陽市華池縣南梁鄉)；燕達(?-1088)爲延州巡檢，駐於寧遠寨。[75]巡檢在堡寨，負統率弓箭手的責任。眞宗景德二年(1005)，知鎮戎軍曹瑋募弓箭手，始置巡檢以統之。[76]故亦稱弓箭手巡檢。

城寨的守軍，有禁軍、鄉兵和蕃兵。宋人以堡寨爲沿邊地方的「藩籬」，而以蕃兵爲「藩籬之兵」，故蕃兵皆駐守於堡寨之內。據《宋史》卷一百九十一〈兵志五〉所載，陝西四路各寨所駐的蕃兵，少者三四百，一般都是一二千，也有多至六七千的，如秦鳳路寧遠寨有四門四大部族三十六姓三十六小族，總兵馬七千四百八十。古渭寨有一百七十二門一百七十一姓十二大部族，一萬六千九百七十小帳，兵七千七百，馬一千四百九十。鄜延路德靖寨(今陝西延安市志丹縣西南洛河北岸旦八鎮城台村，屬寺溝村委會)有西路都巡檢所領二十族兵七千八百五，馬八百七十七；又小胡等十九族兵六千九百五十六，馬七百二十五。[77]

事實上，沿邊堡寨和蕃部的關係最密切，堡寨的最大作用，就是招納和安撫蕃部。換句話說：堡寨是宋人實施「以夷制夷」政策的地方。

---

71 《宋會要輯稿》，第十五冊，〈方域五・州縣陞降廢置一・鄜州`〉，頁9376。
72 《宋會要輯稿》，第十五冊，〈方域八・修城上・甘谷城〉，頁9437：「（熙寧元年）七月五日，詔秦州新築大甘谷口寨城，賜名甘谷城，置知城、監押守焉。」
73 《宋會要輯稿》，第十五冊，〈兵二十七・備邊一〉，頁9197-9198。
74 《東都事略》，卷八十四〈劉昌祚傳〉，頁四上(頁1283)。
75 《東都事略》卷八十四〈燕達傳〉，頁二下(頁1280)：卷一百四〈姚兕傳〉，頁一上(頁1589)。
76 《宋史》，卷一百九十〈兵志四・鄉兵一・河東陝西弓箭手〉，頁4712。
77 《宋史》，卷一百九十一〈兵志五・蕃兵〉，頁4752-4753。

我們可以由下列四事看到堡寨和蕃部的關係。

一、堡寨是蕃漢自由貿易的理想地點。蕃漢間的自由貿易，不宜在蕃界進行，也不宜在內地，因貿易時難免發生爭執。於是堡寨成了蕃漢互市之地。最著的為渭州籠竿城（或作隴干城，後改德順軍），漢蕃在此貿易，以致市邑富庶，勝於近邊州郡。[78]也有堡寨被指定為諸族互市之地的，咸平元年(998)十二月，詔党項直蕩族大首領鬼啜尾，於金家堡置渡，令諸族互市。[79]而朝廷的買馬場，亦設於堡寨之內，嘉祐八年(1063)正月，宰臣韓琦言：「秦州永寧寨元以鈔市券馬之處。昨修古渭寨，絕在永寧之西，而蕃漢多互市其間，因置買馬場，凡歲用縜錢十餘萬。苟蕩然流入虜中，實耗國用，請復置場於永寧，而罷古渭城買馬。」宋廷從之。[80]由買馬場之一置一罷，可見古渭寨漢蕃貿易之盛。故當宋夏議和之後，榷場亦設於保安軍(今陝西延安市志丹縣)及高平寨(今寧夏固原市楊郎鄉北曹洼古城)。[81]

二、堡寨多建於控扼之地，使蕃部的活動受到限制和威脅，做成他們不得不真心歸附的形勢。在環州、慶州之間，屬羌有明珠、滅臧、康奴三族，最為強大，「撫之則驕不可制，攻之則險不可入」，故常為原州之患。其北有三川，通西夏；三川之間，有古細腰城。范仲淹因命种世衡與知原州蔣偕(?-1053)共城之。城成，乃召三酋，謂：「官築此城，為汝禦寇。」三族既出其不意，而援路已絕，因而服從。[82]元豐五年(1082)六月，李憲(1042-1092)奏請自熙寧寨至鳴沙城(今寧夏中衛市中寧縣鳴沙鎮)築十餘堡，也是為了招納蕃部。他說：「則是天都以至會州，悉在腹裏。其間族落，既有保護之勢，必皆內附。」[83]

三、堡寨附近的田野，畫給蕃部耕種，以安定他們的生活。仁宗時范仲淹築青澗城後，即墾田二千頃，又恢復承平(後改綏平寨，今陝西榆林市子洲縣西南何家集南面山上，鄉政府所在地)、永平(今陝西延安市延川縣永坪鎮)等廢寨，於是屬羌歸業者數

78《宋會要輯稿》，第十五冊，〈兵二十七‧備邊一〉，頁 9198：「（慶曆）三年正月，涇原安撫使王堯臣言：⋯⋯籠竿城蕃漢交易，市邑富庶，全勝於近邊州郡。」又馬端臨：《文獻通考》，第十三冊，卷三百二十二〈輿地考八‧德順軍〉，頁 8830，所言略同。

79《宋史》，卷四百九十一〈外國傳七‧党項〉，頁 14143。

80《宋會要輯稿》，第十五冊，〈兵二十二‧馬政‧買馬上〉，頁 9071-9072。

81《宋史》，卷四百八十五〈外國傳一‧夏國上〉，頁 13999。

82《東都事略》，卷六十一〈种世衡傳〉，頁三上(頁 919)。

83《宋會要輯稿》，第十五冊，〈兵二十八‧備邊二〉，頁 9222-9223。

萬戶。[84]神宗初种諤(1027-1083)收復綏州，引起戰禍，於是有人主張把綏州放棄，趙禼為此事上書執政，請存之，有云：「先規度大理河川，建堡寨，畫稼穡之地三十里，以處降羌。若棄綏不守，則無以安新附之眾。」結果綏州得以保存，而「活降羌數萬」。[85]元符二年(1099)四月二十五日，環慶路經略安撫司言：「新築定邊城，川原厚遠，土地衍沃，西夏昔日於此貯糧。今投來蕃部日眾，可以就給土田，使之種植。」詔從之。[86]故堡寨附近的土田，可以吸引蕃部歸附。

　　四、蕃部獻地後，宋因其地建築堡寨，並以其人守之。如渭州籠竿城，乃隴山諸族所獻地，曹瑋再知渭州時建築。[87]秦州雞川寨(今甘肅定西市通渭縣城東華里吉川鄉的牛家店附近)，乃青雞川蕃部所獻地，治平四年(1067)閏三月，陝西宣撫使郭逵(1022-1088)請加修築。[88]蕃部獻地之後，自然加入了防守的隊伍，而成為蕃兵。故元符二年(1099)七月二十七日詔：「所得城寨，只以誠心向漢、有力量首領屯守。」[89]

　　由上述各點看來，北宋藉著沿邊堡寨而大量招納蕃部，同時因蕃部的獻地而紛紛進築堡寨。是以堡寨的數目和蕃部歸附的數目成正比例增加，堡寨的興築與蕃部的招納互為因果。

　　堡寨雖有捍衛邊境和招納蕃部的功用，但我們必須知道，宋人興築堡寨，所耗人力物力極巨。興築一座城寨，普通需時約十日，至多也不超過二十日。[90]然而在這十餘日中，所動用的修城和運糧的人，少者萬餘，多者達十餘萬。[91]他們包括廂軍、義

---

84 《東都事略》卷，卷五十九〈范仲淹傳〉，頁三上(頁873)。
85 《東都事略》，卷九十一〈趙禼傳〉，頁五下至六上(頁1400-1401)。
86 《宋會要輯稿》，第十五冊，〈方域八・修城上・定邊城〉，頁9440。
87 《東都事略》，卷二十七〈曹瑋傳〉，頁五上(頁449)。
88 《宋會要輯稿》，第十五冊，〈兵二十八・備邊二〉，頁9209-9210。
89 同上，頁9234。
90 仁宗時，种世衡與蔣偕築古細腰城，旬日而成。見《東都事略》，卷六十一〈种世衡傳〉，頁三上(頁919)。元豐五年，徐禧築永樂城，八月甲戌興工，九月甲申築成。是年八月甲戌即八月二十五日，九月甲申即九月初六，相距剛巧十天。見《長編》，卷三百二十九，元豐五年九月丙戌條注引《實錄》，頁7926-7927。至于熙寧二年(1069)蔡挺(1020-1079)築熙寧寨，費時竟達十八日，那是比較少見的。見《東都事略》，卷八十二〈蔡挺傳〉，頁二下(頁1252)。
91 《宋會要輯稿》，第十五冊，〈兵二十八・備邊二〉，頁9218，記：「（熙寧八年）十二月十三日，熙河路經略司言：合修城堡先後次第：內熙州開濠二十六萬八千餘工，董冬谷堡六萬二千餘工，五牟谷堡六萬二千餘工，北關堡一十四萬九千餘工，通遠軍三面城壁除役外有三十三萬七千餘工，南川堡八萬七千餘工，捄湯堡六萬五千餘工，珂斫關五萬九千餘工，多能谷堡九萬四千餘工，安鄉城一十八萬餘工。及勘會堡寧三千人，自今年二月十六日至十月五日終，共役得六十萬餘工。欲乞依先後興修。詔先修通遠軍壁，餘依次第開修。」由此可見築城時所用工人之多。《長編》卷三百二十八，載徐禧等在元豐五年七月上疏，謂一寨用工約十三萬餘，一堡用工約萬三千。當徐禧築永樂城時，更出動了二十萬

勇、保甲、蕃漢弓箭手和民伕等。此外尚需正兵護築。築城的工作，既艱苦，又冒着生命危險。所以每次修築完工之後，朝廷例必賞賜任役兵民，如有死亡，便撫卹其家屬。[92]

至於修築時所用的木材，以及防城器用，數量當不少。堡寨完成之後，又須歲積糧草，始能屯守。[93] 其築於極邊的，多不能自給自足，屯駐軍馬的芻粟，勢須仰賴內地供給，而轉餉又有許多困難。[94] 是以，要維持沿邊大量的堡寨，便要在國家財政上加添一筆鉅大的支出。

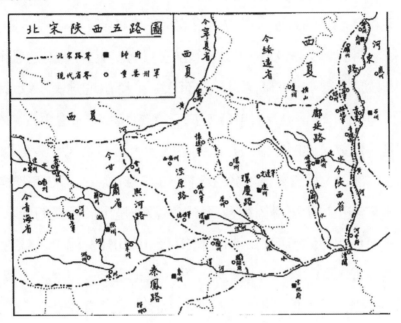

宋夏戰爭中的藩部與堡寨

人，內有延州蕃漢兵八萬，役夫荷糧者倍之。見《長編》，卷三百二十九，元豐五年七月戊子條，頁7895-7896；卷三百二十九，元豐五年九月丙戌條，頁 7926。

92 《宋會要輯稿》，第十五冊，〈方域八‧修城‧畢利城〉，頁 9437：「熙寧元年八月十三日，秦鳳路走馬承受公事王有度言：『秦州修畢利城、捺珠堡，役本州義勇，乞與免諸般科配三年，權住今冬閱教一次。城下搬運糧草、材植義勇及弓箭手，寨戶沿路身死者，乞量支孝贈錢。』詔義勇特與免二年科配，因搬運糧草及工役身死者，每一人贈錢二貫文，弓箭手、寨戶亦依此。」又〈方域八‧‧修城‧駱駝巷城、白豹城〉，頁 9440：「元符二年五月二十七日，環慶路言：進築駱駝巷城畢工。詔賜工役兵民錢有差。元符二年五月十四日，胡宗回言：築白豹城寨畢工，詔入役漢蕃兵人各賜銀有差。」按：白豹城在今陝西延安市吳起縣白豹鄉政府所在地白豹村。

93 慶曆四年正月，韓琦奏請罷築水洛城(今甘肅平涼市莊浪縣城)，有云：「……仍須採山木以修敵棚、戰樓、廨舍、軍營及防城器用。雖即完就，又須正兵三四千人。更歲積糧草，始能屯守之。」見《宋會要輯稿》，第十五冊，〈兵二十七‧備邊一〉，頁 9199-9200。

94 《宋會要輯稿》，第十五冊，〈方域六‧州縣陞降廢置二‧晉寧軍〉，頁 9383：「大觀三年九月，河中安撫使洪中孚奏：……晉寧（本葭蘆寨）係極邊，兼本路安撫只有一縣，戶口不多，恐未能資一軍六寨之費。」

四、宋夏對蕃部的爭奪與西北沿邊堡寨的興廢

在宋夏長期戰爭中，西北的蕃部既佔著那麼重要的地位，自然成為雙方著意爭取的對象。[95]雙方的動機是一致的，都明白要獲致勝利，非靠蕃部的助力不可。本來在蕃部的爭奪戰中，西夏因與党項同種的關係，是可以佔優勢的；但事實不然，宋人在這方面的成就顯然較大，而且利用回鶻、吐蕃等族和西夏的矛盾，著著打擊夏人。李繼遷之死正好說明宋人以夷制夷政策的成功；而以元昊之強，到底仍須與北宋妥協，就由於范仲淹、种世衡等善於招納蕃部之故。

當宋夏暫時維持和平的時候，雙方仍不放棄爭取蕃部，一直都在暗中招納。李繼遷表示順服時，曾訴說鄭文寶(953-1013)誘其部長嵬囉、嵬悉，鄭文寶因而被貶。景德三年(1016)，德明進誓表，宋亦降詔書，中有云：「應兩地逃民，緣邊雜戶，不令停舍，皆俾交還。」大中祥符九年(1016)，夏人乃據此詔說宋邊臣違約招納蕃部。詔答：「已令鄜延、涇原、環慶、麟府等路約束邊部，毋相攻刦，其有隱蔽逃亡，畫時勘送。本國亦宜戒部下，毋有藏匿，各遵紀律，以守封疆。」[96]仁宗慶曆二年(1042)，與元昊議和，其誓詔也說明毋得招納蕃戶，[97]這當然是出於西夏的要求。但仁宗雖屢下詔誡飭邊臣，而仍有招納蕃部的，如杜杞(1005-1050)知慶州，「蕃酋孟香率千餘眾內附，夏人以兵索香，因刦邊戶、掠馬牛。有詔責杞還之。杞言：『彼違誓舉兵，香不可與。』因移檄夏人，不償所掠，則香亦不可得。既而兵解去。」[98]其時，夏人誘脅熟戶的事，亦屢見不少，宋為之提高警惕，加意隄防。治平元年(1064)十二月十三日，樞密院言：「陝西諸部累奏夏國招誘沿邊一帶順漢熟戶，脅令歸投。及近日環州界蕃官思順族逃入西界，蓋欲陰壞藩籬。緣鄜延、環慶及涇原路原州接環州界一帶熟戶，並明珠、滅藏、康奴三族，與西界蕃部相接住坐，慮失照管，欲下程戡、王素、

---

95 《宋史》，卷四百九十一〈外國傳七・党項〉，頁 14145：「（咸平六年）環慶部署張凝言：『內屬戎人與賊界錯居，屢為脅誘。』」又《宋史》，卷三百二十三〈趙振傳〉，頁 10462：「（趙振）知環州。……元昊將反，為金銀冠珮隱飾甲騎遺屬羌。振潛以金帛誘取之，以破其勢，得冠珮銀鞍三千、甲騎數百。告鄰郡俾以環為法；不聽。于是東芡，金明，萬劉諸族勝兵數萬，悉為賊所有。及劉平等皆敗，惟環慶無患。」
96 《宋史》，卷四百八十五〈外國傳一・夏國上〉，頁 13991。
97 《宋會要輯稿》，第十五冊，〈兵二十七・備邊一〉，頁 9200：「（慶曆四年）七月，詔陝西四路依近降夏國誓詔，毋得招納西界蕃戶。先是，環慶路經略司招誘西界先作過蕃官浪尾等七百六十二人，朝廷恐因而生事，故約束之。」又云：「皇祐三年十月，詔陝西沿邊毋得誘致生戶蕃部獻地以增置堡寨。」(頁 9203)
98 《東都事略》，卷四十六〈杜杞傳〉，頁三上下(頁 691-692)。

孫長卿，各令加意安存，及常切測度蕃情，預行覺察，每務先事處置，無令西界誘脅逃叛，事過之後，空致文移，如有合行經畫，仰具利害聞奏。」從之。[99]神宗時，夏酋令陵內附，延帥陸詵(1012-1070)恐生事，不想接受，但大將种諤請納之。夏人果來索令陵，种諤答以「必欲令唆，當以景詢來易」，景詢是中國亡命至西夏者，[100]可見雙方都在勾心鬥角，各找藉口來爭取蕃部。

哲宗紹聖年間，宋夏又在戰爭狀態中，宋人乃展開大規模的招誘蕃部的攻勢，四年(1097)正月，以至設立賞格：「募漢蕃官人及邊人招誘西羌用事大小首領，除官自正刺史至殿直，賜金帛三百至五百。」[101]宋廷深信這是對付西夏的最有效辦法。

因此，我們可以說，北宋與西夏戰爭的勝負，取決於爭取蕃部的成功與否。而宋人爭取蕃部的憑藉，乃在於西北沿邊的堡寨。堡寨的興建不但有著佔領土地的意義，而且有控制蕃部的意義。堡寨的重要性和蕃部是分不開的。北宋與西夏都明白這點，於是，兩國一方面從事蕃部的爭奪戰，一方面從事堡寨的爭奪戰。

宋人選擇有戰略價值的地方築城，廣事招納，這對於西夏自是很大的威脅，所以當宋兵興工築城之時，夏人必企圖用武力來加以破壞。如仁宗時种世衡築青澗城，「夏人屢出爭，世衡且戰且城之。」[102]范仲淹築大順城(今寧夏固原市中河鄉大營村硝河西北岸黃嘴古城)，「賊以騎三萬來爭。」[103]神宗元豐五年(1082)，徐禧築永樂城，初興版築，夏人即來爭，及城成，夏以數十萬眾圍之，城陷，死者甚眾，為宋夏爭奪城寨的戰爭中最慘烈的一次。[104]以上數例之中，青澗城與大順城的興築，都和招納蕃部有關；至若永樂城之築，目的卻在擴張土地，宋人想藉此把勢力伸入陝西橫山之地，而「橫山亙袤，千里沃壤，人物勁悍善戰，多馬，且有鹽鐵之利。」[105]對西夏來說是絕不能放棄的。

99《宋會要輯稿》，第十五冊，〈兵二十八・備邊二〉，頁9209。
100《宋史》，卷三百三十五〈种世衡傳附种諤傳〉，頁10745。
101《宋會要輯稿》，第十五冊，〈兵十七・歸明〉，頁8955。
102《宋史》，卷三百三十五〈种世衡傳〉，頁10741-10742。
103《東都事略》，卷五十九〈范仲淹傳〉，頁四上(頁875)。
104 參考《長編》，卷三百二十九，元豐五年九月戊戌條，頁7935-7937；《宋史》，卷四百八十六〈外國傳二・夏國下〉，頁14011-14012。
105 此為种諤之言，見《長編》，卷三百二十八，元豐五年七月丙戌條，頁7893。又見《文獻通考》，第十三冊，卷三百二十二〈輿地考八〉，頁8815，引朱熹云：「關中之山，皆自西而東，若橫山之險，乃山之極高處。本朝自橫山以北，盡為西夏所有，據高以臨我，是以不可都也。神宗銳意欲取橫山，夏人以死守之。」

在宋夏戰爭的前二期，由於是西夏主動入侵，故沿邊的堡寨最能發揮守禦與招納蕃部的作用，因此以夷制夷的政策很有效果。那時對於堡寨的興築，頗爲審愼，多經過大臣們商酌利害然後實行，有時便會發生爭論。其中爭論得最劇烈的有二次：一是眞宗咸平中議重修或停修綏德城(今陝西榆林市綏德縣)，一是仁宗時爭論水洛城(今甘肅平涼市莊浪縣城)的興廢。

綏德城爲陝西要地，若不加以修築，便爲西夏所有。當時呂蒙正(944-1011)、王旦(957-1017)、王欽若(962-1025)等都以爲「修之不便」，李沆(947-1004)、向敏中(949-1020)、周瑩(951-1016)、王繼英(946-1006)、馮拯(958-1023)、陳堯叟(961-1017)卻說「修之便」。眞宗便命比部員外郎直史館洪湛(963-1003)、侍禁閣門祗候程順奇去邊境按視修城利害，他們回報：「其利有七，而害有二。」於是呂蒙正放棄初議，乞行修築。五年，綏德城已開始修築，但眞宗總覺得有些不妥，便再令知天雄軍、工部侍郎錢若水(960-1003)和幷代駐泊陳興去實地詳度，結果認爲耗費人力物力太大，補給也困難。眞宗卒罷其役。[106]

水洛城的興築，最初在慶曆四年(1044)由劉滬提議，目的在通秦渭。陝西經略安撫招討使鄭戩乃命劉滬(1000-1047)與董士廉負責督役。適鄭戩在此時罷帥，而宣撫使韓琦，知渭州(今甘肅平涼市)尹洙(1001-1047)都以爲此地在生羌間，恐城未築好而西賊已至，因令罷役，而滬等不聽。尹洙怒，使狄靑(1008-1057)械滬、士廉下獄。朝廷遣魚周詢(?-1048)、周惟德往陝西相度利害。諫官孫甫(998-1057)說：「水洛通秦渭，於國家利。」歐陽修上兩箚子，其中亦云：「於滬之功不小，於秦州之利極多。」因請密諭狄靑使釋滬罪。於是朝廷決繼續築水洛城。[107]

在宋夏戰爭的第三期中，宋人對沿邊城寨的興廢爭論得更劇烈，但爭論的焦點不在實際的邊防意義。由於那時的戰爭主要是由宋人發動的，所以，堡寨的興築是表示宋朝要擴張領土，堡寨的廢棄則表示要與西夏恢復和平。

106《宋會要輯稿》，第十五冊，〈方域八‧修城上‧綏德城〉，頁 9442。

107 雜見於《宋會要輯稿》，第十五冊，〈兵二十七‧備邊一〉，頁 9200；《東都事略》，卷五十五〈鄭戩傳〉，頁六上下(頁 823-824)；卷六十一〈劉滬傳〉，頁八上下(頁 929-930)；卷六十四〈尹洙傳、孫甫傳〉，頁七下(頁 974)、八下(頁 976)；卷六十九〈韓琦傳〉，頁三上(頁 1051)。歐陽修語見歐陽修(撰)，李逸安(點校)：《歐陽修全集》(北京：中華書局，2001 年 3 月)，第四冊，卷一百五《奏議集》卷九〈論水洛城事宜乞保全劉滬等箚子‧慶曆四年〉，頁 1600-1602；〈再論水洛城事乞保全劉滬箚子‧慶曆四年〉，頁 1602-1604。

　　宋神宗用王安石(1021-1086)變法，因而引起新舊黨爭。新舊黨不但在政制方面有很大的歧異，即在對外的政策上亦有相反的意見：新黨無不銳意擴張國土，舊黨則在息兵安民。因此，當新黨得勢，便命將出師，深入敵境，進築堡寨；舊黨上場，便嚴戒邊臣，不得生事，且放棄新得堡寨，以懷柔外族，蘇息民力。前者可稱爲「開邊派」，後者可稱爲「棄地派」。

　　在神宗即位初期，便發生存廢綏州（綏德城）的爭論。治平四年（1067，神宗即位未改元），种諤收復綏州，遂大舉招納蕃部，築綏州城。於是言者交論諤擅自興兵生事。後夏人請以安遠(今陝西延安市安塞縣北坪橋鄉地橋子川東岸古城)、塞門(今陝西延安市安塞縣北塞木城子)二寨易綏州，邵亢(?-1074)請從之。呂誨(1014-1071)亦云：「不納二砦，幷還綏州，勿幸小戎之災，務全中國之體，以舒邊患。」但陳升之(1011-1079)、韓琦、呂公孺(1021-1090)、郭逵、趙卨等大臣的意見，主張仍留綏州，乃以爲綏德城。[108]這些爭論的結果是開邊派种諤得到勝利，這當然和神宗的氣質偏於進取有關。

　　元豐四年(1081)，宋人四路征夏的收穫，是李憲取蘭州城及种諤取米脂(今陝西榆林市米脂縣城)、葭蘆(即晉寧軍，今陝西榆林市佳縣縣城西北神泉鄉大西溝村西古城)、吳堡(今陝西榆林市吳堡縣城北 2.5 公里舊縣城址)、義合(在今陝西榆林市綏德縣東義合鎮)、浮圖(今陝西榆林市子洲縣城西張家寨村)等寨。[109]元豐六年(1083)，同知樞密院事安燾(1031-1105)議將位非要害的堡寨還給夏人，以示恩德，[110]但得不到神宗同意。及神宗死，宣仁高太后(1032-1093，1085-1093 攝政)用司馬光(1019-1086)、呂公著(1018-1089)等舊黨執政。元祐元年(1086)六月，西夏遣訛囉聿來求所侵蘭州(今甘肅蘭州市)、安彊、葭蘆、浮圖、米脂等五寨。司馬光答應還米脂等四寨。和他同一主張的有韓忠彥(1038-1109)、范純仁(1027-1101)、范純粹、蘇轍(1039-1112)等，他們的理由是：「數寨本是彼田」，「得之無益於中國」，「棄之可息民力」；而且可以用這

108《東都事略》，卷五十二〈呂公孺傳〉，頁九上(頁 783)；卷六十一〈种諤傳〉，頁五上(頁 923)；卷七十八〈呂誨傳〉，頁三上(頁 1193)；卷八十一〈邵亢傳〉，頁二上(頁 1237)；卷九十一〈趙卨傳〉，頁五下(頁 1400)。
109《宋史》，卷四百八十六〈外國傳二‧夏國下〉，頁 14010-14011；《東都事略》，卷一百二十八〈附錄六〉，頁一下至二上(頁 1958-1959)。
110《東都事略》，卷九十六〈安燾傳〉，頁一下(頁 1478)。

四砦換回西夏所掠的漢人。[111]當時主張棄地最力的乃是蘇轍，他不但要放棄米脂等寨，還要放棄蘭州；不但力主棄地，而且反對若干堡寨的修築。[112]

在元祐期間，反對棄地的人也不少。朝臣如穆衍(1032-1094)、梁燾(1034-1097)、上官均(1038-1115)、王巖叟(1044-1094)、游師雄等；武臣如劉昌祚、姚麟(1038-1105)等。他們以爲那些堡寨地勢險要，田土膏腴，不能輕議棄予。且棄堡寨即是棄屬戶和弓箭手；棄屬戶和弓箭手即是撤去邊境的藩捍。[113]但執政堅持棄地。蘭州之得以保存，那是由於范純仁和呂大防(1027-1097)不同意的緣故。[114]

哲宗有志於繼承神宗的事業，親政後，用新黨章惇(1035-1105)爲相。章惇以開邊爲功，以棄地爲恥。故在元祐時主張棄地的如韓忠彥、范純粹等皆降職，[115]知渭州呂大忠(1025-1100)因曾堅持邊議，在紹聖三年(1096)七月，就從寶文閣待制特除寶文閣直學士徙知秦州。[116]一方面大舉於陝西、河東進築城寨，元祐時所棄的土地全部收復。據《宋史》卷八十五〈地理志一序〉，由紹聖三年(1096)秋迄於元符二年(1099)冬，共得土地如下：

---

111 司馬光云：「靈夏之役，本由我起；新開數寨，皆是彼田，今既許其內附，豈宜靳而不與。」見《宋史》，卷四百八十六〈外國傳二·夏國下〉，頁 14015。韓忠彥(1038-1109)云：「願以所取之地，棄而還之，以息民力。」見《東都事略》，卷六十九〈韓忠彥傳〉，頁七下(頁 1060)。范純仁、純粹兄弟皆主罷兵棄地，純仁並提出以歸還所陷漢人爲賜地之代價，「歸一漢人，予十縑。」見《東都事略》，卷五十九下〈范純仁傳、范純粹傳〉，頁二下(頁 884)，頁七上下(頁 893-894)。

112《長編》，卷四百四十四，載元祐五年六月御史中丞蘇轍奏(頁 10687-10692)，其意見具見於此。

113 元祐元年，戶部員外郎穆衍與孫路(?-1104)同往熙河相度措置邊防財用，他說：「蘭州棄則熙河危，熙河危則關中搖動。……今一旦委之無厭之敵，恐不足以止寇，徒滋後患矣。」見《長編》卷四百四十六，元祐五年八月甲午條注引〈張舜民撰穆衍墓誌〉，頁 10728。另殿中侍御史上官均在元祐五年六月亦云：「西夏見今所爭蘭州寨地，皆控扼戎馬要路，若苟欲目前無事，全不計較，輕以付之，中外之議，深恐戎人擣虛長驅，熙河數郡孤立難守，爲害非細。臣竊意大臣之計，務欲安靜無事，故曲從其意，若異時戎心無厭，繼欲請熙河故地，不知何詞以拒之。臣訪問沿邊得替官員，皆以為戎狄之情，驕則愈橫，今以旁塞要地付與，徒自去其藩捍，長戎人強悍之勢，如傅虎以翼，借寇以兵，不惟無益，適足爲患。」他又指出：「今復捐邊地以資西夏，則並邊屬戶及弓箭手廬舍田業，悉皆委棄，無以自養。則爲屬戶者，或反附西夏；爲弓箭手者，必散居內地。是自去其手足而撤其藩捍，何異借寇兵而資盜糧？」見《長編》卷四百四十三，元祐五年辛丑條，頁 10658-10659。游師雄云：「不惟示中國之怯，將起敵人無厭之求。」(見《宋史》，卷三百三十二〈游師雄傳〉，頁 10689。王巖叟亦謂：「蓋形勢膏腴之地，豈可輕議棄與哉！」見《東都事略》，卷九十〈王巖叟傳〉，頁四下(頁 1386)。

114《長編》載元祐四年六月，左諫議大夫梁燾言：「……臣聞此地（蘭州）皆西人要害之處，必欲得之，勝得他處。前日蓋嘗有此議，范純仁、呂大防爭之得止……」據此，則范純仁雖主棄地，但不同意棄蘭州。見《長編》，卷四百二十九，元祐四年六月丁未條，頁 10367。

115 韓忠彥降資政殿學士，改知大名府(今河北邯鄲市大名縣)。范純粹降直龍圖閣。見《東都事略》，卷五十九下〈范純粹傳〉，頁七下(頁 894)；卷六十九〈韓忠彥傳〉，頁七下至八上(頁 1060-1061)。

116 見楊仲良(?-1184 後)：《通鑑長編紀事本末》，收入趙鐵寒(1908-1976)(主編)，《宋史資料萃編》，第二輯(臺北：文海出版社，1967 年 11 月)，卷一百一〈哲宗皇帝·逐元祐黨人上〉，頁十九上(頁 3149)。

州一	西安(屬涇原路)
軍二	普寧(即葭蘆寨,屬河東路),綏德(即綏德城,屬鄜延路)
關三	龍平(環州有清平關,元符二年(1099)築,未知是否即此。)會寧(屬會州)、金城(屬蘭州)
城九	安西(屬會州)、平夏(屬鎮戎軍)、威戎(屬綏德軍),興平(屬環州)、定邊(屬慶州)、威羌(鄜延路有威羌寨,元符元年(1098)建築賜名)、金湯(屬保安軍)、白豹(屬慶州)、會川(屬會州)。
寨二十七(原作二十八)	平羌、平戎、殄羌、暖泉、米脂、克戎(以上屬綏德軍)、安疆、橫山、綏遠、寧羌(以上屬慶州)、靈平、高平、西平(以上屬鎮戎軍)、新泉(屬會州)、蕩羌、通峽、天都、臨羌(今寧夏中衛市海原縣賈塙鄉馬營村南)(以上屬西安州)、定戎(屬德順軍)、龕谷(屬蘭州)、太和(屬麟州)、通秦、寧河、彌川、定遠(不知何屬)、神泉、烏龍(以上屬晉寧軍)。
堡十	開光(屬綏德軍)、通塞(屬慶州)、石門(屬平夏城)、通會(屬西安州)、太和(屬麟州)、通秦、寧河、彌川、寧川、三交(以上屬晉寧軍)。[117]

　　先是有王韶上平戎策,以爲「國家欲制西夏,當復河湟。河湟復,則西夏有腹背之憂。」[118]河湟地區(甘肅南部與青海一部分)久爲吐蕃族所聚居,王韶欲進軍河湟,目的乃在「絕夏人右臂」。他的計劃很得到神宗和王安石的支持和贊賞,遂委韶任其事。韶果於熙寧五年(1072)取熙州,六年(1073),繼取河州、洮州、岷州、疊州(今甘肅甘南藏族自治州迭部縣)、宕州(今甘肅隴南市岩昌縣)等州。共得六州之地。王安石以爲有大功,他說:「今青唐、洮河幅員三千餘里,舉戎羌之眾二十萬獻其地,因爲熟戶,則和戎之策已效矣。」[119]

117《宋史》,卷八十五〈地理志一〉,頁2096。

118《東都事略》,卷八十二〈王韶傳〉,頁三下(頁1254)。

119 王安石(撰),李之亮(箋注):《王荊公文集箋注》(成都:巴蜀書社,2005年5月),上冊,卷四〈箚子・上五事箚子〉,頁110-111。

於是哲宗時，章惇又用王贍(?-1101)、王厚(1054-1116)(王韶子)之策，乘吐蕃內亂，再向甘肅、青海進軍。元符二年(1099)七月，取邈川(湟州)、青唐(鄯州)、寧塞(廓州)、龍支(宗哥)等城。[120]

哲宗死，向太后(1046-1101，1100-1101攝政)聽政，元祐初「棄地派」的韓忠彥、安燾復出主政，便又議還新得吐蕃地，其理由和以前相同，於是在元符三年(1100)四月，棄鄯州，次年(建中靖國元年)三月，棄湟州。[121]時新黨曾布(1036-1107)力爭無效[122]以前開邊有功的王贍、王厚都被貶逐。[123]

徽宗親政後新黨再起，蔡京(1047-1126)為相，又興邊議，既治韓忠彥、安燾等棄地之罪，[124]復起用王厚，收復鄯、湟、廓三州。[125]又用童貫宣撫陝西，收積石軍(今青海海東市循化撒拉族自治縣)。[126]復深入橫山，築靖夏(在涇原路)、制戎(在鄜延路)、制羌(在西寧州)三城，控扼西夏要害。[127]

在上述的幾次開邊和棄地的政治浪潮之中，城寨既築復棄，既失復得。一得一失，好像極關國家安危，其實只是新舊兩派鬥爭的表現。城寨的作用，原是捍蔽邊境的州軍，懷來向化的蕃夷，藉以保境安民，收以夷(屬戶)制夷(西夏)之效。神宗以後所興築的堡寨，幾乎盡在新佔領的遙遠的土地上。夏人(或吐蕃)不甘失地，必來爭奪。那些堡寨自救之不遑，更何力作邊境的藩障。而且，那時興築堡寨的目的，已由懷來蕃部轉而為鎮壓蕃部，像王韶、王贍、王厚等相繼向河湟的吐蕃族用兵，實與侵畧無

120《宋史》，卷十八〈哲宗紀二〉，頁352-353；卷三百五十〈王君萬傳附王贍傳〉，頁11070-11072；卷四百九十二〈外國傳八·吐蕃〉，頁14166-14168；《東都事略》卷八十二〈王厚傳〉，頁六上(頁1259)。

121 黃以周(1828-1899)等(輯注)，顧吉辰(點校)：《續資治通鑑長編拾補》(北京：中華書局，2004年1月)，卷十五〈哲宗元符三年〉，引《續宋編年資治通鑑》注，頁589；卷十七〈徽宗建中靖國元年〉，引《續宋編年資治通鑑》注，頁632-633。

122《續資治通鑑長編拾補》，卷十五〈哲宗元符三年〉引《九朝備要》，頁596，載曾布之言曰：「外議多謂湟州難守，臣謂若併棄之，則必為夏賊所有。兼得鄯、湟，皆不能守。豈不取輕夷狄！」

123 據《東都事略》，卷八十二〈王厚傳〉，頁六上(頁1259)，厚於元符末貶監隨州(今湖北隨州市)稅，再貶賀州(今廣西賀州市)別駕，郴州(今湖南郴州市)安置。崇寧初復故官。據《宋史》卷三百五十〈王君萬附王贍傳〉，頁11072，王贍配昌化軍(今海南儋州市西北)，行至穰縣(今河南南陽市鄧州市)而自縊死。

124 據《宋史》，卷十九〈徽宗紀一〉，頁366，崇寧元年(1102)十二月癸丑(初三)，論棄湟州罪，貶韓忠彥為崇信軍節度副使，曾布為賀州別駕，安燾為寧國軍節度副使。按曾布原反對棄湟州，但因當時他是執政之一，故蔡京藉此再陷之。見《宋史》卷四百七十一〈姦臣傳一·曾布〉，頁13716-13717。

125 見《東都事略》，卷八十二〈王厚傳〉，頁六上下(頁1259-1260)。

126 童貫宣陝撫西，議招誘偽王子臧征僕哥，收積石軍，西寧都護劉仲武(1048-1120)成其事，但貫掩其功。見《東都事略》，卷一百四〈劉仲武傳〉，頁五上(頁1597)。

127 見《東都事略》，卷一百二十一〈宦者傳·童貫〉，頁二上(頁1865)。

異。蕃部爲武力所迫，表面上雖受宋驅策，而心實離異，有事時自然得不到他們的死力。故王夫之(1619-1692)痛詆王安石，說他不應用王韶之奇策，因爲「夏未嘗恃西羌以爲援，西羌未嘗導夏以東侵。」[128]此固昧於宋一貫的以夷制夷政策，未爲確論；但宋未能因收復河湟而制西夏死命，亦爲事實。由此觀之，在黨爭下的堡寨，已失去了對邊防的重要性，也失去了實施以夷制夷政策的作用。幸而那時西夏國力已衰，也再無像元昊那樣的雄才大畧之主出現，所以沒有釀成大患。但宋人爲了堡寨的興築與維持，所費浩大，成爲經濟上一大負担。西夏圍震武城(今青海海北藏族自治州門源縣境克圖口)，卻不把它攻陷，竟說讓它留作「南朝病塊」。因爲震武城在山峽中，熙、秦兩路不能餉。這只是許多極邊堡寨中的一例。故史稱宋人爲了維持諸路所築堡寨，弄到關輔爲之蕭條。[129]

五、結論

總括來說，北宋和西夏的戰爭，是圍繞着沿邊的蕃部和堡寨來進行的。宋人無論向西夏進攻或防守，都要考慮到如何利用蕃部和堡寨興廢這兩大問題；而戰事的勝負，對國家的利弊，便要看處理這兩大問題的適當與否而定。大抵堡寨利於對邊境的守禦，而不宜於深入興築；蕃部必須撫之以恩信，而不宜妄加撻伐。故宋夏戰爭的前二期，宋人雖陷於苦戰，然能利用堡寨以防守，能招撫蕃部以拒敵，終於把夏人制服；後期雖奪得夏人不少土地，但因不恤蕃部，又妄圖在新開拓的土地上築城固守，以致干戈不息，泥足深陷，卒至國家元氣大傷，間接加速了北宋的衰亡。

原載《崇基學報》第六卷第二期，1967年，頁223-243。

---

128 王夫之(撰)，舒士彥(點校)：《宋論》(北京：中華書局，1964年4月)，卷六，頁127。
129《宋史》，卷四百八十六〈外國傳二‧夏國下〉，頁14021。

宋代中央政治機構的胥吏及其對政事的影響

一.中央胥吏的待遇和社會地位

宋代「官」和「吏」，界限分明，尊卑迥異。在銓選制度上，胥吏屬於流外銓所管，一般稱胥吏為流外人，為士人所鄙視。士人出身的官員，雖精於策論和詩賦，然公文簿書非所素習；胥吏則精通律令，擅長筆札，事例帳籍，瞭如指掌。所以，在中央省部百司之中，實際執行諸房各案的工作者，是「吏」而非「官」。

宋代的胥吏除中央政治機構的胥吏外，州縣政府亦有大量胥吏，幫助處理各種事務。二者性質不同，現簡稱前者為中央胥吏，後者為地方胥吏。本文主要討論前者。

中央胥吏的職掌，隨所屬機構的輕重而輕重。宋初以中書、樞密對掌文武大政，號為二府，故中書、樞密院的胥吏地位最高，職掌重要，尤以中書的堂吏為甚。堂吏是指中書五房[1]的堂後官，以至主事、錄事、主書、守當官等。[2]神宗元豐三年(1080)，改定官制，釐中書為三省，各有專管某種事務的「房」，各房都置有大量的錄事、主事、令史、書令史、守當官等。[3]中書及三省吏除本司以次遞補外，堂吏有闕，選百司吏補之。[4]而各司吏人不足，則由地方胥吏中選補。[5]

堂後官處身於機要之地，論其職掌，可能比有些閒司的官員為重，其所以與「官」者，主要是出身吏人，以致為人所輕。故太祖(趙匡胤，927-976，960-976在位)、太宗(趙炅，939-997，976-997 在位)都想用士人做堂後官。開寶六年(973)四

---

1 中書五房是：孔目房、吏房、戶房、兵禮房、刑房。五房的職掌詳見於孫逢吉(?-1092 後)：《職官分紀》，文淵閣《四庫全書》本，卷五，頁三十一下至三十五下。

2 舊制每房置堂後官三人，太宗淳化四年，令止置堂後官六人，其中一名為都提點五房公事。此外，有主事七人，錄事十人，主書十四人，守當官二十八人。見《職官分紀》卷五，頁三十三上下；徐松(1781-1848)(輯)，劉琳、刁忠民、舒大剛、尹波等(校點)：《宋會要輯稿》(上海：上海古籍出版社，2014 年 6 月)，第五冊，〈職官一・三省〉，頁 2946；〈職官三・中書省〉，頁 3024-3026。

3 詳見脫脫(1314-1355)：《宋史》(北京：中華書局點校本，1977 年 11 月)，卷一百六十一〈職官志一・中書省〉，頁 3784；《宋會要輯稿》，第五冊，〈職官二・門下省〉，頁 2986；〈職官三・中書省〉，頁 3024-3025；〈職官四・尚書省〉，頁 3096-3097。

4 李燾(1115-1184)：《續資治通鑑長編》(北京：中華書局點校本，1979 年 8 月至 1995 年 4 月；以下簡稱《長編》)，卷二十九，端拱元年八月辛未條，頁656：「中書堂後官闕，宰相欲選於百司以補之。上（太宗)不許。」可見以百司吏補堂後官闕為當時遷補之辦法。

5《長編》卷二百六十四，熙寧八年五月乙亥條，頁 6466：「詔發運、轉運、提點刑獄、提舉司、州縣吏及衙前，不犯徒若贓罪，能通法律，聽三歲一試斷案。……補御史臺主推書吏，以次補審刑院糾察、司書、令史。」

月，詔「流內銓於前任令錄判司簿尉選諳練公事一十五人補堂後官」，以姜寅亮、任能、夏德崇、孔崇煦為之。[6]太宗既不許宰相以百司吏補堂後官，於端拱元年(988)八月，遂以河南府(今河南洛陽市)法曹參軍梁正辭、宋州楚邱縣(今河南商丘市梁園區劉口鎮)主簿喬蔚等五人並為將作監丞，充中書堂後官。[7]但仍詔：「除入謝外不赴朝參，見宰相禮同胥吏。」[8]可見在他心目中，堂後官和正式的官員仍然有別，那是因為一向由吏人充任。仁宗皇祐二年(1053)五月八日詔：「中書堂後官自今毋得佩魚，若士人選授至提點五房者許之。」[9]這是說，若吏人任堂後官，便沒有了官員「佩魚」的光榮。因此，士人亦有不樂為堂後官，「有司所選終不及數」，[10]只得士、吏雜用，最後還是任用吏人。而吏人亦不能因堂後官職掌之重要而變為官。

樞密院的樞密都承旨和副都承旨，宋初皆用士人。真宗(趙恒，968-1022，997-1022 在位)以後，用院吏遞遷，但沒有變成吏職。神宗熙寧二年(1069)八月，以東上閤門使李評(1032-1083)為樞密都承旨，皇城使李綬(?-1093 後)為之副。[11]初李評受命，樞密使文彥博(1006-1097)以舊制不為之禮。李評訴於神宗(趙頊，1048-1085，1067-1085 在位)，命史官檢詳故事，以久無士人為之，檢不獲，乃詔如閤門使見樞密之禮。[12]此後，樞密都承旨由士人或武臣出任，而不用吏人。

堂後官欲用士人而始終是吏職，樞密都承旨曾用吏人但仍是貴官，兩者結果雖殊，但都可以說明中央胥吏之重要性。因此，除了身份不同外，中央胥吏實享有很多官員的待遇，既有遷補出官之途，又有俸祿和賞賜。

---

6 王栐(?-1227 後)(撰)，誠剛(點校)：《燕翼詒謀錄》(與《默記》合本)(北京：中華書局，1981 年 9 月)，卷一，頁 4。

7《長編》卷二十九，端拱元年八月辛未條，頁 656；《職官分紀》卷五，頁三十二下至三十三上；《宋史》卷一百五十九〈選舉志五〉，頁 3737，皆載此事。按此五人還包括棣州(今山東濱州市惠民縣東南)司法參軍呂易從、齊州(今山東濟南市)司法參軍李祐之和陳州宛丘縣(今河南周口市淮陽縣)尉羊道沖。

8《宋史》，卷一百五十九〈選舉志五〉，頁 3737；馬端臨(1254-1323)(著)，上海師範大學古籍研究所暨華東師範大學古籍研究所(點校)：《文獻通考》(北京：中華書局點校本，2011 年 9 月)，第二冊，卷三十五〈選舉考八〉，頁 1029。

9 宋制：文武三品已上服紫，五品已上服緋，九品已上服綠。著綠二十周年賜緋魚袋，著緋及二十周年賜紫金魚袋。見《宋史》卷一百七十〈職官志十〉，頁 4075；《長編》，卷一百七十，皇祐三年五月丁巳條，頁 4091；《宋會要輯稿》，第五冊，〈職官三・五房五院・隸中書省〉，頁 3041。「佩魚」指賜紫金魚袋也。

10《職官分紀》，卷五，頁三十二上。

11《宋史》，卷一百六十二〈職官志二〉，頁 3801。

12 葉夢得(1077-1148)(撰)，宇文紹奕(?-1196 後)(考異)，侯忠義(點校)：《石林燕語》(北京：中華書局，1984 年 5 月)，卷九，頁 129。

中央胥吏的遷補和出官，屬吏部流外銓。凡吏人遷補各司職掌，必須參加考試，並有名額限制。《職官分紀》卷九「流外銓條」：

> 國朝掌考試附奏京百司人吏，每年十月，諸司牒到承闕姓名，年終申奏，至春夏差官考試。[13]

《宋史》卷一百五十九〈選舉志五〉云：

> 凡流外補選，五省、御史臺、九寺、三監、金吾司、四方館職掌，每歲遣近臣與判銓曹，就尚書同試律三道，中者補正名，理勞考。三館、祕閣楷書，皆本司試書札，中書覆試，補受。……凡試百司吏人，問律及疏，既考合格，復令口誦所對，以防其弊。其自敘勞績，臣僚為之陳請，特免口誦，謂之「優試」。得優試者，率中選。後遂考試百司人，歲以二十人為額，毋得僥倖求優試。為職掌者，皆限年，授外州司戶、勒留，有至諸衛長吏、兩省主事者。[14]

《宋史》卷一百六十九〈職官志九〉有「流外出官法」，備載中央各政治機構的胥吏出官的條件和年限。大抵中央則補借職，州縣則補簿尉。其出官年限，多者至二十年。[15]

至於三省吏則出官最優。元祐元年(1086)監察御史上官均(1038-1115)言：「凡干點檢諸司文書，率隨其司酬獎減年，出官最速，其未願出官者，坐理資任，至為郡守。」[16]他們如得近臣保薦，亦可「減選出官，超資換職。」[17]宋初的堂吏，則又較三省吏為優。當宋太祖想改用士人為堂吏時，曾召舊任堂吏劉仲華等四人，「令復任三歲，歲滿無過，與上縣令。」開寶九年(976)，「敕堂後官在職滿五年，如願出外官者，優與處分；願在職者，亦與遷轉。」其後，堂吏稍授檢校郎中、員外郎，並五品階。[18]而敘遷至員外郎者與外任。故堂吏犯過，被黜於外，亦可為縣令。仁宗嘉祐八年(1063)，堂吏出職者與堂除知州。[19]堂吏李日宣、張永壽竊開內降，被黜，亦得為縣

---

13 《職官分紀》，卷九，頁四十下。
14 《宋史》，卷一百五十九〈選舉志五‧流外補〉，頁3735。
15 《宋史》，卷一百六十九〈職官志九‧流外出官法〉，頁4043-4046。
16 《文獻通考》，第二冊，卷三十五〈選舉考八‧吏道〉，頁1032。
17 《宋史》，卷二百八十五〈劉沆傳〉，頁9606。
18 見《職官分紀》卷五，頁三十二上下。
19 《燕翼詒謀錄》，卷四，頁35。

令及判司。[20]那時堂吏的待遇和地位，實優於地方小官，故堂吏多不願出官，惟求子孫恩澤。[21]神宗行新法，改定堂吏敘官至朝請郎，出外任止於通判。但當時堂吏遷官甚速。熙寧時王安石(1021-1086)立法，「若刑房能駁審刑、大理寺、刑部斷獄違法得當者，一事遷一官。」堂吏周清便以此自三司大將四年遷至供備庫使、行堂後官事。[22]徽宗(趙佶，1082-1135，1100-1125 在位)時，由於宰相蔡京(1047-1126)畏堂吏議己，便許堂吏敘官至中奉大夫。[23]至高宗(趙構，1107-1187，1127-1162 在位)建炎元年(1027)七月，李綱(1083-1140)為相，請堂吏轉官止朝請大夫，出外任只為通判，以後遂為定制。[24]

　　沈括(1031-1095)《夢溪筆談》卷十二云：「天下吏人素無常祿，唯以受賕為生。」[25]這是指地方胥吏而言，中央胥吏是有俸祿的。據《宋史》卷一百七十一〈職官志十一〉所載：中書堂後官提點五房公事三十千；中書堂後官二十千，特支五千；中書、樞密主事二十千；錄事、令史十千；主書七千；守當官、書令史五千。而當時的縣令的俸祿，多者二十千，少者十八千；簿尉則多者十千，少者六千，實不及堂吏的優厚。而堂吏在神宗時敘官至朝請郎，在徽宗至中散大夫，在南宋時至朝散大夫。朝請郎的俸為三十千，中散大夫四十五千，朝散大夫三十五千。[26]

---

20 舊題梅堯臣(1002-1060)(撰)，儲玲玲(整理)：《碧雲騢》，收入戴建國(主編)：《全宋筆記》，第一編第五冊(鄭州：大象出版社，2003 年 10 月)，頁 82。

21 《燕翼詒謀錄》，卷四，頁 34-35。

22 司馬光(1019-1086)(撰)，鄧廣銘(1907-1998)、張希清(校注)：《涑水記聞》(北京：中華書局，1989 年 8 月)，卷十六，第 455 條，「相州獄」，頁 326。

23 曾敏行(1118-1175)(撰)，朱傑人(整理)：《獨醒雜志》，收入戴建國(主編)：《全宋筆記》，第四編第五冊(鄭州：大象出版社，2008 年 9 月)，卷一，頁 121。

24 《宋史》，卷三百五十八〈李綱傳上〉，頁 11247；李心傳(1167-1244)(撰)，辛更儒(點校)《建炎以來繫年要錄》（下簡稱《繫年要錄》）(上海：上海古籍出版社，2018 年 12 月)，第一冊，卷七，建炎元年七月己亥條，頁 184；李心傳(撰)，徐規(1920-2010)(點校)：《建炎以來朝野雜記》（下簡稱《朝野雜記》）(北京：中華書局，2000 年 7 月)，上冊，甲集卷十二，第 330 條，「堂後官」，頁 250；熊克(撰)(1111-1189)，顧吉辰、郭群一(點校)：《中興小紀》(福州：福建人民出版社，1985 年 9 月)，卷二，頁 16。

25 沈括(撰)，金良年(點校)：《夢溪筆談》(北京：中華書局，2015 年 11 月)，卷十二〈官政二〉，第 218 條，頁 122。

26 《宋史》，卷一百七十一〈職官志十一‧奉祿制上〉，頁 4106，4116。

神宗熙寧三年(1070)時推廣倉法，[27]中央胥吏本來有俸祿的酌增，[28]地方胥吏如無俸祿的便創給。自此內外胥吏憚於重法，多斂手不敢為姦。由於用法太嚴而耗財龐大，倉法為蘇軾(1037-1101)、劉摯(1030-1097)等反對。[29]元祐時遂罷倉法，但不久稍稍復行。所復行者，非地方胥吏，而是中央胥吏。[30]

徽宗時蔡京為相，不但提高堂吏敘官等級，更用增加吏人俸祿為示恩的手段。[31]南渡以後，吏人俸祿更豐，時人有「省官不如省吏」之語。[32]

此外，中央胥吏每遇大禮，許保引親屬為胥吏。[33]胥吏身亡，或其父母死，皆賜錢。[34]

中央胥吏雖有優厚的待遇，但社會地位不高。士人深以做胥吏為恥，如堂後官為吏職，士人遂不願為。而不中第者，亦不願補吏。蘇舜欽(1008-1048)〈處士崔君墓志〉云：

> （崔籍）又兩貢御前，不中第。執政憐之，為建言：其輩數十百人，試以補武吏。及期就席，君感慨曰：「我素以卿弼自標置，一旦不偶，返栖屑執筆求為賤役，不亦鄙乎！」乃廢卷引去。[35]

---

27 「倉法」全名「諸倉丐取法」，是對倉吏賦與重祿，犯贓則施以重刑。詳見《長編》卷二百十四，熙寧三年八月癸未條，頁5222-5223；《宋會要輯稿》，第八冊，〈職官五十七・俸祿雜錄下〉，頁4608-4609；及《宋史》，卷一百九十九〈刑法志一〉，頁4977。倉法的推廣，便是對其他內外胥吏施行重祿與重刑。

28 《長編》，卷二百三十三，熙寧五年五月癸未條，頁5648：「又詔增中書、審官、東西三班院、吏部流內銓、南曹、開封府吏祿。其受賕者以倉法論。」

29 見《長編》卷三百六十四，元祐元年正月戊戌條，頁8701-8702；卷四百七十五，元祐七年七月庚戌條，頁11324-11334。

30 元祐七年(1092)七月時知揚州(今江蘇揚州市)的蘇軾上言：「臣竊見倉法已罷者，如轉運、提刑司人吏之類，近日稍稍復行。」而《宋史》亦記元祐罷倉法後，「然三省吏猶有人受三奉而不改者。」參見《長編》，卷四百七十五，元祐七年七月庚戌條，頁11324；《宋史》，卷一百七十九〈食貨志下一〉，頁4357-4358。

31 朱弁(?-1144)(撰)，孔凡禮(點校)：《曲洧舊聞》(與《師友談記》、《西塘集耆舊續聞》合本)(北京：中華書局，2002年8月)，卷六，「蔡京開倖門」條，頁167。

32 陸游(1125-1210)(撰)，李劍雄、劉德權(點校)：《老學庵筆記》(北京：中華書局，1979年11月)，卷四，頁49。

33 《宋會要輯稿》，第五冊，〈職官六・樞密院承旨司〉，頁3157：「（熙寧）五年正月二十七日，今後逐房副承旨欲每遇大禮，許保引內外親屬不限服紀兩人，充守闕貼房，主事、令史保引一名，書令史兩遇大禮，保引一名。」

34 《宋會要輯稿》，第五冊，〈職官三・五房五院・隸中書省〉，頁3043：「凡身亡支賜：堂後官五十千，主事三十千，錄事、主書、守當官二十千。……堂後官父母死，若葬事賜錢五十千。」

35 蘇舜欽(撰)，傅平驤、胡問陶(校注)：《蘇舜欽集編年校注》(成都：巴蜀書社，1991年3月)，卷六〈處士崔君墓志〉，頁403-404。

以下數事，亦足以見胥吏之被歧視。一. 太宗端拱二年(989)三月，有中書令史守當官陳貽慶舉《周易》學究及第。太宗知道了，便令追奪所授敕牒，釋其罪，勒令歸本局。他以為科級之設，以待士流，萬不能容許胥吏竊取科名。乃詔自今中書、樞密、宣徽、學士院、京百司、諸州係職人吏，不得離局應舉。[36]二. 吏人雖出官至為諸司使副，見舊所事官，亦不與同坐。[37]三. 寧宗嘉定六年(1213)二月，令宗室不得與胥吏通姻。[38]

宋人歧視胥吏，一方面因為流品之念太重，一方面亦因胥吏受賄作弊者多。這兩者是互為因果的，重流品則善人恥為吏，吏率為壞人；吏既為壞人，則作過愈多，而遭譏愈甚。王安石〈上仁宗皇帝言事書〉云：

> 蓋古者有賢不肖之分，而無流品之別，故孔子之聖，而嘗為季氏吏。蓋雖為吏，而亦不害其為公卿。及後世，有流品之別，則凡在流外者，其所成立，固置於廉恥之外，而無高人之意矣。[39]

他主張恢復古制，使吏與士合而為一。他在神宗時推行倉法，便是這一種政策的實施。[40]可是，他只能提高胥吏待遇，卻無法改變一般人卑視胥吏的觀念。

二. 中央胥吏和長官的關係

在中央政府來說，胥吏與長官的關係比地方政府的更為密切。地方胥吏的職責，側重於地方政事的奔走，處於統治階級的下層；中央胥吏的工作，由於直接觸及國家的重要文件，故影響到長官的行政和執法。因此，地方胥吏只能從百姓身上搾取錢財，而中央胥吏卻能從朝廷上攫取權勢。要達到各自的目的，前者只是利用地方官的弱點而加以控制；後者卻與本司長官互相利用而結合為一體。

中央胥吏與大臣關係最密切者莫如堂吏，他們掌握的文件，都是有關朝廷大政或

---

36 《長編》，卷三十，端拱二年二月壬寅條，頁 678；《文獻通考》，第二冊，卷三十五〈選舉考八‧吏道〉，頁 1029。

37 《長編》，卷二百二十九，熙寧五年正月己酉條，頁 5582-5583。

38 劉時舉(?-1261 後)(撰)，王瑞來(校注)：《續宋中興編年資治通鑑》，卷十四〈宋寧宗三〉，嘉定六年二月乙未條，頁 339。

39 王安石(撰)，李之亮(箋注)：《王荊公文集箋注》(成都：巴蜀書社，2005 年 5 月)，上冊，卷二〈書疏‧上仁宗皇帝言事書〉，頁 45-46。

40 宮崎市定(1901-1995)的〈王安石の吏士合一策〉(1945)論此頗詳，該文收入《宮崎市定全集》(東京：岩波書店，1999 年 9 月)，第十冊(宋)，頁 113-168。

機密的，所以他們的吏舍，稱為制敕院，真宗在咸平元年(998)七月，曾下詔嚴禁京朝官隨便入內。[41]仁宗(趙禎，1010-1063，1022-1063 在位)令中書、樞密的胥吏不得與臣僚往還。[42]但儘管如此，向大臣洩漏朝廷機密的事，亦屢有發生。仁宗時王舉正(991-1060)拜右諫議大夫參知政事，前一日，便有吏來報知。[43]他們甚至敢偷窺內降和奏章。梁適(1000-1070)營求內降為觀文殿學士知秦州(今甘肅天水市)，內降既出，丞相未見，而堂吏李日宣、張永壽竊開其緘，於是事洩於外，丞相乃黜日宣為湖南縣令，永壽為判司。[44]高宗紹興四年(1134)，御史田如鼇言：「比來未行一事，中外已傳，皆由省吏不密所致。」[45]理宗(趙昀，1205-1264，1224-1264 在位)嘉熙間，鄧若水當對，草奏數千言，潘允恭知其好危言，乃使筆吏竊錄之，走告丞相喬行簡(1156-1241)，次日，遂奏出若水通判寧國府(今安徽宣城市)。[46]由此可見堂吏能預知機密，至為丞相所利用。

北宋初期，對於宰相的意旨，只有附會和執行。如太祖時堂吏附會宰相趙普(922-992)，擅增刑名。[47]太宗時，宰相盧多遜(935-986)交通秦王廷美(947-984)，便是遣堂吏趙白奔走聯絡的。[48]

宰相因堂吏能為己助，故曲為包庇。仁宗慶曆二年(1042)，有堂吏偽造僧牒，開封府(今河南開封市)竟不敢治。時富弼(1004-1083)為知制誥糾察在京刑獄，向執政報告，請以吏付獄。宰相呂夷簡(979-1044)為之不悅。[49]

徽宗時更出現「吏強官弱」的風氣。右諫議大夫蔡居厚(?-1125)上言：

> 比來從事於朝者，皆姑息胥吏，吏彊官弱，浸以成風。蓋輦轂之下，吏習狡獪，故怯懦者有所畏，至用為耳目，倚為鄉導，假借色辭，過為卑辱，浸淫

---

41 《長編》，卷四十三，咸平元年七月壬戌條，頁 913。

42《宋會要輯稿》，第五冊，〈職官三‧五房五院‧隸中書省〉，頁 3041：「慶曆五年三月二十六日詔：五房提點堂後官、樞密院諸房副承旨、主事、令史而下，自今毋得與臣僚往還。從諫官錢明逸之請也。」

43《宋史》，卷二百六十六〈王化基傳附王舉正傳〉，頁 9187。

44 見《碧雲騢》，頁 81-82。

45《繫年要錄》，第四冊，卷八十二，紹興四年十一月庚戌條，頁 1381。

46《宋史》，卷四百五十五〈忠義傳十‧鄧若水〉，頁 13381。

47《宋史》，卷二百七十八〈雷德驤傳〉，頁 9453。

48《宋史》，卷二百六十四〈盧多遜傳〉，頁 9119。

49《宋史》，卷三百十三〈富弼傳〉，頁 10250。

及於侍從。今廟堂之上，稍亦為之，願重為之制。[50]

這種風氣是由朝臣一手做成的。始作俑者乃宣和年間(1118-1125)的宰相蔡京。他恐怕堂吏議己，不惜更改祖宗制度，許堂吏敘官至中奉大夫，並普遍提高胥吏的俸祿。[51]他的親吏高棟(一作高揀)，竟官至拱衛大夫，領青州觀察使，靖康間(1126)，猶以武功大夫為浙東副總管。[52]

南渡以後，胥吏逐漸露出強橫的態度，甚至堂吏對宰相亦如此，宰相呂頤浩(1071-1139)曾怒一堂吏，命去其巾幘。吏即答：「祖宗以來，宰相無去堂吏巾幘法。」[53]

紹興間，當國者不可否事，政事多不決，吏緣為姦。[54]這實在是以後堂吏代宰相理事的先兆。

高宗時的宰相秦檜(1091-1155)，已開始縱容胥吏。紹興元年(1131)八月，右司諫韓璹(?-1156)論堂吏滑浩等參與討論文字，秦檜亦說：「吏行文書耳，恐不必罪。」[55]二年(1132)六月，參知政事翟汝文(1076-1141)乞治堂吏之受賄者，反為檜劾以專擅的罪名而罷去。[56]

寧宗(1168-1224，1194-1224 在位)時的權臣韓侂冑(1152-1207)，縱吏更甚。蘇師旦(?-1207)為平江府(今江蘇蘇州市)的書佐，韓引至朝，並授以節鉞。堂吏史達祖(1163-1220?)、狄檉、董如璧用事，言無不行，公受賄賂，共為姦利。尤以史成了韓的左右手，「奉行文字，擬帖撰旨，俱出其手，權炙縉紳，侍從簡札，至用中呈。」[57]堂吏成了權相以下炙手可熱的人物，其他百官都要讓他們三分。當時右丞相陳自強(?-1207

---

50 《宋史》卷三百五十六〈蔡居厚傳〉，頁 11210。
51 《獨醒雜志》，卷一，頁 121；《曲洧舊聞》卷六，「蔡京開倖門」條，頁 167。
52 《老學庵筆記》，卷八，頁 107。
53 《獨醒雜志》，卷九，頁 189。
54 《中興小紀》，卷十六，紹興四年七月戊子條注引《趙鼎事實》，頁 206。
55 《繫年要錄》，第二冊，卷四十六，紹興元年八月戊辰條，頁 854。
56 《繫年要錄》，第三冊，卷五十五，紹興二年六月壬寅條，頁 998；《宋史》，卷三百七十二〈翟汝文傳〉，頁 11545；《獨醒雜志》，卷十，頁 203；《中興小紀》，卷十二，紹興二年六月癸卯條，頁 155。
57 《宋會要輯稿》，第九冊，〈職官七八‧罷免上〉，頁 5222；葉紹翁(?-1220 後)(撰)，沈錫麟、馮惠民(點校)：《四朝聞見錄》(北京：中華書局，1989 年年 2 月)，戊集，「侂冑師旦周筠等本末」條，頁 181-183；《續宋中興編年資治通鑑》，卷十二〈宋寧宗一〉，慶元元年四月丁巳條，頁 266；慶元六年九月辛未條，頁 283-284；卷十三〈宋寧宗二〉，嘉泰二年正月癸亥條，頁291；開禧元年七月庚申條，頁 303。

後)，至呼史達祖為兄，而呼蘇師旦為叔。[58]

南宋的最後一個權相賈似道(1213-1275)，也是使胥吏理政事的著名者。史書說他養居葛嶺時，「大小朝政，一切決於館客廖瑩中、堂吏翁應龍，宰執充位署紙尾而已。」[59]

由此可見徽宗以後，中央胥吏的權力，已如日之方中。南宋自秦檜執政，宰相在位日久，[60]決事往往由於堂吏，堂吏便由奉行宰相意旨而進為代行，宰相以次的官員，自然都要對他們畏憚和諂諛。所謂「吏強官弱」的局面，由此形成。

蔡京、秦檜、韓侂胄、賈似道這幾個人，都是政壇上翻雲覆雨的人物。他們得不到正人之助，只有唯才是用。於是，就近機要，而善於處理事務的堂吏，便成了他們倚仗的最適合人選。

至於其他各司的胥吏，雖間有對長官怠慢、[61]抗拒、[62]或揭發過失[63]的事件發生，但大致來說，都能和長官合作。有為長官所利用，亦有為長官所包庇。如太祖好讀書，每取書史館，盧多遜預戒吏令白，已知所取書，通夕閱覽，及太祖問書中事，多遜應答無滯。[64]宣徽北院使判三司王仁贍(917-982)，恣下吏為姦。[65]仁宗時開封府吏馮

58《宋史》，卷三百九十四〈陳自強傳〉，頁12034-12035。
59《宋史》，卷四百七十四〈姦臣傳四‧賈似道〉，頁13783。
60紹興八年(1138)十一月，右諫議大夫李誼上言：「陛下臨御，於今一紀，所用相凡十人，執政三十三人，然皆不久而去，規模數易……吏知其不久，則專心苟簡以幸蔽欺。」然李誼未審日後秦檜、韓侂胄等皆久相，而胥吏之權勢，煊赫一時。何以宰相久任所生的吏弊更大呢？其實久任與否的因素還小，主要就是宰相非人。故南宋胥吏之得勢，完全由於權相的賜予。參見《繫年要錄》，第五冊，卷一百二十三，紹興八年十一月癸未朔條，頁2055。
61《石林燕語》，卷十，頁144：「熙寧以前，臺官例少貶責，間有補外者，多是平出，未幾復召還。故堂吏事去官，每加謹焉，其治行及區處家事，無不盡力。近歲臺官進退既速，貶責復還者無幾，然吏習成風，猶不敢懈。開封府治事略如外州，督察按舉必繩以法，往往加以笞責，故府官龍，吏率掉臂不顧，至或欺侮之。時稱『孝順御史臺，忤逆開封府。』」可見胥吏事長官，恆視其在位之久暫而定態度之謹慢。
62例如真宗時，柴成務(934-1004)入判尚書刑部，本司小吏倨慢，成務怒而笞之。吏擊登聞鼓訴冤，有詔問狀，成務歎曰：「忝為長官，杖一胥而劾，何面目據堂決事耶。」乃求離職而去。又仁宗景祐三年(1036)正月，詔御史中丞杜衍(978-1057)沙汰三司吏，吏疑衍建言，己亥(二十)，三司吏五百餘人詣宰相第詬譟，又詣衍第詬詈，亂投瓦礫，詔捕後行三人，杖脊配沙門島(今山東煙台市長島縣西北廟島)，因罷沙汰。參見《宋史》，卷三百六〈柴成務傳〉，頁10115；《涑水紀聞》，卷十，第315條，「沙汰三司吏」，頁198。
63太宗淳化三年(992)，鹽鐵使李惟清(943-998)虧錢萬四千餘貫，為勾院吏盧守仁所揭發。結果，李左授衛尉少卿，判官李琔亦被黜為本曹員外郎，而賜予仁錢十五萬。又如刑部員外劉式(?-997後)，因多取條奏，檢校過峻，致為下吏所訟而免官。見《宋史》，卷二百六十七〈劉式傳、李惟清傳〉，頁9206，9217。
64《宋史》，卷二百六十四〈盧多遜傳〉，頁9118。
65見《長編》，卷廿三，太平興國七年二月庚午條，頁513。

士元，肆為姦惡，有「立地京兆尹」之稱，便由於通結權貴以為護符。如宰相呂夷簡、知樞密院盛度(970-1040)、參知政事程琳(988-1056)、御史中丞孔道輔(986-1039)、天章閣待制龐籍(988-1063)等，都不但和他有聯絡，而且得過他的助力（如使他買婦女和木材等）。後鄭戩(992-1049)權知開封府，始窮治之，流放海島。[66]而三司使包拯(999-1062)素號嚴明，計吏有罪，亦百計護之。[67]

又由於胥吏任職日久，對於司內事務，多能究知本末，為長官者反不及。是以不能不聽用胥吏，如三司事關財政，其中能幹的胥吏往往受到帝王重視。[68]但亦有帝王明令不能專任胥吏者。[69]

三. 敕令格式事例帳籍的繁冗及其散佚

中央胥吏的主要工作，是保管、抄錄檔案文件或計算帳目等，所以他們對於政府的敕令格式、事例、帳籍等，都能瞭如指掌。

在北宋，敕令、格式、事例、帳籍都因繁冗而為行政之累，雖屢經刪削而不能簡。

在敕令方面，宋初承周世宗(柴榮，921-959，954-959 在位)的餘風，未免繁冗。至真宗咸平四年(1001)，陳彭年(961-1017)上疏，即以簡格令為請。[70]景德中王濟(952-1011)上編敕，亦繁簡不一。《宋史》卷二百八十五〈馮拯傳〉云：

> 王濟上編敕，帝以其煩簡不一，語輔臣曰：「顯德敕尤煩，蓋世宗嚴急，
>
> 出於一時之意，臣下莫敢言其失也。」王旦進曰：「詔敕宜簡，近亦傷於

---

66 雜見陳鵠(?-1197 後)(撰)，孔凡禮(點校)：《西塘集耆舊續聞》(與《師友談記》、《曲洧舊聞》合本)(北京：中華書局，2002 年 8 月)，卷四，「謝表見志節」條，頁 328-329；吳曾(?-1162 後)：《能改齋漫錄》(上海：上海古籍出版社，1979 年 11 月新一版)，卷十二〈記事〉「鄭文肅按姦贓流馮士元」條，頁 368-369；《宋史》，卷二百八十八〈程琳傳〉，頁 9675；卷二百九十二〈鄭戩傳〉，頁 9767；卷三百十一〈龐籍傳〉，頁 10199。

67 《宋史》，卷三百十八〈胡宿傳〉，頁 10368。

68 太宗對輔臣說：「朕曾諭陳恕(946-1004)（三司使）等，「如（李）溥輩（三司吏）雖無學，至於金穀利害，必能究知本末，宜假以色辭，誘令開陳。而恕等強愎自用，莫肯詢問。」見《宋史》卷二百九十九〈李溥傳〉，頁 9938-9939。仁宗亦對三司使副說：「財穀之事，此輩（指三司鹽鐵都勾押官段正、鹽鐵商稅案前行陳祚、商稅案後行王文禧等）雖是胥吏，卻知本末。苟有所長，亦須採用，不可以其賤吏而不聽其言。」見《職官分紀》，卷十三〈三司・三司諸部屬吏〉，頁十五上至十六上。

69 太宗雍熙元年(984)七月，即曾明令御史躬親鞫獄，毋得專任胥吏。見《長編》，卷廿五，雍熙元年七月癸丑條，頁 582。

70 《宋史》，卷二百八十七〈陳彭年傳〉，頁 9662。

繁。」拯對曰：「開寶間，除諸州通判敕，刑獄、錢穀悉條例約束，今則略矣。」[71]

在格式方面，以吏部流內銓的選補科格最繁。主判者往往不能遍閱，吏多乘機受賕，出縮為姦。[72]

在事例方面，凡法無明文，而事有可援者屬之。但例與法時有衝突之處，致為胥吏所利用，往往以例破法。如章獻劉后(968-1033，1022-1033 攝政)聽政時，中書可否多用例，人或援例以訟，而法有不行。宰相劉沆(995-1060)因此指出用例之弊有三：一、近臣保薦，二、近臣陳句親屬，三、敘勞干進。他請詔中書、樞密凡此三事毋用例。但施行後，眾頗不悅，不久復舊。[73]當時的胥吏，最以熟悉事例見稱。他們若為倖臣所利用，便欲以此左右宰相或大臣的意見。真宗時，宰相寇準(962-1023)除官，同列因吏持例簿以進。但寇準說：「宰相所以進賢退不肖也。若用例，一吏職爾。」[74]徽宗時，譚世勣(1074-1127)主吏部，有倖臣妄引恩澤任子，譚持不與，吏白有某例。譚說：「豈當以暫例破成法。」已而取中旨行之。[75]

在帳籍方面，自然以三司最為浩繁。「自天禧以來，末帳六百有四，明道以來，生事二百一十二萬。」[76]因此，胥吏得以離析為欺。仁宗時葉清臣(1000-1049)權三司使公事，奏請將簿帳之叢冗者，一切刪去。[77]周湛為鹽鐵判官，以三司帳籍浩煩，胥吏離析為弊欺，就立勘同法，歲減天下計帳七千道。[78]

南渡以後，宋室不但喪失了北方的土地，並且喪失了許多寶貴的文物。《宋史》卷一百五十八〈選舉志四〉云：

> 高宗建炎初，行都置吏部。時四選散亡，名籍莫攷，始下諸道州、府、軍、監，條具屬吏寓官之爵里、年甲、出身、歷仕功過、舉主、到罷月日，編而籍之。然自兵難以來，典籍散失，吏緣為私，申明繁苛，承用蹐駁，保任滋

71 《宋史》，卷二百八十五〈馮拯傳〉，頁 9610。

72 《宋史》，卷三百十〈杜衍傳〉，頁 10190。

73 《宋史》，二百八十五〈劉沆傳〉，頁 9606-9607。

74 《宋史》，卷二百八十一〈寇準傳〉，頁 9531。

75 《宋史》，卷三百五十七〈譚世勣傳〉，頁 11231。

76 《宋史》，卷二百九十八〈陳希亮傳〉，頁 9920。

77 《宋史》，卷二百九十五〈葉清臣傳〉，頁 9851。

78 范鎮(1008-1089)(撰)，汝沛(點校)：《東齋紀事》(與《春明退朝錄》合本(北京：中華書局，1980 年 9 月)，卷三，頁 24；《宋史》，卷三百〈周湛傳〉，頁 9967。

眾，阻會無期，參選者苦之。

又云：

> 紹興元年，起居郎胡寅言：「今典章文物，廢墜無幾，百司庶府不可闕者，莫如吏部。」[79]

因為在兵荒馬亂之中，京師淪陷，倉卒間無法把各司的典籍（包括敕令格式事例帳籍等）攜帶。只得由那些老吏把它們省記出來，再編為書，以頒行天下。於是胥吏成了法例的編者，他們選定的標準，漫無一定，唯識徇私自便。誠如監察御史劉一止(1078-1160)在紹興元年(1131)十一月上言所稱「欲與則呈與例，欲奪則呈奪例，或與或奪，在其牙頰。」[80]因此吏奸成了更嚴重的問題。莊綽(1079-?)《雞肋編》卷中云：

> 朝廷在江左，典籍散亡殆盡。省曹、台、閣，皆令老吏記憶舊事，按以為法，謂之「省記條」。皆臨時徇私自便。而敵騎自浙中渡江北歸，官軍敗於建康江中，督將尚奏功，云其四太子幾乎捉獲，亦為之推賞。時謂以「省記條」推「幾乎」賞。[81]

由於胥吏省記之弊日顯，故在建炎、紹興間，大臣紛紛提出刊定省記文的建議，有些機關更逕自請求釐正。請將省記之文刊定頒行者有監察御史劉一止、[82]司勳郎官張官[83]等，請將省記編為條目的有吏部侍郎韓肖冑(1075-1150)，[84]請釐定太學舊規有權國子正王綸(?-1161)，[85]其先更有太常博士張宗元，在建炎三年(1129)閏八月，獻議遣官往京城訪故府，取見存圖書，悉輦南來，以備掌故，但格於形勢，事不果行。[86]

那些省記的典籍，到紹興三年(1133)十月，才由洪擬(1071-1145)、章誼(1078-1138)審定，類而成冊。《中興小紀》卷十五云：

> 自南渡而來，官無籍，吏隨事主文，號為省記，出入自如。先是，言者乞令使時所省記，類而成冊，從之。遂詔修七司敕令，又得廣東轉運司錄到元

79《宋史》，卷一百五十八〈選舉志四〉，頁3712。

80《繫年要錄》，第三冊，卷四十九，紹興元年十一月壬戌條，頁906；《宋史》，卷三百七十八〈劉一止傳〉，頁11673。

81 莊綽(撰)，蕭魯陽(點校)：《雞肋編》(北京：中華書局，1983年3月)，卷中，頁46。

82 同注80。

83《中興小紀》，卷二十八，紹興十年五月己亥條，頁331。

84《宋史》，卷三百七十九〈韓肖冑傳〉，頁11691。

85《宋史》，卷三百七十二〈王綸傳〉，頁11535。

86《中興小紀》，卷七，建炎三年閏八月乙巳條，頁81。

豐、元祐吏部法，與七司所省記者參修，命禮部尚書兼吏部洪擬總之，而兵部尚書章誼同定。擬立朝最久，諳練典故，定著尤當。至是《吏部敕令格式》書成，而擬除徽猷閣直學士，奉祠以去。癸未，右僕射朱勝非上之。[87]

但是，所謂「釐正」、「刊定頒行」、「編為條目，以次行之」等，都只是消極的補救辦法。在選定則例的時候，選者又有與胥吏朋比為奸的。詳定者洪擬，便是被人劾他在徽宗時專任銓曹胥吏而去職的。[88]所以他在詳定省記時信任胥吏。這樣說來，這些法例其實仍是由胥吏把持著來斟酌損益的。《中興小紀》卷四云：

時（建炎二年）吏部案牘，散佚殆盡，選者與吏並緣為姦，多冒名寄版之弊，右選侍郎吳江魏憲，在宣和間已貳銓曹，熟於典選，至是乃請嚴保任以覈實，開告賞以扼姦，急期會以取闕，故奸弊稍戢。[89]

加以士大夫不負責任，苟簡自便，[90]又不諳故事，結果胥吏成了故事法例的權威。陸游(1125-1209)云：

近世士大夫多不練故事，或為之語曰：「上若問學校法制，當對曰：『有劉士祥在。』問典禮因革，當對曰：『有齊聞韶在。』士祥、聞韶，蓋國子監、太常寺老吏也。史院吏有竊議史官者曰：「史官筆削有定本，箇箇一樣。」或問「何也？」曰：「將吏人編出《日曆》中。『臣僚上言』字塗去『上』字，其後『奉聖旨依』字亦塗去，而從旁注『從之』二字，即一日筆削了矣。」[91]

王明清(1127-1204後)《揮塵餘話》卷二記禮部老吏劉士祥事：

靖康之亂，省部文字散失不存，南渡之後，有禮部老吏劉士祥者，大為姦利，士子之桀黠者，相與表裏，云「某歲曾經省試，下合該年免」，既下部，則士祥但云「省記到」，因而僥倖，遂獲推恩者，不知其數。（薛叔器云）。[92]

---

87 《中興小紀》，卷十五，紹興三年十月壬午朔條，頁189。

88 《繫年要錄》，第三冊，卷六十九，紹興三年十月壬午朔條，頁1195。

89 《中興小紀》，卷四，建炎二年七月壬子條，頁42。

90 《中興小紀》，卷廿九，紹興十一年十一癸卯條，頁353，記云：「宰執奏：言者乞詔六部守法，不得妄有申明事。上曰：祖宗法令嚴備，附在有司，吏舞文出入，而六部長貳不肯任責，事事申明取決朝廷。此何理耶？朝廷選為長貳，乃苟簡自便，甚失委任之意。當顯出一二以懲之。長貳盡心，則吏不敢舞文矣。」

91 《老學庵筆記》，卷九，頁121。

92 王明清：《揮塵錄》(上海：上海書店出版社，2001年8月)，《餘話》卷二，第438條，「劉士祥姦利」，頁248。

洪邁(1123-1202)《容齋三筆》卷九云：

> 南渡以後，召省胥吏，舊人多不存。後生習學，加以省記，不復諳悉典章。[93]

一方面在吏胥之中，以兵燹之餘，老成日少，後進日多。而後者率多不諳典章。故所省記者又有不盡不實之弊。

因此，當時刊定的省記法例，其真確性大有問題。胥吏所謂諳悉的法例，不過是他們自己所定的法例而已。實際上，孝宗(趙昚，1127-1194，1162-1189 在位)以後，官與吏對典章故事都不盡曉，陳亮(1143-1195)向孝宗所說的「大臣充位，胥吏坐行條令。」[94]也就是上下相蒙，自欺欺人的政局。往日（北宋）胥吏藉著諳熟敕例，得以受賕為姦；今日（南宋）則連此亦不曉，而據之以受賕則一。[95]

而其中的所謂例，則又成了立法的張本。北宋時「以例破法」之弊，至南宋便發展為「以例立法」，因此胥吏得以大弄權柄。吏部用例最多，有「例部」之稱。[96]銓選之權，遂隨例而升降於胥吏之手。於是紹興四年(1134)八月，即有權吏部侍郎胡交修(1078-1142)請七司[97]各編例冊，令法司掌以備檢。[98]三十二年(1162)，又有吏部侍郎凌景夏(1097-1175)請七司置例冊。孝宗淳熙元年(1174)，復有參知政事龔茂良(1121-1178)請修《七司敕令格式申明》為三百卷，詔頒行之。[99]由此觀之，例冊顯然是修不

93《容齋三筆》卷九記司封吏不諳典章云：「舊法，大卿、監以上贈父至太尉止，餘官至吏部尚書止。今司封法，餘官至金紫光祿大夫，蓋昔之吏書也，而中散以上贈父至少師止。按政和以前，太尉在太傅上，其上唯有太師，故凡稱攝太尉者，皆為攝太傅，則贈者亦應如此，不應但許至少師也。生為執政，其身後但有子升朝，則累贈可至極品大國公。歐陽公位參知政事、太子少師，後以諸子恩至太師袞國公，而其子棐亦不過朝大夫耳，見於蘇公祭文及黃門所撰神道碑。比年汪莊敏公任樞密使，以子贈太師，當封國公，而司封以為須一子為侍從乃可，竟不肯施行，不知其說載於何法也。朱漢章卻以子贈至大國公，舊少卿、監遇恩，封開國男，食邑三百戶，自後再該加封，則每次增百戶，無止法。今一封即止。舊學士待制食邑千五百戶以上，每遇恩則加實封，若虛邑五百者，其實封加二百；虛邑三百、二百者，實封加一百。今復不然，雖前執政亦只加虛邑三百耳，故侍從官多至實封百戶即止，尤可笑也。」參見洪邁：《容齋隨筆》(上海：上海古籍出版社，1978 年 7 月)，《容齋三筆》，卷九，「司封失典故」條，頁 518-519。

94 陳亮：《陳亮集》(北京：中華書局，1974 年 12 月)，上冊，卷一〈書疏・上孝宗皇帝第一書〉，頁 6。

95 洪邁記云：「京師盛時，諸司老吏，類多識事體，習典故。……今之胥徒，雖公府右職，省寺掌故，但能鼓扇猥浮，顧賕謝為業，簿書期會之間，乃漫不之曉。」參見《容齋隨筆》，卷十五，「京師老吏」條，頁 199-200。

96《文獻通考》，第二冊，卷三十八〈選舉考十一〉，頁 1123，引淳熙元年(1174)參知政事龔茂良言。同見《宋史》，卷一百五十八〈選舉志四・銓法上〉，頁 3715。

97 吏部七司，指尚書左選、尚書右選、侍郎左選、侍郎右選、司封、司勳、考功。見《宋史》，卷一百六十三〈職官志三・吏部〉，頁 3831-3832。

98《中興小紀》，卷十六，紹興四年八月庚辰條，頁 205。

99 皆見《宋史》，卷一百五十八〈選舉志四・銓法上〉，頁 3714-3715；《文獻通考》，卷三十八〈選

好，才要一修再修。而且，無論怎樣修定，法例在南宋的胥吏手上，始終是運用自如的工具。

四．結論

綜上所述，宋代中央胥吏權勢的發展，可分為四階段：

自開國至仁宗以前為第一階段。那時胥吏在中央各司之中，只能舞弊，未能弄權，且亦常受制裁。大抵太祖、太宗，皆能留意治道，故洞悉自唐以來堂吏的欺蔽技倆，由他們企圖使士人為堂吏可以想見。

自仁宗至徽宗以前為第二階段。那時胥吏十分活躍，但羽翼未豐，只是屢踣屢起。仁宗時法政尚寬，無形中讓那些被抑制的胥吏透一口氣。於是胥吏開始向上交結長官，用作靠山。神宗以後，他們大都獲得重祿，漸有驕縱的趨勢。哲宗元祐二年(1087)四月，左司諫王覿(?-1103 後)上言，即有「諸司之吏，驕慢玩法者眾，而鞭笞罕及」的說法。[100]

自徽宗至北宋末為第三階段。那時胥吏勢力開始抬頭，睥睨位望較低的官員；葉適(1150-1223)謂胥吏之害，自崇寧而極於宣和，「士大夫之職業，雖皮膚蹇淺者，亦不復修治，而專從事於奔走進取。其簿書期會，一切惟吏胥之聽。而吏人根固窟穴，權勢熏炙，濫恩橫賜。」[101]宣和間胥吏已擅作威福，特其濫觴而已。當其時，蔡京為相，一意栽培胥吏，提高他們敘官的階級和俸祿。胥吏便進一步倚仗權臣的力量來威逼其他官員。例如梅執禮(1079-1127)為比部員外郎，有苑吏持茶券至為錢三百萬者，以權閹楊戩(?-1121)旨意迫取甚急，執禮察其妄，欲白之，而長貳疑不敢。後執禮獨列上，果辨其詐。[102]難怪當時已有人發出「吏強官弱」的呼聲（蔡居淳語）。一方面胥吏的懈怠愈甚。凡命之出於門下者，吏輒預列書名而徐填其事，謂之「空黃」。張叔夜(1065-1127)為給事中，極陳之，始革其弊。[103]

舉考十一〉，頁1122-1123。

100《長編》，卷三百九十八，元祐二年四月己亥條，頁9713。

101 葉適(撰)，劉公純、王孝魚、李哲夫(點校)：《葉適集》(北京：中華書局，1961年12月)，第三冊，《水心別集》，卷十四〈外稿‧吏胥〉，頁808。

102《宋史》，卷三百五十七〈梅執禮傳〉，頁11232。

103《宋史》，卷三百五十三〈張叔夜傳〉，頁11141。

南宋為第四階段。考胥吏真正手握政柄，則自南宋寧宗以後始。那時胥吏不但羽毛豐滿，而且厠身於政治舞台上，竊奪大權，陵轢百官。先是南渡以後，法例典籍散失，首予胥吏以可乘之機。加以大臣充位，百官怠惰，日惟粉飾昇平。故胥吏得以坐擁法例，握輕重予奪之權。其中以三省、樞密院、吏部七司、戶部、刑部的胥吏最為驕橫。[104]地方胥吏犯過，亦往往倚中央胥吏為援助。[105]因此當時竟有人拿他們來和慣於弄權的宦官並稱。[106]到寧宗以後，權相明目張膽地委胥吏以權柄，胥吏成了炙手可熱的人物。倖進之士，如蟻附羶。於是胥吏私囊日滿，尤以吏、戶、刑三曹胥吏為甚。[107]至其爵祿，亦往往有士大夫所不敢望者。[108]往日眾所鄙視的胥吏，至是亦有人鑽營為之。[109]而胥吏復有累世為之者。[110]故當時號為「公人世界」。又有人以為官無封建，而吏有封建。[111]

宋代弄權舞弊的胥吏，按其所在機構，自以三省、樞密為最劇（關係朝政），其次則吏部（主要是銓敘方面），再次則刑部、大理寺、御史台、開封府（刑獄方面）；再次則三司、戶部、司農寺（財政方面），次則工部、將作監、都水監、軍器監（工程方面），再次則禮部、太常寺、光祿寺等（典禮方面）。

至於宋代胥吏得以弄權的原因，主要是下列兩點：

一. 宋代自徽宗以後，朝官無論大小，率多不負責任，予胥吏以可乘之機。由於朝

---

104 《葉適集》，第三冊，《水心別集》，卷十四〈外稾‧吏胥〉，頁 808。
105 《宋史》，卷二百四十七〈宗室傳四‧彥倓〉，頁 8765，記趙彥倓「知臨安於潛縣，縣胥往往通臺省吏，得肆其奸。彥倓執其黠者，械送府。臺省吏從中救之，彥倓力爭，竟抵胥罪。」
106 起居郎劉一止上書，請懲堂吏、宦官之弊。見《宋史》，卷三百七十八〈劉一止傳〉，頁 11674。而據《中興小紀》，卷二十八，紹興十年八月庚申條，頁 338 云：「時行在遭火。壬戌，宰執奏犒設救火諸兵事。上曰：累令去席屋作瓦屋，皆不奉行，朕已戒內侍，如敢不遵，比眾罪當加重。卿等更戒諸房吏亦依此。若內侍堂吏奉行，則眾不敢違戾。」可見在高宗心目中，內侍和堂吏都是能起帶頭作用的人。
107 《老學庵筆記》，卷六，頁 82-83，記：「及大駕幸臨安，喪亂之後，士大夫亡失告身、批書者多，又軍費百倍平時，賄賂公行，冒濫相乘，饟軍日滋，賦歛愈繁，而刑獄亦眾。故吏、戶、刑三曹吏胥，人人富饒，他曹los寞彌甚。」
108 《葉適集》，第三冊，《水心別集》，卷十四〈外稾‧吏胥〉，頁 808。
109 韓元吉(1118-1187)：《南澗甲乙稿》，《叢書集成初編》本，卷二十一〈墓誌銘‧朝奉大夫軍器監丞魏君墓誌銘〉，頁 439 記云：「……試補吏胥，私託一不受。曰：吏不嫺會計，害可勝言！」由此可見試補吏胥，在當時已有私託的事發生。
110 周密(1232-1298)記云：「洪景盧在翰苑日，嘗入直，值制詔沓至，自早至脯，凡視二十餘草，事竟，小步庭間，見老叟負暄花陰。誰何之？云：『京師人也，累世為院吏，今八十餘，幼時及識元祐間諸學士，今子孫復為吏，故養老於此。』」參見周密(撰)，張茂鵬(點校)：《齊東野語》(北京：中華書局，1983 年 11 月)，卷十六，「洪景盧自矜」條，頁 184。
111 《葉適集》，第三冊，《水心別集》，卷十四〈外稾‧吏胥〉，頁 808。

官不肯注意簿書文案，一切倚靠胥吏，胥吏因得仗法例以為奸。所以高宗在紹興二年(1132)十月便對宰執說：「長貳官若肯閱文案，則吏胥自然難欺。」[112]無奈積習難返，南宋百餘年中，真正肯負責任的長貳，實在是寥寥可數！

二.宋代行政重法例，而法例最諳熟者厥為胥吏，官反不及。故任法即任吏。葉適〈上孝宗皇帝箚子〉云：

> 其官雖貴也，其人雖賢也，然而非法無決也，非例無行也。驟而問之，不若吏之素也；暫而居之，不若吏之久也，知其一不知其二，不若吏之悉也。故不得不舉而歸之吏。官舉而歸之吏，則朝廷之綱目，其在吏也何疑。[113]

因此，葉適和楊萬里(1127-1206)（有選法論）都以為由此發展下去，便變成「信吏而不信官」。吏有法為護符，其勢遠較受法限制的官為強。言宋代政治者往往就「官」之能力與表現立論，其實，在「官」之背後的「吏」正是影響政治好壞的一項重要因素，所謂「澄清吏治」，雖指官僚政治而言，但必須包括「吏」之表現，可惜注意這方面的人較少。

宋代中央胥吏除了直接在政府弄權外，間接還加重了冗官冗費的嚴重性。

宋代百司胥吏，每年出官的很多，仁宗時已如此。[114]至徽宗時，不惜名器，胥吏不但出官者銳增，且多獲顯位。如高俅(?-1026)以小吏出身，[115]曾侍徽宗於潛邸，遂官至殿帥。政和七年(1117)，臣僚已言：「官冗，吏員增多，本因入流日眾，故請嚴守磨勘舊法。」[116]然觀宣和二年(1120)六月十七日詔，[117]則當時胥吏冒帶階官，自朝奉大夫至中奉大夫者五十人，保引入省院者，至千有餘員。則官冗吏增的情況未見好轉。靖康時，由於金兵叩關，故動輒推賞，禮房之吏，亦得進秩。[118]由此觀之，宋代的冗官，和吏多而又多出官正，大有關係。

宋代的中央胥吏，自神宗以來，日漸豐厚；至徽宗時愈甚。陳傅良(1141-1203)轉對箚子云：

112《中興小紀》卷十三，紹興二年十月己亥條，頁167。
113《葉適集》，第三冊，《水心別集》，卷十五〈外稿·上殿箚子·淳熙十四年〉，頁835。
114 宋庠(996-1066)：《元憲集》，文淵閣《四庫全書》本，卷三十二〈資政殿答手詔〉，頁五下。
115《揮麈後錄》，卷七，頁138，第246條，謂高俅本東坡小史。
116《文獻通考》，第二冊，卷三十八〈選舉考十一〉，頁1118-1119。
117 李攸(?-1134後)：《宋朝事實》(上海：商務印書館，1935年)，卷三，頁35-36。
118《宋史》，卷三百七十八〈劉珏傳〉，頁11665-11666。

在京吏祿，每歲下淮南兩州十二路起，一萬四千五百貫。政和元年，每路量添五百貫。[119]

《建炎以來朝野雜記》甲集卷十七云：

> 祖宗時，中都吏祿兵廩之費，全歲不過百五十萬緡。元豐間，月支三十六萬。宣和崇侈無度，然後月支百二十萬。渡江之初，連年用兵，然猶月支不過八十萬。至淳熙末，朝廷無事，乃月支百二十萬，而非泛所支及金銀縣絹不與焉。以孝宗恭儉撙節，而支費擬於宣和，則紹興休兵以後，百司宮禁循習承平舊弊，日益月增，而未能裁削故也。[120]

可見胥吏所費，迄於南宋，仍是有增無已。故南宋常患吏祿兵廩無所給。[121]由此觀之，宋代的冗費，和吏多而祿豐正大有關係。

---

119 陳傅良：《止齋集》，文淵閣《四庫全書》本，卷二十一〈奏狀箚子‧轉對論役法箚子〉，頁一下。

120 李心傳：《建炎以來朝野雜記》，甲集卷十七〈財賦四〉，第 446 條「國初至紹熙中都吏祿兵廩」，頁 379。

121《續宋中興編年資治通鑑》，卷十，淳熙十年正月條，頁 127。

宋代州縣胥吏對地方政治與農村社會的影響

　　宋代的胥吏，主要分為三種：一是中央政治機構的胥吏，一是諸路監司的胥吏，一是州縣的胥吏。其中以州縣胥吏的地位最低下，但他們在地方政治和農村社會中，卻產生破壞性的影響。

　　宋代州縣胥吏的工作，本是職役的一種。州的曹司和孔目，縣的曹司、押司和錄事，都是一般人所說的胥吏。在《文獻通考》和《宋史‧食貨志》裡，他們和衙前、里正、戶長、耆長等役人并列，「各以鄉戶等第差充」。[1]據《雲麓漫鈔》所載，州縣胥吏依照主戶的數目而有一定的名額。[2]大概選差自二等戶以上。[3]胥吏現在職役的性質，故有義務而無權利。他們沒有俸祿，沒有機會入仕為官；但要替地方官處理許多日常行政的工作。例如諸案簿書等。《作邑自箴》卷五為知縣立下管理吏人的規矩。由此可以窺見胥吏工作的繁重。[4]他們又受到諸多防範和限制，他們有時要供應縣官的日常用品，遇到貪贓的官員，便不勝誅求。[5]為了防止胥吏的逃亡，仁宗時蘇舜欽(1008-1048)便提出每五人為保的辦法。[6]要免除此役，兒子中第是一個機會。朱弁(1085-1144)《曲洧舊聞》載彭汝礪(1042-1095)和熊本(?-1091)二人先後中第，他們做郡吏的父親便得到罷役的優待。[7]

　　州縣胥吏雖是役人的性質，但他們有和一般役人不同之處，便是他們必須諳「吏道」，而諳「吏道」的鄉戶，往往不足名額，如差了「不省文書」的人做吏，便會妨

---

1 脫脫(1314-1355)：《宋史》(北京：中華書局點校本，1977 年 11 月)，卷一百七十七〈食貨志上五‧役法上〉，頁4295-4296；馬端臨(1254-1323)(撰)，上海師範大學古籍研究所暨華東師範大學古籍研究所(點校)：《文獻通考》(北京：中華書局點校本，2011 年 9 月)，第一冊，卷十二〈職役考一〉，頁340。

2 趙彥衛(1140-1210)(撰)，傅根清(點校)：《雲麓漫鈔》(北京：中華書局，1996 年 8 月)，卷十二，頁215。

3 蘇舜欽(1008-1048)(撰)，傅平驤、胡問陶(校注)：《蘇舜欽集編年校注》(成都：巴蜀書社，1991 年3 月)，卷六〈論五事‧景祐四年五月七日閤門下〉，頁 425。

4 李元弼(?-1117 後)撰，張亦冰(點校)：《作邑自箴》，收入《宋代官箴書五種》(北京：中華書局，2019 年 4 月)，卷五〈規矩〉，頁 29-36。

5 胡太初(?-1266 後)(撰)，閻建飛(點校)：《晝簾緒論》，收入《宋代官箴書五種》，卷五〈御吏篇〉，頁 171-172。

6 同注 3。

7 朱弁(撰)，孔凡禮(點校)：《曲洧舊聞》(與《師友談記》、《西塘集耆舊續聞》合本)(北京：中華書局，2002 年 8 月)，卷十，「鄱陽彭器魁天下熊伯通擢上第」條，頁 224。

礙行政的工作。因此，到了仁宗時，差吏已開始轉為募吏或雇吏。神宗熙寧十年(1077)以後，州縣胥吏已無普通鄉戶，而是一種專門人才。[8]

州縣胥吏專門化後，名額變得不定，任期也變得長久；但他們在職役上的特色仍未消失，依然沒有俸祿，沒有入仕途徑，而且義務很多。而投身為吏的人，類皆貧窮。[9]他們為了解決生活問題，便憑藉職權來欺壓一般百姓。故沈括(1031-1095)《夢溪筆談》卷十有云：「天下吏人素無常祿，唯以受賕為生」。[10]要消除胥吏受賄作弊，便要替他們解決生活問題。神宗熙寧三年(1070)，推廣「倉法」，使州縣胥吏也可以享有俸祿。(所謂「倉法」，乃是對倉吏賦與重祿，犯贓則施以重刑。見《宋會要·職官五七之九二》、《宋史》卷一九九〈刑法志〉)[11]但那龐大的吏祿，成了政府沉重的經濟負擔。而且，州縣胥吏的俸祿太少，遠不及往日「受賕」所得，遂不免以身試法。[12]哲宗元祐初年，隨著新法的廢罷，倉法亦罷，故州縣胥吏再度失去了俸祿，恢復以受賕為生，而且變本加厲。

《作邑自箴》和《州縣提綱》二書都載有許多官員防止胥吏作弊的辦法，但結果適得其反，官員往往為胥吏所制。其主要原因有三：一由於地方官權力薄弱。官有罪，被胥吏揭發，官往往得罪；吏有罪，為官所案治，而官有寬縱之嫌，故「官以不案吏為得計」，奸吏乃專權擅勢，大作威福。[13]一是由於地方官多非本貫，又不能久任，故不諳風土人情，事事須求助於胥吏。陸九淵(1139-1193)云：「官人者，異鄉之人；吏人者，本鄉之人。官人年滿者三考，成資者二考；吏人則長子孫於其間。官人視事，則左右前後皆吏人也。故官人為吏所欺，為吏所賣，亦其勢然也。」[14]一由於地

---

8 趙彥衛：《雲麓漫鈔》，卷十二，頁 216-217。

9 (南宋)不著撰人(撰)，張亦冰(點校)：《州縣提綱》，收入《宋代官箴書五種》，卷二，頁 128-130。

10 沈括(撰)，金良年(點校)：《夢溪筆談》(北京：中華書局，2015 年 11 月)，卷十二〈官政二〉，第 218 條，頁 122-123。

11 徐松(1781-1848)(輯)，劉琳、刁忠民、舒大剛、尹波等(校點)：《宋會要輯稿》(上海：上海古籍出版社，2014 年 6 月)，第八冊，〈職官五十七·俸祿雜錄下〉，頁 4608-4609；《宋史》，卷一百九十九〈刑法志一〉，頁 4977-4978。

12 李燾(1115-1184)：《續資治通鑑長編》(北京：中華書局點校本，1979 年 8 月至 1995 年 4 月)，卷二百四十，熙寧五年十一月丁巳條，頁 5826-5828。

13 李心傳(1167-1244)(撰)，辛更儒(點校)：《建炎以來繫年要錄》(上海：上海古籍出版社，2018 年 12 月)，第三冊，卷六十，紹興二年十一月庚午條，頁 1063-1064。按此論為是年十一月禮部尚書洪擬(1071-1145)所言。

14 陸九淵(撰)，鍾哲(點校)：《陸九淵集》(北京：中華書局，1980 年 1 月)，卷八〈書·與趙推〉，頁 112。

方官不諳「吏道」，不熟法律敕令，以致政事決於胥吏。神宗熙寧六年(1073)曾詔進士、諸科及選人、任子并令試斷案、律令大義或時議，始准出官。[15]便是針對這點而發，可惜元祐初司馬光(1019-1086)上場，便唱反調，認為士人習法，流為刻薄，從政豈有循良。於是地方官諳法令者日少，而胥吏正是法令的專家。

州縣胥吏對地方官的控制是多方面的，或以小利誘陷，或以事脅迫，務使就範，以達到官吏通同作弊的目的。

州縣胥吏不怕官，卻忌憚地方豪強大姓，奉承之唯恐不及。豪強往往抓著胥吏的把柄，逼他「以曲為直，以是為非」[16]宋代地方豪強勢力龐大，藉著胥吏之助，併吞農民的田地財產。自仁宗以後，土地集中的情形日趨嚴重，和胥吏在背後推波助瀾有很大的關係。

州縣胥吏對農民的迫害，可分為三方面：

一、訴訟與刑獄

地方訴訟之事，縣官不能悉理，多委之胥吏。農民知「官司曲直，皆出其手」。每有訴訟，必行賄賂，故胥吏有「立地官人」之稱。[17]至於刑獄的判決，雖權在長官；但由審訊以至繫獄的過程中，胥吏是最有權力的人物。獄吏逼供之法，至為酷虐，囚犯恐怕皮肉之苦，一切誣服。而胥吏用逼供的手法，亦無非受了某一方面的賄賂而已。

二、賦稅

胥吏有關州縣賦稅的舞弊，最嚴重的是將簿書鄉典加以竄改，以致「土地之利不盡出，租稅減耗，賦役不均，上下相蒙，積習成敝。」[18]由於胥吏與豪強勾結，故豪強應輸「多者以賂獲免，而所追者無非貧弱」。[19]

三、差役

州縣胥吏雖源出於役人，但在差役制度上卻扮演夕惡的角色。州縣役人，成了他們欺壓的對象；差役制度成了他們斂財的工具。《州縣提綱》在這方面也有很詳盡的

15《文獻通考》，第二冊，卷三十一〈選舉考四〉，頁910。
16《州縣提綱》，卷二，「示不由吏」條，頁126。
17《州縣提綱》，卷一，「防吏弄權」條，頁100。
18《宋史》，卷一百七十三〈食貨志上一‧農田之制〉，頁4159。
19《州縣提綱》，卷四，「揭籍點追稅」條，頁145。

描述：「如差甲得賂，輒改差乙；差乙得賂，輒改差丙」。[20]差役之弊，在北宋為眾所矚目的大問題，神宗時王安石行免役法，即針對此弊而發。及元祐初(1086)罷免役法，紹聖元年(1094)復行。南宋行差役，吏奸復熾。孝宗(趙昚，1127-1194，1162-1189在位)時有「義役」之法，但又被認為擾民。終宋之世，差役無法廢除；因此胥吏在這方面的蠹政，始終存在。

　　總括來說，州縣胥吏，上可挾制官長，或通同作弊，使地方政治流於敗壞，政務無法開展；而下為豪強地主勾結，魚肉百姓，使土地問題日趨嚴重，農民生活日益困苦。

20《州縣提綱》，卷二，「禁差役之擾」條，頁129。

《經略幽燕：宋遼戰爭軍事災難的戰略分析》跋

　　五月五日傳來噩耗，驚悉曾瑞龍弟不幸急病辭世，悲痛不可言喻！稍後獲知他的遺作《經略幽燕：宋遼戰爭軍事災難的戰略分析》(以下簡稱《經略幽燕》)經由香港中文大學出版社排印完竣，不日即可面世，可惜瑞龍已不及見！葉漢明女弟知我急欲一讀該書，特向出版社求取樣本快郵寄來。我連夜翻閱，思緒萬端。猶記二十年前瑞龍撰寫碩士論文完稿時，我也連夜翻閱，但當時他的學術路程剛剛展開；而現在讀的竟是遺著，也再沒有和他酌斟內容，討論問題的可能，不禁為之愴然涕下！

　　瑞龍在中文大學歷史系肄業期間，雖然短短四年(1978 年夏至 1982 年夏)，但已打好研究歷史的基礎，對傳統的治史方法，如史料的了解，去取和分析，都已達到獨立研究的水平。首先令人驚異的文章，是他修讀「宋史研究專題」一科時所提交的論文，題為〈北宋中葉拓邊活動的開端——慶曆朝水洛城事件發微〉，討論宋夏戰爭中修築水洛城的爭議事件。此文除了考證細密外，見解尤為卓越，他想由此拓邊事件探究北宋中葉文與武、中央與邊庭的互動關係，認為用傳統的「強幹弱枝」、「重文輕武」等觀念來解釋是不足夠的，必須從多方面來研究。他後來的作品，採用科際整合的方法，以大戰略、戰役法、戰術等解釋問題，此文已肇其端。

　　瑞龍大學畢業後，在研究院修讀(1982 年夏至 1984 年夏)，他的碩士論文《北宋种氏將門之形成》，以种氏一家為例，討論北宋文人武將化的特殊現象。种氏三代為宋守邊，抗禦西夏，本文亦討論到不少有關宋夏戰爭的問題，可說是瑞龍對北宋西北拓邊問題的初步研究。此後，瑞龍的研究範圍擴展至宋遼戰爭。由 1989 年起他在這方面的研究得到很大的進展。他負笈美國亞里桑那大學攻讀博士學位，從陶晉生教授研習宋遼關係史，並陸續發表多篇有關宋遼戰役的著作，這些文章都收在《經略幽燕》。

　　瑞龍自言：1989 年在美國從陶晉生教授後，確定了研究方向。另一個影響他較深的是惠廷(Allen Whiting, 1926-2018)教授，他從惠廷教授的「政治風險與情報分析」一課「獲得思考科際整合研究出路的機會。」留美八年(1989-1997)期間，他購置和閱讀了不少軍事及戰略理論的書籍，使他有足夠的現代軍事及戰略理論知識，引入對宋遼戰爭及宋夏戰爭的研究中。這就是他的研究路向。1997 年他在亞里桑那大學取得博士

學位後，隨即回香港中文大學歷史系任教，至今六載，著述極勤，都是朝著這個路向而努力。

　　《經略幽燕》是一本強調科際整合的戰爭史著作，將戰略文化的理論引進軍事史的研究，用大戰略、戰略、戰術等新概念重新評析宋遼戰爭中的各場戰役，從而解釋北宋經略幽燕演成軍事災難的原因。傳統學者慣用「強幹弱枝」、「重文輕武」，或「先南後北」等政策來解釋北宋的積弱和對外戰爭的失敗，顯然有其局限性。本書所顯示的見解，往往能夠打破這種局限，言人所未言。舉例來說，本書將高梁河之役(979)的失敗，解釋為宋軍因襲五代的兼行速進戰術，是最後一場「五代的」戰役，其結果宣告了五代戰爭已成歷史陳跡。這場戰役體現了戰爭形式的新陳代謝。又如將滿城會戰(979)作為彈性戰略防禦的典範；將岐溝關(986)之敗歸咎於戰略各層次的脫節，皆立論新穎而合理。第八章論述君子館之役(986)，指出是役在決定宋軍轉入守勢的戰略過渡中扮演重要角色。由於此役缺乏專門研究，本書蒐羅有關史料，作戰略分析及戰術研究，具有高度學術價值。

　　其實，《經略幽燕》只是瑞龍廿餘年來所作學術研究的一部分，是有關宋遼戰爭的論文的整理和總集。在他治學的範圍裏，宋夏戰爭研究的重要性不遜於宋遼戰爭。他從事學術研究是從宋夏戰爭的研究開始的，他的博士論文也包含宋遼與宋夏兩部分；在中文大學任教六年來所撰述的論文，也是遼、夏參半。記得公元二千年十二月曾收到他一封信，謂《北宋經略幽燕的戰略失敗》和《北宋後期西北拓邊戰爭研究》兩書在趕製之中。現在《經略幽燕》一書行將出版，不知《北宋後期西北拓邊戰爭研究》一稿是否完成？這可能是瑞龍有關宋夏戰爭論文的整理和總集。我們都希望它能和《經略幽燕》一樣，早日面世。聞何冠環弟將與諸弟負責整理及出版瑞龍遺作，使瑞龍廿餘年來辛勤研究的成果公諸學林。這是對學術界，對瑞龍都是有意義和有貢獻的事！

羅球慶

2003 年 5 月 20 日

於美國加州奧連達市

原載曾瑞龍遺著：《經略幽燕：宋遼戰爭軍事災難的戰略分析》(香港：中文大學出版社，2003 年 6 月)，頁 327-329。

《拓邊西北》序言

　　2003 年 5 月，我為曾瑞龍弟的遺著《經略幽燕：宋遼戰爭軍事災難的戰略分析》(以下簡稱《經略幽燕》)寫了一篇跋文，裡面提到瑞龍另一本關於宋夏戰爭研究的著作，並希望它能早日面世。最近，在何冠環弟和梁偉基君等的努力下，這本書已經整理和排印完成，行將出版，並由梁君代定書名，就是《拓邊西北：北宋中後期對夏戰爭研究》(以下簡稱《拓邊西北》)。這是何等令人快慰和興奮的事！

　《拓邊西北》和《經略幽燕》是姊妹篇，它們的研究對象不同，前者是宋夏戰爭，後者是宋遼戰爭。瑞龍把西方的戰略文化理論引進中國古代軍事史研究，這兩本書的研究方法和路向是一致的。由於《經略幽燕》成書在先，所以有關戰略文化的理論部份，發揮得比較詳盡。而《拓邊西北》所收的論文，便是根據這些理論寫成的。

　　《拓邊西北》的內容，除了〈緒論〉和〈結論〉外，收入了五篇曾經發表過的宋夏戰爭的論文。這五篇論文分別代表瑞龍三個不同時期的著作，正好讓我們看到他從事學術研究的成長歷程。

　　他的學術研究是從研究宋夏戰爭開始的。記得那是 1981 年的下半年，他在中文大學歷史系的學業進入最後一年，他選修了我講授的「宋史專題研究」。這是三年級或四年級學生的必修課程，個別授課，所以師生關係特別密切。在這一年內，瑞龍每週都有一天來我的辦公室上課，和我討論他的研究計劃和遇到的問題。我以前和他談論過宋夏戰爭中有關沿邊堡寨和蕃部的問題，他深感興趣，因此選擇了仁宗慶曆朝發生的水洛城事件為研究對象，結果在 1982 年寫成了〈北宋中葉拓邊活動的開端：慶曆朝水洛城事件發微〉一文。這篇文章詳細地分析了水洛城事件的來龍去脈，事件主角劉滬(1000-1047)家世背景和身份轉化，以及關中豪俠對邊事的影響。由這篇文章，可以見到他當時已能掌握基本史料的分析和運用，更難得的是，他已經找到將來的研究的路向，他在以後兩年撰寫的碩士論文《北宋种氏將門的形成》，便進一步討論北宋由文臣轉化為武將的歷史現象。瑞龍在中文大學肄業的六年(大學四年和研究院兩年)，可說是他躋身學術研究領域的第一個階段。

　　1994 年，我在中文大學歷史系退休，何冠環弟倡議出版一部《宋史論文集》以作紀念，瑞龍即以〈北宋中葉拓邊活動的開端：慶曆朝水洛城事件發微〉一文在集中發

表。當他把北宋拓邊西北的論文整理成書時，又把這篇文章安排作第一章，可見他對這篇早年著作的重視。北宋對西北的拓邊活動轉趨積極，本是神宗熙寧以後的事：相對來說，北宋中期的拓邊戰爭是以消極的防禦為主。然而，〈北宋中葉拓邊活動的開端：慶曆朝水洛城事件發微〉這篇文章不但在於溯源，而是它已隱隱然揭示出一個新觀念：將門的形成和豪士的推動，是北宋後期拓邊戰爭的內部因素。一般史學家討論北宋中葉以後對外政策的轉變，多集中於領導層的更換與國際力量對比的改變，還未見有從這方面立論研究的。

由 1989 至 1997 年這八年間，瑞龍在美國亞里桑那大學攻讀博士學位。在著名史家陶晉生教授的指導下，學問突飛猛進。這是他學術生命的第二個時期。他閱讀了許多西方的戰爭史和戰略理論的書籍。他用這些理論來分析研究宋遼、宋夏的若干戰役，為軍事史研究另闢蹊徑。拜占庭皇帝尼契科洛二世(Nikephorus II)口述的《前哨戰》(*Skirmishing*)一書，對他有很大的影響。他從此書認識到拜占庭帝國的彈性防禦戰略，並發現在宋遼、宋夏戰爭中不少戰役宋軍有運用彈性防禦的意圖。於是，他寫了兩篇個案研究：一篇研究太宗太平興國四年(979)宋遼滿城會戰，一篇研究哲宗元祐七年(1092)宋夏洪德城戰役。前者收入《經略幽燕》作為第六章，後者收入本書成為第二章。這兩篇文章可說是他留學美國期間的代表作。

本書後三篇文章，都是瑞龍 1997 年就任中文大學歷史系教席以後所撰，是思想比較成熟的文章，可惜也是他後期的文章了！這些文章的主題，其實早就醞釀於他腦海中。最明顯的是本書第三章和第五章，分別討論种諤(1027-1083)和种朴(?-1099)父子的軍事才能和拓邊事蹟。早在 1984 年 5 月，他撰寫碩士論文《北宋种氏將門之形成》，文後有附錄六篇，其中附錄三是〈种諤的四次戰役〉，附錄五是〈种朴事蹟拾補〉。前者詳述种諤在神宗朝發動或參與的四大戰役：1. 治平四年(1067，神宗即位未改元)取綏州；2. 熙寧三年(1070)築城囉兀；3. 元豐四年(1081)征西夏；4. 元豐五年(1082)築城永樂。但是，文中對本書第三章討論的六逋宗之役竟付闕如，因為那時他還沒有見到趙起《种太尉傳》一書。當暨南大學湯開建教授把北京圖書館藏的《种太尉傳》影印寄給他時，他如獲異寶，即複印一份寄給我。他得到這本書的幫助，配合其他史料，把這一被遺忘的戰役重現筆端。六逋宗之役及發生於熙寧十年(1077)，時宦官李憲(1042-1092)受命措置熙河邊事，主要是對付吐蕃族首領鬼章和冷雞朴，使吐蕃勢力不

致和西夏連結，從而穩定洮河地區。六逋宗之役宋軍大勝，冷雞朴被右軍李浩(?-1095)所擒殺，而种諤斬獲特多，其功不相上下。經此一役，直到元祐二年(1087)，洮南一帶不再在劇烈的軍事對抗，但史書對這場重要的戰役所載非常簡略。瑞龍此文，將此役的重要性重新定位，不但可補正史之闕，並使种諤之功不致湮沒，又探討出此役所以被遺忘之原因。

种朴是种世衡(985-1045)之孫，种諤之子，在《宋史》中，〈种朴傳〉附於〈种世衡傳〉後，非常簡略。因此，瑞龍在碩士論文〈附錄五〉意欲把他的事蹟作拾補，當時他以李燾《續資治通鑑長編》為主要資料，把哲宗紹聖四年(1097)至元符二年(1099)這三年內种朴襄助渭帥章楶(1027-1102)進築天都山的事蹟重組，並把种朴在一公城(崇寧二年改循化城，今甘肅甘南藏族自治州夏河縣甘加鄉斯柔村)之役為蕃僧所誑以致戰死一事提出討論。本書第五章是後來重新撰寫的論文，主題已換作「參謀作業與拓邊戰爭」，种朴事蹟成了副題。在舊作中，他指出种朴在章楶的進築計劃中，提供戰役地圖，並參預謀議，尚未強調參謀作業的重要性。新作有關參謀作業的討論，顯然是他受了西方軍事理論的影響而加入的新內容，他在《种太尉傳》裡發現了一條重要的資料，詳細記載了元豐四年(1081)宋軍遠征靈夏一役种諤軍中的組織和成員名單。他以為种諤軍中的三大系統：機宜、糧草軍須(「軍須」同「軍需」)和帳前，具備相當於現在的參謀、後勤和警衛三種功能。當時种朴為軍中機宜之一，其地位亦相當於現代的參謀。至於种朴軍事活動的記述，新作仍然以舊文為基礎。當然，新作引用了王之望(1102-1170)的〈郭成行狀〉，更詳細地補述种朴在平夏城戰役的貢獻。

本書第四章是一篇運用西方軍事理論來全面分析哲宗朝的大戰略與軍事戰略關係的文章。(關於大戰略和軍事戰略的理論，讀者可參考《經略幽燕》一書。)哲宗朝對西夏的外交政策是大戰略，邊臣所採用的彈性防禦和據點防禦屬於軍事戰略。瑞龍以為黨派政治不足以充份解釋哲宗朝對西夏政策的轉變。哲宗朝對西夏從妥協退讓而轉為領土擴張，其實是透過軍事戰略的相對兼容性來完成的。軍事戰略本來是達成大戰略的手段，但由於軍事戰略的成功，戰役的勝利又往往可以影響大戰略的取向。

本書附錄兩文，都是瑞龍後期的作品。神宗元豐四年(1081)，神宗大舉攻伐西夏，雖以失敗告終，但奪得蘭州(今甘肅蘭州市)，此後宋人加以大力經營。附錄第一篇描述宋人在蘭州的環境和軍事活動，並指出弓箭手為開發蘭州的重要力量。弓箭手

是民兵的一種，北宋在拓邊西北得到成功，得力於民兵和蕃兵為多。附錄第二篇的主題，回復到戰略方面，討論以蘭州為核心的堡寨群與涇原路戰線的聯接問題，對哲宗後期拓邊活動以進築堡寨作為保土抗敵的手段有進一步的討論，可作為第四章和第五章的餘論。

《拓邊西北》所收的文章，我早已讀過。瑞龍離開中文大學以後，曾經在中學教書，其後留學美國，最終回到母校服務。這二十年間，孜孜矻矻，一直在從事學術的研究工作，每有新作，必先寄給我，而我每次收到他的作品，定有一番驚喜，為他的創見或精論而拊掌稱快，也為他的學術獲得長進而老懷大慰！我是看著他治學有成的整個過程的，今在此談論他的著作，不免覼縷，亦有如數家珍之感！由《經略幽燕》和《拓邊西北》這兩本著作，可見瑞龍已確立了他的理論體系和研究路向。若天假以年，其成就必不止此。言念及此，雖喜見此書面世，而不禁悲從中來！

尤有令我傷懷者，乃瑞龍尊翁榮光兄，去年 8 月遽歸道山。我和他訂交於 1970 年，一見即成莫逆。他是篆刻書畫名家，1974 年 12 月，《書譜》雙月刊創刊，便受延攬為主編，至 1982 年 12 月，主筆政凡八年之久。《書譜》是香港唯一弘揚中國書法藝術的刊物，以資料豐富、文章見解超卓而享譽藝林，榮光兄居功至偉。1977 年 11 月，他主持和籌劃香港書畫界組團訪問內地各大文物單位，並交流對書畫篆刻藝術之心得，為當時香港藝林一大盛事。時文化大革命已停止，四人幫勢力瓦解，華國鋒主政。但內地封閉已久，百廢待興，促成其事，實不容易。訪問團行程共十九日，所至有鄭州、鞏縣(今鞏義市)、洛陽、西安、北京、大同等地。其中鞏縣石窟、龍門石窟和雲崗石窟，以及西安碑林、北京故宮，都是那時愛好書畫藝術人士夢寐以求一見的。我本非書畫界中人，以榮光兄之故，濫竽其中。除了沿途大開眼界外，和他十九日朝夕共處，時聆雅論，相知愈深，實為一生難忘之快事。1994 年我在中文大學退休之前，和他過從至密，幾乎每週必約會一次。我們除了談書論畫之外，更有一共同語言，便是對瑞龍學業的關注和期許。所幸瑞龍學有所成，不負老人厚望。《經略幽燕》出版，榮光兄在扉頁題字；但《拓邊西北》付梓時，不但瑞龍不及見，而榮光兄亦已辭世，因此，扉頁上的書名，便由我用禮器碑字集成。面對此書，既傷瑞龍，復悼老友，兩代情誼，三十餘載，能不欷歔而百感交集！

《經略幽燕》自 2003 年出版以來，深受海內外宋史和戰爭史學者重視，內地中國

宋史研究會在 2004 年 8 月，即據此書頒予瑞龍「第三屆鄧廣銘學術獎勵基金特別獎」，以表彰和紀念他對宋史研究的貢獻。《拓邊西北》同是瑞龍嘔心之作，其見識之獨特、分析之入微、考證之細密，皆不讓《經略幽燕》專美。它的出版，對學術界當亦有一番深遠的影響。

羅球慶序於美國加州奧連達市

2006 年 3 月

本文作者為前香港中文大學歷史系教授。本文原載曾瑞龍遺著：《拓邊西北：北宋中後期對夏戰爭研究》(香港：中華書局，2006 年 5 月)，頁 1-7。

評祝嘉《書學簡史》

曾讀祝嘉(1899-1995)先生所著《愚盦書話》和《碑話》，知祝先生對書學頗有造詣，於六朝碑刻尤有心得。所以，當祝先生新著《書學簡史》出版後，亟購一冊，以先讀為快。

可是，《書學簡史》在同類書中是顯得遜色的。

首先要指出的是本書以敘述為主，沒有做好分析研究的工夫，論述不夠全面。作者用了很多的篇幅來臚列歷代書家的姓名，間中抄錄前人一兩句評語。資料的來源，唐五代以前多據陳思(?-1267後)的《書小史》，清以後多采包世臣(1775-1855)的《藝舟雙楫》和康有為(1858-1927)的《廣藝舟雙楫》；此外，張懷瓘(?-714後)《書斷》、竇臮(天寶年間，742-755書法家)《述書賦》、陶宗儀(1329-1410)《書史會要》等書，也抄錄了不少。作者對於徵引群書，可說是費盡氣力，甚至《人名大辭典》裡說到書家的也加以引用。可是，這樣堆砌式、記帳式的敘述能使讀者知道「中國書學發展的梗概」嗎？實在令人懷疑。舉例來說，本書第七章敘述「晉朝的書學」，作者便由《述書賦》、《書小史》、《書斷》等書錄出能書者包括帝皇、臣民及女子等在135人以上。可見晉人多能書，書風之盛，足以承先啟後。究其原因，和晉代的社會、經濟的發展有很大的關係，可惜作者完全沒有接觸到這些問題。而晉朝的書學，以東晉為盛；東晉的書學，則以二王(王羲之(303-361)、獻之(344-386)父子)為重心。可是本書沒有對二王加以足夠的分析研究。作者告訴我們的是：「東晉書家，以王、謝、郗、庾四家最盛」，而「王家以王羲之為最著名」。對王羲之雖然頗有敘述，但顯然並不特別重視；至於王獻之，在本書作者眼中，只是芸芸王家子弟能書者之一員而已。寫到這裡，我想到潘伯鷹(1904-1960)著的《中國書法簡論》這一本書，雖然所論範圍亦不夠全面，但能把握歷代書法發展的重點，能就有影響性的書家作重點評論，就比本書高明。試看本書目錄，由商朝以前至清朝，都以朝代來作標題，便沒有標出歷朝書法的特色，或其在書法史中的地位。

其次，我們要指出作者對中國書法有所偏蔽，以致缺乏客觀及平允的評論。由《愚盦書話》和《碑話》看來，作者喜愛六朝碑刻，曾下過不少工夫；對於漢碑，也有頗深的認識。中國的書學，有人將它分為碑學和帖學兩大流派，自阮元(1764-1849)

以至包世臣、康有為，都揚碑而抑帖。本書作者受他們影響很深，對帖學存有很大的偏見。他說：「清朝的書學，是由帖學轉變而為碑學，由衰極轉變而為盛極。」(第105頁)這便給人一個錯覺：帖學是衰學，而碑學是盛學。康有為尊崇碑學，尚未把帖學貶抑到這田地。說到帖學，當然要討論到保存古人遺墨最多的《淳化閣法帖》。由於這部帖在選材、編排、和摹刻上都有缺點，宋人米芾(1051-1107)、黃庭堅(1045-1105)、黃長睿(伯思，1079-1118)等都曾指出它的錯謬的地方，清王澍(1668-1743)作《淳化秘閣法帖考正》，最為詳確。但由米、黃以至王澍的考證，主要針對《閣帖》內容的真偽混雜，目的卻是去蕪存菁，他們還是重視它那「真」而「精」的部分的，否則他們也不用費那麼大的氣力來作考證了。但本書作者據為口實，一再引述王澍的話，說《閣帖》「魯魚亥豕，文義且乖，書何足道。」於是《閣帖》的筆法也不必問了。(見第 21，60 頁)。須知《閣帖》內容繁富，縱有部分贗品或誤刻，瑕不掩瑜，若由此而一概抹煞，豈是公論。縱使王澍真的這樣說過，我們也是不佩服的；何況王澍原文略有不同，現抄錄如下：

> 自宋太宗刻淳化閣帖，天下寶之。歷代以來，競相傳刻，遂至多不可考。或同或異，或增或減，大段皆本淳化。而傳刻既久，漸離本宗，刻法懸殊，精神迴別，甚至一帖而彼此互異者。文義且乖。書復何論。彙帖之尠佳刻，正為此也。」(《淳化秘閣法帖考正》卷十一〈附古今法帖考〉)

王澍所說的「文義且乖，書復何論」，主要是為「彙帖之尠佳刻」而發，他指出閣帖因「傳刻既久，漸離本宗」，以至「刻法懸殊，精神迴別」。他的話便較本書作者的較易令人接受。在《書譜》第三期載作者〈談行書〉一文，謂《淳化閣帖》中的〈薄冷帖〉為王獻之書，並雙鉤一頁。而王澍《淳化閣帖法帖考正》卷九分明載著宋黃山谷、米元章、黃長睿等的話，指出〈薄冷帖〉為歐陽率更(即歐陽詢，557-641)書，王澍也無異辭。細看此帖，簡直是歐陽詢的佳書。像作者那樣對《閣帖》有戒心的人，為甚麼還會跟著王著犯錯？唯一解釋是他對王獻之和歐陽詢的書法認識太淺。亦由此可見他批評《閣帖》不好，是人云亦云，沒有花工夫去鑽研考究。

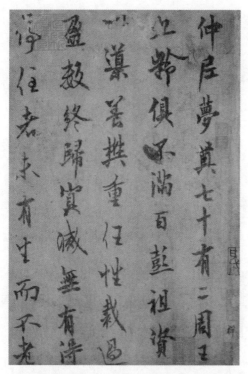 

歐陽詢墨迹〈仲尼夢奠帖〉　　淳化閣帖內的〈薄冷帖〉乃歐陽詢所書，而非王獻之

　　本書對於《淳化閣帖》以外的彙帖，更加輕視和忽略，所謂「淳化如此，其他刻帖更不足論」。所以本書儘管記敘了不少宋、明、清的彙帖，但對於每一種帖的優劣和特色，全不討論，前人的錯誤，卻照樣承襲過來。如謂〈泉州帖〉為明刻，乃沿孫退谷(孫承澤，1592-1676)《閒者軒帖考》之誤，近人林志鈞(1878-1961)《帖考》已證實其為北宋刻。[1]又謂《大觀帖》內有〈蘭亭序〉，實未明《大觀帖》和《太清樓續帖》的關係。關於此點，清歐陽輔(?-1923後)《集古求真》卷十二〈帖上〉早已辨之甚詳：

　　　　宋哲宗元祐五年(1090)秘省乞以淳化未刊遺墨入石，有旨從之。至徽宗建
　　　　中靖國時始畢工。……而劉燾實董其事。大觀三年(1109)，改刻閣帖既成，因
　　　　取秘省刻，易去劉燾所書銜名歲月，以為續帖，同置太清樓下。又刻右軍十七
　　　　帖，唐孫過庭書譜附於後，總為二十二卷。……前十卷稱大觀者，著其年；後
　　　　十卷稱太清樓者，著其地；合二十二卷，總稱大觀太清樓帖，亦可單稱太清樓
　　　　帖。法帖譜系云：大觀帖與太清樓帖自有兩本，不言其可合為一，石刻鋪敘稱

1 林志鈞：《帖考》(香港：1975年)，〈泉帖考〉，頁49-58。

> 為續閣帖，不言改題，與同置太清樓下。致後人或誤混正續為一，或誤分元祐秘閣帖，與太清樓續帖為二。」[2]

按《大觀帖》是徽宗大觀三年(1109)用內府所藏墨迹改刻的閣帖，行款較淳化略高，刻手勝淳化，亦有更正《閣帖》之處及增添之帖，但規模一依淳化。哲宗元祐時所刻帖則是以淳化未刊遺墨入石，故不但有〈蘭亭序〉，且有《黃庭經》、《樂毅論》等，此帖世稱《元祐秘閣續帖》，或稱《太清樓續帖》。祝氏誤將馮京作馬涼！祝氏提到王羲之的〈蘭亭序〉，集王書的〈聖教序〉和〈吳文碑〉，也提到〈喪亂〉、〈遊目〉、〈奉橘〉、〈二謝〉、〈快雪時晴〉、〈千字文〉、〈十七日報〉、〈頻有哀禍〉等墨迹；但沒有把應該討論的問題提出。例如〈蘭亭序〉的真偽問題，自 1965 年 6 月郭沫若(1892-1978)在《文物》發表〈由王謝墓志的出土論到蘭亭序的真偽〉一文以來，[3]就引起許多對書法有研究的學者熱烈的討論(可參考《文物》1965 年第六、七、九、十、十一各期)，主真主偽，各有所據。我們希望在本書內看到祝先生的高見，可惜《書學簡史》雖成於 1957 年 8 月(由自序所述的日期可見)，但延至 1975 年 5 月始印行，在這一段不短的時間內，作者卻自甘寂寞，對此問題渾如不覺。至於集王書的〈聖教序〉和〈吳文碑〉，祝氏在〈談行書〉一文也說到，卻詆〈聖教序〉「布白近於布算，有唐碑習氣」，故「不如吳文碑的疏密變化近於自然」。當然，學習〈聖教序〉不得其法，有流於「院體」之譏，前人屢有論及；但它保存了不少「右軍劇迹」，也是眾所公認的事。如說〈聖教序〉不如〈吳文碑〉，決非公論。二碑相較，〈吳文碑〉實在缺少右軍的遒勁和龍跳虎臥之致，豈足奉為「右軍典型」。而且，〈吳文碑〉的名稱亦有問題，《集古求真》卷七引翁覃溪(翁方綱，1733-1818)云：

> 公諱文上，惟大將軍矣。明是矣字，非吳字，以文法論，亦矣字為是，則故非吳文之碑。」[4]

祝氏因襲舊誤而稱為〈吳文碑〉，反不如俗稱〈半截碑〉或〈興福寺碑〉為佳。至於所引的王羲之現存墨迹(實皆是雙鈎廓填本，〈千字文〉是集王書)，亦應有高下

---

2 歐陽輔(纂輯)：《集古求真》載《石刻史料新編》第十一輯(臺北：新文豐出版公司，1977 年，據民國十二年(1923)癸亥江西開智書局本影印)，卷十二〈帖上·太清樓續法帖〉，頁八上(頁 8593)。
3 郭沫若：〈由王謝墓志的出土論到蘭亭序的真偽〉，《文物》1965 年 9 期，頁 1-25。
4 歐陽輔(纂輯)：《集古求真》，卷七〈行書·吳文碑〉，頁七下(頁 8546)。

之等，一般人都認為為日本藏的〈喪亂〉及〈十七日報〉、〈頻有哀禍〉最佳，祝氏卻不加品評，只是泛泛而言：「若不是真品，也是晉代、唐代書家的臨本，仍是可寶的。」比起沈尹默(1883-1971)所寫的〈怎樣學王〉(見《藝林叢錄》第五編)那樣分析入微的文字，此書相去實遠。祝先生在博覽古籍之餘，實在也應該參考一下近代學者的作品。對於王獻之，祝先生寫的只有寥寥數字：「王獻之，字子敬。獻之是羲之第七子，書名最著，與羲之稱『二王』。」(第 25 頁)實在太小覷王獻之了。沈尹默說：「就書法傳統看來，齊梁以後，學書的人，大體皆宗師王氏，必然要涉及獻之。」(見〈怎樣學王〉)但是，觀乎祝氏在〈談行書〉一文誤引〈薄冷帖〉為王獻之的代表作，我們還能對他作進一步的要求嗎？

康有為《廣藝舟雙楫》卷三有〈卑唐〉篇，目的無非是為了〈寶南〉、〈備魏〉。(皆康書篇名)[5]祝氏受其影響，表面上讚揚唐人的行草，實在是為了貶抑唐人的楷書。在他心目中，楷體是唯「六朝」獨尊的。由於他的偏蔽，唐楷在他的書中失去了地位，最可笑的，是他捧出了李邕(678-747)的〈端州石室記〉來做唐楷的代表。他說：「我以為唐碑中最可愛的為李邕的〈端州石室記〉，筆很雄厚，尚不失六朝古樸之風，應列為唐碑第一。唐初的〈孔子廟堂〉、〈化度寺〉、〈九成宮〉、〈道因法師〉，都是在〈龍藏寺〉的水平上再退一步的。」又說：「我以為欲學唐碑，〈端州石室〉當為首選，次則唐初歐、虞、褚諸碑，顏、柳楷書，實不足學。」(見本書第42，43 頁)祝氏推崇〈端州石室記〉，乃源於翁方綱的《蘇齋唐碑選》，但翁氏只說〈端州石室記〉為北海書第一，並未敢說是唐碑第一。[6]對於翁方綱所選的唐碑，葉昌熾(1849-1917)《語石》卷一曾譏其多不足學(但祝氏說都是「精品」)，有云：「李北海書，不取李秀、嶽麓兩碑，而取端州石室記，皆非定論。」[7]李北海以行書擅勝場，自以麓山及兩雲麾(李秀、李思訓))最佳，祝氏也說〈雲麾將軍碑〉好，但沒有說明它好在哪裡，虧他還說愛唐人的行草呢！何況，〈端州石室記〉是否李邕所寫還有可議，北京中國書法研究社編了一本小書，叫做《怎樣學習書法》，裡面便有很好的評

---

5 康有為：《廣藝舟雙楫》，《萬有文庫》本(上海：商務印書館，1936 年 3 月)，卷三〈卑唐第十二〉，頁 55-57。

6 翁方綱：《蘇齋唐碑選》，《叢書集成初編》本(上海：1936 年 12 月)，頁 4。

7 葉昌熾：《語石》，《萬有文庫》本(上海：商務印書館，1936 年 3 月)，上冊，卷一，頁 18。

論：「端州石室是正楷，似覺板滯。端州石室，有人說並非李邕所寫，後人因書體似李，就冒李之名，細看用筆稍平，不能挺起，結構雖似，終恐非真。」

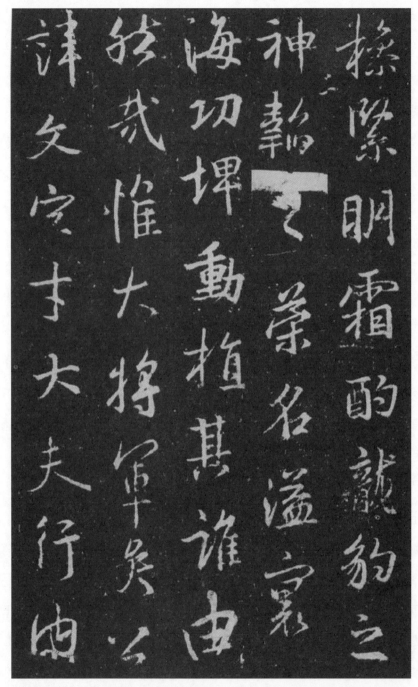

〈半截碑〉(吳文碑)，第四行第七字非「吳」字，而應為「矣字」

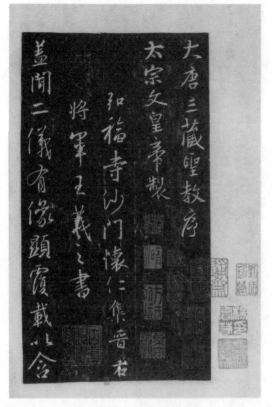
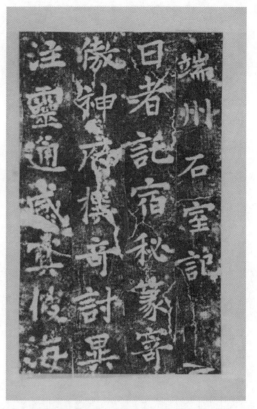

〈懷仁集王書聖教序〉　　　　　　　李邕書〈端州石室記〉

歐陽詢（557年-641）書〈九成宮醴泉銘〉

李邕書〈李思訓碑〉　　　　李邕書〈嶽麓寺碑〉

　　以上略說祝氏對晉、唐書法由於一己的偏蔽而產生的錯誤，此外，他貶抑宋、明，揄揚清代，皆有過分之處。究其根源，是由於尊碑卑帖這一觀念作崇。固然帖學到了明季清初，正如祝氏所說的「由閣帖的帖學再降為趙、董的帖學，因此越搞越不高明。」乾、嘉以後，鄧石如(1743-1805)、包世臣等提倡學碑，書法開一新境界，可惜祝氏只見帖學末流之弊，而不見碑學末流之醜。試看清季以來，寫「北魏」書體的人很多，成為時尚，但類多矯揉造作，故作僵硬之態，或如兇神惡煞，揚眉怒目，提手頓足，醜態畢露，令人不可嚮邇。故歐陽輔《集古求真》謔之曰「爛石書」[8]，最近作古的曾克耑(1900-1975)先生稱之為「流氓型的字」[9]。這樣說來，碑學又比帖學高明到那裡呢？總之，碑、帖各有不同的風格和表現，不必以一已之好惡為揚抑。

《書學簡史》和其他同類書不同的地方，是作者企圖運用新觀點來研究書法。這使本書顯得凸出和受人注意。祝先生這種破舊立新的精神，令人敬佩的，雖然他的「新觀點」還未成熟，值得商榷的問題很多。作者所標榜的新觀點，是「書法的階級性」和「厚今薄古」。自序說：

---

8 歐陽輔(纂輯)：《集古求真》，卷末〈餘論〉，頁六上(頁 8612)。
9 曾克耑：《頌橘廬叢稿》(香港：自印本，1961 年 10 月)，第四冊，《外篇》，第十卷〈中國的書法〉，頁 415。

「在現在世界上，一切文化或文學藝術，都是有階級性的。書法是藝術品，當然不能例外。所以，我也是從書法的階級性的觀點來寫的。」(第三頁)

他把書法的階級性分為勞動人民的和統治階級的兩種。他以為「勞動人民是質樸、堅強、自由自在的，所以他們的字古拙、雄強、逸宕多變化。統治階級是軟弱、被束縛的、虛偽的，所以他們的字勻整、妍媚、呆板少變化。」(同上引第 3 頁)這的確是一個新觀點，一反過去誇張統治階級書法的歪風，使無名書家得以吐氣揚眉。從前的人處在君主專制的時代，總覺得統治者高不可攀，得天獨厚，在書法上也是一樣。這樣便傳下一個錯誤的觀念：古代帝王都是能書的，例如清王文治(1730-1802)評論唐玄宗(李隆基，685-762，712-756 在位)的書法，便說：「帝王之書，行墨間具含龍章鳳姿，非為人臣者所能髣髴，觀此頌(指鶺鴒頌)猶令人想見開元英明卓犖時也。」(〈題唐玄宗鶺鴒頌〉)又如宋人彙刻《淳化閣帖》，開始即為歷代帝王書；陳思作《書小史》，先為帝王作紀；近人馬宗霍(1897-1976)著《書林藻鑑》，也是先述帝王后妃，便是受了這種錯誤觀念的影響。[10]

可是，祝先生拿這簡單的兩分法來衡量古今的書法，則流於穿鑿附會。他把甲骨文視作統治階級的作品，說它拘謹秀媚；鐘鼎文是勞動人民的作品，故變化大、逸宕、雄強、樸素。〈石門頌〉、〈楊淮表記〉表現得逸宕雄強，故必不是統治集團的作品。〈孔宙碑〉不像是統治階級的手筆，疑為不參加統治集團而接近於勞動人民的知識分子的法書。〈西狹頌〉是摩崖碑，刻石時必須入山林，攀高架而書丹，不是高官厚祿者所願為，必是接近勞動人民的知識分子的筆跡。〈張遷碑〉樸素雄厚，筆多含蓄，必是統治階級的作品。〈沈君闕〉中「沈」字的末筆，幾占三個字的位置，很是奇特，不像統治階級精神上久受束縛者的作品。此外，作者貶唐楷而重其行草，正是因為「行草書不以見皇帝，不用於應考，所以免於拘束，有些接近於勞動人民一派。」(第 43 頁)

以上只是略舉數例，書中類此者很多。這裡出現了兩個問題：一是憑書法的風格來斷定書者的階級是否確當，一是作者心目中的統治階級是甚麼。關於前者，作者便有很多地方不能令人信服。他說鐘鼎文是勞動人民的作品，可能發覺不妥，便有下面

---

10 馬宗霍：《書林藻鑑》(與《書林記事》合本)（北京：文物出版社，1984 年 5 月據 1935 年上海商務印書館本重印)，〈目錄〉，頁 2-17。

的解釋：「鑄造雖然屬於統治集團，但鑄造出於勞動人民之手。」但這種解釋顯得異常牽強，鐘鼎文的鑄造雖然出於勞動人民，難道書寫的底本不是出於統治階級。我們知道，在西周以前，學在官府，勞動人民沒有享受教育的機會，甲骨貞卜與鐘鼎刻辭都是貴族們的玩意，它們表現的風格不同是由於時代的轉變，決非由於不同的階級。至於說唐代的行草有些接近於勞動階級，也是難以成立。作者忘記了作為著名統治者的唐太宗(李世民，598-649，626-649 在位)，便以行草擅長，由敦煌發現的〈溫泉銘〉墨搨可見。關於後者，作者的觀念有含糊不清之弊。我們知道，統治階級是指古代的帝王、貴族，和一切官僚。但是祝先生所說的統治階級，只限於受「統治制度束縛」的人，他們「不敢放肆」，他們「對皇帝千依百順、規規矩矩的」，所以他們的書法軟弱，拘束而少變化。於是，帝王便不在其內了。所以當他說到曹操(155-220)的書法時，他說「曹魏武帝出身寒微，晚握大權，他本身不受統治制度的束縛，所以其書尚得天然之美。況且他是一個英雄，氣魄已自不凡，其書自然不凡。」(第 12 頁)雖然開始說曹操出身寒微，但最後卻讚賞他的英雄氣概，其實，不但曹操本人是統治階級，連他的「英雄氣概」也是屬於統治階級的。而一般受「統治階級」束縛的官僚，在古代士人政府中，他們都是知識分子，也是歷朝主要的書家，要一概抹煞他們在書法藝術上的成就與貢獻是不容易的。於是祝先生想出了一種解釋來自圓其說：「但也有些知識分子，他們是從民間來的，參加統治集團時，所寫的多是統治階級的書法，到了他們退出統治集團之後，和勞動人民較接近了，那麼他的書法，也會轉變為勞動人民的一派。在階級社會裡，知識分子的書法，常常是有兩面性的。」(第 3 頁)可惜，這種「兩面性」的說法也無法成立，相信祝先生也不能就此舉出確例，說某書家寫某碑時是在民間，寫某碑時在統治集團，或寫某碑時則已退出統治集團。相反的，我們知道顏真卿(709-785)寫〈多寶塔碑〉時屬於統治集團，寫祝先生激賞的〈祭姪文〉時仍屬於統治集團。

由此可見祝氏對書法的階級性認識，還未能成為一套完整的理論。所以，自己也不知不覺地還是落入舊觀念的桎梏裡。他在書中所述歷朝的能書者，一定是先說帝王，次說臣民，再說和尚，最後說到女子。這和《淳化閣帖》、《書小史》、《書林藻鑑》的作者又有甚麼分別呢？

　　說到古今書法優劣的問題，古人多是抱著「厚古薄今」的觀念。米芾說：「草書若不入晉人格轍，徒成下品，張顛俗子，變亂古法，驚諸凡夫，自有識者，懷素少加平淡，稍到天成，而時代壓之，不能高古。高閑而下，但可懸之酒肆，晉光尤可憎惡也。」(見米芾〈論書帖〉，收入台灣故宮博物館影印《米芾墨蹟》中。)他以為張旭(685?-759?)、懷素(737-799)等人的書法，不及晉人，是時代使然。因此，從前人教人學書，總是說「須步趨古人，勿依傍時人」(梁巘(1710-1788)《評書帖》，見《美術叢書初集》第十輯)這種觀念顯然是有偏差的，《書學簡史》的作者要把它矯正過來，用意本來極善，可惜想法未成熟。

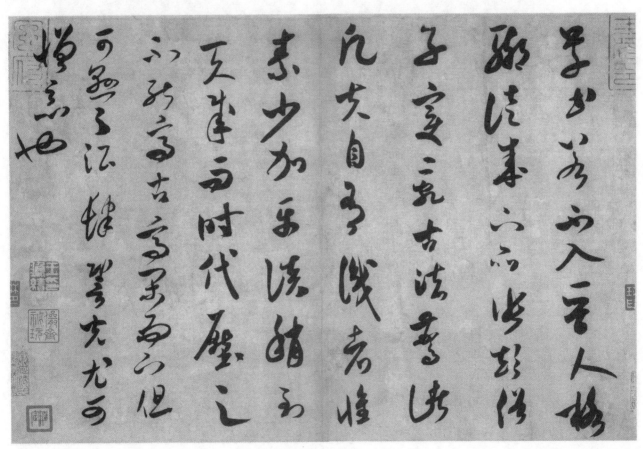

米芾〈論書帖〉

157

 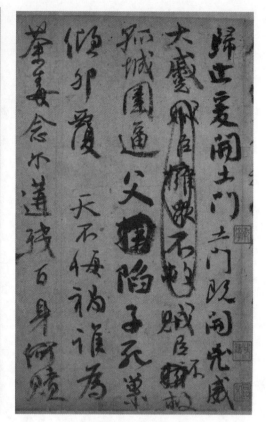

顏真卿〈多寶塔碑〉　　　　　　　顏真卿〈祭姪稿〉

　　祝先生說：「從一體書來說，或許後代不如前代；但從全的來看，則後代確比前代豐富多采，後來居上。」(第 79 頁)所謂後代，大概是指清代而言，因為他不重視唐碑，對宋人書法，則以為是在唐人水平上再退一步，明人書學最衰微，清代則不同，因為包、康等人提倡北碑，遂致豐富多采。可是我們實在看不出清人書法在全的方面有甚麼突過前人的地方。

　　祝先生雖然提出「厚今薄古」的觀念，可是意識裡還沒有完全擺脫傳統「厚古薄今」的思想，於是立論時處處迴護，顯得不夠力量。他說宋人書學退步的原因，是因為宋人「不學六朝而學唐人」，這便是學書愈古愈好的觀念。他又說：「病在不善學古人，不能推陳出新，不是古人一定好過今人，而是後來應該居上的。」(第 62 頁)這句話前後矛盾，既要善學古人，又說古人不一定好過今人，前半好像說學書是越古越好，後半卻又肯定後來應該居上。不過，他總算是提出了一個原則來，那便是要「推陳出新」。

　　大抵時代愈後，社會愈複雜，人事愈紛繁。到了近代，人們所能花在書法學習上的時間與精力遠比前人為少。所謂「池水盡墨」、「退筆如山」的事，大抵不會再出

現了。所以我們在書法上「推陳出新」，談何容易。雖有少數從事於書法藝術的人，也成了專門人才，書法成了少數人懂的藝術。在這種情形下，祝先生還天真地說要創造自己的書體，或「應用於拼音文字而為拉丁系文字創造書法。」拉丁文字的書法，當然是不折不扣的新書法，可是和中國相傳下來的書法是沒有關係的。如果這樣便是「厚今薄古」，倒不如腳踏實地去從事書法的提倡，使書法再度普及，這才是愛好書法的人的希望。我們相信祝先生在這方面是可以作出貢獻的。

原載《書譜》雙月刊第九期，1976 年 4 月，頁 71-79。

千古奇筆夏承碑

中國書體的演變，由篆而隸，由隸而章楷行草，隸書可說是擔當了承先啟後的任務。東漢是隸書臻於成熟的時代，那時字的筆劃出現了長長的波磔，增添了書法的韻味；而且結體變化多端，從而發展成各種不同的風格。桓、靈之世，碑碣林立，極盡妍華，如〈石門頌〉、〈乙瑛〉、〈禮器〉、〈鄭固〉、〈孔宙〉、〈華山〉、〈衡方〉、〈史晨〉、〈夏承〉、〈孔彪〉、〈楊淮表記〉、〈魯峻〉、〈韓仁〉、〈曹全〉、〈張遷〉等碑，或方整厚重，或遒勁端麗，或縱橫奇肆，或飄逸多姿，不一而足。其中〈夏承碑〉在各碑中獨樹一幟，雖亦保有東漢隸書的特點，然變古較少，字形獨特，和時尚頗有不同，故後世習之者不多，但它在漢碑中的地位是很高的。

〈夏承碑〉立於東漢靈帝建寧三年(170)，碑之出土，約在宋哲宗(1086-1100)之世，故歐陽修(1007-1072)《集古錄》未有著錄，最早記述此碑的是趙明誠(1081-1129)的《金石錄》：「碑在今洺州，元祐間(1086-1093)因治河堤，得於土壤中。建寧，靈帝時年號也，距今千歲矣，而刻劃完好如新。余家所藏漢碑二百餘卷，獨此碑最完。」[1]據此可知〈夏承碑〉在宋出土時碑文完整，但後來又湮沒了一段時期，到明代再出土時已損泐了一百一十字。

明憲宗成化十五年(1479)，秦民悅(1436-1512)知廣平府(今河北邯鄲市永年縣東南)，廣平就是宋時的洺州，秦氏「見府治後堂有碑仆地，閱之，乃漢北海淳于長夏承碑……但碑之下截凡一百十字久蘚蝕，係後人模刻。」(見秦民悅《廣平志》)世稱此時的拓本為「成化本」。清翁方綱(1733-1818)曾取《真賞齋》宋拓本與成化本對看，認為成化本的上半段是原石，當時只鑿壞了下半截，而下半截的字，有泐而未訛者，有泐而已訛者，合共一百一十字，與秦民悅所記相合。翁氏有〈成化本上半段是原石考〉與〈成化本闕一百十字考〉，考證甚詳，皆收入所著《兩漢金石記》卷十。[2]

---

1 趙明誠：《金石錄》，載《石刻史料新編》第十二輯(臺北：新文豐出版公司，1977)，卷十六〈漢淳于長夏承碑〉，頁五上下(頁 8896)。

2 翁方綱(編)：《兩漢金石記》，載《石刻史料新編》第十輯(臺北：新文豐出版公司，1977)，卷十〈漢北海淳于長夏君碑‧成化本上半段是原石考‧成化本闕一百十字考〉，頁十五上至十九上(頁 7348-7350)。

　　明世宗嘉靖廿四年(1545)，由於〈夏承〉原石已毀，廣平郡守唐曜(1510-?)乃重刻之。(見重刻本唐曜記)重刻本世稱「嘉靖本」，又因碑在漳川書院，故亦稱「漳川本」。〈夏承碑〉建亭原石作十四行，行二十七字(見宋洪适(1117-1184)《隸續》)，嘉靖重刻本作十三行，行三十字，後有「建寧三年蔡邕伯喈書」並唐曜記四行正書。(王昶(1724-1806)《金石萃編》卷十三所錄即此本)，其所根據的本子，應是較後的成化本，蓋碑中「勤約」之「約」字已剜作「紹」字。據翁方綱考證，有原石泐字在成化時鑿訛，而嘉靖本亦因之者：有原石模糊字畫不可辨，成化時尚不甚訛，而嘉靖本加之訛者；又有成化本上截之字有略近模糊而嘉靖本訛者。[3]故嘉靖本遠遜成化本。然嘉靖本又有重刻者。翁方綱云：「今日所見嘉靖重刻者，乃忽已有四本，其肥瘦楷柱，顯然不同者甚多，始知嘉靖本又已為人數數重勒矣。大約其稍餘遒勁之意者，嘉靖原石也；其過肥者，又欹勢太醜者，皆非嘉靖原石，又不知何時何地重刻者也。」[4]

　　明清之際，〈夏承〉翻本充斥，益覺真本之難遇。明都穆(1459-1525)得徐子擴雙鈎本，缺四十五字，「勤約」未剜作「勤紹」，與當時所見本字絕異，它的原本可能是原石舊搨。[5]清王澍(1668-1743)曾見原搨二本，一為何屺瞻(焯，1661-1722)本，一為楊景西(繩祖)本；又見雙鈎二本：一為畢晚明本(鈎自楊景西本)，一為胡玉笥本。(見《虛舟題跋》)楊景西本即翁方綱最推重的華氏真賞齋本。華夏(字中甫，?-1549 後)為明代著名收藏家，真賞齋所藏罕見珍品至夥，漢碑則以〈夏承〉及〈婁壽〉最著。此本缺三十字，翁方綱取王澍摹胡玉笥雙鈎本摹寫足之，蓋胡本完好無缺，但只見雙鈎本，王氏亦語焉不詳。至於何屺瞻本，亦稱孫仲牆本，翁氏知有此本，但未見其拓本或雙鈎本。近人歐陽輔云：「孫本由朱竹垞、何義門、顧隨菴、顧湘舟歸吳縣潘伯寅。雖亦遞相授受，但知之者少，不及華本之烜赫。」(見〈夏承碑跋〉又云：「孫本僅見許槤雙鈎刻。」則歐陽輔亦未見其拓本。

　　自清以來，〈夏承〉傳世的宋拓原本，最為書家所確信者為華氏真賞齋本。此本由楊景西、陸謹庭歸臨川李春湖(宗瀚，1770-1832)。李氏對它極為珍重，為臨川十寶

3　翁方綱(編)：《兩漢金石記》，卷十〈漢北海淳于長夏君碑‧成化本上半段是原石考〉，頁十五上至十六下(頁 7348)。

4　翁方綱(編)：《兩漢金石記》，卷十〈漢北海淳于長夏君碑‧嘉靖本又有重刻考〉，頁廿二上下(頁 7351)。

5　都穆：《金薤琳瑯》，載《石刻史料新編》第十輯(臺北：新文豐出版公司，1977)，卷六〈漢淳于長夏承碑〉，頁四下至七下(頁 7673-7675)。

之一，其後人曾石印行世，但印刷未精。民國六年(1917)上海商務印書館用珂羅版精印，於是此名拓人人得以賞玩。1968年，丁念先(1906-1969)在台灣主編《藝壇》雜誌，將〈華本夏承〉分期影印，旁有小注云：「明華氏真賞齋舊藏人間孤本現歸上虞丁氏念聖樓。」則此本似在台灣。然華本亦有疑非建寧原石者。許槤云：「曾見伊墨卿一本……華本匡廓小而筆畫瘦，伊本匡廓大而筆畫肥，似是兩石。惟孫本在不肥不瘦，恰到好地步，華、伊兩本決非原石。」這段話見於歐陽輔〈夏承碑跋〉。但孫本及伊本今皆未見，無從比對；而歐陽輔亦確信華本為真本。又有疑華本中缺三十字，正好符合嘉靖本每行三十字之數者，翁方綱因而作〈真賞齋闕三十字考〉以辨之，謂「安知非裝界成冊時以每行五字、每葉六行為式，恰失去一葉，即是三十字矣。」又云：「此本豐道生跋在嘉靖二十八年己酉(1549)。其時嘉靖新本刻甫四年，未必即能冒亂真本也。」[6]豐道生(坊，1492-1563)精於書學，想不致以偽為真。而近人亦有疑之者，曾克耑(1900-1975)先生曾指華本「精神不足，且紙薄墨溼，大概十有八九是個翻本。」[7]曾先生所謂「精神不足」，純是他個人的看法，作者並不苟同，今以商務印本觀之，反覺其遒勁磅礡，實非翻刻本所能做到。曾先生動輒以「精神不足」定翻刻，未免武斷。

亦有人以華本缺字為非至佳本者。上海藝苑真賞社所印《碑聯集搨》中有〈夏承碑〉，秦文錦(1870-1938)自題云：「……真搨流傳，稀如星鳳，海內所知，僅臨川李氏及吳縣潘氏各有一本。此潘本也。李本缺三十字，紙墨亦不及此本之精。」如此本即歐陽輔所記由孫仲牆傳至吳縣潘氏者，則勝於華本亦有可能，但如此至精之本，秦氏只用以集聯，未加精印，實不可解。原碑用金屬版縮印，附於集聯之前，前人題跋統付闕如，既不能窺其全豹，又因字體縮小，印刷未精，無從得其真相，因此亦未敢附和以為勝於華本。又見歐陽輔自印一本(1924年江西開智書局發行)，謂此本為其明代族祖歐陽德所遺留，並自詡為天下第一本。此本完全無缺，然諦視之，殊乏遒勁高古之致，且字畫浮滑，隱隱有塗描之迹，其為翻本無疑。歐陽輔(?-1923後)著《集古求

6 翁方綱(編)：《兩漢金石記》，卷十〈漢北海淳于長夏君碑・真賞齋本闕三十字考〉，頁廿一上下(頁7351)。
7 曾克耑：《頌橘廬叢稿》(香港：自印本，1961年10月)，第四冊，《外篇》，第十三卷〈五十年來影印碑帖談〉，「三十六・夏承碑」，頁558。

真》，評論碑版真偽，具有識見。然書中往往自誇所藏本之善，令人豔羨不置，若以〈夏承碑〉此本例之，則亦不足重也。[8]

　　綜合以上對各種本子的分析，今日而言〈夏承碑〉，自不能不以華氏真賞齋本為圭臬。我們要進一步分析夏承碑的書法特色，亦只能以華本為依據。

　　驟看〈夏承碑〉，一定會得到一個這樣的印象：「此碑字體頗奇怪。」這是南宋人洪适(1117-1184)在《隸釋》的評語。洪又引梁庾元威《論書》，謂隸有十餘體，首曰芝英體，此碑蓋其間之一體。[9]豐道生跋真賞齋本，便直指為「芝英體」。翁方綱對這些說法表示異議，他認為奇怪之說並非「知言之選」，他說：「是碑體參篆籀，而兼開正楷之法，乃古今書道一大關捩，豈可以元威取名百體名之乎！」[10]蓋〈夏承〉面目之所以奇怪，實由於以篆籀之筆作隸，與當時之書風迥殊，後人習見於〈乙瑛〉、〈禮器〉、〈華山〉、〈史晨〉等流行書體，遂反以〈夏承〉為「別體」了。[11]其實〈夏承〉透露篆隸淵源之機，比任何漢碑都來得明顯。元王惲(1227-1304)對〈夏承〉推崇備至，謂「如夏金鑄鼎，形模怪譎。雖蛇神牛鬼，龐雜百中，而衣冠禮樂，已胚胎乎其中，所謂氣凌百代，筆陣堂堂者乎！」[12]雖也是就「形模怪譎」來下評語，但所謂「怪譎」，是指上通篆籀而言，故雖奇實正。總之，〈夏承〉在東漢芸芸諸碑之中，好像一個獨立特行之士，其復古的傾向雖逆時勢而行，但我們仍不能不嘆為千古「奇筆」。現據華本略舉數例，以明〈夏承〉上通篆籀之迹。

8 歐陽輔(纂輯)：《集古求真》，載《石刻史料新編》第十一輯(臺北：新文豐出版公司，1977 年，據民國十二年(1923)癸亥江西開智書局本影印)，卷首上〈緒言〉，頁十一上至十三上(頁 8464-8465)；卷九〈八分上·夏承碑〉，頁十四上至十五上(頁 8568-8569)。
9 洪适：《隸釋》，載《石刻史料新編》第九輯(臺北：新文豐出版公司，1977 年)，卷八〈淳于長夏承碑〉，頁九下至十一下(頁 6842-6843)。
10 翁方綱(編)：《兩漢金石記》，卷十〈漢北海淳于長夏君碑〉，頁十三上下(頁 7347)。
11 按：「別體」之說，見於康有為(1858-1927)。參見康有為：《廣藝舟雙楫》，《萬有文庫》本(上海：商務印書館，1936 年 3 月)，卷二，頁 43。
12 王惲：《秋潤集》，文淵閣《四庫全書》本，卷七十一〈題跋·跋蔡中郎隸書後〉，頁一上下。

一、字形有與小篆相同或相似者：如「羊」作「羊」，「山」作「山」，「善」作「善」，「世」作「世」，「其」作「其」，「早」作「早」，「前」作「前」，「列」作「列」等。

二、偏旁或字之部分仍保留篆體者：如「牧」、「物」等字之「牛」旁作「牛」、「仁」字「人」旁作「人」、「咷」、「咳」等字之「口」旁作「口」、「忉」、「怛」、「惟」等字之「忄」旁作「心」、「萊」、「葉」、「荣」(策)、「薰」、「蔫」等字之艸頭作「艸」，「道」字之「首」作「首」、「祚」字之「乍」作「乍」、「癸」字之「癶」作「癶」，「孝」字及「考」字之「耂」作「耂」等。

三、字形有與古篆相同者，最明顯的例莫如「中」字，此作「中」(「仲」字之「中」亦然)，與周代金文的「中」字寫法相同，如〈王孫鐘〉、〈克鼎〉、〈師兌敦〉、〈頌壺〉、〈吳尊〉等「中」字均作「中」，稍後的〈石鼓文〉，「中」亦作「中」。

〈夏承碑〉的「中」字

164

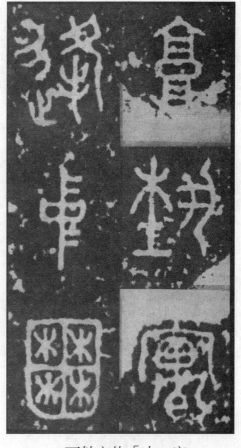

〈克鼎〉的「中」字　　　　　　石鼓文的「中」字

　　四、用筆有與古篆相通者，「紱」字之「犮」「夭」字，其橫畫皆作「⌒」，「喪」字之上部亦作「𣎴」，「絜」字左「丯」之三橫畫均作「⌒」，其法在漢隸中僅見，但在金文中其例甚多。如〈盂鼎〉中的「奔」、「走」二字，〈虢季子白盤〉的「起」字之「走」旁，其上半部均寫作「𣎴」。在小篆體系中的〈會稽刻石〉和〈嶧山碑〉都有「起」字，其「走」旁的寫法大致相同，但筆畫趨於平正。

〈嶧山碑〉

〈會稽刻石〉

虢季子白盤

〈盂鼎〉中的「奔」、「走」

此外，〈夏承碑〉的特色尚有兩點足述者：一是字形變化莫測，奇姿異態，足以驚世駭俗。如「流」字作「（圖）」，「哉」字作「（圖）」，「百」字作「（圖）」，「感」字作「（圖）」，「幽」字作「（圖）」等，真有「左右向背，陽開陰閉」之妙。一是用筆厚重，轉折處絕不輕率帶過。如「己」、「先」、「充」、「寵」等字「乚」部分，用筆向下稍頓，提筆上移，然後向右捺出，如「（圖）」之狀。又如「仲」、「任」、「傳」等字之「亻」旁，一般漢隸作兩筆，夏承則作三筆，先「丿」，次「丿」，再次「丨」，成「（圖）」形。(上引「仁」字的「亻」旁則直用篆法。)這種運筆的特色，其實也是由篆書變化出來的。

〈夏承碑〉精妙如此，究竟是誰的手筆？在古人心目中，只有大名家才能創造出偉大的作品。東漢後期最著名的書家是蔡邕(133-192)，於是許多名碑都說成他的傑作，〈夏承〉也不例外。元王惲跋夏承碑，便直題為〈跋蔡中郎隸書後〉，載於《秋澗集》卷七十一。明人多信其說，如都穆、趙崡(?-1585 後)、王元美(世貞，1526-1590)、豐道生等皆無異辭，難怪嘉靖重刻本後刻有「蔡邕伯喈書」等字。至清代顧南雅、王虛舟(即王澍)始以為王惲之臆說，康有為則以為必非中郎之書。蓋漢碑多不著書人名字，其例外者只有數碑，如〈華山碑〉末有「杜遷市石……郭香察書」等字，然書者是「郭香察」抑「郭香」察書，疑不能明，聚訟不已。(可參看趙崡《石墨鐫華》卷一)又如〈郙閣頌〉後有數行，後人考得有「仇紼字子長書此頌」等字。[13]但〈華山〉、〈郙閣〉二刻，亦有附會為蔡邕書者，難怪〈夏承碑〉被視為「非中郎不能」了。考諸史籍，蔡邕之書最可靠的是《熹平石經》。熹平四年(175)，蔡與堂谿典、楊賜(?-185)、馬日磾(?-194)等奏求正定《六經》文字，靈帝(劉宏，156-189，168-189 在位)許之，「邕乃自書丹於碑，使工鐫刻於太學門外。於是後儒晚學，咸取正焉。」[14]當時觀視及摹寫石經的人極多，可說是哄動一時的盛事。〈夏承碑〉立於建寧三年(170)，時蔡邕年三十九歲，「辟司徒橋玄府」，為書石經之前五年。因此，蔡

---

13 漢中地區文教局、略陽縣文化館：〈《郙閣頌》摩崖石刻〉，《文物》，1976 年第 6 期，頁 80-83，88。「仇紼字子長書此頌」見頁 83。

14 范曄(398-445)(撰)，李賢(654-684)(注)：《後漢書》(北京：中華書局，1965 年 5 月)，卷六十下〈蔡邕傳〉，頁 1990。

邕當然有可能書寫〈夏承碑〉，但史籍全無提及，王惲等人的說法，是全無根據的。亦有人說〈夏承〉的筆法和傳說中的蔡邕筆法相同，但我們現在所見的石經殘字，字勢方板，與〈夏承〉不類。又有謂蔡邕以「豊」同「豐」，〈夏承〉亦然，但也不能以此作為蔡邕書的證據。翁方綱曾指出〈夏承碑〉的「克」字有點和〈華山碑〉相同。我們不相信〈華山碑〉是蔡邕的作品，這條偶合的例子便也失去了意義。總之，〈夏承碑〉自是漢隸的佳書，不必借蔡邕之大名以增聲價。

由於〈夏承碑〉的字體近古，非一般人所喜愛；而且若不能通篆籀筆法，亦不易臨仿，故自明以來，傳習者少。清康熙五十七年(1715)楊景西題真賞齋本，便曾感慨而言：「然斯道高古，非世俗通行之書，以故闃然不講久矣。」楊並謂：「予借臨一過，恍然有得。」其題跋所用的書法便是仿〈夏承碑〉。其後此碑得翁方綱力加揄揚，享名雖大，好之者仍少。在近代書家中，曾熙(農髯，1861-1930)卻是致力於〈夏承〉的，清道人(李瑞清，1867-1920)極稱之，譽為今之蔡中郎。其〈夏承碑〉臨本，民國七年(1918)九月上海震亞圖書局曾予印行，字大如拳，動合規矩。胡光煒(1888-1962)謂此臨本「波駭濤翻，盤薄宇宙，宋拓明橅，皆成糟粕。」雖屬過譽，然〈夏承〉的「左右倚伏、陰闔陽開」之妙，已然得之，足為研習〈夏承〉者借鏡。而曾熙所臨的本子，便是以上屢屢提及的華氏真賞齋本。

原載《書譜》雙月刊第三卷之一(總第十四期)(隸書專輯)，1977年2月，頁32-67。

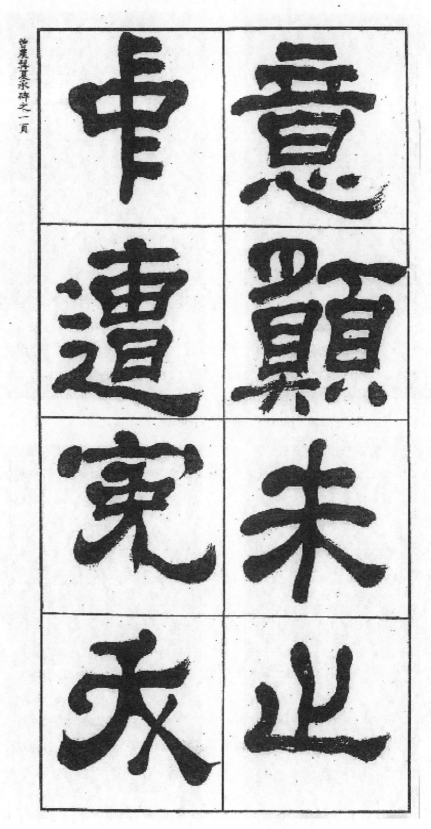

曾熙（1861-1930）臨夏承碑

真賞齋藏夏承碑局部圖

真賞齋藏夏承碑局部圖

夏承碑明人重刻本

行書發展的三階段

　　行書在各種書體中，是最自由活潑的一種，也是人們最熟悉和最常用的一種，可以說，懂得寫中國字的人便懂得寫行書，但要把行書寫得好，卻不容易。表面上看，行書沒有一定的法度可循，但從書法藝術的角度來看，行書的筆法是以楷書和草書為基礎的。如不兼通楷法和草法，便不能參悟行書的筆法。

　　試把行書和楷、草比較，行書較楷書簡易放縱，而較草書收斂和易於辨識。若論點畫字形，行書與楷書相去不遠；若論用筆的使轉牽引與筆勢縱橫恣肆，行書卻與草書為近。唐張懷瓘(713-?)《書議》云：「夫行書，非草非真，離方遁圓，在乎季孟之間。兼真者，謂之真行；帶草者，謂之行草。」由此可見行書與楷、草關係的密邇。

　　有些人因字形的繁簡不同而產生錯覺，以為楷生行，行生草。(宋蘇軾(1037-1101)也這樣說)，但這種說法久已為學者所不取。南宋姜夔(1155-1221)在《續書譜》主張草、行各有來源：「草出於章，行出於真。」[1]而章草和楷書的來源，則同是隸書。自二十世紀初斯坦因(Marc Aurel Stein，1862-1943)在西北敦煌地區發現大量漢晉木簡後，木簡殘紙，陸續在西北其他地區出現。木簡上的字迹，大大幫助了我們了解中國文字及書體的演進實況。羅振玉(1866-1940)在《流沙墜簡》〈簡牘遺文考釋三〉有云：「……其章草具年月者，如屯戍叢殘稟給類第十一簡有建武三十一年(56)字，第十二簡有永平十一年(68)字。然則前人謂章草始於章帝(劉炟，57-88，75-88 在位)者殆不然矣。又神爵四年簡與二爨碑類相近，為今楷之濫觴，至永和二年(137)簡則楷七而隸三矣。魏景元四年(263)簡則全為楷書。此卷魏晉以後諸書楷法亦大備，昔人疑鍾太傅諸帖為傳橅失真或贗作者，以此卷證之，確知其不然也。」由此可見章草在東漢光武帝(劉秀，前5-57，25-57 在位)和明帝(劉莊，28-75，57-75 在位)之間，已為人所普遍應用。至於說神爵四年(前 58)便始有楷書，未免推得太前。但〈永和二年簡〉確已具備楷書的形體，很多人都以為是現存最早的楷書，時間距離隸書極盛的桓、靈時代(147-189)不遠。那時正式的書體和書法的主流是隸書，但人民為了求取書寫的方便，開始解散隸書，創造出章草和楷書來。章草減省隸書的筆畫較多，字形變化亦大，但

---

1 姜夔：《續書譜》，文淵閣《四庫全書》本，〈行書〉，頁七下至八上。

仍然保留燕尾的波腳；楷書減省的筆畫較少，字形變化不大，但波磔逐漸蛻變而成撇捺。稍後，人們為了進一步求取書寫的方便，便把字的波捺減省或放棄，把筆畫連接起來，甚至字與字之間也連接起來，便分別成為草書和行書。張懷瓘《書斷》謂草書作於張芝(?-192)，行書作於劉德昇，他們都是後漢桓、靈時代的人。[2]張芝是著名的草聖，但草書不一定由他創造；至於劉德昇，由於有關資料太少，我們更不能認他為行書的創造者。不過，在桓、靈之間的時代，這兩種書法確實出現了，它們是為了實際的需要而由人民創造出來的。

東漢是行書的萌芽時期，由魏至西晉則是行書的孕育時期。在《流沙墜簡》所收的魏晉木簡之有年代者，始於魏元帝景元四年(263)，迄於西晉愍帝建興十八年。據王國維(1877-1927)考證，建興年號止於四年，但前涼張氏仍用愍帝(司馬鄴，300-318，313-317 在位)年號，不用江左紀元。(見《流沙墜簡》考釋二)建興十八年相當於東晉成帝成和五年，即公元 330 年。在這些木簡中，有晉武帝泰始年號(265-274)的佔多數，它們大都具有行書的體勢，雖仍保留隸意，但既不是隸書，也不是楷書。如景元四年簡的「慕」字和「盧」字，和唐宋以後的行書簡直沒有分別。在這時期最重要的書家是魏鍾繇(151-230)。南齊王僧虔(425-485)《論書》謂：「鍾(繇)善行狎書、行書是也。」 唐張懷瓘《書斷》評鍾繇行書第三，僅次於東晉王羲之(303-361)、獻之(344-386)父子。但《淳化閣帖》卷二所收的鍾繇行書〈白騎遂帖〉為王獻之所臨。按宋黃長睿(伯思，1079-1118)和姜白石(夔)都這樣說，而〈得長風書帖〉為王羲之早年書，亦為黃長睿所主，〈雪寒帖〉筆法亦近二王，疑非鍾繇筆。〈鼎帖〉及〈快雪堂帖〉所刻的〈墓田丙舍帖〉標明為王羲之所臨，想亦非本來面目。以時代衡之，漢魏之間，行書尚未成熟，鍾繇雖擅書名，但他的行書不可能寫得像《淳化閣帖》所收的那麼圓熟。

作為書體來說，行書由漢魏之間草創，至西晉已經完成了；但作為書法藝術來說，行書藝術化是東晉以後的事。它由人民手上轉到士大夫手上，除了仍然保留實用價值外，開始美化而加上藝術價值。

行書的藝術化過程可分為三個階段：第一階段是東晉，第二階段是初唐與盛唐，第三階段是北宋。

---

2 張懷瓘(撰)，云告(譯注)：《張懷瓘書論》，《書斷》，卷上〈章草〉，頁 93-94；〈行書〉，頁 99。

　　行書發展的第一階段是運用楷書和草書的技巧，把質樸的古行書轉變為妍麗的新體行書。

　　晉室東遷，世家大族仍然是政治和社會的核心，他們過著優裕從容的生活。雖因中原失陷，不無新亭對泣之悲，但士大夫承魏晉之餘緒，崇尚清談，雅重文事，對書法尤為注重。由於晉法葬者不得立碑，所以晉代的碑刻極少。一般士大夫自然沒有在碑碣上發揮書法天才的機會。於是士大夫的書法，便表現於簡札上。唐孫過庭(648-703)《書譜》云：「加以趨變適時，行書為要，題勒方幅，真乃居先，草不兼真，殆於專謹；真不通草，殊非翰札。」[3]試看《淳化閣帖》所收東晉士人的書札，非草即行，有些較為工整的，亦非純粹楷體，只能稱為行楷。它們都表現出優良的書法藝術。宋歐陽修(1007-1072)《集古錄》卷四云：「所謂法帖者，其事率皆弔哀候病，敘睽離，通訊問，施於家人朋友之間，不過數行而已。蓋其初非用意，而逸筆餘興，淋灕揮灑，或妍或醜，百態橫生，披卷發函，爛然在目，使人驟見驚絕。徐而視之，其意態愈無窮盡，故使後世得之，以為奇玩，而想見其人也。」[4]

　　東晉主要的書家是王羲之和王獻之父子。他們是過江望族，王羲之的叔父王導(276-339)是東晉立國的首腦人物，因此他們在政治上和社會上都有著崇高的地位，優厚的生活條件使他們能發展書法藝術的天才。他們流傳的書蹟，以草書為多，行書次之，楷書最少。那是由於草書和行書宜於簡札的緣故。王羲之傳世的行書可分兩類：一是楷行相雜，雖是行書，實用楷法。如著名的〈蘭亭帖〉，《閣帖》第六卷的〈旦極寒帖〉、第七卷的〈深以自慰帖〉、〈晚復毒熱帖〉，黃長睿說是唐太宗所臨。[5]《快雪堂帖》所收的〈官奴帖〉，故宮所藏的〈快雪時晴帖〉及〈平安〉、〈何如〉、〈奉橘〉三帖等。一是草行相雜，用筆和體勢大致上和草書相同。如《閣帖》第六卷的〈建安帖〉、〈追尋傷悼帖〉，流入日本的〈喪亂帖〉和〈孔侍中帖〉等。又有王方慶《萬歲通天進帖》所收的〈姨母帖〉[6]，則不脫隸書筆意，猶存西晉風格，是右軍行書變古之前唯一保存的作品。

---

3 孫過庭：《書譜》，文淵閣《四庫全書》本，頁四下。
4 歐陽修(撰)，李逸安(點校)：《歐陽修全集》(北京：中華書局，2001年3月)，第五冊，卷一百三十七《集古錄跋尾》卷四，「晉王獻之法帖一」條，頁2164。
5 黃思伯：《東觀餘論》，卷上〈法帖刊誤卷下〉，「第七王會稽書中」條，頁38。
6 見1959年12月文物出版社影印本，改題《唐摹王右軍家書集》。

王羲之〈定武蘭亭〉眞本

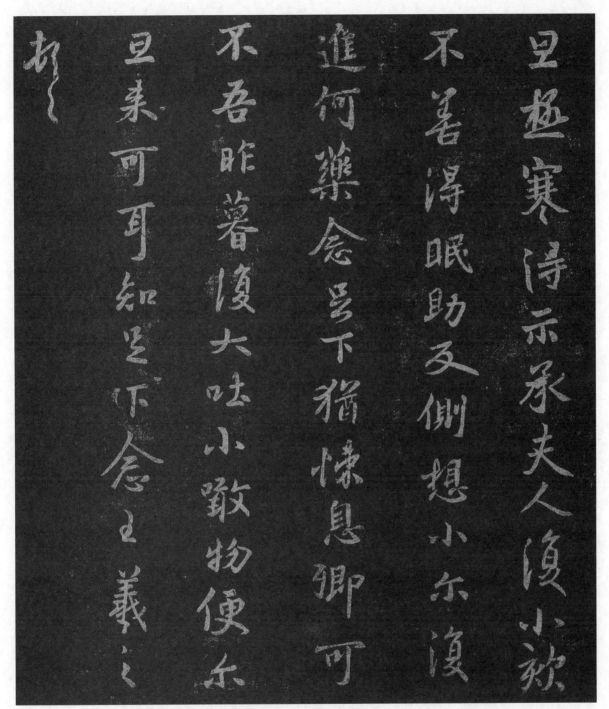

王羲之〈極寒帖〉

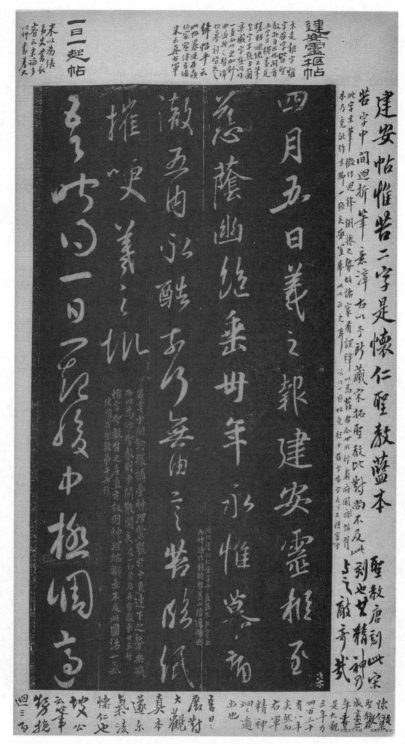

王羲之〈建安帖〉

　　以上所舉各帖都是流傳有緒的名迹。其中以〈蘭亭序〉引起的問題最多。此帖的

出現與流傳，充滿傳奇色彩。唐何延之〈蘭亭記〉謂唐太宗(李世民，598-649，626-

649 在位)使蕭翼賺取〈蘭亭〉，後陪葬昭陵。[7]今所見除定武石刻外，有唐人摹本和臨本，各本不同，遂成聚訟，自宋代已然。清季李文田(1834-1895)〈跋汪中所藏蘭亭〉，更提出「蘭亭不是晉人書」的說法。他說：「以今所見晉碑，皆未能有此一種筆意也。此南朝梁陳以後之迹也。」又云：「故世無右軍之書則已，苟或有之，必其與『爨寶子』、『爨龍顏』相近而後可。」又云：「文尚難信，何有於字。」當時似不為人注意。1964 年 9 月與 1965 年初，〈謝鯤墓志〉和〈王興之夫婦墓志〉先後出土於南京附近，郭沫若(1892-1978)據二墓志的字體，重提李文田「蘭亭偽作」的說法，發表〈由王謝墓志的出土論到蘭亭序的真偽〉一文，[8]他以為〈蘭亭序〉依托於智永，王羲之書必須有隸書筆意而後可。這篇文章很快便引起反應。高二適(1903-1977)作〈蘭亭序的真偽駁議〉一文，加以反駁。[9]郭氏隨就高文作〈駁議的商討〉及〈《蘭亭序》與老莊思想〉。[10]於是引起學者和書家廣泛的討論，《文物》1965 年第 10 期、第 11 期、第 12 期都有這一類文章發表，或從文義，或從書法，反覆辯難，大致皆為郭文張目，當時一窩蜂的說〈蘭亭序〉是假的，雖說辯論，其實是一面倒的，一似〈蘭亭〉之偽已成鐵案。直至 1971 年 9 月章士釗(1881-1973)的《柳文指要》出版，在卷十三「柳子厚之於蘭亭」條有云：「如近日例，拘執新出二墓石為職志，以一定萬，以偶冒常，似於論文為大蔽。」又云：「李芍農專精北碑，習有偏嗜，因而持論詭譎，不中於實。」又云：「設如其說，使蘭亭遭到否定，懷仁所集右軍各種字迹將近百種，皆無法存在，鍾衛各同體字，包括章草在內，亦並無法存在。」又云：「謂王作碑將不脫爨可；謂王作札宜與爨無二，則斷乎不可。」其文似為高二適抱不平，蓋當日蘭亭之辨，高氏勢孤力弱，無法力排眾論。章氏之論十分有力。因此，郭沫若故技重施，作〈新疆新出土的晉人寫本《三國志》殘卷〉一文，為前文再作補充。他說：「看到這兩種《三國志》的晉抄本，又為帖的偽造添了兩項鐵證。」他雖然仍堅持己說，但已無新意。[11]其實反對〈蘭亭〉偽說者不只高二適和章士釗，本港學人亦有就

---

7 張彥遠：《法書要錄》，卷三〈唐何延之蘭亭記〉，頁 124-131。
8 郭沫若：〈由王謝墓志的出土論到蘭亭序的真偽〉，《文物》1965 年 9 期，頁 1-25。
9 高二適：〈蘭亭序的真偽駁議〉，《文物》，1965 年第 7 期。
10 郭沫若：〈駁議的商討〉，《文物》，1965 年第 9 期，頁 1-8；〈《蘭亭序》與老莊思想〉，頁 9-11。
11 郭沫若：〈新疆新出土的晉人寫本《三國志》殘卷〉，《文物》1972 年第 8 期，頁 2-8。

這問題討論的，如黃君實(1934-)有〈王羲之蘭亭真偽辨〉[12]，曾力辨其妄，謂：「欲辨蘭亭書法之真偽，最可信莫如羲之其他書蹟或同時人者，次則為能見其書蹟較多者之記述。」盧鼎公(1904-1979)〈蘭亭序與書法藝術〉有云：「難道〈喪亂帖〉、〈孔侍中帖〉、〈快雪帖〉、〈奉橘帖〉、〈伯遠帖〉，都是偽造的嗎？以帖證帖，才是正確的參證方法。」[13]

對於〈蘭亭〉真偽的問題，我的看法是和章士釗等相近的。我以為〈蘭亭序〉是王羲之變古創新之後的作品。南齊王僧虔《論書》云：「亡曾祖領軍洽與右軍書云：『俱變古形，不爾，至今猶法鍾張。』右軍云：『弟書遂不減吾。』」可見王羲之和王洽(323-358)都是主張變古創新的，《閣帖》卷二所收王洽的〈仁愛帖〉，和羲之的〈蘭亭〉同一風格。王僧虔又云：「庾征西翼書，少時與右軍齊名，右軍後進，庾猶不忿，在荊州與都下書云：小兒輩乃賤家雞，皆學逸少書，須吾還，當比之。」[14]可見右軍妍麗的新體，逐漸成為風氣，為一般貴游子弟所接受而仿效。

王羲之在書法上的變古創新，是受他的兒子獻之影響的。張懷瓘《書估》云：「子敬年十五六時，常白逸少云：『古之章草，未能宏逸，頗異諸體。今窮偽略之理，極草縱之致，不若藁行之間，於往法固殊，大人宜改體。』逸少笑而不答。及其業成之後，神用獨超，天姿特秀，流便簡易，志在驚奇，峻險高深，起自此子。然時有敗累，不顧疵瑕，故減於右軍行書之價，可謂子為神俊，父得靈和。父子真行，固為百代之楷法。」[15]在書法變古創新方面，獻之比較羲之更為重要；而獻之的成就，也不下於乃父。後世的評論，大都以為父勝於子，這是由於梁武帝(蕭衍，464-549，502-549 在位)和唐太宗先後極力揄揚大王書法所致。其實在劉宋時代，一般人都喜效獻之體。《南齊書》卷三十四〈劉休傳〉云：「元嘉世，羊欣受子敬正隸法，世共宗之。右軍體微古，不復見貴。」[16]陶隱居(弘景，456-536)與梁武帝論書啟云：「比世皆高尚子敬，子敬、元常繼以齊名。貴斯式略，海內非惟不復知有元常，於逸少亦

---

12 黃君實：〈王羲之蘭亭真偽辨〉，《崇基學報》1965 年 11 月，頁 1-20。

13 此文作於 1974 年，重刊於《書譜》第十期，1976 年 6 月。

14 張彥遠：《法書要錄》，卷一〈南齊王僧虔論書〉，頁 18。

15 張懷瓘：《張懷瓘書論》，《書估》，頁 39；張彥遠：《法書要錄》，卷四〈唐張懷瓘〉，頁 155-156。

16 蕭子顯(487-537)：《南齊書》(北京：中華書局，1972 年 1 月)，卷三十四〈劉休傳〉，頁 613。

然。」[17]人們喜愛獻之的新體書法，是時代使然；梁武帝要把這種風氣扭轉過來，多少有一種復古的傾向。梁中書侍郎虞龢(?-467 後)〈論書表〉云：「夫古質而今妍，數之常也；愛妍而薄質，人之情也。鍾、張方之二王，可謂古矣。豈得無妍質之殊。且二王暮年皆勝於少。父子之間，又為今古。子敬窮其妍妙，固其宜也。然優劣既微，而會美俱深，故同為終古之獨絕，百代之楷式。」[18]這段文章最值得注意的是作者提出了書法的時代性。時代轉變了，書法的作風自然不同。和張芝、鍾繇相比，王羲之的書法自是新體；和王羲之相比，王獻之的書法又是新體。所以，在書體演進方面，王獻之比他的父親向前跨進一步。唐太宗雖貶抑獻之，但獻之對唐宋書家的影響仍然很大，甚至唐太宗本人的書法也在不知不覺中表露出獻之的風格。清王澍(1668-1743)說：「《閣帖》第九卷，字字皆吳興(趙孟頫)祖本也。」[19]《閣帖》卷九、卷十皆小王書，卷九行書逾半，如〈廿九日帖〉就是〈萬歲通天進帖〉中的一帖。卷十所收行書較卷九為少，其中〈鴨頭丸帖〉為獻之傳世劇迹之一，現藏於上海博物館。

---

17 張彥遠：《法書要錄》，卷二〈陶隱居又啟〉，頁 155-156。
18 張彥遠：《法書要錄》，卷二〈梁中書侍郎虞龢論書表〉，頁 36。
19 王澍：《淳化秘閣法帖考正》，文淵閣《四庫全書》本，卷十二〈論書賸語〉，頁十九上。

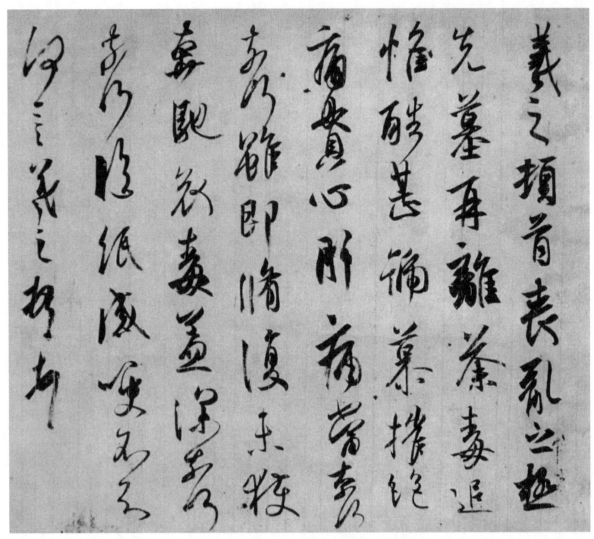

王羲之〈喪亂帖〉

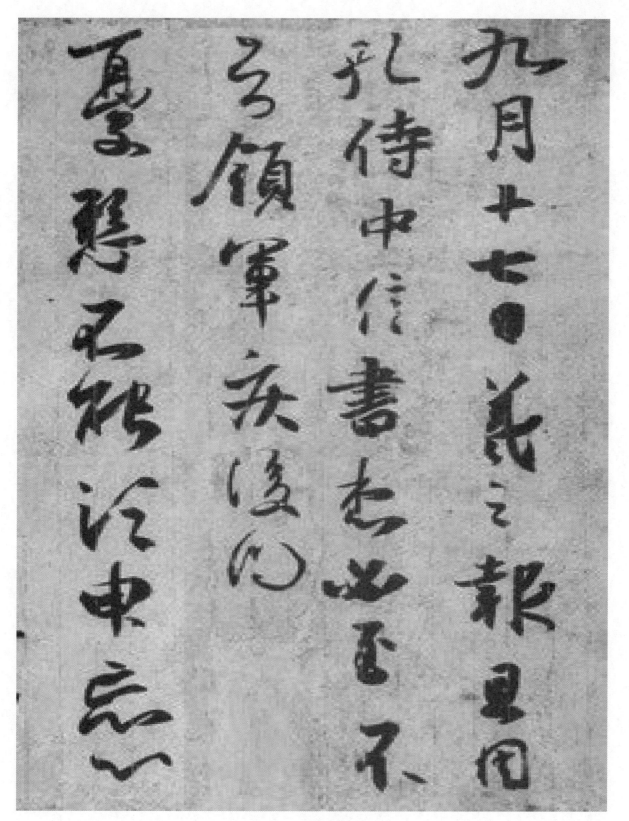

王羲之〈孔侍中帖〉

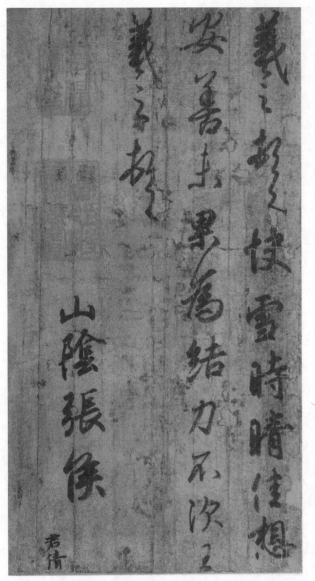

王羲之〈快雪时晴帖〉　　　　　王羲之〈奉橘帖〉

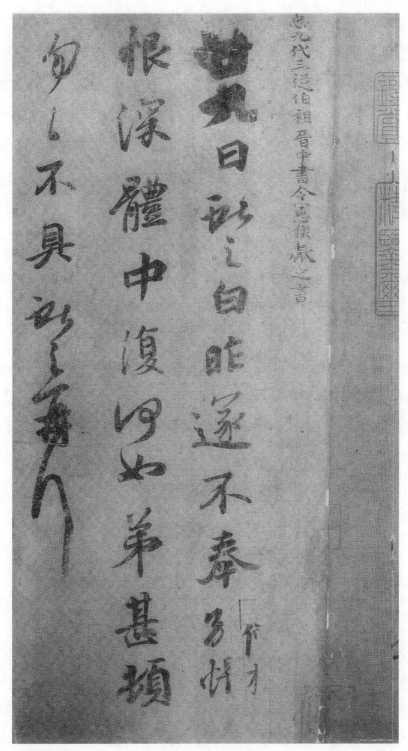

王獻之〈廿九日帖〉

　　行書發展的第二階段是擴大使用的範圍，綜合和整理前人的技法，使行書在書法
藝術上能夠和楷書分途並進。

　　唐代開國以後，社會安定，經濟上有很大的進展。貞觀四年(630)，「米斗四五錢，外戶不閉者數月，馬牛被野，人行數千里不齎糧，民物蕃息。」[20]高宗(李治，628-683，649-683 在位)以後雖然政治上出現混亂的局面，但到玄宗(李隆基，685-762，712-756 在位)即位，頗復舊觀，開元之治，媲美貞觀。加以隋唐廢除了魏晉的九品官人法，創行科舉，故文風極盛。統治者又鼓勵官僚子弟學習書法，貞觀元年(627)，詔京官職事五品已上子嗜書者二十四人，隸弘文館習書，出禁中書法以授之。[21]書家歐陽詢(557-641)、虞世南(558-638)皆為弘文館學士。於是書法盛極一時，尤其是楷書的技法，已臻成熟，點畫撇捺，間架結構，皆有法度。行書雖然不是當時書法的主流，但也得到相當大的發展。

　　第一，它的使用範圍已不限於簡札，像楷書一樣，可以用於碑刻。唐太宗(李世民，598-649，626-649 年在位）善行書，他是用行書刻為碑銘的創始者。他寫的〈晉祠銘〉和〈溫泉銘〉，都有刻石傳世。〈晉祠銘〉經過翻刻，現存拓本僅存魂影；但〈溫泉銘〉的唐拓本保存於敦煌石室中，清末為斯坦因所發現，摹拓極精，書法放逸矯健，確為不可多得的傑作。由於在上者的提倡，以行書入碑版的風氣逐漸形成。

　　第二，唐人把王羲之的行書加以整理，使行書的筆法有了一定的準則。懷仁集王羲之書而成的〈聖教序〉便是這項偉大工作的成果。〈聖教序〉刻成於高宗咸亨三年(672)，集書所花的時間不少。宋黃長睿(即黃伯思，1079-1118)《東觀餘論》卷下云：「《書苑》云：『唐文皇製〈聖教序〉，時都城諸釋諉弘福寺懷仁集右軍行書勒石，累年方就，逸少劇蹟，咸萃其中。』今觀碑中字，與右軍遺帖所有者，纖微克肖，《書苑》之說信然。」[22]傳說懷仁集書，從內府借摹右軍真蹟，包括那著名的〈蘭亭序〉清翁方綱(1733-1818)《蘇米齋蘭亭考》卷八〈論聖教序〉內用蘭亭字，有云：「凡懷仁所集，用定武者七字，用褚本者三十七字，二本可皆通者十四字，其界在疑似者不具著。」[23]此外，有和《閣帖》中羲之字相同者，如翁方綱在其所藏《大觀帖》第六卷(1921 年古物同欣社曾影印行世)中云：「建安帖『惟』、『苦』二字是懷

---

20 歐陽修、宋祁(998-1061)：《新唐書》(北京：中華書局，1975 年 2 月)，卷五十一〈食貨志一〉，頁1344。

21《新唐書》，卷四十七〈百官志二‧門下省‧弘文館〉，頁 1209。

22 黃伯思：《東觀餘論》，卷下，「跋集逸少書聖教序後」條，頁 118。

23 翁方綱：《蘇米齋蘭亭考》，《叢書集成初編》本(上海：商務印書館，1936 年 12 月)，卷八〈論聖教序〉，頁 90。

仁聖教藍本。」故宮藏〈奉橘帖〉的「百」、「霜」、「降」三字，亦見於〈聖教序〉中。因此一般人認為〈聖教序〉是學習王書的最佳範本。但集書在技術上受到一定的限制。雖說是從真蹟摹出，但字的大小，筆畫的輕重粗細，往往須作適度的改變。而且，個別的字縱能「纖微克肖」，原來的體態神韻已不復存在。又序中有些字據說是牽合偏旁而成的。故〈聖教序〉雖說是王羲之的書法，實則已摻雜了懷仁的書法在內。翁方綱曾把〈聖教序〉的字分為三類：「一曰鑑真，此所謂神妙無上品，如親見右軍書者。」意即最合原蹟的字。「二曰存摹。」意即雖摹自右軍，然不能盡合。如『蓋』字三見，「實出一字，而行筆重輕濃淡，迥若二手」。「三曰存疑。」那是有問題的字，是薄弱板俗的。[24]翁氏在第一類至佳者舉出二百餘字，第三類最差者只舉出三十九字，故〈聖教序〉的價值，仍然是得到肯定的。不過，〈聖教序〉通篇的丰神，已和《閣帖》中所見的王羲之的簡札大異其趣，大抵天真灑落的韻味減少了，而規矩法度森然羅列。所以，〈聖教序〉中的字雖然採自東晉，但它是屬於唐代的行書。它對以後的行書有一定性的影響。黃長睿又云：「然近世翰林侍書輩多學此碑，學弗能至，了無高韻，因自目其書為院體。由唐吳通微昆弟已有斯目，故今士大夫玩此者絕少。然學弗至者自俗耳，碑中字未嘗俗也。」[25]學〈聖教序〉而流入院體，那是受了它的法度拘束所致。雖然如此，〈聖教序〉具備了一切行書應有的運筆結體等技巧，實在是當時的標準行書。

---

24 翁方綱：《蘇米齋蘭亭考》，卷八〈論聖教序〉，頁 91，98，102-103，106-107。
25 黃伯思：《東觀餘論》，卷下，「題集逸少書聖教序後」條，頁 118。

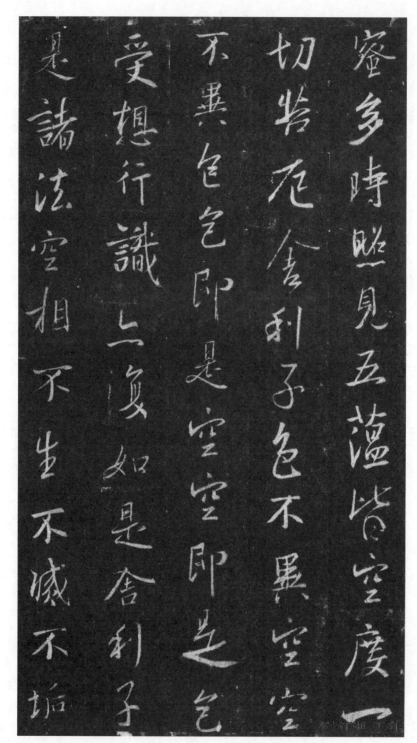

懷仁集王羲之書而成的〈聖教序〉

　　第三，唐人既用行書來寫碑銘，所以除了以二王書法來做基礎外，更吸收了漢代隸書和北魏楷書的體勢和筆法，融會在行書的筆法內。在這方面成就最大的是李邕(678-747)。李邕在玄宗天寶初做汲郡、北海太守，世稱李北海。《宣和書譜》卷八云：「邕初學，變右軍行法，頓挫起伏，既得其妙，復乃擺脫舊習，筆力一新。李陽

冰謂之『書中仙手』。」[26]米芾(1051-1107)《海嶽名言》云:「李邕脫子敬體,乏纖濃。」[27]可見李北海的書法,源於二王;但又不僅二王而已。近人馬宗霍(1897-1976)評北海書法云:「北海書峻馳迴翔,筆方而韻圓,勢驟而度緩。雖接南宗,實參北法,其以行為真,尤鮮其匹。」[28]我們試看現存的北海行書碑拓本,字之大小,與唐楷書碑相彷彿,已不同於〈溫泉銘〉的小行書,且字勢雄強,結構緊密,有楷碑的佳勝處,故能開以行書為榜書之路。他的碑刻很多,以〈麓山寺碑〉和〈雲麾李思訓碑〉最為後人推重。前者融合漢魏,深得二王神髓,穩重有力,董其昌謂「右軍如龍,北海如象。」「如象」之妙,見於此碑。元趙孟頫(1254-1322)晚年用北海法寫碑,字體雖由行而變為楷,但已和唐代楷書的風格不同,其〈三門記〉純仿〈麓山〉。後者以飛舞翔動見勝,用筆多變化,而無一不合規矩。這二碑足以代表唐代行書的風格。

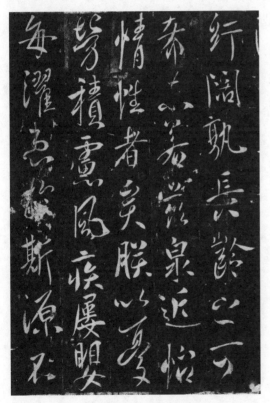

唐太宗〈溫泉銘〉

李邕〈李思訓碑〉

---

26 佚名(撰),顧逸(點校):《宣和書譜》(上海:上海書畫出版社,1984年10月),卷八〈行書二〉,「草書・急就章」,頁68-69。

27 米芾(撰),吳曉琴、湯勤福(整理):《海嶽名言》,收入朱易安、傅璇琮(1933-2016)整理:《全宋筆記》第二編第四冊(鄭州:大象出版社,2006年1月),頁221。

28 唐祖培編:《李北海全書》(臺北:藝文印書館出版,1968年1月)。

　　此外，後世熟知的唐代楷書名家，其行書筆札，亦有可觀。《宣和書譜》把虞世南和歐陽詢歸入行書類。[29]以現存墨迹觀之，虞世南的〈汝南公主銘藁〉略覺纖弱；而歐陽詢的〈夢奠帖〉則不失險勁瘦硬的風格。一般來說，唐代重要的楷書書家在行書方面的影響似乎不大，只有一人是例外。那就是盛唐時代的顏真卿(709-785)。顏真卿的楷書平正剛直，一如其人，為後世所師法。但宋米芾不喜歡他的楷書，而推崇他的行書，尤其是對〈爭坐位帖〉讚不絕口。他說：「〈與郭知運爭坐位帖〉，有篆籀書，顏思傑也。」[30]又說：「字字意相連屬飛動，詭形異狀，得以意外也。世之顏行第一書也。」[31]〈爭坐位帖〉原是稿本，故無矜持之態，通體渾成，與李北海所寫大碑的行書又自不同。顏真卿的行書還有〈祭姪文稿〉，為僅存的顏真卿行書真蹟，現藏臺灣故宮博物館。此稿氣勢似不及〈爭坐位帖〉渾厚，但因是真蹟，可以見到運筆的技巧。顏真卿的行書雖極精妙，然不能取代李邕在唐代行書上的領導地位。顏真卿的行書所以受宋以後書家所推重，是由於他突破了唐人整齊而有法度的行書的範圍，回復天真爛漫的境界，這正是日後宋人要追尋的境界。

29《宣和書譜》，卷八〈行書二・唐〉，頁 64-66。
30 米芾：《海嶽名言》，頁 220。
31 米芾：《寶章待訪錄》，文淵閣《四庫全書》本，頁十下。

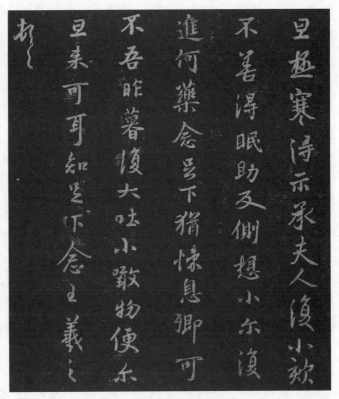

<table>
<tr><td>顏真卿〈爭坐位帖〉</td><td>宋刻《淳化閣帖》</td></tr>
</table>

行書發展的第三階段是壓倒楷書而取得書法主流的地位。

論者多謂宋代的書法不及唐代，歐陽修在《集古錄》卷六裡便屢次慨乎言之。他曾與蔡君謨(蔡襄，1012-1067)論書，謂「書之盛莫盛於唐，書之廢莫廢於今。」[32]他在卷四又說：「自唐末兵戈之亂，儒學文章掃地而盡。聖宋興百餘年間，雄文碩學之士相繼不絕，文章之盛，遂追三代之隆。獨字書之法，寂寞不振，未能比蹤唐室。余每以為恨。」[33]宋代在開國以後一直受著北方契丹族威脅，無法擺脫衰弱的命運，原因之一是過份發展文治。由於晚唐五代武人專橫跋扈，宋代統治者力加矯正，重文輕武。文官俸祿豐厚，又多額外恩賞，由科舉進身的，較唐代為多。故宋代的貧弱，只是苦了一般老百姓。士大夫的經濟條件不稍遜於前代，他們是社會上的寵兒，既能推動文化學術的進展，又何以不能承接前代而發展書法藝術呢？歐陽修的解釋是士大夫的習俗改變了：「蓋自唐以前，賢傑之士，莫不工於字書，其殘篇斷藁，為世所寶，

---

32 《歐陽修全集》，第五冊，卷一百三十九，《集古錄跋尾》，卷六，「唐安公美政頌‧開元二十九年」條，頁2223。

33 《歐陽修全集》，第五冊，卷一百三十七，《集古錄跋尾》，卷四，「范文度摹本蘭亭序二」條，頁2163。

傳於今者，何可勝數。彼其事業，超然高爽，不當留精於此小藝。豈其習俗承流，家為常事，抑學者猶有師法；而後世媮薄，漸趨苟簡，久而遂至於廢絕歟！今士大夫務以遠自高，忽書為不足學，往往僅能執筆，而間有以書自名者，世亦不甚知為貴也。」他提出了「媮薄」、「苟簡」來作為宋初忽視書法的理由。[34]近人潘伯鷹(1905-1966)把歐陽修的話推衍發揮，他說：「作為當時社會當權派的士大夫階級已經只注意一些政治和理論的大事，其餘一切，只好付之苟簡，對於書法藝術都不大崇尚了。」[35]這種解釋是有問題的。東晉的士大夫對政治和理論的大事可能不認真，但唐朝的士大夫是很認真的，否則唐代不能進入中國史上的盛世。唐人既多能書，可見注意政治大事並不妨礙書法藝術的發展。宋代的士大夫，如果為了政治大事，便一切只好付之苟簡，那便未免低能得可笑了！事實上是不可能這樣的。歐陽修是真宗(趙恆，968-1022，997-1022 在位)至神宗(趙頊，1048-1085，1067-1085 在位)時代的人(1007-1072)，而《集古錄》的文章，大部分寫成於仁宗嘉祐八年(1063)和英宗治平元年(1064)。那時宋代書法尚未進入興盛的時候，書家寥寥可數，比較重要的有李建中(945-1013)、杜衍(978-1057)、宋綬(991-1041)、蘇舜元(1006-1054)、蘇舜欽(1009-1049)兄弟、蔡襄等。其中蔡襄與歐陽修同時，時人都稱他書法第一。歐陽修所以嘆息當時書法衰落，便是因為缺少像蔡襄那樣的書家。當時士大夫又有一種仿效當權人物書法的風氣。米芾《書史》云：「本朝太宗，……天縱好古之性，……一時公卿以上之所好，遂悉學鍾、王。至李宗諤主文既久，士子始學其書，肥褊朴拙，是時不謄錄，以投其好，用取科第，自此惟趣時貴書矣。宋宣獻公綬作參政，傾朝學之，號曰朝體。韓忠獻公琦好顏書，士俗皆學顏書，及蔡襄貴，士庶又皆學之，王文公安石作相，士俗亦皆學其體。自此古法不講。」[36]由此可見宋初百年間，士大夫不是不習書法，而是由於名利心切，捨難就易，所謂「媮薄」和「苟簡」，應該作這樣的解釋。

　　宋代統治者在提倡書法藝術方面的努力，是不下於唐代的。宋太宗(趙炅，939-997，976-997 在位)的書法藝術雖然遠不如唐太宗，但他刻了一部《淳化閣帖》，影響

---

34 《歐陽修全集》，第五冊，卷一百四十二，《集古錄跋尾》，卷九，「唐辨石鍾山記・太和元年」條，頁 2287。

35 潘伯鷹：《中國書法簡論》(上海：人民美術出版社，1981 年 6 月)，卷下，第九節，頁 120。

36 米芾(撰)，吳曉琴、湯勤福(整理)：《書史》，收入朱易安、傅璇琮(1933-2016)主編：《全宋筆記》第二編第四冊(鄭州：大象出版社，2006 年 1 月)，頁 260。

後世極大。歐陽修云：「太宗皇帝時，嘗遣使者天下購摹前賢真蹟，集以為法帖十卷，鏤板而藏之，每有大臣進登二府者，則賜以一本。」[37]當時主持刻帖的人是王著(?-992)，由於他的鑑別不精，真偽莫辨，以致損害了《閣帖》的價值。宋人黃長睿便有《法帖刊誤》之作，[38]黃庭堅(1045-1105)、米芾，以及南宋的姜夔都指出帖中偽書不少。清人王澍作《淳化閣法帖考正》更是一本評論法帖的總集。儘管如此，他們對帖中所收的精品還是要讚賞的。姜夔《絳帖平》卷二云：「《淳化官帖》十卷，除二王書多佳者外，唯有張芝〈小草〉，皇象〈前帖〉，鍾繇〈宣示帖〉，王廙〈二表〉而已。苟伏膺於此四家，亦足以誇唐人矣。」傳說仁宗(趙禎，1010-1063，1022-1063在位)時禁中發生火災，帖板被焚，亦有以為此說不足信者(如翁方綱)。不過，仁宗以後，《閣帖》即有翻刻本出現。《法帖譜系》和《石刻鋪敘》二書列舉《閣帖》的翻刻本頗詳，如〈潭帖〉、〈絳帖〉、〈戲魚堂帖〉，都對原帖作了增減。至徽宗大觀三年(1109)，更有就原跡重刻的本子出現，世稱《大觀帖》。陳思《寶刻叢編》引施氏〈大觀帖總釋序〉云：「大觀初，徽宗視淳化帖板已皴裂，而王著一時標題多誤，臨摹或失真。詔出墨跡，更定彙次，訂其筆意。仍俾蔡京書簽及卷首，刻石太清樓下。」[39]《大觀帖》因據原跡重刻，故不同於一般翻刻本，而蔡京(1047-1126)書法的造詣遠勝王著，摹刻方面亦較精善，故一般說《大觀》勝於《淳化》，但它仍然沿襲《淳化閣帖》的規模。南宋以後，刻帖風氣更盛，《淳化閣帖》的翻本更多。並出現了一部《澄清堂帖》，此帖摹刻既精，所收的帖有《閣帖》所無的，有不是從《閣帖》摹出的，故明清書家如邢侗(1551-1612)、董其昌(1555-1636)、孫承澤(1592-1676)等極為讚賞，以為是南唐所刻，其書法水準在《淳化》之上。後經翁方綱考證，此帖乃南宋坊間書賈所刻，《澄清堂帖》的時代才得以確定。(關於《淳化閣帖》及有關叢帖的考證，林志鈞(1878-1961)著的《帖考》頗足參考。)[40]此外，淳化系外的叢帖尚多。總之，宋人刻帖風氣之盛，實以《淳化閣帖》為嚆矢。由此足見宋代並不是沒有發展書法藝術的背景。

---

37 《歐陽修全集》，第五冊，卷一百四十三，《集古錄跋尾》，卷十，「十八家法帖」條，頁2314。
38 見黃伯思：《東觀餘論》，卷上〈法帖刊誤敘‧法帖刊誤卷上‧法帖刊誤卷下〉，頁26-47。
39 陳思：《寶刻叢編》，《叢書集成初編》(上海：商務印書館，1936年12月)，卷一〈京畿‧大觀法帖十卷〉，頁10。
40 見林志鈞：《帖考》(香港：1975年)，〈淳化閣帖考〉，頁15-32；〈淳化閣帖考續〉，頁33-36；〈淳化閣帖考再續〉，頁37-41；〈淳化閣帖考三續〉，頁43-48。

　　以上所述的「宋初書學不振」和「淳化閣帖的出現」，是一般論書者說宋代書法不如唐代的主要理由。(如潘伯鷹《中國書法簡論》)我的看法卻有些不同。首先我們不能以偏蓋全，宋初百年豈能代表兩宋三百年。宋代書法的盛世，剛巧在歐陽修的時代稍後才出現，那是神宗、哲宗、徽宗三朝約五十年(1068-1125)。在神宗之前的一段時間，可說是一個新的書法時代的醞釀期。那是人們逐漸厭棄唐人書法所注重的法度，不耐煩去寫那平正的筆畫，故雖有些士大夫如杜衍、蔡襄等模仿顏真卿的楷書，但無法繼承唐人的傳統而發揚光大。人們傾向於喜愛那書寫自由，隨意揮灑的行書。於是楷書的書法藝術漸趨式微。所以，確實點來說，宋初書法的衰弱應是楷書的衰落，行書起而取代楷書的地位是時代演進必然的結果。宋太宗刻《淳化閣帖》，又替行書發展造就了有利的條件。《閣帖》所收前人墨跡，類多零篇斷札，自然以行草居多。《閣帖》的流傳，使士人對行書的學習得到很大的方便。後人對《閣帖》的詬罵，頗有異於宋人。宋人指出《閣帖》的錯誤，是為了選帖不夠盡善盡美。而後人貶抑《閣帖》，是帶有尊碑抑帖的主觀成分在內。清阮元(1764-1849)說：「唐人書法，多出於隋；隋人書法，多出於北魏、北齊。不觀魏齊碑石，不見歐、褚之所從來。自宋人閣帖盛行，世不知有北朝書法矣。」[41]北朝和隋唐的書法，都以楷書為主，《閣帖》盛行造成楷書沒落，當然是很可惜的事，但行書異軍突起，未必不能作為彌補。如果這樣便說書法停滯或退步，未免太輕視行書的價值了。

　　說到宋代書家，大家都知道有「蘇、黃、米、蔡」四大家。所謂「蔡」，有人說是蔡襄，但蔡襄的時代在其他三人之前，排列不應在後；有人說是蔡京，但他沈酣富貴，書法雖佳，既不及乃弟蔡卞(1048-1117)，更不及「蘇、黃、米」三家。其實，不論蔡襄也好，蔡京也好，他們的成就都不能和蘇、黃、米相提並論，對後世的影響力更不能相比。南宋陸游(1125-1210)說：「近歲蘇、黃、米芾書盛行，前輩如李西臺、宋宣獻、蔡君謨、蘇才翁兄弟書皆廢。」[42]蘇軾、黃庭堅、和米芾是同時代人，蘇年長，負盛名，為黃、米所推重，儼然是當時書壇的領袖。黃庭堅說：「翰林蘇子瞻，

---

41 阮元：《揅經室集》(臺北：世界書局，1964 年 2 月)，中冊，三集卷一，「顏魯公爭坐位帖跋」條，頁 559。

42 陸游(撰)：《陸游集》(北京：中華書局，1976 年 11 月)，第五冊，《渭南文集》，卷二十六〈跋・跋蔡君謨帖〉，頁 2231。

書法娟秀,雖用墨太豐,而韻有餘,於今為天下第一。」[43]翁方綱《米海嶽年譜》引溫叔皮(革,?-1140後)跋米帖云:「米元章元豐中謁東坡於黃崗,承其餘論,始專學晉人,其書大進。」又云:「建中靖國改元,坡歸自嶺外,與客遊金山,有請坡題名者,坡云:『有元章在。』米云:『某嘗北面端明,某不敢。』坡撫其背云:『今則青出於藍矣。』元章徐曰:『端明真知我者也。』自爾益自負矣。」[44]但後世對三家書法的評論,卻以為蘇不如黃,黃不如米。王澍〈論書賸語〉有云:「米老天才橫軼,東坡稱其超妙入神,雖氣質太重,不免子路初見孔子氣象,然出入晉唐,脫去滓穢,而自成一家,涪翁、東坡,故當俛出其下。」又云:「山谷老人書,多戰掣筆,亦甚有習氣,然超超元著,比於東坡,則格律清迥矣,故當在東坡上。」[45]蘇傳世書蹟很多,有楷書和行書,其行書圓勁有力,沉著痛快,黃山谷謂當與顏真卿、楊凝式(873-954)雁行。蘇軾傳世的書跡有比較工整的行楷,如〈赤壁賦〉、〈祭黃幾道文〉等,但他最精采的書法是興之所至信筆寫成的行書,如〈黃州寒食詩〉及〈太白仙詩〉皆流傳有緒,至今為人寶愛。他所寫的簡札,若不經意,而韻味特深。黃庭堅喜作行楷,他的體勢左右開展,是從〈瘞鶴銘〉來。他說:「右軍嘗戲為龍爪書,今不復見。余觀〈瘞鶴銘〉勢若飛動,豈其遺法耶?」[46]其大行書尤覺英氣逼人,如〈松風閣詩〉及〈伏波神祠詩〉,筆法精妙,雄偉絕倫。康有為(1858-1927)謂黃山谷的行書為「行篆」,「筆法瘦勁婉通,則自篆來。」[47]至於米芾的行書,無論用筆結體,字之大小,行間疏密,皆有變化。他的兒子米友仁(1074-1151)曾說他的字「四角轉摺有八面,筆筆皆翔動。」又說:「有雲煙卷舒飛揚之態。」從他的〈蜀素帖〉、〈苕溪詩卷〉和尺牘中,都可看到這些特點。又如〈珊瑚帖〉寥寥數行,信筆寫來,興之所至,畫珊瑚一枝,可謂別開生面,而字之大小位置,和畫配合得恰到好處。又如他的大行書〈多景樓詩〉,真有「快劍斫陣,強弩射千里」之勢。那又是另外一種風格。他的小字行書,頗為自負,自言「唯家藏真蹟跋尾,間或有之,不以與求書

43 黃庭堅(撰),劉琳、李勇先、王蓉貴(校點):《黃庭堅全集》(成都:四川大學出版社,2001年5月),第二冊,《宋黃文節公全集・正集》,卷二十六,「跋自所書與宗室景道」,頁675。
44 翁方綱(編),刁忠民(校點):《米海嶽年譜》,據清咸豐五年刻《粵海叢書》本,收入吳洪澤、尹波(主編):《宋人年譜叢刊》(成都:四川大學出版社,2003年1月),第五冊,元豐七年甲子條,頁3277-3278;建中靖國元年辛巳條,頁3281。
45 王澍:《淳化秘閣法帖考正》,卷十二附正〈論書賸語〉,頁十六下。
46《黃庭堅全集》,第二冊,《宋黃文節公全集・正集》,卷二十七,「題瘞鶴銘後」條,頁711。
47 康有為:《廣藝海雙楫》,《萬有文庫》本(上海:商務印書館,1936年3月),卷六,頁97。

者。」[48]這一類書法現存的有〈王羲之書八十一字贊〉及〈蘭亭跋〉兩種，用筆輕重偃仰，眾妙畢呈，真是「隨意落筆，皆得自然，備其古雅。」(〈自評〉)他的小楷書僅見〈大行皇太后挽詞〉一種，雖是端楷，但用筆卻與行書無異，益覺清新脫俗。

蘇、黃、米三家的共同點，是能擷採前人筆法的精奧，而不為法度所囿，遂能自創新體。有人把宋代書家分為新派和舊派，如說蘇軾和黃庭堅是新派，米芾是舊派，那是不必要的。他們所接受的前人書法傳統大致相同，由東晉二王，唐代歐陽詢、褚遂良(596-658)、李北海、顏真卿，以至五代的楊凝式，都是他們學習的對象。但他們不像蔡襄那樣在字形方面盡力模仿古人，而是從神韻方面學習，從意境方面學習。蘇軾〈和子由論書詩〉有云：「苟能通其意，常謂不學可。」他在〈石蒼舒醉墨堂〉又云：「我書意造本無法，點畫信乎煩推求。」[49]米芾說：「人謂吾書為集古字，蓋取諸長處，總而成之，既老始自成家，人見之，不知以何為祖也。」[50]他們學習古人，只是採集古人的長處，卻不屑於墨守成法，反而著重於發揮個人的意趣。故北宋三家的書法境界，不同於唐而近於晉，而又與晉不同。

---

48 米芾：《海嶽名言》，頁219。
49 蘇軾(撰)，孔凡禮(點校)：《蘇軾詩集》(北京：中華書局，1982年2月)，第一冊，卷五〈古今體詩四十八首‧次韻子由論書〉，頁209-210；卷六〈古今體詩五十六首‧石蒼舒醉墨堂〉，頁235-236。
50 米芾：《海嶽名言》，頁219。

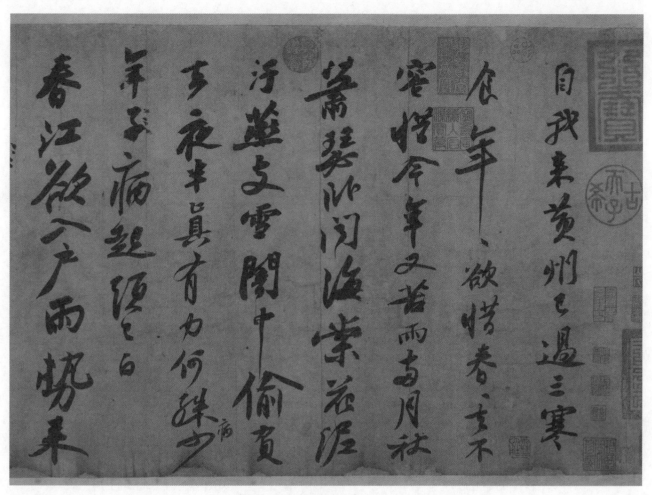

蘇軾〈黃州寒食詩〉

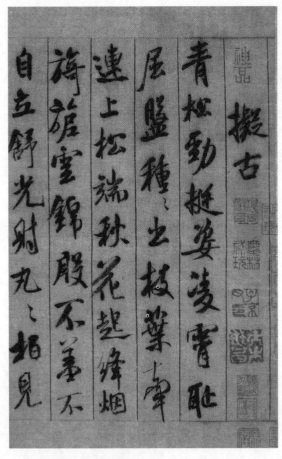 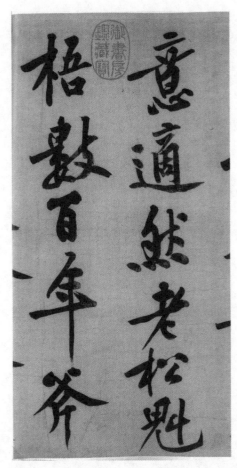

米芾〈蜀素帖〉　　　　　　　　　　黃庭堅〈松風閣詩〉

　　蘇、黃、米三家的書法，在當世便引起一般人強烈的愛好。蘇軾的書法，宋室南渡後為金朝士人所仿效，南宋時成都西樓下有《石刻東坡法帖》。宋高宗(趙構，1107-1187，1127-1162 在位)是宋代帝王中書法最出色的一個，他最初喜臨黃山谷，繼嗜米襄陽，從他的〈賜梁汝嘉敕〉墨迹，仍可看出黃、米的筆意。蔡絛(?-1136 後)《鐵圍山叢談》卷四云：「崇寧後，尚方所藏米元章諸書，率以千計。」[51] 南宋紹興中，高宗以米書刻石，名《紹興米帖》。相臺岳珂(1183-1243)亦以所藏米書鐫石，名《英光堂帖》。當時學米書的很多，如吳琚(?-1189 後)所寫的行書，便能亂真。金朝王庭筠(1151-1202)的書法，也是仿效米芾的。如以書法的影響而論，米亦大於蘇、黃。

　　總括來說：行書發展到宋代，在書法藝術上可說已經登峰造極。士大夫喜愛行書，也講究行書的筆法，所以宋代行書的勢力是壓倒楷書的。前人說晉人用理，唐人

---

51 蔡絛(撰)，馮惠民、沈錫麟(點校)：《鐵圍山叢談》(北京：中華書局，1983 年 9 月)，卷四，頁78。

用法，宋人用意。那是從書法的作風來說的。如從書法的發展的主流來說，則晉代是草書的時代，唐代是楷書的時代，宋代是行書的時代。一個時代有一個時代的書法，不能因為宋代的書法主流是行書，便忽視這一時期書法的成就和它的價值。

本文論行書的發展，止於北宋蘇、黃、米三家，原因是南宋以後的書家，在行書方面的成就已不能超越三家的範圍。宋末元初大書家趙孟頫，筆法超絕，行書深入二王之室，大字用李北海法，但已沒有突破性的開創。明代的沈周(1427-1509)、祝允明(1461-1527)、文徵明(1470-1559)、董其昌的行書，是學步於米芾、黃庭堅的，由此而上溯二王和李北海而已。吳寬(1435-1504)的書法則全用蘇軾的面目，更不必說了。清咸、同以後，碑學大行，時人雖寫行書，但其作用在實用方面多而藝術方面少，至於何紹基(1799-1873)的行書，全用北魏書的體勢，雖亦別闢蹊徑，然在書法史上，其重要性和影響力都不算大。

原載《書譜》雙月刊第三卷之五(總十八期)，1977年10月，頁35-43。

附記

1977年10月，〈行書發展的三階段〉在香港《書譜》發表，六年後被臺北的《書畫家》雜誌翻印，作為〈行書專輯〉的主題文章。他們將文章題目簡化為〈行書〉，文前加上〈行書界說〉一段，文後加上〈行書的寫法〉數段，又在文中加上了一些不必要的小標題，插圖增至三十幅，共佔篇幅二十頁。書譜社初擬追究，後鑑於他們遠在臺灣，訴訟麻煩，終於不了了之。幸而他們對作者還存有幾分尊重，沒有改了作者的名字，而且很隆重地把本文獻給廣大的臺灣愛好書法的讀者們，這點是值得安慰的。不過，他們擅自為本文戴帽著靴，塗脂抹粉，有點不倫不類，令人啼笑皆非，卻是必須嚴厲譴責的。

1977年10月，〈行書發展的三階段〉在香港《書譜》發表

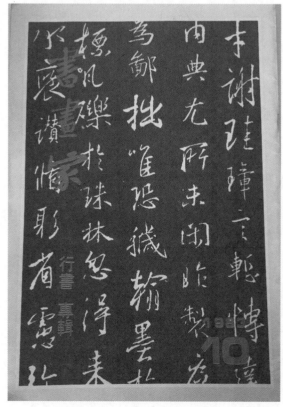

1983年臺北《書畫家》雜誌翻印，並將文章題目簡化為〈行書〉

由書法的多樣性說到治學不宜拘守門戶

從五月九日起的一周內，聖保羅中學舉行了一個書、畫、篆刻、攝影展覽。因為全部展出作品，都出自該校學生之手；所以這是一個相當吸引觀眾的展覽。我在渴望見到藝術界幼苗的心情下，也抽了半天時間前來參觀。

在展出作品中，份量最重而最值得一提的無疑是書法的部份了。它可說是百體皆備。有寫大篆的，如郭念華臨石鼓文、張翰霖臨龍婚敦；有寫小篆的，如陳冰如臨琅琊臺刻石。臨摹漢隸的最多，成績也最好，羅家強和陳禮源臨的石門頌，梁鑾福臨的西狹頌，都表現出氣魄浩大，古雅可愛。此外也有臨張遷碑、禮器碑、曹全碑、史晨碑、夏承碑的，不一而足。至於真書，有寫褚(褚遂良，596-658)體的，有寫顏(顏真卿，709-785)體的，有寫柳(柳公權，778-865)體的。甚至寫草書的也有，也就是張翰霖臨的書譜序。

看過了這些作品，我們至少會得到這樣的印象；那些十餘歲的青年，都是有藝術天才的，而且他們的天才已經開始被引發出來了。——他們都走上了各自應走的正確的學習途徑。一方面我們也會產生出一種驚奇：他們展出了那麼多種的書法體裁，卻是各有各的面目，各有各的筆法，不像是一個老師所能調教出來的；然而據我所知，他們實是一個老師門下的師兄弟。

於是我不由得聯想起香港的書畫界來。公然設帳授徒的可不少啊！他們可能真個對書畫有相當造詣，可能很盡力去教導學生；他們的學生可能也很專心仿效。因此，許多「名師」的弟子露出頭角來了。可是，我在裡邊卻發現出一個危機來。原來那些弟子的作品，都是跟他們的老師一模一樣的。曾經有一天，一個自稱會繪畫的朋友拿一幅作品給我看。我說：「這幅畫的作風有點像趙少昂(1905-1998)呢！」他很滿意而又得意地說：「我正是跟他學的。」我不禁啞然失笑。我也認識幾個跟佘雪曼(1908-1993)學寫字的人，他們的字，都有風中舞柳的風韻，彷彿一個模型鑄造出來的。我並不企圖批評趙少昂的畫，或佘雪曼的字，但總覺得學生不能擺脫老師的窠臼不是一件好事——我找出了近代中國藝術界每下愈況的原因。因此，當我發現聖保羅中學的學生們，跟一先生學習書法而能各得蹊徑，各有面目，感到無比的興奮與欣慰。

中國的書法，富有高度的藝術價值，是誰都不能否認的。由一個字的線條的粗細、配搭，就能令人產生出許多種美的形象來。我們看到晉人的筆札，馬上就有超絕出塵之想；看到北朝人的碑版，卻會生出方正樸拙的意念。這就說明了中國書法含有一種「多樣性」的特徵。

中國書法之所以有多樣性，是基於書家的個性和人格各不相同。藝術品往往是作者的內蘊精神的表現，書法把這點表現得特別明顯。唐朝的李邕(678-747)，大節磊磊，不畏奸邪，最後死於非命；他的書法就和他的個性一樣，表現出一種劍拔弩張、無堅不摧的神氣。顏真卿(709-785)也是一個節烈的人，所以他的書法表現出一種剛直不阿的態度。宋末元初的趙孟頫(1254-1322)，以王孫的身份，屈事蒙古，所以他的書法是柔媚的，沒有骨氣的。

人的情緒常常在變化著，這些情緒也會感染到書法上，是以柳公權說過「心正則筆正」的話。因此，即使是同一人，在不同的時期，不同的心境下寫出來的字，它們所表現的精神可能是不同的。唐代孫過庭(646-691)在《書譜》序中介紹王羲之(303-361)的書法，便曾說過：「寫樂毅則情多怫鬱，書畫讚則意涉瑰奇，《黃庭經》則怡懌虛無，《太師箴》又縱橫爭折。暨乎《蘭亭興集》，詩逸神超；私門誡誓，情拘志慘。」一個人有一個人的精神表現，一個時期有一個時期的精神表現，自然形成書法藝術的多樣性了。

中國的書法，發展到現在，已有二千多年，歷代名家輩出，各把自己的性情和人格鎔鑄在藝術品上。我們假如要學習書法，是不愁沒有臨摹的範本的。問題只在選擇範本是否得當。譬如是一個剛直躁急的人，你教他學寫趙孟頫的字，將會格格不入；即使勉強學步，亦不能有成績。所以，教授書法的人，應該細察學生的體性和愛好，而導以正確的途徑。例如學寫漢碑，他喜愛雄渾的，你便教他臨衡方碑；他愛瘦勁的，便教他臨〈禮器碑〉；他愛方拙的，便教他學〈張遷碑〉。……這樣，一定容易上手，事半功倍。把自己的學習經驗告訴學生是必須的，但這只能作為參考的用途。不能因為我喜愛魏碑，便要學生們也喜愛魏碑；或者因為我將王羲之和宋徽宗(1082-1135)的字改頭換面，各拾皮毛居然做成一種字體，也要學生從王羲之和宋徽宗入手。

硬要學生模仿自己的書法的老師是最要不得的。我們常常聽到「取法乎上，僅得其中；取法乎中，僅得其下」的話，這是藝術模仿的常態。「青出於藍而勝於藍」的

人是很少見的。我們學寫字，當然要找有了定評的名作來做範本。先把根柢植好，才能發展自己的天才。古人教人學書應先通篆隸，就因為篆隸所表現的格調淳樸高雅，沒有近世的浮誇輕薄的意味。假如說老師的書法值得臨摹，便等於說他的書法造詣可以抵得上古代的名家。不知他自己敢不敢担承這句話？近代寫字較有名氣的沈尹默(1883-1971)，便曾吃過「取法乎下」的虧，初學黃自元(1836-1916)的書法，浸淫十年，才覺悟走錯了路，只得再花十年的工夫來把黃自元的俗氣洗滌。試問近代自稱書家的，勝過黃自元的有多少？不及黃自元的又有多少？要學生模仿自己書體的人，可謂太不自量力了！何況藝術的成就，端賴於遍習諸家的長處；把藝術天才的學生束縛在自己的小圈子內，何異於扼殺他們的天才！

　　學習書法不能拘守於一家一派，是因為書法有多樣性。我們如果把這道理推廣，用來治學，也是可通的。學問的領域，比書法不知大多少倍，它的多樣性更顯著；而抱著門戶之見的學者，也是歷代常常發現的。清代的經學家，便有今文和古文之分。而兩派的後學，都以光大門戶為責任，很少能越出師門的範圍，更不敢自創異論。這是不對的。希臘的哲學家亞里士多德(Aristoteles，前 384-前 322)曾經說過：「吾愛吾師，吾尤愛真理。」做學生的雖秉承師長之學，但如步趨維謹，一分一寸也不敢踰越，間有創見，也一定經老師首肯才敢成立，這樣，學術便無由進步，必陷於一代不如一代的絕境，自然談不上發揚光大了。所以，我們治學應該本著客觀的態度，從多方面學習，盡量發展自己的才能；不要固執不變，應放棄多餘的自尊心或自大狂，而一以真理為依歸。做學生的應該這樣，做老師的，更應該這樣。

原載《中國學生周報》第四百一十一期，1960 年 6 月 3 日。

孔孟之道與民主政治

民主政治發源甚早，遠在希臘時代已經出現。但直至十八世紀下半期，法國大革命和美國獨立以後，民主政治的基礎才得穩固。到了現在，世界各國的政治趨勢，都向著這方面來發展了。因此，關於民主政治的學說，一時汗牛充棟；不過，各種學說雖然略有出入，然而一致承認人民為第一位。十九世紀美國南北戰爭後期，1863 年，總統林肯(Abraham Lincoln，1809-1865)發表了著名的蓋茨堡演說(Gettysburg Address)，謂美國這個「民有、民治、民享的政府」(Government of the people, by the people, for the people)將永存於世。於是，民有、民治、和民享便成了近世公認的民主政治的三大要素。簡單地說：民有是國家為人民所有，非單屬於某一階層的人；民治是國家由人民所選舉的代表治理，非由少數人或黨派所專政；民享是國家所得的福利由人民平等分享，非由少數人獨享。(孫中山先生，1866-1925)所說的三民主義，便是根源於此。)唯有符合此三要素的政治，才稱得上民主政治。

因為民主政治由歐洲各國首先實行，故世人只注重於歐洲方面的民主思潮，而忽視了東方的。豈知一向帝權發達的中國，在較歐洲希臘時代還早的周朝，民主思想已經萌芽了。

這便是孔子(前 551-前 479)和孟子(前 372-前 289)的思想。

提起孔子，誰都知道他是主張尊君的，怎麼忽然會有起民主思想來呢？記得五四以後，許多學者把他攻擊得體無完膚，打倒孔家店的口號高唱入雲，大家都說他的封建思想遺害後人。不過，我們須要知道，孔子那個時代是什麼時代，那是封建時代啊！德國哲學家黑格爾(G. W. F. Hegel，1770-1831)說過，沒有人能超出他的時代。孔子雖是名重一時的聖人，也是不能例外的。受了封建時代的影響，思想當然會染上封建的色彩。如果我們用現代人的眼光來責罵古人，便未免苛刻一點了。而且，這些受人指摘的封建思想實在不能代表他全部思想。在另一方面，作為他最高的理想政治，那決不是周朝所行的封建政治，而是有點和現代風行的民主政治相似的大同之治，試翻開《禮記》便可以知道。這便是我說孔子有民主思想的原因。

先看一看孔子所謂大同之治吧。他說：

> 大道之行也，天下為公。選賢與能，講信修睦。故人不獨親其親，不獨子其子。使老有所終，壯有所用，幼有所長，矜寡孤獨廢疾者皆有所養，男有分，女有歸。貨，惡其棄於地也，不必藏於己；力，惡其不出於身也，不必為己。是故謀閉而不興，盜竊亂賊而不作，故外戶而不閉，是謂『大同』。

他把大同認為「大道」，可見他的重視，所以大同的世界就是他的烏托邦。你看他把那個世界描繪得多麼可愛啊！他這個烏托邦，其實就是唐虞時代的社會。因為上古的社會是民主的，那時土地公有制度還未破壞，氏族群中人人皆得以才能受群眾的擁戴。天下是人民所共有的，不是天子的囊中物。堯之治天下是天下人公舉出來的，舜之治天下也是人民一致同意的。所以那時「天子」的意義，只是人民公舉出來的領袖，決不是後來的專制魔王。

因此，孔子對周朝的封建政治已隱含不滿的表示，因為那時「大道」已經不行了，國家變成天子的私有物，人民便「各親其親，各子其子，貨力為己。」大家都存了一個自私心，社會便從此多事了，一切罪惡因而產生。於是便要有賢明的君主(如禹湯文武)出來，用禮義和各種制度來約束人民，領導人民；國家才能達到「治」的地步。而這種「治」，亦只能稱為「小康」罷了。

所以，最理想的政治，還是「大同」。而實行大同之道，主要便是「天下為公，選賢與能。」這不正是民有、民治的思想嗎？

孔子對於選用賢人，尤為重視。他反對貴族壟斷政治，而主張盡量舉出賢人來執政，這由下列幾個例子可以得到證明。魯哀公(姬將，前521-前468，前494-前468在位)問他怎樣才可以使民服，他便答：「舉直措諸枉，則民服；舉枉措諸直，則民不服。」仲弓(冉雍，前22-?)問政，他便答以「先有司，赦小過，舉賢才。」所以「公叔文子之臣大夫僎與文子同升諸公，子聞之曰，可以為文矣。」而臧文仲(?-前617)不能舉柳下惠(前720-前621)之賢，便被孔子罵為「竊位」。

他也很注重民生問題。以為國家富強，一定要人民安居樂業，衣食豐足。故子貢(端木賜，前520-前456)問政，他首先答的便要人民「足食」。魯哀公問年饑不足如之何，他便答：「百姓足，君孰與不足；百姓不足，君孰與足。」他又說過：「道千乘

之國，敬事而信，節用而愛人，使民以時。」這便是日後孟子的「無恒產者無恒心」、「不奪農時，穀不勝食也」的思想的根苗。

此外，在他的說話中，常常蘊含有貴民的意思。他以為做到「民之所好好之，民之所惡惡之」才能稱為民之父母。所以「得眾則得國，失眾則失國」。

這樣看來，孔子的思想，一方面尊君，一方面貴民，豈非矛盾？這怎樣解釋呢？我以為他雖然憧憬著大同之治，但沒有拿出勇氣來改造現實，便只希望當時的政治走向另一條路，達到次一等的小康之治。因此，他便想出了許多達到小康之治的辦法，這便是尊君重禮等等思想的來源。所以我們可以說，大同之治才是他的理想，而其他如尊君的思想只是低一層的想法罷了。

孔子這種思想，發展到戰國孟子的手裡便放射出燦爛的光輝來。孟子私淑仲尼，故能將他的思想盡量發揮，並且增加了許多意見。所以，後世許多人已注意到他的民主政治的思想了。

首先，孟子將孔子的「公天下」之心詳細闡明，我們看了他答萬章問那一章便可以清楚透徹。他也和孔子一樣，憧憬著三代的社會。他以為唐虞的禪讓，和夏殷周的繼統，都是一個意義，就是都存著公天下之心。無論繼賢也好，繼子也好，都是由於民意的選擇，不是一人可得而私的。他因為受了當時的神權社會的影響，竟將堯舜之有天下委諸天意，但他後來卻引《泰誓》「天視，自我民視；天聽，自我民聽」來作解釋，所以最後還是以民意為依歸的。

戰國時，周室衰微，諸侯以武力競霸。孟子竭力反對，並且提出「王道」來代替「霸道」。他以為統治天下在於生民，而不在於殺民。他歸根到底只是為人民設想，故有「保民而王，莫之能禦也」的論調。但那時諸侯都想擴充自己的地盤，國君日夜所夢想所鑽營的只是富國強兵，一點不為人民的福利打算，不惜驅民於死地，來滿足他的慾望。漸漸地，把人民看作自己的工具，自己的奴隸了。孟子意欲糾正這種思想，便毅然提出「民為貴，社稷次之，君為輕」的口號，遊說各國。可惜，他這種貴民輕君的理論，沒有得到諸侯的接納。

他的貴民輕君的言論很多，現再舉數例如下：

「古之人，與民偕樂，故能樂也。」

「賊仁者謂之賊，賊義者謂之殘，殘賊之人謂之一夫。聞誅一夫紂矣，未
　聞弒君也。」

「暴其民甚則身弒國亡；不甚，則身危國削。名之曰幽厲，雖孝子慈孫，
　百世不能改也。」

「得天下有道，得其民斯得天下矣。」

　　民享是民主政治的基礎，如果整個國家已為民有，已為民治，但人民的生活也成
問題，又怎能有國、治國呢？孟子也知道這點，故以井田制為理想，以民有恒產為原
則。他以為「明君制民之產，必使仰足以事父母，俯足以畜妻子，樂歲終身飽，凶年
免於死亡，然後驅而之善，故民之從之也輕。」此外，他還提出了許多具體的推行的
方法：「如五畝之宅，樹之以桑，五十者可以衣帛矣；雞豚狗彘之畜，無失其時，七
十者可以食肉矣。百畝之田，勿奪其時，數口之家，可以　無飢矣；謹庠序之教，申之
以孝悌之義，頒白者不負戴於道路矣。」這雖不能算是頂完善的方法，但能兼顧耕織
生利教育各方面，在當時來說，也不能不算是救時的好方法。

　　由此看來，孔孟之道不止是仁義、禮教、尊君等道德教條，它還孕育著許多民主
思想的幼苗。雖然他們沒有明白說出國家屬於人民，但處處把人民放在國家的第一
位；他們沒有提出人民選擇國家領導人的辦法，但已強調選賢與能的重要；他們也沒
法把人民的生活質素提高到和貴族的看齊，但已從多方面提出辦法要求改善。可惜這
些民主思想的幼苗在後世沒有得到好好的栽培，而中國的民主政體也要到二千多年後
才能出現。(三月廿六日)

　　原載《華僑日報》，1952 年 4 月 25 日，香港中國文化學院徵文第一名作品。

由《史記・貨殖列傳》說到戰國至秦漢的經濟社會

　　戰國至秦漢這一個時期，是中國古代史上經濟最複雜，商賈最活躍的一頁。要研究那時的經濟社會，自然要搜集許多材料，而《史記》的〈貨殖列傳〉卻是其中最重要的材料。

　　〈貨殖列傳〉在太史公(司馬遷，約前 145-前 86)的筆下，是另創一格的，它和《史記》裡其他文章不同，它不就一個人(或幾個人)或一件事(或幾件事)來說，而是就整個社會來說。它把戰國至秦漢的經濟情形記載下來，並且把當時的經濟區域分析得很詳細，把商賈的活動情形描寫得栩栩欲生。所寫的人物，上自皇初，下逮秦漢；所寫的地方，北至燕代，南及儋耳。而且人物的特色個個不同，地方的環境處處皆異。此外，太史公還針對當時的經濟情形發表了一些很有價值的經濟理論，更是研究中國經濟史的人不可不注意的。

　　現在讓我們從〈貨殖列傳〉裡，窺探一下戰國以至秦漢的經濟情形罷。

　　戰國時的社會，已由農業社會而轉為工商業社會，由封建社會而轉為素封社會。

　　那時，由於封建制度的破壞，山澤禁地的解放，商業都市的形成，造成了新興工商業的抬頭，經濟情形的發達。封建制度破壞了，人民開始可以自由經商(春秋時工商是世襲於官的)，商人便漸漸多起來，形成一種新興階級。由封建制度破壞連帶而來的是山澤禁地解放了，人民可以到那裡從事冶鐵、煮鹽、伐樹、牧獵等生產事業，其中尤以鹽鐵的生產最為興盛。鹽鐵在初出現時，大抵是很貴重的東西；後來產生多了，而且成為人們日常必需品，於是有許多人專門從事鹽鐵的採製買賣。那時的巨富，如猗頓(戰國時人)便是以販鹽起家的，郭縱(戰國時人)便是以冶鐵致富的。商人多起來了，生產事業也多起來了，貨物的流通，便需要有許多集散地。剛巧那時的都會，政治性逐漸消失，便急速的變為商業都市，為商人活動、商品集散的地方。當時各國的國都，大都成為商業發達的都市，趙國的邯鄲(今河北邯鄲市)，便是其中最重要的。

　　那些巨富的人，太史公稱之為「素封」，就是說他們雖然沒有爵祿，但富比封君。素封之家的勢力，在當時是很大的。他們以其富比封君的資財，常常在政府背後操縱着社會的經濟和政治，甚至壟斷整個社會的經濟。所以他們實在是當時社會上最有勢力的人物。舉幾個例來說罷：子貢(端木賜，前 520-前 446)就以長於貨殖而致

富，所到的地方，「國君無不與之分庭抗禮。」烏氏倮(約公元前 3 世紀)雖然是一個邊鄙的人，巴蜀寡婦清(約公元前 3 世紀)雖然是一個寡婦，但是，前者因為畜牧致富，秦始皇（嬴政，前 259-前 210 前，前 247-前 210 在位），令比封君；後者因為「能守其業，用財自衛」，秦始皇為築女懷清臺。他們之能够抗禮萬乘，名顯天下，就是有錢的緣故啊！

太史公是漢人，對於漢時的情形當然較稔熟，故在本傳裡也以記叙漢時的經濟社會為主，戰國的商業發展情形，其實只是附帶說說罷了。

漢代的經濟社會，比戰國時更進步了。這有兩個原因：(一)「開關梁，弛山澤之禁」。這樣，一方面商人可以很便利地把商品運到各處交易，一方面生產事業也大大地增加。(二)富人利用大批奴隸來從事生產。我們由傳中所載蜀卓氏(約公元前 3 世紀)富至僮千人，齊刁間(約公元前 2 世紀)用黠奴逐魚鹽商賈之利，都可以知道那時已在利用奴隸來從事生產了。上述兩點，其實在戰國至秦已是如此，不過在漢代更是普遍，所以影響也更大。

當時的大都會，除了從前已是繁盛的更繁盛外，許多大都會都紛紛發展起來。大抵接近邊境的地方，和交通便利的地方，商業無不繁盛。如天水、隴西、巴蜀等地都是那時重要的經濟區域。我們試就〈貨殖列傳〉所載，推測一下那時主要的經濟區域：

(一)關中：關中的財富，在當時是佔全國十分之六的。這裡土地既然肥沃，又因為有先王的遺風，人民好稼穡，所以農業發達。至於商業方面，在周平王（姬宜臼，前 780-前 720 前，770-前 720 在位）東遷以後，便開始發達。那時關中是秦國，秦文（嬴姓，？-前 716，前 766-前 716 在位）、孝(嬴渠梁，前 381-前 338，前 361-前 338 在位)、繆（嬴任好，前 659-前 621，前 659-前 621 在位）都在雍建都，於是甘肅、四川一帶的貨物都以關中為集散地，商賈便漸漸多起來。秦獻公（嬴師隰，前 424-前 362，前 384-前 362 在位）遷櫟邑後，北面更和戎狄接觸，東面通到山西，商賈也很多。至武王（嬴蕩，前 329-前 307，前 310-前 307 在位）昭王(嬴稷，前 325-前 251，前 306-前 251 在位)以及於漢，建都長安，關中的商業更形發達了。總之，由於政治的提倡，

人民的風尚，地位的適宜，交通的便利，農商的發達，使關中成為全國經濟的樞紐。

(二)三河：河東、河內、河南。三河也是當時的經濟中心。因為三河好像鼎足而立，而且都曾為國都，是諸侯聚會的地方，加以地少人多，所以民風纖儉習事。河東(楊、平楊)的人，西面向秦、翟做生意，北面向種、代做買賣。種、代因為接近邊疆，常常有胡患，人民為了抵抗，便養成一種好氣任俠，粗豪悍勇的風氣，對於農業和商業都不感興趣。他們和乖巧的河東人交易，自然要吃大虧。河內(溫、軹) 人的買賣，西至上黨，北達趙、中山。中山地薄人眾，工商業本來發達，但是受了商紂(子受，約前 1075-前 1027 在位)淫亂的影響，弄到人民的風氣敗壞，奢侈浪費。於是刁鑽的河內人便乘虛而入，滿載而歸了。河南的人，東到齊、魯經商，南向梁、楚牟利。可是齊魯的人，素來養成儉嗇的習慣，好賈趨利的程度，比河南人還厲害。因此河南人得不到怎樣鉅大的利益。

(三)南陽：南陽西面通到武關，東南面臨漢、江、淮三水，也是當時的一個大都會。因為交通便利，商業自然發達。

此外，如邯鄲、燕、臨淄、魯、睢陽、江陵、陳、吳、壽春、合肥、番禺等都是物產豐富，交通利便的大都市，商業亦頗發達，不過貿易的區域不及上述三個區域的廣闊罷了。

太史公在描述當時的經濟區域的時候，不單把當地經濟情形細意描畫，還處處把當地的歷史因素和地理因素指出來。這一方面固然可以幫助我們了解當地經濟發達的原因，另一方面也可以見到太史公很明瞭這兩種因素對經濟的影響。歷史背景和地理環境的不同鑄成各種不同的風俗，不同的風俗便造成不同的經濟發展。所以種、代人不重經濟，便造成了河東商業的發達；中山民風景靡，便造成了河內經濟的進展。此外地理環境的不同更有不同的物產和不同的交通狀況。交通發達的地方，貨品自然能夠流通，經濟也自然發達了。物產的不同，會造成各種不同的生產事業。在那時，「夫山西饒材、竹、穀、纑、旄、玉、石，山東多魚、鹽、漆、絲、聲色，江南出楠、梓、薑、桂、金、錫、連、丹沙、犀、玳瑁、珠璣、齒、革，龍門、碣石北多馬、牛、羊、旃、裘、筋、角、鋼鐵。」所以，漢代的生產事業也以鹽、鐵、畜牧、

種樹為大宗。那時的巨富，蜀卓氏、程鄭(約公元前 2 世纪)、宛孔氏(約公元前 3 世纪)都是從事冶鐵的事業。齊习間是販鹽的，橋姚(約公元前 2 世纪)是從事畜牧的。

在這裡，不能不附帶提及的，便是中間剝削的人物的出現。太史公所列漢代大商賈之中，無鹽氏(約公元前 2 世纪)是吳楚七國兵起，社會大亂的時候，放高利貸來獲巨利的。有了這種人物出現，可以推想得到漢代的經濟社會是相當發達的了。

〈貨殖列傳〉裡所述的戰國至秦漢間的經濟情形，是研究中國經濟史不可少的資料；而所述的經濟理論，更是研究經濟學的不可不研究的。而且，太史公的經濟理論，也恰反映那個時期的經濟社會情況；換句話說，他的理論的發生，是基於那個時期的經濟思想。

太史公雖然很信服道家思想，但是對於老子（李耳，約公元前 571-前 471）的復古(上古)的經濟理論卻加以反對。老子憧憬著上古的經濟社會，以為那是最理想的境界，就是所謂「郅治」。他說：「至治之極，鄰國相望，雞狗之聲相聞，民各甘其食，美其服，安其俗，樂其業，至老死不相往來。」老子的至治之極是無為無欲的，他完全抹煞了慾望在經濟生活中的重要性。這當然要為思想超卓的太史公批評為：「雖戶說以眇論，終不能化」了。太史公的理論，便是由人類的慾望說起，一個人的慾望很多，例如「耳目欲聲色之好，口欲窮芻豢之味。」為了滿足這許多物質上的慾望，便會發生許多經濟行為，人類的社會才會進步。所以經濟生活起源於慾望，無欲便無經濟了。太史公由此而建立起他的放任的經濟理論。他以為國家的經濟政策，最好是順乎自然，任由人民自由發展；其次是引導人民去經營有益的事業；其次是教誨人民去經營有益的事業；再其次才是將財政整理統制，這樣，雖收整齊之效，但經濟便沒有了發展；最下便是和人民爭利，因為這樣會弄到民生困絀，卒致整個社會的經濟陷入完全停頓的泥沼裡。所以虞、農、工、商、各執所業，向着自己的目的做去，自由競爭，政府不必加以限制，各業便自然有發展，經濟社會也自然進步。這便是太史公所說的「道之所符而自然之驗」了。

太史公這種近乎放任主義的經濟理論，實在是針對當時政府所施行的統制經濟政策而發的。

漢代從建國時起，便輕視商人，壓抑商人。因為漢高祖（劉邦，前 256-前 195，前 202-前 195 在位）出身貧困，深知農民的艱苦，所以對於那些坐獲千金的商人很是

不滿，而有意提高農人的身份。漢初不准商人衣絲乘車，可見已行抑商政策。到了武帝的時候，商人更活躍了，更能操縱社會的經濟。政府和社會儘管看輕他們，但他們有的是錢，也舒舒服服地享福去了。因此，看不起商人的漢武帝（劉徹，前 157-前87，前 141-前 87 在位）便以為非加以制裁不可。他任用有法家思想的桑弘羊(前 155-前 80)為大司農，實行統制的經濟政策。要把社會的經濟拿回國家手裡，由國家統制。其中最主要的有兩種制度。第一是實行鹽鐵官賣政策。當時最大的企業，便是鹽鐵，從事鹽鐵買賣的多獲巨利。政府規定鹽鐵官賣以後，便把人民的利益轉為國庫的收入了。一方面着實對那些大鹽商大鐵商加以重重的打擊；一方面國家控制了鹽鐵的生意後，控制整個社會的經濟便容易得多了。第二是實行均輸制度。政府命各地各貢土產，就地交給貢官，由貢官看物價的高低，運往各地出售，以牟利潤。這兩種制度的施行，最初也許是為了增加國庫的收入，來應付遠征的巨大的消耗。但後來看見有利可圖了，便繼續下去；賺到的錢，更用來供貴族們的揮霍。這一來。政府與民爭利的面目暴露無遺，人民眼見自己的脂膏血汗，給政府搜括了去，給貴族作窮奢極侈的享受，那能不痛恨不反對呢？所以，統制派的政策是人民徹頭徹腦地反對的。《史記》上記着：「烹弘羊，而天下雨。」由這兩句話可以見到民眾反對的情緒是如何地高張，對施行這種政策的桑弘羊是如何地痛恨了。

太史公是站在社會一邊的，所以他主張放任的經濟政策。他的經濟思想，也許會受道家的自然思想所影響，其實是一種進化論的思想。經濟生活之所以能够推進，人民經濟自由是其先決條件。假如嚴加統制，經濟社會便不會進步，因為人們已喪失了競爭的自由，沒有競爭自然沒有進步了。那末，這個社會的經濟便會停頓下來，甚至一蹶不振。所以漢自行統制派的政策後，社會的經濟便漸漸衰落，國計民生也漸漸貧困了。現在許多極權國家，不容許經濟自由，比漢代的統制派更厲害了，結果只有把國家的經濟帶入絕境，這是可以想像得到的。

誰都知道經濟對人類是很重要的，它會影響到人們的道德問題。管子(管仲，前725-前 645)說過：「倉廩實而知禮節，衣食足而知榮辱。」太史公把這兩句話介紹出來，而且加以大大的發揮。這一個社會，除了真正有極高修養的人外，能够安貧的人絕少。對於一般庶民，實不能加以過分的要求。試問在饔餐不繼，衣褐不足，生命也垂危的時候，誰還守什麼禮節，還知什麼榮辱呢？他們不堪生活的鞭撻，便難免鋌而

走險，做出軌外的事來。太史公因此說：「禮生於有，而廢於無，故君子富，好行其德……小人富，以適其力。……人富而仁義附焉。」又說：「天下熙熙，皆為利來；今天下攘攘，皆為利往。夫千乘之王，萬家之侯，百室之君，尚猶患貧，而況匹夫編戶之民乎?」這幾句話，是說得很沉痛的。所以要鞏固國家的政教，一定要使人民安居樂業，一定要把經濟生活推進。要把經濟生活推進，一定要經過交換與流通這兩個過程。因此，商人的地位便覺得重要了。

太史公很明白商人的重要，故雖生於重農抑商的漢代，對商人卻有另外一種看法。他一方面要提高商人的地位，讓他們自由競爭，來推進社會的經濟；一方面對商人同情，因為政府對商人所待太苛了。他更由以下幾點來表示出商人之不應被人輕視：

第一，商人的致富，並非僥倖，是要靠他們超卓的才能的。那些聰明才智之士，不能用於國，只有用於家罷了。他們運用才能使他們變成了千金之家。例如范大夫(蠡)（約前 536-前 448）襄助越王(勾踐，前 497-前 465 在位)破了吳國後，知道自己再不能見用於國，便泛舟而貨殖去了。商人的才能，也可以從白圭（約前 370-前 300）的話見到，他說：「吾治生產，猶伊尹、呂尚之謀，孫、吳用兵，商鞅行法是也。是故其智不足與權變，勇不足以決斷，仁不能以取予，彊不能有所守；雖欲學吾術，終不告之矣。」依他的話，要做一個成功的商人，必須兼備智、勇、仁、強這四種德能。

其次，商人的資財，常常是由節儉勤苦積聚得來的。太史公描寫白圭，便說他「能薄飲食，忍嗜欲，節衣服，與用事僮僕同苦樂。」又如秦亡以後，有一個姓任的富人，便自己定一條任家公約：「非田畜所出，弗衣食；公事不畢，則身不得飲酒食肉。」他們那樣勤儉，當然較一般揮霍無度的人容易致富了。

再其次，太史公認為愛富是人類的本能，所以難怪商人要孳孳為利。其實，除了商人之外，愛富的人多得很。商人比較起那些武士、惡少、娼妓、賭客、術士、吏士等用行險的方法來致富，還高明得多呢！那些假作清高的人，貶斥商人好利，實在他們的心中何嘗不是想着錢呢！那種人，實在比商人更卑鄙啊！

所以，商人如果能够像范大夫那樣「富而好行其德」，便不應加以輕視和壓抑了。

　　總括來說，太史公的經濟思想有兩大點：一是以欲望來做出發點，故反對老子的無欲思想，而同情商人的牟利心理。一是以經濟的自由來做出發點，故反對統制派的經濟政策，而主張放任的經濟理論。

　　　　　　　　　原載新亞書院同學主編：《新亞校刊》第四期，1954 年 2 月。

論五四運動對中國文化的功罪

提起新文化或新學，我們就會聯想到五四運動。因為五四運動激發起中國文化的革命。

中國近代文化的變動，與西洋文化的輸入有很大關係。在五四運動以前，中國人對西洋文化抱着兩種看法：一種是新的，即主張接受西洋文化的；一種是舊的，即主張保守中國文化的。新舊兩種人不能融洽，互相排斥，各有短處：「舊者不知通，新者不知本。」因此便產生一種折衷思想，這便是張之洞(1837-1909)的「中學為體，西學為用」的學說。及後梁啟超(1873-1929)在《新民叢報》大量介紹西方思想(如自由、平等的學說)，開始對傳統思想作破壞的工作。但是，這些思想學說對當時的影響都不大，要到五四運動的浪潮一起，中國文化才發生空前的變革。

中國近代文化的變動，與社會的不安定有很大關係。自滿清之末，政治日趨腐敗：內則社會混亂，民不聊生；外則列強環伺，紛紛壓迫。在這樣的情勢下，怎能不激起人們變革的念頭？於是有曾國藩(1811-1872)、李鴻章(1823-1901)等提倡船堅炮利的西學，繼有康有為(1858-1927)、梁啟超等發動的維新變法。再後，更有孫中山先生(1866-1925)領導革命，提出三民主義的理論，終於推倒滿清，建立共和。那時人們已經稍稍對科學與民主加以注意。但這些提倡和變革對中國文化的影響都不大，要到五四運動的浪潮一起，才正式把賽先生(科學)和德先生(民主)迎進中國來。

由此可以看出五四運動的淵源和背景。它是由於西洋文化的輸入和社會的變動而發生的。

五四運動發生於民國八年(1919)，是一種反對日本侵略的愛國運動。日本自明治維新以後，國勢日盛，便想侵略中國。晚清至民國初年，中國不斷被日本壓迫。民國四年(1915)，中國政府正被軍閥們所把持，日本便乘着軍閥的弱點，向中國提出二十一條要求。中國政府為勢所逼，不得不予以大部分承認。民國七年(1918)五月，日本向中國政府請求繼承德國在山東的權利，軍閥們因為想向日借款以擴充自己的勢力，便給予「欣然同意」的換文。民國八年，各國召開巴黎和會，我國代表陸徵祥(1871-1949)、顧維鈞(1888-1985)等提出收回德國從前在山東所得的權利，並取消二十一條中日協約。日本便拿出中國政府「欣然同意」的換文，英、法、意等侵略國家與日本早

有密約，所以一致袒護日本。美國總統威爾遜(Thomas Woodrow Wilson，1856-1924，1913 年-1921 在任)雖欲主持公道，也無能為力。於是對山東問題的解決，中國代表完全失敗了。

這消息傳到中國，羣情大憤，都要追究那簽訂喪權辱國的條約的賣國賊。二十一條中日協約是曹汝霖(1877-1966)負責談判的，山東換文是駐日公使章宗祥(1879-1962)簽訂的，向日借款是陸宗輿(1876-1941)交涉的。他們三人便成了唾罵的目標。那年五月四日，北京專上學校學生三千餘人，便舉行示威遊行運動，並搗毀曹汝霖的住宅，痛毆剛剛回國的章宗祥。他們要求政府懲治賣國賊，並呼籲國人抵制日貨。一時全國各地學生一致響應，商人罷市，工人罷工，以為聲援。至是，政府不得不罷免曹、章、陸三人，以平息人民的怒氣。這便是五四運動的始末。

五四運動的力量，恍如怒潮澎湃，不可遏止。中國人民積幾十年的怨怒與不滿都一股腦傾注到這怒潮裡。由於這怒潮的力量強大，便直接或間接刺激起各方面的變革：政治、經濟、文化都受極大影響。其中最顯著、最重要、最受注意的便是文化方面。由五四運動產生出新文化運動。

新文化運動在五四運動發生以前已經醞釀了很久。在晚清至民國初年，已有人對中國文化不滿而提出變革，不過這些變革是很少的。在五四運動前兩年，新文化運動開始萌芽。那年(民國六年，1917)一月，胡適(1891-1962)在《新青年》雜誌上發表了〈文學改良芻議〉，用文學進化的態度，試探着向中國舊文學挑戰。同年二月，陳獨秀(1879-1942)發表了〈文學革命論〉，正式高張「文學革命軍」的大旗，向舊文學進攻。他提出了三大主義：「曰推倒雕琢的、阿諛的貴族文學；建設平易的、抒情的國民文學。曰推倒陳腐的、鋪張的古典文學；建設新鮮的、真誠的寫實文學。曰推倒迂晦的、艱澀的山林文學；建設明瞭的、通俗的社會文學。」他的態度相當激烈，可是當時反應不大，起不了很大的作用。所以這只是新文化運動的創墾工作罷了。到了五四運動的怒潮一起，新文化運動才藉着人們的熱忱，激昂的情緒，一下子便淹沒了中國文化界。

新文化運動起於五四運動，五四運動起於中國幾萬萬人的愛國情緒。要愛國，便要拒外侮；要拒外侮，便要自強；於是便要革新。因此五四運動要求中國各方面的革新，新文化運動要求中國文化的革新。

新文化運動者心目中的中國文化的缺點，是缺乏民主和科學。形成這兩者不發達的，就是中國文化最大的缺點：傳統思想的束縛。所以要救中國文化，便要提倡民主和科學；要提倡科學和民主，便非打倒傳統的思想不可了。這便是全盤西化論的根源。我們可由新文化運動的「急先鋒」陳獨秀的說話中見到：「要擁護那德先生(即民主)，便不得不反對那孔教、禮法、貞節、舊倫理、舊政治；要擁護那賽先生(即科學)，便不得不反對那舊藝術、舊宗教；要擁護德先生又要擁護賽先生，便不得不反對國粹和舊文學。」

由此我們可以歸納出新文化運動的主張。在積極方面，提倡民主和科學，建設平易通俗寫實的文學，提倡白話文，建立新文學等；在消極方面，打破傳統思想(包括反孔孟、剷倫常、非孝等)，推倒舊文學和藝術，廢除文言文，改革方塊字等。

如果我們清楚了五四運動及其附帶的新文化運動的背景及內容，便可進一步來研究它的影響了。無可懷疑，五四運動對中國的影響是巨大的。因此許多人加以讚揚，但加以責難的也不少。最普遍的責難是：右翼作家說五四運動引起共產主義的發生，致人民日後遭受無限的荼毒(如鄭學稼（1906-1987）的〈由文學革命到革文學的命〉)；左翼作家評五四運動對舊文化未能徹底肅清，而且對它妥協(如瞿秋白（1899-1935）的〈亂彈〉)。其實假如沒有五四運動，共產主義也一樣在中國發生的，因為這是赤潮發展的趨勢。假如五四運動真個根絕了中國文化，這才是它的罪呢！由於他們都是以政治立場來說的，自然不甚確切。我們必須捐除一切偏見，站在文化的觀點，運用正確的見解來加以批評，這樣才能發見它對中國文化的功罪。

新文化運動雖然肆意破壞中國文化，但它對中國文化顯然有着不可抹煞的功績。我們現在簡單地把它分為四點，在下面一一討論吧：

第一，它將中國文化加以重新評價，使我們知道發揚其精華，摒棄其糟粕——新文化運動者要全部推倒中國文化，自是過激之論，但他們確是有所見而發的。他們見到了中國文化的弱點，而中國文化也確有其弱點。好像男女不平等、女子纏足、膜拜鬼神、盲婚、專制政治等確是中國文化脆弱的一面。然而中國文化的優點卻始終存在。好像仁義禮樂、孝悌忠信、倫常之道等始終是不朽的道理，任他們怎樣剷除也剷除不了。所謂真金不怕鍛鍊，它們經過一番摧殘後，仍然屹立，更足以表現它們的偉大，

更足以增加人們對它們的崇愛。所以新文化運動重新估量中國文化的結果，直接上使人淘汰中國文化的缺點，間接上使人認識中國文化優點，日後好加以發揚光大。

第二，它引起了中國文化的自覺，豐富了中國文化的內容——滿清末年，由於滿洲人對漢族種種壓抑政策，致中國文化由道器雙溶而變為道器受阻，所以那時中國文化實已陷入窒息狀態，怪不得西洋文化以優勝者的步伐踏入中國了。西洋文化輸入中國後，對中國文化給予很大的刺激，中國人開始發生一種自覺，已有對中國文化革命的表現。這種自覺到五四運發生而培養成熟，大家都發覺中國文化的缺點，非急起求補救不可，於是趕緊接受西洋的民主精神和科學技術。中國文化有了自覺便恍如從酣睡中醒過來，於是中國文化的內容也因此而豐富了。中國近年來政治已實行民主，各科學也漸具規模。研究社會科學、自然科學的人日漸增多了。

第三，它改正了人們對文學的態度——從前人對於文學，只知一味模倣，陳陳相因，毫無創作。所以中國文學始終停滯在某一階段上，這完全是忽略了文學進化的結果。到了五四運動發生，介紹了許多西洋的文學理論過來，中國人眼界為之一新，才領悟到文學是進化的，一個時代有一個時代的文學。從前的文學是從前的，如果現在再模倣它，只是製造假古董罷了。這樣人們才開始以時代的精神，用現代的內容和現代的形式，去從事新文學的創作。從前人看不起的小說戲劇，現在都給人重視了。經過許多作家的努力，新文學至今也算建立了不少業績。文學是文化重要的一部分，中國文學有了進展，也象徵着中國文化跨進一步。

第四，它使白話文代替文言文——文言文是古代的文學，現在人寫起來讀起來總會感覺困難。因為文字不是一成不變的，它隨着時代的變遷而生變化。所以現代的語法跟從前的語法(文法)並不一樣。現代人學習古代的文字自然不會容易，是以文言文難學也難工。這種文言文，時至今日，是足以阻礙中國文化的傳播的。如果代以白話文來推行中國文化，則人們自然更容易接受。古人所以寫古文，就因為他們是古人，他們也寫他們那時代的文字。我們現在寫現代的文字，是最合理的。如果說白話文冗長，不及文言文簡潔，這只是一孔之見。語言演變的趨勢，一定是由簡而繁的，詳明並不為病，總比簡單而意義隱晦好得多。新文化運動者看到了這點，便大胆地提出白話文代替文言文。他們經過幾許努力，終於把少數頑固文人如章士釗(1881-1973)、林

琴南(林紓，1852-1924)等的文言保衛軍打倒，白話文漸普遍。它利用平易的優點，推行教育，傳播文化。

總括來說，五四運動對中國文化的功績，消極方面是把中國文化的缺點凸現出來，使我們知所變革。積極方面是把中國文化的內容擴大了，而且刺激起人們的自覺，要將中國推到一個新天地去。

新文化運動的錯誤本來不會太大，但因提倡者一意孤行的態度，以致一錯便不知伊於胡底。請看當年陳獨秀對新文化的態度吧：「必不容反對者有討論之餘地，必以吾輩所主張者為絕對之是，而不容他人之匡正也。」用武斷、固執、鹵莽的態度做去，怎能不鑄成大錯？人非萬能，怎會沒有錯誤，有錯誤也目為「絕對之是」，自然很難加以「匡正」。是我下面所述新文化運動的罪過的由來：

第一，它將中國文化大量破壞──中國文化有缺點是事實，但我們不應因咽廢食，因其小疵而把其消滅。但是由新文化運動而產生的全盤西化論者，卻以為非根絕中國文化，不能將西洋文化「全盤接受」。他們的眼中已沒有了中國文化，因為他們堂皇地要建立的新文化，卻只是承受西洋文化而已。西洋文化始終是西洋文化，是不能變為中國文化的。文化是某一民族積年累月活動的總成績，所以民族與文化不可分。若要把西洋文化變為中國文化，中國人非先變為西洋人不可。因此，他們辛辛苦苦捧過來的西洋文化不能在中國替代中國文化的地位，中國文化卻無辜飽受摧殘了。

第二，它使人對中國文化發生誤解──新文化運動者為了要破壞中國文化，不能不編派它許多罪名，好像甚麼吃人啦，枷鎖啦……使人談虎色變。其實中國文化是不是吃人的文化？是不是枷鎖？這都不難明白的。不過當時人滿腦子都是衝動的情緒，衝動便會埋沒理智，所以便沒有判別它的好壞，只有齊聲附和，致誤解了中國文化。同時，新文化運動者一個有力的藉口，說中國文化阻礙民主和科學的傳入，以致中國一蹶不振。這是一種騙人的技倆，讓我們在下面揭穿它。他們反對禮法、貞節、倫理的理由，就是要提倡民主。這便令人大惑不解。難道禮法與民主是衝突的嗎？禮是社會上一種無形的節制，是公眾心裡同一種標準。守禮只是守這種公共的標準，並沒有喪失了主權。禮也不是皇帝老子頒佈的。那末，禮法與民主為什麼不能夠同時提倡呢？難道貞節與民主是衝突的嗎？如果不貞節才能民主，那末在民主國家裡，豈非女人盡是水性楊花的蕩婦，男人盡是朝秦暮楚的鄙夫？可是事實告訴我們，這是不對

的。難道倫理與民主是衝突的嗎？在民主國家裡，是不是沒有父子夫婦的分別？這也是不成其理由的。我以為提倡民主不必推翻舊禮教，如果民主的社會是悖亂的、無恥的、亂倫的，那末，民主也不值得提倡了。其次，他們反對中國的文學和藝術，說是為了提倡科學的緣故。這可見當時提倡新文化運動者的偏激和空疏。稍有常識的人，都會明白文學藝術和科學是不同的。文學藝術多憑想像，有時不妨誇大舖張，這是為了求美的目的。科學多由觀察推理，要絕對正確，這是為了求真的目的。科學與文學藝術，對人生同樣重要，二者是河水不犯井水的。這在古今中外皆然。如果說提倡科學要反對中國舊文學藝術，那末再輸入來的新文學新藝術，不是也一樣和科學違背嗎？所以，提倡科學與文學藝術無關，這只是他們想毀滅中國文化的藉口。中國舊文學和舊藝術，我們現代人不必再去模擬，可是它的價值仍在。我們只可反對模擬舊文學，而不應毀滅舊文學。由上可見新文化運動者打出了民主和科學的招牌，使中國人誤解了中國文化。我們必須破除它的蒙蔽，掃除成見，共謀中國文化的發展。

第三，它使人冷落了中國文化——新文化運動令人誤解了中國文化的惡果，便是人們輕視中國文化，甚至憎恨中國文化。尤其是一般無知的青年，只知愛慕時髦，連自己的東西也不認識。這便造成了中國文化缺乏提倡者。人們大都抱着「把線裝書扔到毛廁裡去」的念頭，還願意在毛廁裡拿出線裝書來研究嗎？所以中國文化被人摧殘了一番後，更被冷落在一旁，沒有人來發揚它，以致黯然無光。這是很痛心的事。所以發揚中國文化便成了我們急不容緩的工作。

第四，它讓一部分人利用文學做階級鬥爭的工具——新文化運動帶來中國許多文學理論，在好的方面使新文學有了進展，但在壞的方面卻使一部分野心的人利用文學來做階級鬥爭的工具。他們提出了許多新名詞，什麼封建文學呀，買辦文學呀，小布喬治亞文學呀，普洛文學呀，五花八門，令人目眩，不別善惡。他們於是把善惡說出來了，他們由文學所表現的意識來判定它的種類，來評定它的優劣。左翼作家們更大唱其無產階級文學，凡是表現無產階級的都是優秀的文學，否則便是買辦文學或封建文學……。那些買辦文學，封建文學……自然都是落後的，不好的文學。於是，文學便無形中做了階級鬥爭的工具。這便是中共所謂文藝的根源。在現在的大陸上，統治者目史太林(1878-1953)為爺爺，作家們的作品，便要謳歌史太林為「鋼呀，鐵呀，太陽呀!」這時，文學已失去了自由活潑的真生命，便不能再有發展了。

由上可見五四運動對中國文化作了很嚴重破壞，並損害其自尊心，使許多人對它發生誤解。一如在中國文化的前途，放下了幾塊大石。

五四運動既使中國文化醒過來，重新踏上前途，又在其前放下幾塊阻路石，正可以說是功罪參半。我們不必為它的功績而張揚，也不必為它的罪過而痛詆。每一件事卻不會是十全十美的，有好處也會附帶惡果。這是必然的道理。假如五四運動沒有那樣大刀闊斧去摧毀中國文化，它的影響自然也如康梁維新之類，發生不出大作用，西洋文化也不會大量傳入，也不能影響頑固的守舊者。反正它既不能摧毀中國文化，而使人認識了西洋文化的重要；我們也不辭再做一番功夫，來把中國文化前途的巨石移去，重新提倡中國文化。

總而言之，五四運動的價值，可說是在使中國文化經過消極的鍛鍊工作。至是，中國文化仿如一塊不純淨的黃金，被火鍛鍊過後，真金的乃益發燦然生光。所以，中國文化的精華經此浩劫後仍然屹立無恙。我們重新積極的提倡中國文化，不但要發揚這精華，更要將它和西洋文化的精華交流，使產生另一種偉大的文化。這才是我們所祈求的新文化。

一九五四年五月廿日寫於新亞書院

原載新亞書院同學主編：《新亞校刊》第五期，1954 年 7 月。

章實齋《文史通義》述略

一個偉大的學者，一方面要能適應時代的要求，一方面要能脫離時代的束縛。前者所以趕上時代，以免陷入賄腐的泥淖，因為時代是不斷前進的；後者所以掃除時俗的謬見，不人云亦云，而發揮自己的見解。

在清代乾嘉年間許多學者中，章實齋(章學誠，1738-1801)可以說是這樣的學者，他的學問和理論，獨立特行而不違背時代。由於常常獨排眾議，他得不到當時人的尊崇。但有價值的學問和理論是不會久被埋沒的，所以自民國以來，學者研究章實齋的漸多，對他的學術思想多也評價很高。他的心血作品《文史通義》，更成了後人學習文史的津樑。

《文史通義》不但在文學和歷史這兩方面有着超卓的見解，而且在經學上、治學方法上、和方志學上也有深刻的理論。讓我們在下面一一看它吧：

先述章實齋的經學思想。

自從顧炎武(1613-1682)提倡「經學即理學」以後，清代的學者，都以為「道在六經」。離開了六經，便不能明白聖人的大義和道理。而要通經義，又非明瞭每一個字的字義不可。

章實齋首先反對這點，他對六經有另一種看法：「古之所謂經，乃三代盛時典章法度見於政教行事之實，而非聖人有意作為文字以傳後世也。」(〈經解篇〉)他的立論是有歷史根據的。古代政教不分，官師合一。六經就是保留在官師手中的檔案紀錄，當然不是聖人立意用來垂教後世的。後人把它們看成神聖不可絲毫違背，豈不可笑。於是，實齋進一步提出了「六經皆史」的理論：

> 六經皆史也。古人不著書，古人未嘗離事而言理。六經皆先王之政典也。……若夫六經，皆先王得位行道，經緯世宙之迹，而非託於空言。（〈易教上〉）

他想用史學來濟經學之窮，用經學來把史學的範圍擴大。至於「道」，也不是只在幾本經書裡便可以鑽得出來的。它是不可見的，要隨其自然，逐漸而出。所以，我們可以在事物上慢慢悟出「道」來。他說：

故道者，非聖人智力之所能為，皆其事勢自然，漸形漸著，不得已而出

之，故曰天也。（〈原道篇〉）

又說：

道有自然，聖人有不得不然。……道無所為而自然，聖人有所見而不得

不然也。……眾人無所見則不知其然而然。……不知其然而然，即道

也。……聖人求道，道無可見，即眾人之不知其然而然，聖人所藉以見道

也。（同上）

實齋對「理」的看法。也和「道」一致。他的主張求「理」必須從事物上着手。

這是淵源於陸象山(1139-1192)的道理。實齋說：

理譬則水也，事物譬則器也。器有大小淺深，水如量以注之，無盈缺

也。今欲以水注器者，姑置其器，而論水之挹注盈虛，與夫量空測實之理，

爭辯窮年，未有已也。而器固已無用矣。（〈朱陸篇〉）

由事物來看出道理，便是實齋的一貫理論。

實齋對於治學，亦有獨到的見解。

他對當時的人求學只靠冥想表示反對。他主張腳踏實地，對事物加以細密深刻的

體驗。這樣，學問便會逐漸積聚而成。他在〈原學篇〉中，引孔子(孔丘，前 551-前

479)的名言，再證以知行合一的學說，來說明這個道理：

古人之學，不遺事物。……夫子曰：學而不思則罔，思而不學則殆。又

曰：吾嘗終日不食，終夜不寢，以思；無益，不如學也。夫思亦學者之事，而

別思於學……者，蓋謂必習於事而後可以言學，則夫子誨人知行合一之道

也。……極思而未習於事，雖持之有故，言之成理，而不能知其行之有病也。

由此可知章實齋的學問是實際的、經世的。他既提出求學不能只靠思想，自然會

說到功力。但是，實齋並不是太過注重功力，因為學業之成，除功力外，還要靠天性

和至情。他說：

夫學有天性焉，讀書服古之中，有入識最初，而終身不可變易者是也；學

又有至情焉，讀書服古之中，有欣慨會心，而忽焉不知歌泣何從者是也。功力

有餘而性情不足，未可謂學問也，性情自有而不以功力深之，所謂有美質而未

學者也。……（〈博約篇〉）

　　功力雖然不是求得學問的全部因素，但它也是很重要的。實齋曾經說過：「學問之事，則由功力以至於道之梯航也。」(〈與林秀才書〉)他的意思是：「道」必須由學問通過功力才能得到的。

　　實齋以為求學應以「道」為目標。求道的方法方除了靠功力外，還要「即器明道」和「求諸己」他說：

> 為所當然，而又知其所以然者，皆道也。……學術無有大小，皆期於道。……學術當然，皆下學之器也；中有所以然者，皆上達之道也。器拘於迹而不能相通，惟道無所不通，是故君子即器以明道，將以立乎其大也。……惟夫豪傑之士，自得師於古人，取其意之所誠然而中實有所不得已者，力求其至，所謂君子求諸己也。(〈與朱滄湄中翰論學書〉)

　　要做到「即器明道」和「求諸己」，便要「趨向專」和「毀譽淡」這樣思想才能精深博大。再拿一個古人來做自己修身求學的模範。循序漸進，便離成功之境不遠了。

　　章實齋的思想是向前的，而非因襲的。所以他反對學者趨慕時下風氣，而主張自己闢開風氣。這樣才會有不平凡的收穫，才會有「性情之自得」。他說：

> 君子之學，貴闢風氣，而不貴趨風氣。蓋既曰風氣，無論所主是非，皆已演風流習，而諧眾以為低昂，不復有性情之自得矣！(《文史通義・外篇一》)

　　這裡所指的風氣，實在就是漢學。當時學者競為考訂訓詁，以致陳腐無所發明，而且奄奄一息。實齋針對時弊，故有這樣的說話。

　　至於史學，章實齋更值得重視。他的「六經皆史」的理論多足以提醒後人，說明古代典籍的意義和歷史的淵源。實齋的史學眼光，確是銳利明晰的。

　　他以為歷史不是「空言著述」，它的背後負有重大的經世使命。所以作史時應審慎將事，莫忽視歷史的價值。要做到這點，便要切令當時的人事。否則便「不足以言史學」了。抱着這樣的標準，實齋對古代的史書，最尊崇的是《尚書》和《春秋》。他說：

> 尚書春秋，皆聖人之典也。尚書無定法，而春秋有成例。故書之支裔，折入春秋，而書無嗣音。有成例者易循，而無定法者難繼，此人之所知也。(〈書教下〉)

《春秋》有成例，所以後世史家易於依循，流衍而為《史記》、《漢書》。《尚書》無定法，所以難學，而亦益見其「神明變化，不可方物」。故在實齋心目中，《尚書》是比較《春秋》高一籌的。他說：

> 尚書圓而神，其於史也，可謂天之至矣。非其人不行，故折入左氏，而又合流於馬班。蓋自劉知幾以還，莫不以謂書教中絕，史官不得衍其緒矣。（〈書教下〉）

章實齋推崇《尚書》，《尚書》是以事為中心的史書，故他對史書體裁，也重視紀事本末體。他以為紀事本末體得《尚書》之遺，比起紀傳體和編年體優勝得多。我們從他的話方可以清楚地知道它的好處：

> 按本末之為體也，因事命篇，不為常格，非深知古今大體，方天下經綸，不能網羅隱括，無遺無濫。文省於紀傳，事豁於編年，決斷去取，體圓用神，斯真尚書之遺也。（《文史通義‧外篇一》）

章實齋看重《春秋》，《春秋》的大義昭乎筆削，故他對史書的寫法，也著重筆削之義。而筆削之義，不單是把史事詳述始末，及做成一種文章的方式便算，一定要注意到史書的全部作法。他把史書作法發揮得可謂淋漓盡致：

> 固將綱紀天人，推明大道，所以通古今之變，而成一家之言者，必有詳人之所略，略人之所同，重人之所輕，而忽人之所謹。繩墨之所不可得放而拘，類例之所不可得而泥，而後微茫秒忽之際，有以獨斷於一心。（〈答客問上〉）

這種精深透闢的理論，實是為後世史家的軌範。

《文史通義》中，章實齋發揮文學的理論也不少。他對中國文學的源流和發展，有深刻徹底的認識；對時人為文的弊病，更多切實有用的指陳，可以令人猛省。

現在講文章學的人，都說文章要言之有物，換言之，即要有充實的內容。實齋早已看通了這點。他以為文章應「本於中之所見」，不是隨便說些風花雪月便算。作者必須寫自己熟識的事物。因為每一個人的環境和家世身份都不同，所以富貴的公子，雖然在夢中，也不會說寒酸求乞的話。同理，有疾病或深負憂患的人，雖然在紅燈綠酒的歡樂場中，也不會作歡笑之顏的。作文是發表自己的思想意見，自然要各如其份了。由此，實齋更想到時人摹仿古文的不對，古人的生活背景和今人區別更大了，思

想也有很大的距離，發而為文，當然不能強為一致了。實齋這種思想，無疑是進步的，像一塊無瑕的碧玉，他完全沒有沾染到時人迂腐的酸氣。

當時有許多「黜於好名，而陋於知意」的人，好借文章，賣弄小聰明，以炫耀自己，終至弄巧反拙，為世所笑。實齋替他們標出四個名稱，詳述其弊。第一是「取蒲於董澤」：有些好名的人，自知才疏學淺，無法寫出偉大的作品，便不惜剽竊古人的文章，以自我陶醉。第二是「承考於長場」：有些好名的人，在文章內借稱述其親，實則自詡。第三是「矜謁者之通」：有些好名的人，替人寫文章，往往誇敘別人請乞文的說話，藉以讚揚自己。第四是「著人肆之應」：有些好名的人，羨慕韓、柳文集之富，不待人請託，便虛為碑誌來入集，而自視為韓、柳。(詳見〈點陋篇〉)這四種文人的弊病，在現在仍然存在，所以，實齋的說話亦可為近人借鏡。

章實齋也替人寫文章，但他沒有當時人忌這忌那的惡習。他的主張據事直書，不必將事實隱諱。那些好攻擊別人的文章犯忌諱的人，實在是多事而無聊。他認為寫文章只要不是存惡意來詆毀別人，便什麼事都可以下筆。他說得好：

> 至於是非所在，文有抑揚，比擬之餘，例有賓主；厚者必云不薄，醇者必
> 曰無疵。……雖周、孔復生，不能一語稱完善矣。(〈俗嫌篇〉)

實齋反對俗人的嫌忌，同時也反對寫作的濫和俗。他以為文章的內容應該新穎，不要陳陳相因。所以，學者要注重文章的變化，要明白古今事理的變遷。這樣寫出來的文章才有朝氣，方能趕得上時代。他的理論是：「文用乎事，事萬變而義亦萬變，事不變而文亦不變。」(〈砭俗篇〉)由這個觀念出發，他看不起那些動輒引用古代事物來寫作的人。有些作者常常說某篇文章學某一個古人，這在章實齋看來，便成了「學究之言」了。他曾慨然說：「此極是尋常耳目中事，諸公何至怪怪奇奇，看成骨董！」

由此可見實齋在文學上的看法，不重仿古而主通今。

在《文史通義》中方有一篇叫〈古文十弊〉。實齋指出作古文的十種最易犯、最常犯的毛病。初學寫文章的最宜讀之。所謂十弊方就是：(一)宛肉為瘡，(二)八面求圓，(三)削趾適履，(四)私署頭銜，(五)不達時勢，(六)同里銘旌，(七)畫蛇添足，(八)優伶演劇，(九)井底天文，(十) 誤學邯鄲。這裡不把它們一一解釋了，學者可自翻閱之。

最後，我們要說到章實齋對方志學的認識了。他曾為和州(今安徽馬鞍山市和縣)、永清縣(今河北廊坊市永清縣)、台州(今浙江台州市)修志書，後來並作《湖北通志》。所以他對這種學問是理論與實踐並行的。

從前人對方志學的看法，以為只是一種「圖經」。章實齋則把方志學的範圍推廣。他站在史學家的立場，以為方志是「周官小史外史之遺」，目的專以「供國史取材」。因此，要研究方志學，必先通文史。他說：「凡欲經紀一方之文獻，必立三家之學，而始可以通古人之遺意也。倣紀傳正史之體而作志，倣律令典例之體而作掌故，倣文選文苑之體而作文徵，三書相輔而行，闕一不可。」(〈方志立三書議〉)他提出了「志」、「掌故」、「文徵」這三種東西方來做作方志的必備條件。

由於國史常須取材於方志，所以章實齋很重視方志，以為不能忽略。他主張修志，是以實用為大前提的。他說：「夫修志者，非示觀美，將求實用也。時殊勢異，舊志不能兼該，是以遠或百年，近或三數十年，須更修也。」(〈記與戴東原論修志〉)

章實齋在修志十議中，把修志的難、易、忌、要等地力清楚指出。今錄於下，以供參攷：

二便：(一)地近則易覈，(二)時近則述真。

三長：(一)識足以斷凡例，(二)明足以決去取，(三)公足以絕請託。

五難：(一)清晰天度難，(二)考衷古界難，(三)調劑眾議難，(四)廣征藏書難，
　　　(五)預杜是非難。

八忌：(一)忌修理混雜，(二)忌詳略大體，(三)忌偏尚文辭，(四)忌粧點名勝，
　　　(五)忌擅翻舊案，(六)忌浮記功績，(七)忌泥古不變，(八)忌貪載傳奇。

四體：(一)皇恩慶典宜作記，(二)官師科甲宜作譜，(三)典籍法制宜作考，
　　　(四)名宦人物宜作傳。

四要：(一)要簡，(二)要嚴，(三)要覈，(四)要雅。

修方志的人，如能明瞭這幾點，便要進一步「乘二便，盡三長，去五難，除八忌；而立四體，以歸四要。」因此，實齋擬下修志十議：(一)議職掌，(二)議考證，(三)議徵信，(四)議徵文，(五)議傳例，(六)議書法，(七)議外編，(八)議裁制，(九)議標

題，(十)議外編。(其詳見《文史通義‧修志十議》) 果能依照他的縝密計劃而行，則各地的方志，不難順利修好。

　　他對修志的先後，以為應始自州縣。因為「天下大計，既始在州縣，則史事責成，亦當始於州縣之志。」修州縣之志，要先立志科。他說：

> 故州縣之志，不可取辦於一時，平日當於諸曲吏中，特立志科，僉典吏之稍明於文法者，以充其選方，而且立為成法，俾如法以記載，略如案牘之有公式焉，則無妄作聰明之弊矣。(〈州縣請立志科議〉)

立志科以後，辦事便方便得多了。舉凡六科案牘的大略，去職官長師儒的言論引事，所屬人士的文史著作，都可以藏於志科。然後請老成持重的師儒，加以公正的覈實。這樣修出來的志，便詳實而公正了。(一九五五年七月二十日)

原載新亞書院同學主編：《新亞校刊》第七期，1956 年 10 月。

洪亮吉的人口論

說到經濟學中的人口問題，英國經濟學家馬爾薩斯(Thomas Robert Malthus, 1766-1834)的《人口論》(*Essays on Population*)無疑是最值得參考的。他以為人口的增加成等比級數，而物料的增加卻只是等差級數而已，結果便產生糧食不足、人口過剩的危機。這種石破天驚之論，影響各國很大。

但是，我國之有這種思想，卻不自馬氏理論傳入開始，甚至在〈人口論〉發表前的五年(乾隆五十六年，即公元 1793 年)，已有人高唱著這種論調。那就是博學多聞的洪亮吉(1746-1809)。我們從他的〈治平篇〉和〈生計篇〉(俱見《卷施閣文甲集》卷一)中大略可以見到他在這方面的見解。

他憑著不很準確的材料，推算出一百年來人口增加的比數：「視三十年前增五倍焉，視六十年以前增十倍焉，視百年、百數十年以前，不啻增二十倍焉。」(〈治平篇〉)這就是說，大約每三十年人口便增加一倍。(當時人口比三十年前增五倍，只是社會驟然繁榮的結果，卻非常態。)這種說法，可能因襲傳統的觀念而來。明徐光啟(1562-1633)《農政全書》便曾說：「生人之率，三十年而加一倍，自非大兵革，則不得減。」這數目雖不能說是絕對準確，但離事實是不會太遠的。(就是馬爾薩斯所說的二十五年增加一倍，後來也得修正。)

人口陸續蕃衍，自然糧食的數目必需大量增加，才能配合起來。洪氏計算出每人一年的食糧，需要耕地四畝的收穫。(見〈生計篇〉)可是，土地是不能隨著人口而增加的(就算開闢荒地，也只增加一倍而止)，也就是馬氏所說的糧食趕不上人口的增加。在這裡，洪氏的著眼點放在土地(田和屋)上。土地不夠分配，便會發生強取豪奪的事，人民因此遭遇到不可測的惡運。他曾慨乎言之：「何怪乎遭風雨霜露飢寒顛踣而死者之比比乎！」(〈治平篇〉)這便隱含有「人口為糧食限制」的意思了。

那末，在怎樣的情況下方可以解決這人地失調的現象呢？洪氏以為有兩種調劑之法：一是消極的減少人口，如遇著天災人禍，便會減少十分之一二的人口；一是積極的在人事上求補救，「使野無閑田，民無剩力。疆之新闢者，移種民以居之；賦稅之繁重者，酌今昔而減之。禁其浮靡，抑其兼併。遇有水旱疾疫，則開倉廩，悉府庫以賑之。」(〈治平篇〉)前者和馬氏的理論比較起來，未免稍嫌簡單，他沒有詳細考慮

過限制人口增加的方法，如節育、獨身等。但顯然洪氏是比較重視後者的，他所列舉的都是具體而有效的措施，這比較馬氏卻有過之而無不及。

但是，補救的辦法儘管提了出來，而人口問題卻始終是不能圓滿解決的。洪氏說得好：「治平之久，君相亦不能使人不生。」(〈治平篇〉)因此，土地愈分愈少，而民生亦日趨貧困，社會陷於混亂。所謂：「終歲勤勤，畢生皇皇，而自好者居然有溝壑之憂，不肖者遂至生攘奪之患矣。」(〈生計篇〉)這結論和馬氏的悲觀論調類似，並無二致。

洪亮吉與馬爾薩斯，一東一西，持論不謀而合。然而馬氏在經濟學上享有大名，而洪氏只是遜清學者群中的一個，更說不上是經濟學家了。這便是學問上專與博的分野，馬氏窮年累月地研究人口問題，自當蔚成大家；而洪氏只是出其治學的餘力，牽涉及之而已。明白這一點，我們便不會對洪氏的粗枝大葉的理論有所苛求，反而覺得他有此觀察力和理解力為難能可貴了。

原載《中國學生周報》第三百三十六期，1958 年 12 月 26 日。

從《史記‧秦始皇本紀》瞭解他的為人

　　儘管後人不斷地指摘秦始皇(嬴政，前 259-前 210)的殘暴統治，但是秦始皇在中國歷史上的地位和價值是無法抹殺的。他是第一個真正統一全中國的人，他手定的許多制度都為後世所沿襲，他的偉大的建設至今仍使國人感到擁有高度的文化而驕傲。這些成就都是後代指斥秦始皇的人津津樂道的，我們不必再作贅談。我們在這裡只是注意他在統治上得到成功的原因。——從司馬遷(約前 145-前 8)6 的〈秦始皇本紀〉，我們知道那是由於他的過人精力和不平庸的個性。

　　我們談到戰國的賢公子，總會想到齊國的孟嘗君(田文，?-前 279)，魏國的信陵君(魏無忌，?-前 243)，或燕國的太子丹(?-前 226)等。他們並沒有什麼特長，卻能聽納善言，謙恭下士，所以常常替國家出了許多有價值的主意，甚至把國家在危難中安定下來。在人們的印象中，秦始皇和孟嘗君他們當然不是同一型的人物，可是在「納賢」「下士」這兩點來說，卻是一樣的。尤其是在秦未統一六國之時，他是非常尊重游士的。秦王政九年(前 238)，他的母后(趙姬，前 280-前 228)的姘夫嫪毐(?-前 238)，矯王御璽及太后璽發兵作反。亂事平定後，始皇盛怒，遷太后於雍城(今陝西寶雞市鳳翔區)。明年(前 237)，齊人茅焦勸始皇說：「秦方以天下為事，而大王有遷母太后之名，恐諸侯聞之，由此倍秦也。」始皇便迎太后於雍而入咸陽(今陝西咸陽市)，復居甘泉宮。那一年秦王下逐客令，及得李斯(前 284-前 208)上書，說以利害乃止。這都是他能納善言的例子。大梁人尉繚(?-前 221 後)曾向他獻良策，始皇很是重視他，史稱他「見尉繚亢禮，衣服食飲與繚同。」他對待尉繚之厚，和燕太子丹之待荊軻(?-前 227)，有什麼差別呢！他這樣謙恭下士，誰都知道不是出於至誠，只是一種籠絡人才的政治手腕罷了（其實燕太子丹對待荊軻也是如此）。所以，聰明的尉繚便這樣說過：「秦王為人……少恩而虎狼心，居約易出人下，得志亦輕食人。我布衣，然見我常身自下我。誠使秦王得志於天下，天下皆為虜矣。不可與久游。」大抵古今的大奸雄，當其未得志時，沒有一個不是虛己下士的，秦始皇可說是這一種人物的典型。

　　秦始皇精力過人，刻苦任事。我們可以由侯生和盧生的話見到：「……丞相諸大臣皆受成事，倚辦於上。……天下之事無大小皆決於上，上至以衡石量書，日夜有呈，不中呈不得休息。」可見他並不貪圖佚樂，而是一個勵精圖治的君主。雖然執法

未免威猛，但這只是統治政策的錯誤罷了。(他信陰陽家之說，以為秦是水德，水主陰，陰刑殺，故急法刻削。)

他的獨理大事，並不是不信用別人，而是自尊心和自信心特強的結果。我們看他所作的焚詩書，廢封建，行郡縣等大事，都是聽從李斯的提議，可見他不是一個獨斷獨行的人。但他的自尊心之強，實是歷史上所罕見。他認為子議父和臣議君都是不對的，故廢謚法。自為始皇帝，後世以數計，二世、三世至於萬世，傳之無窮。由自尊心而產生自信心，他以為自己勝過以前任何一個帝皇，所以極力反對臣子以古非今，他認為經他制定的法令都是十全十美的。他非但自以為人之至尊，而且認為鬼神也要受他驅策。當他至湘山祠遇大風幾乎不能渡江的時候，便曾發出「湘君何神」的輕視口吻，並一怒而「伐湘山樹，赭其山。」可見他不像古代一般人那樣畏敬鬼神。他以為神仙可以力強而至，所以他在求仙的事上作了許多努力。二十八年(前 219)他遣齊人徐市(即徐福，前 255-?)發童男女數千人，入海求仙人。三十二年(前 215)，使韓忠、侯公、石生求仙人不死之藥。三十五年(前 212)，盧生對他說「臣等求芝奇藥仙者常弗遇，類物有害之者。方中，人主時為微行以辟惡鬼，惡鬼辟，真人至。人主所居而人臣知之，則害於神。真人者，入水不濡，入火不蒸，陵雲氣，與天地久長。今上治天下，未能恬倓。願上所居宮毋令人知，然後不死之藥殆可得也。」於是秦始皇自稱「真人」，不稱「朕」，「乃令咸陽之旁二百里內宮觀二百七十復道甬道相連，帷帳鍾鼓美人充之，各案署不移徙。行有幸，有言其處者，罪死。」舉凡有可以長生不死的方法，秦始皇都願嘗試的；他最忌說到「死」，所以當他病重將死時，群臣也不敢說死事。可是畢竟他死了，而秦國的命運也只能苟延三年光景。假如秦始皇果真能夠不死，秦是否也是一樣被人推翻呢？後世的史學家當然會說暴政一定會有消滅之一日，但在秦始皇當日的腦海中，他自信他一天存在世上，秦國的統治權必定一天安穩。他可能考慮到後繼的子孫不行，所以全力想求不死的方法。

秦始皇的個性的另一面，所謂「少恩而虎狼心」，所謂「剛戾自用」，無疑是他被後人唾罵的根源。然而我們上面所論到幾點，卻是促使他要政治搞好的原動力。他除了為統治的方便而定下許多制度(如行郡縣制，統一文字與度量衡等)外，在人民的風俗上也作了不少良好的倡導。最突出的是他獎勵女子貞節而禁止淫亂。如巴蜀寡婦清，守先世所得的丹穴，用財自衛，得保貞節，秦始皇「以為貞婦而客之，為築女懷

清台」(見《史記・貨殖列傳》)。三十七年(前210),他上會稽(今浙江紹興市),立石刻以頌秦德,其中亦有云:「飾省宣義,有子而嫁,倍死不貞。防隔內外,禁止淫佚,男女絜誠。夫為寄豭,殺之無罪,男秉義程。妻為逃嫁,子不得母,咸化廉清。」此外,從他幾次所立的石刻,我們可以讀到他不少造福人民的善政,這些說話雖然必有溢美之辭,但相信以他這樣自信而堅強的人,必會盡力去做過這樣的工作。假如我們只拿「暴虐」這兩字來概括秦始皇的一生,那當然是很不公平的。即便他的政令「暴虐」,但這都是通過他的理智才發出來的;不像夏桀(約前1818-前1766)和商紂(子受,約前1075-前1027在位)他們,逞一時的淫樂,憑一時的衝動而妄作胡為。所以,隨伴著秦始皇的「暴虐」而來的是足以抵過的制度和建設,而跟著桀紂的「暴虐」而來的只是斷送祖宗的基業而已。

原載《中國學生周報》第四百一十八期,1960年7月22日。

李斯和〈諫逐客書〉

　　戰國時代（公元前 467 年至公元前 221 年）是我國散文發展的一個重要階段。由於商業的發達，土地的兼併，戰爭的頻繁，諸侯的競慕富強，以及不少貴族沒落，民間便出現了許多新思想新學說，作者各逞才華替這些思想學說披上漂亮的外衣，目的在說服諸侯實施自己的主張；甚至有以此為進身之階，希望由布衣而搖身成為將相的。這樣便發展成百家爭鳴、處士橫議的熱鬧局面。而在散文發展史上，所謂「處士橫議」是比「百家爭鳴」更為重要，因為游士的說辭和文章，一般來說，都能做到鋪張揚厲、動人聽聞的地步。這在文體方面影響後世很大。

　　李斯(前 284-前 208)是戰國時代最後的一個游士，他是楚上蔡(今河南駐馬店市上蔡縣)人，受業於荀卿(約前 316-?)，據說學的是「帝王之術」。他在秦莊襄王(前 281-前 247)死的那一年(前 247 年)來到秦國，開始過鼓唇搖舌的游士生活。廿餘年來，他除了輔助秦始皇(嬴政，前 259-前 210)統一了四分五裂的中國外，更統一了全國的度量衡和文字，自己創造出小篆的字體。他被後人詬病的乃是由妒忌而害死了同門韓非(前 279-前 233)和勸始皇焚禁詩書這兩件事。不過，他害死韓非之後的第二十六年，他也走上同樣慘酷的路—被趙高(前 258-前 207)誣為謀反，腰斬於咸陽(今陝西咸陽市)。

　　李斯和戰國一般游士不同的地方，是他沒有經歷過流蕩各國的生活，他到了秦國後，便一直留在秦國，他的說服對象始終是秦始皇一人。因此他能發揮所學，盡展所長。由這件事看，他似乎是太幸運了，其實，他之所以能夠久留秦國，完全是他個人努力的結果。當秦始皇十年(前 237)的時候，韓國人鄭國來到秦國，慫恿秦王開鑿河渠，表面上是用來灌溉田畝，以發展農業，骨子裡卻是想秦國費去大量的人力物力，暫時無法攻打韓國。怎料這件事給發覺了。秦國的宗族大臣，認為由外國來的所謂「客卿」，都可能對秦國不利，便請求把客卿通通趕走。李斯也在被逐之列。他為了保存既有地位，在秦國站穩，便向秦始皇上了著名的〈諫逐客書〉(見《史記‧李斯列傳》)。秦始皇看了，馬上收回成命，並且對他另眼相看——用為廷尉。

　　〈諫逐客書〉可以說是戰國游士文章的代表作。它的說服力是極強的，它有著游士文章的一切優點；有顛撲不破的理由，有鋪張華麗的文辭，有巧妙的比方；更重要

的，是能把握對方所重視的功利觀念，把事情的利害用對照方式呈現在秦始皇面前，不由得他不歡然動容！

〈諫逐客書〉的主旨是最現實的，就是說客卿對秦國有很大的功績，逐去客卿對秦國不但是一項損失，而且會招致很嚴重的禍害。他為了表達這一個主題，首先援據秦國的歷史，證明客卿並沒有「負秦」的地方。——「昔繆公求士，西取由余於戎，東得百里奚於宛，迎蹇叔於宋，來丕豹、公孫支於晉。此五子者，不產於秦，而繆公用之，併國二十，遂霸西戎。孝公用商鞅之法，移風易俗，民以殷盛，國以富強，百姓樂用，諸侯親服，獲楚、魏之師，舉地千里，至今治強。惠王用張儀之計，拔三川之地，西併巴蜀，北收上郡，南取漢中，包九夷，制鄢郢，東據成皋之險，割膏腴之壤，遂散六國之從，使之西面事秦，功施到今。昭王得范雎，廢穰侯，逐華陽，強公室，杜私門，蠶食諸侯，使秦成帝業。」他暗示出那些客卿非但沒有負秦，而且是促使秦國統一天下的功臣哩！

其次，李斯指出秦始皇所喜歡的珠、玉、劍、馬、旗、鼓、美女、音樂，沒有一樣不是由外國來的。如果堅持非秦國的產品不用，那麼，上述珠、玉、劍、馬等都要拋棄，而秦始皇也只得委屈地聽聽那些「歌呼嗚嗚」的秦國音樂了。但是，秦始皇為了自己的物質享受，並沒有摒棄那些外國的產品。他只是摒棄那些來自外國的人才——而他們正是治國利民的主要人物。那麼，他豈非重視個人的享受而漠視人民的利益？

進一步，李斯用「地無四方，民無異國」來說明大國必須容納多方面的人才；放棄外來的人才，他們便會跑到各國去；換句話說，便是增長了敵人的勢力。這樣，「求國無危，不可得也」；秦又怎能與六國爭天下？秦始皇是個野心勃勃的梟雄，這些話正說到他的心坎裡。

〈諫逐客書〉不但在內容上完全表現出說客的本色，令人看後不自覺地心悅誠服；在文字技巧上也有過人之處，這是足以大大增加他的感人力量的。他敘事有條理，詞彙豐富，句法整飾。如果說戰國游士的文章實在開鋪張的漢賦與排偶的六朝文的先河，那麼，〈諫逐客書〉是最適當的證據。試看：「今陛下致昆山之玉，有隨、和之寶，垂明月之珠，服太阿之劍，乘纖離之馬，建翠鳳之旗，樹靈鼉之鼓。」「必秦國之所生然後可，則是夜光之璧，不飾朝廷；犀象之器，不為玩好；鄭衛之女，不

充後宮；而駿馬駃騠，不實外廄；江南金石不為用；西蜀丹青不為采。所以飾後宮、充下陳、娛心意、悅耳目者必出於秦然後可，則是宛珠之簪，傅璣之珥，阿縞之衣，錦繡之飾，不進於前。」把這些鋪張排比的文字，放在後來的漢賦和六朝文內，是很難分別的。不過，他的價值比那些光是堆砌詞藻的漢賦和空洞無物的六朝文是不可同日而語的，因為它有著特定的內容和寫作的目的。

李斯用這篇文章奠定了他的政治地位，同時也奠定了他的文學地位。傅孟真(斯年，1896-1950)先生說：「秦之文學特出者，李斯一人耳。」（見〈中國文學史分期之研究〉）這是說：李斯是秦代文學的代表。其實這句話是不大妥當的。我們以為李斯在中國文學史上的地位，應該是戰國散文的殿軍，而不是秦代文學的巨擘。〈諫逐客書〉之寫成，是在秦始皇十年(公元前 237 年)，那時距秦成帝業還遠。(秦始皇二十六年即公元前 221 年始統一中國。)因此，它只能算是戰國文學。秦統一以後，李斯由一個無藉藉名的游士貴為一國的丞相，當然生活和思想方式都有了很大的轉變，他再沒有機會也沒有興趣再寫〈諫逐客書〉那一類文字。於是他似乎再沒有什麼作品值得欣賞了。他在秦二世(前 230-前 207)時所上的督責書(見《史記‧李斯列傳》)，發揮韓非子以至申子(不害，前 420-前 337)、商君(鞅，前 390-前 338)的理論，力主天子行督責之術，以迎合二世愚頑的本性。這篇文章既沒有獨特的見解，亦已失去諫逐客時那種侃侃而陳、引古說今的氣慨。至於秦始皇幾次登山封禪，刻石頌德（如〈泰山刻石〉、〈琅邪台刻石〉、〈之罘刻石〉等），據說也是李斯的手筆，雖然亦有人讚賞這種「四字成文」的文體，但在文學觀點論之，這些歌功頌德的文章，價值絕不會大的，其影響也只可及於後世的「廟堂制作」。因此，我們說，李斯在秦代開始時已結束了他的文學生命；而那短短十五年的秦代實際上無文學可言。

原載《中國學生周報》第四百三十四期，1960 年 11 月 11 日。

孟子的辯才

稍為注意中國思想史的人，都知道戰國時代儒家的代表人物，是孟子(軻，前 372-前 289)和荀卿(約前 316-?)。由於荀卿主張性惡，調教出兩個法家的重要人物——韓非(前 279-前 233)和李斯(前 284-前 208)，所以一般人都說荀子是變了質的儒家。這麼一來，孟子自然是孔子(前 551-前 479)以後最偉大的純儒了。這句話在思想史的立場來說是不錯的，孟子確曾繼承並發展了孔子傳下來的道統。但是，《孟子》表達思想的技巧和方法，和紀述孔子言行的《論語》卻沒有師承的關係，相反地，他的辯才——文筆——反而和當時的縱橫家相近。

我們看《論語》，會產生出一種溫潤從容的感覺；看《孟子》，卻像對著一個理直氣壯的人，他的詞鋒銳利，咄咄逼人。這兩種不同的風格，代表著兩種相反的精神，前者純粹是儒家「溫柔敦厚」的感情，後者滲雜了縱橫家「橫掃千軍」的氣慨。

既然孟子在思想上承繼孔子，為什麼二人的表達方式卻迥不相侔？這很簡單，完全是環境不同的緣故。孔子在春秋時代，天下始亂，但社會尚大致是比較安定的，人們的「是非之心」尚未全泯，所以孔子冀圖用道德教化來挽回狂瀾，他的態度是溫和的，懇切的，能感化別人的。孟子在戰國時代，混戰之局已成，諸侯務富強，人人找出路，為求達到目的，不擇手段。於是游士紛起，互誇智巧，互逞口舌，「是」可以詭辯成「非」，「黑」可以描寫為「白」。那時，同樣以救世主姿態出現的孟子，態度轉為激烈，他要以毒攻毒，和那些游士在口舌上爭一日之短長。他說過：「余豈好辯哉，余不得已也。」因此，戰國游士們所能運用的言語技巧，孟子都能做到，而且非常成功。孟子當時在國際間的活動情形，也是和一般游士沒有分別的。《史記·孟荀列傳》云：「孟子，騶人，受業子思之門人，道既通，游事齊宣王，宣王不能用，適梁，梁惠王不果所言，則見以為迂遠而闊於事情。」這和蘇秦(?-前 284)、張儀(?-前 309)受業於鬼谷子，李斯受業於荀卿，學成便往各國游說，如出一轍。他們的目的，都是要令對方信服（而不是感化）；所不同的，就是他們要出賣的貨品——學說和主張——不同罷了。

所以，孟子的辯才，受時代風氣的影響很大。假如我們拿《孟子》和《戰國策》一比，便能更清楚的看到。

　　第一，孟子能忖度對方的心理，用誇張的言辭來讚賞對方，使對方樂於聽聞，他便俟隙而入。例如他要勸齊宣王(前 350-前 301)行王道，便先肯定地說他「可以保民」，並且提出一件事來做證明：「臣聞之胡齕曰：『王坐於堂上，有牽牛而過堂下者，王見之，曰：牛何之？對曰：將以釁鐘。王曰：舍之，吾不忍其觳觫，若無罪而就死地。對曰：然則廢釁鐘與？曰：何可廢也，以羊易之。』」跟著，孟子賣弄一些花巧，他說：百姓都以為王吝嗇那一頭牛呢。但馬上他又為宣王解釋：「無傷也，是乃仁術也，見牛未見羊也。君子之於禽獸也，見其生，不忍見其死，聞其聲，不忍食其肉，是以君子遠庖廚也。」這麼一來，齊宣王心中便服服貼貼的，禁不住要引《詩經》的「他人有心，予忖度之。」來讚賞孟子。於是，孟子的大道理也有機會發揮了。（以上見〈梁惠王篇上〉）

　　孟子這種游說的技倆，現在看來相當高明，但是在戰國時代實在司空見慣的。例如蘇秦勸齊國和趙國合從，便先誇說齊國的險要和富強：「齊南有太山，東有琅邪，西有清河，北有渤海，此所謂四塞之國也。齊地方二千里，帶甲數十萬，粟如丘山；齊車之良，五家之兵，疾如錐矢，箭如雷電，解如風雨。……臨之甚富而實，其民無不吹竽鼓瑟，擊筑彈琴，鬥雞走犬，六博蹹踘者。臨淄之途，車轂擊，人肩摩，連衽成帷，舉袂成幕，揮汗成雨，家教而富，志氣高揚。」張儀勸齊王連衡事奉，開首也把齊國捧到半天高：「天下強國，無過齊者。大臣父兄，殷眾富樂。」（以上見《戰國策·齊策一》）

　　其次，孟子擅長比喻和擬作寓言。用貼切的比喻來說明人事，用情節動人的寓言來表達深遠的道理。如以「五十步笑百步」比喻「小惠」行和不行是差不多的：「填然鼓之，兵刃既接，棄甲曳兵而走。或百步而後止，或五十步而後止，以五十步笑百步，則何如？」以「挾太山和折枝」來解釋「不能」和「不為」的分別：「挾太山以超北海，語人曰我不能，是誠不能也；為長者折枝，語人曰我不能，是不為也，非不能也。」（以上見〈梁惠王篇上〉）又如以「宋人揠苗助長」來證明「養氣」不能速成：「宋人有閔其苗之不長而揠之者。芒芒然歸，謂其人曰：今日病矣！予助苗長矣。其子趨而往視之，苗則槁矣」（〈公孫丑上篇〉）以「齊人驕其妻妾」來貶斥那些以枉道求取富貴的人：「齊人有一妻一妾而處室者，其良人出，則必饜酒肉而後反。其妻問所與飲食者，則盡富貴也。其妻告其妾曰：良人出，則必饜酒肉而後反，

問其與飲食者，則盡富貴也。而未嘗有顯者來。吾將瞯良人之所之也。蚤起，施從良人之所之，徧國中無與立談者，卒之東郭墦間之祭者，乞其餘，不足，又顧而之他。此其為饜足之道也。其妻歸，告其妾曰：良人者，所仰望而終身也，今若此！與其妾訕其良人，而相泣於中庭。而良人未之知也，施施然從外來，驕其妻妾。」（〈離婁下篇〉）這都是很富文學意味的文字，尤其是後二例，更能寫出人物的情態和具體的形象。拿它們來和戰國策所載的比喻和寓言，如傳誦至今的「畫蛇添足」（見《齊策》）、「鷸蚌相爭」（見《燕策》）、「狐假虎威」（見《楚策》）等擺在一起，非但毫不遜色，反而見出後者含意的淺薄呢！

　　以上兩點只是孟子在語言上比較突出的表現，孟子的文采和語言文字的技巧，是一時說不完的，這裡限於篇幅，暫時從略；然後從這兩點已能看出孟子辯才的敏捷和想像力、聯想力的豐富。他用縱橫家的成器，來發揮儒家的義蘊，所以能夠繼往開來，使儒家思想發揚光大。當時他以「王道」、「仁政」游說諸侯雖然失敗了，但並非表示他的辯才不行；而是時勢不容許「王道」和「仁政」出現，因為那不是戰國的時代要求。

原載《中國學生周報》第四百三十七期，1960 年 12 月 2 日。

對司徒華《望斷天涯》一書有關宋代史實的辨正和補充

前言

《望斷天涯》是司徒華(1931-2011)兄在 2002 年出版的一本散文集。他為了曾在文章中誤認宋朝秦檜(1091-1155)是狀元一事而耿耿於懷，後來他才知道政和五年(1115)那一科的狀元是何㮚(1089-1127)，卻又誤書為何㮚。《望斷天涯》便收入這一篇文章。除了秦檜和何㮚之外，本書的文章也提到其他宋代人物和史事。他知道我是研究宋史的，當他寄這本書給我的時候，便特地要我給予他一些宋代史料和正確的史實。因此，我讀完這本書後，便寫了這篇短文寄給他。

一、關於何㮚

司徒華在〈我被間接誤導了〉一文中(見原書 141-142 頁)，引魯迅(1881-1936)研究專家朱正(1931-)之考證，謂政和五年這一科的狀元是何㮚(142 頁)。何㮚是何㮚之誤。㮚是古栗字，除了植物名之外，有嚴肅之義，故古人取以為名。《宋史》所載，宋人以㮚為名的，除何㮚外，尚有稍早於何的俞㮚，和南宋的孫㮚(文天祥(1236-1283)的妹婿)。近人則少用㮚為名，而此字亦罕見。如為了閱讀方便，把何㮚改為何栗，尚可接受；但經輾轉相引，便會誤為何㮚了。

〈何㮚傳〉見《宋史》卷 353，但徐夢莘(1126-1207)《三朝北盟會編》(卷 66 至卷87)記載他的事迹最詳盡，因為他是北宋末靖康之禍中的重要人物。他的「際遇閱歷」和其後南宋末的文天祥頗為相似。他們都是生當末世，都是狀元出身，而位至宰相，對敵人主戰，最後受命往敵營與敵國周旋，終於以死殉國。文天祥的事蹟後人知者多，但何㮚的事迹則較少傳世，特簡述一二如下：

據《宋史・何㮚傳》，何㮚為政和五年進士第一。據蔡絛《鐵圍山叢談》卷四所載，他在赴考前經過蜀道的梓潼神祠(即後世的四川省綿陽市梓潼縣七曲山文昌大廟)，也和王安石(1021-1086)及蔡京(1047-1126)一樣，遇上有佳兆的風雨。他得神所夢：「汝實殿魁，聖策所問道也。」他抵京師，購得徽宗(趙佶，1082-1135，1100-1126 在位)所注的《道德經》，於是日夜窮讀。到考試當日，果然問道之題，於是高中狀元。這故事自然荒誕，卻證實何㮚高中狀元之事。徽宗後來用他為御史中丞，論王

黼(1079-1126)姦邪十五罪，王黼因而罷政，而何㮚亦出知外州。欽宗(趙桓，1100-1156，1126-1127 在位)立，改元靖康(1126)，復召何㮚為中丞，尋為翰林學士。三月，為尚書左丞(即執政)，閏十一月，加右僕射中書侍郎為相。時金人南侵，逼近汴京(今河南開封市)，宋廷和戰不定。何㮚為主戰派，反對割地。何進位宰輔時，汴京被圍，形勢危急，何提議派人齎蠟書往河北除康王(即宋高宗，趙構，1107-1187，1127-1162 在位)兵馬大元帥勤王。閏十一月廿五日城破。二年(1127)正月，欽宗往金營議和，去而不返，史論以何為宰相，應為此事負責。二月，何被派往金營，與金帥粘罕(即完顏宗翰，1080-1137)面議。雖未能爭取到對宋有利的條件，而何的表現亦不佳，但粘罕仍說他是宋的忠臣。二月六日，徽宗及諸王被送入金軍，三月北行。四月，欽宗及后妃親王大臣三千餘人亦北上。史稱靖康之禍。何㮚是主戰大臣，亦在隨行之列。至金，㮚不食而死，年三十九。

何臨危受命為相，力主抗敵，但主戰而無方。時人謂為狂率書生，好誇大，不曉兵機，日飲醇酒，所以在歷史上評價不佳，和文天祥有很大分別。《三朝北盟會編》卷 87 載何㮚在虜題絕句云：「念念通前劫，依依返舊魂。人生會有死，遺恨滿乾坤。」雖亦申其亡國之恨，但與文天祥之〈正氣歌〉相較，何啻霄壤！

二、關於宋高宗

在〈秦檜撰史、禁史、焚史〉一文中(見原書 111-112 頁)，有云：「欽徽二宗，被金人所擄，囚於北方，趙構從，後逃脫南歸，即位為高宗。」(頁 112)此與史實不符，且有張冠李戴之嫌，逃脫南歸的不是趙構而是秦檜(1091-1155)。趙構為徽宗第九子，欽宗之弟。宣和五年(1121)封康王。靖康元年正月，金人入侵，宋金議和，其中一條件是宋以親王為質，康王自願前往金營。金帥斡离不(即完顏宗望，?-1127)懷疑他不是親王，遣返，轉索欽宗同母弟肅王樞(1103-1130)。十月，金兵二次南侵，宋金又提和議。十一月，斡离不知道了他的真實身份，這次便指定要他為使議和。時斡离不在河北，康王遂與王雲(?-1126)前往，至磁州(今河北邯鄲市磁縣)，當地人反對康王往金營，遂殺王雲。閏十一月，欽宗用何㮚議，以蠟書除康王兵馬大元帥勤王。康王至河南相州(今河南安陽市)，開元帥府，成為汴京以外的宋人勢力。及汴京城破，金人擄二帝、親王、大臣等北上，立張邦昌(1081-1127)為帝。張僭位三十三日，即迎康王回

汴。康王即位，是為高宗。由此可見，趙構(即康王)在亂世中不但沒有陷入敵人手中，最後即位為帝，實在充滿傳奇性。

至於康王在民間的傳聞，則有「泥馬渡康王」最為人所熟識。此傳說乃影射他至河北出使金營，至磁州，逃離金人之事，牽涉到「崔府君顯聖」的神話。此等事由民間傳說而來，內容無法確考，有認為是一虛構故事。(參考鄧小南〈關於泥馬渡康王〉一文)

而靖康之禍隨從二帝北上者，除宰相何㮚外尚有數人，秦檜即在其內。秦時為御史中丞，反對金人立張邦昌為帝，故亦被擄至北方。金主把他賜給重臣撻懶(即完顏昌，?-1139)。建炎四年(1130)冬十月，撻懶率金兵侵宋，攻楚州(今江蘇淮安市淮安區)，秦檜與妻王氏隨行，乘小舟入宋境，事詳見李心傳(1166-1243)《建炎以來繫年要錄》卷 38。李心傳注謂此事有四可疑，後人懷疑秦之逃返乃金人縱之，使回宋主和；而撻懶在金則為主和派也。故隨從二帝北上後逃脫南歸者為秦檜，非高宗。

又文中兩言「欽徽二宗」，宜改為「徽欽二宗」。蓋徽宗為父，欽宗為子，徽宗先為帝，後內禪欽宗，依先後之序應說「徽欽二宗」。

三、關於宋代的「路」

在〈龍文鞭影〉一文中(見原書 143-144 頁)，有「范選監司」一則，說范仲淹(989-1052)在選拔監司時很嚴格，對不合格的人一筆刪去。有人說，刪掉一個人容易，但全家都哭了。范答道，假如我選了不合格的人，影響了治理天下，豈不是會使路上全是哭著的人嗎？(以上只是選錄原文)

問題在最後一句，「路上全是哭著的人」，文意是泛指「道路」，但原來范仲淹所說的「一家哭不如一路哭」的「路」是指一個大的行政區域。

宋代的地方行政區域原為二級，即府、州、軍、監為一級，其下一級為縣。自宋太宗至道三年(997)，分全國為十五路，路的長官有轉運使(掌一路財賦)和提點刑獄(掌一路刑獄)，他們除了各自專掌的事外，還有監察一路所轄的府州軍監及其下的縣的職責，每年把官吏的表現報告朝廷，所以他們亦稱為「監司」。監司權重，而路的範圍亦較廣，所以雖非正式的行政區域，而儼然像在府州之上另成一級。范仲淹慶曆改革時特別重視選拔監司，便因為如果監司不好，會使一路的人民受到傷害。

總結

　　何㮚是靖康之禍的重要人物，卻一向不為史家所重視，難怪一般人只知道他是狀元，而忽略了他的事蹟。宋高宗即位後，假秦檜之手殺岳飛(1103-1142)，以達成與金之和議，對金稱臣，為後世所責罵。其即位前那一段歷史，除了傳說中的「泥馬渡康王」外，也少人注意。至於宋代的「路」和「監司」，乃屬於宋代行政制度的範疇，比較專門，更易為人所誤解。

　　因此，以上三則短文就是為這些史事提供正確的解釋，和補充一些史料，但因為它原是針對《望斷天涯》中一些文章的錯漏而作，所以點到即止，沒有進一步作深入的探討。

(二零零二年夏，未刊稿)

漫談語法修辭與邏輯

　　儘管現在許多作家都在嚷著作品「內容決定形式」的話，作品的形式始終沒有被人忽視。它雖不比內容重要，但在一篇作品中，還有相當作用存在。一篇作品有了優美的形式，總是較勝一籌。它可以使充實的內容更加有力，更加動人。而拙劣的形式卻可能把良好的內容糟蹋掉，不然，也是使全篇黯然失色。文章的形式猶如一個人的外表，同是一個美人，蓬首垢面的，人們未必發現她的美；容光照人的，一定能夠引起人們注意。

　　所謂文章的形式，換句話說，便是寫作的技巧。寫作技巧的養成，並不似內容那樣困難。充實的內容是經驗的堆積，是沒有甚麼捷徑可尋的，我們只有積年累月地去把事物觀察體會。成就的大小，還要看你的學力，智力和觀察能力如何而定。寫作的技巧卻不同，它有途徑可循，有方法可學，是不難在短期內得到成績的，如果我們肯努力去做工夫的話。

　　現在且撇開內容不談，單看形式方面。

　　寫文章首先要文字通顯，進一步便要文字優美和組織嚴密。這三點都是構成一篇好文章的要素（這是在形式方面說的）。我們做到這幾點，便不能不借助於語法、修辭與邏輯。

　　語法、修辭與邏輯，幾乎都是近幾十年來才開始在中國思想界文學界發出震動的響聲。這三種學科，從前的作文家都曉得運用，不過不是刻意的運用而已。前人雖說能運用語法和修辭，但因迷信著作文「只可意會，不可言傳」這句老話，沒有把中國語法及修辭有系統地研究過。直至晚近中西交通頻繁，我們才知道有語法和修辭這兩種學問。至於邏輯，遠在戰國時孟子(前 372-前 289)便常常運用它來作辯論的武器，但它在中國的興起，卻是近年來的事。

　　下面我們把三種學科分開來談談罷。

　　語法，有些人稱為文法，這很容易令人誤會為作文的方法；其實，這是一個民族語言結構的方式。它包括詞句的形式，構造，類別，功能等等的研究和解剖。如果說話不通或作文不通便是不合語法，因為缺乏了語言構造的知識。

　　各國的語法不同，一如各國的語言不同一樣。英國有英國的語法，印度有印度的語法，中國自然也有中國的語法。我們不能用中國語法來限制或範圍英國語法，同樣地也不能用英國語法混充中國語法。雖然中國系統的語法學的成立，顯然是受了外國語法學的影響。不過我們只能接受那外來的意念來研究中國語法，而不應把外國語法的系統套在中國語法上。可是許多學者（包括那著名的馬建忠，1845-1900）似乎都有一點崇外的心理，研究中國語法時往往以外國語法為規範，採用外國語法的系統，其情形大有想把中國語法歸化為外國語法的樣子。這是大謬不然的。各國語言的形成，都是源於積久的習慣，因各個民族所處的自然環境不同，生活方式不同，智力體力不同，其語言的構造方式──語法──便不同了。各種語言之間，我們不能指出那一個比較優美些或合理些，它們無從比較，是沒有好壞之分的。語法不是自然科學，不如地球是圓的那樣的學說，各國都奉為真理。所以，如果說中國語法和英國語法不同，並非說中國語法比英國語法差。它們之間，固然有許多不同的地方，我們也不能使它們強合，無論使中國語法跟從英國語法或英國語法跟從中國語法都不行，這就是語法沒有一定優劣的標準的緣故。雖然，中國語法也有許多和外國語法相同的地方，但我們不能因此便說它們相同，這只是一部分的偶合罷了。

　　研究中國現代語法，雖然不能用外國語法來做標準；不過參考外國語法的現象或應用確能適合中國語法的外國語法理論是可以的。因為這能夠增加我們的進步。而最好的材料，還是廣大人民口中的語言和許多前人用口語寫成的名著如《紅樓夢》、《兒女英雄傳》。這樣編出來的語言系統，才有希望把中國語法推進。

　　中國第一本有系統的語法書籍，當推清代馬建忠的《馬氏文通》。雖然這本書論的只是古文（先秦至唐宋的文字）的語法，而且是仿照拉丁語法而成的，但他搜例詳盡，理論正確透闢，故其價值與影響都很大。馬氏以前，也有許多論及語法的書籍，如元盧以緯(?1324 後)的《助語詞》、清袁仁林(?-1710 後)的《虛字說》，劉淇(?-1711後)的《助字辨略》，王引之(1766-1834)的《經傳釋詞》等，但大都只是片斷的，不能成為系統。自《馬氏文通》出，研究語法的人紛紛起來了，他們大都隨著馬氏走，以外國語法為規範。馬氏文通雖說有相當成功，但將中國語法曲為比附是其缺點，因為他以外國語法為間架。楊樹達(1885-1956)便曾批評它「強以外國文法律中文。」（〈馬氏文通刊誤自序〉）近代研究漢語語法的學者，除了楊樹達外，呂叔湘(1904-

1998)和王力(1900-1986)的成就和影響較大，呂叔湘的《中國文法要略》，王力的《中國現代語法》和《中國語法理論》，都是很重要的著作。他們企圖擺脫外國語法的規範，重建屬於漢語的語法系統。

古人對語法不大注意，他們教人作文章往往叫人熟讀數十篇前人的名作，其實也只是使人暗中不知不覺學到語法而已。這猶如在黑夜裡摸索而行，當然有許多人走上了成功之路，但一生也找不到正確門檻的也不少。現在人們已經曉得有語法了，研究出的語法也有些眉目，學習寫作的人大可以容容易易把自己文字的構造方式學會。但現在的人和古人沒有兩樣，也不甚注意語法，甚至對它存了輕視的心理。呸！我不學語法難道便寫不出文章嗎？韓、柳又何嘗學過甚麼語法呢！他們往往這樣想。這是一種錯誤的想法。天下沒有倖致的事，凡是寫得通順的文章的人都曾注意過語法。他們有些是有意的，有些是無意的。有意研究語法的不用說了，無意中研究語法的，從前的作文家都屬此類。他們寫起文章所以合語法，便是由於讀到別人作品時，無意中把別人的造句法筆法吸收過去，久而久之，把片斷的積聚起來，便能寫出不背語法的文章來。這種學習作文的方法，曠日持久而不可靠，自然比不上有系統地研究語法來得有效而速成。如果初學寫作，還是先注意語法好。

青年們不留意語法的惡果，便是佶屈聱牙拗口難讀的文章的大量產生。他們常常感覺寫一篇通順——僅是通順——的文章比登天還難，就是吃了這個虧。這也還好，他們還算有自知之明，能夠發覺到自己不行，如果從頭下過一番苦功，還是有希望的。唯有那些蔑視語法功用的人才真正沒有希望。他們寫了不通的文章，還歎別人能力差，不曉得欣賞哩！

初學寫作，第一步要做到文字通順；如果肯注意語法，把文字做到通順了，便可以寫出好文章嗎？還是不夠的。通順只是寫作的基本條件，我們還要文章有感人的力量，從積極方面以求文字優美。這才使讀者發生興趣而得到深刻的印象。要有這一種魅力，便要進一步研究修辭的方法。一篇曾經修辭的文章，可使語言更適合貼切，文字的通順和優美可收相得益彰的效果。

雖然遠在春秋時，《易經》上已有「修辭立其誠」這句話，不過中國修辭學實際上的成立還是五四以後的事。

　　修辭在古人心目中，並不比語法那樣模糊。在許多散見的筆記中，常常有提起修辭或修辭方法的。而劉勰(465-521)的《文心雕龍》和王構(1245-1310)的《修辭鑒衡》都曾有意地論到修辭的問題。大概古人對文章也頗要求美，然而只是「美」而已。所以對修辭的看法只是狹義的，以為把文辭加以修飾便是修辭。於是在文章上堆砌一些美麗辭藻或是把文章雕琢得駢四驪六，便算達到修辭的目的。而且那時正是古文在文壇上得勢的時期，他們所修的辭無疑是專指文辭，對口頭語如「語錄」很是輕視，他們從沒想到口語也有修辭的價值。

　　古人雖然常常談及修辭，常常在文章裏修辭，然而一直未曾想到把修辭方式歸納起來使成為一種學問。到了近代，語法學在中國有了基礎，一般學者對語文漸漸注意，研究語法的人也很多，不過還未注意到修辭學。可是因為修辭也是文字的利用，所以語法學者常常分不清楚而把修辭誤會為語法來研究。

　　五四運動給中國文壇帶來了一片新氣象，各種文藝都有復興或產生的趨勢。修辭學也在這個時期露出頭角。在報上不時有討論修辭的文章出現，企圖有系統地研究修辭學的人也多起來了。他們有些是因循一貫的舊路，以為修辭是修飾文辭，注意的也只是文言；有些則全以外國修辭學為系統，用新的方法來整理中國修辭的方式。前者固不待言，大家也知道在現在是不怎樣適合的了，後者看似比較進步，但也未必就很妥當。中國文字與外國文字結構不同。如與英語比較，英語是屈曲語，有屈曲變化；中國是孤立語，各個形體獨立，而且聲音上的切音又有些不同。因此，文字上所可利用的美感便不相同。《文心雕龍・練字篇》(第三十九篇)有「省聯邊」和「調單複」的「練字」方法。有云：「聯邊者，半字同文者也。」聯邊是指半邊相同(即同偏旁部首)的字。用得太多(如三個以上)，便成「字林」，所以要減省一些。又云：「單複者，字形肥瘠者也。」字形有肥有瘦，肥字或瘦字用得太多都不好，必須調和交替使用。「省聯邊」和「調單複」都是利用文字形體來達致修辭目的，只能用於方塊字，英文由字母串連，便無此可能。那麼，二者又怎能強合呢？許多中國語文的修辭方式，外國語文未必有；反之，外國語文的修辭方式，中國語文也未必有。如果用外國的系統來範圍中國語文，約束中國語文，便必須放棄一部分中國的修辭方式而增加一部分中國語文沒有的修辭方式了。放棄中國固有的修辭方式，我們當然不能贊同。而將中國語文的修辭方式增加雖然是一件好事，卻不能不提防因此會把人們的眼光迷

亂。外來的修辭格，能否適合中國語文，這是一個最大的疑問。但是，那頗有名氣的唐鉞(1891-1987)的《修辭格》，也是這樣做法。這本書所列各種辭格的系統，就全部依據《納氏高級英文作文學》(J.C. Nesfield, *Senior Course of English Composition*, 1910)的系統，每個辭格都有英文可以對照。於是，對中國辭格，有時不免牽強附會，有時不免掛漏不全。

外國的東西，不是絕不可取，譬如修辭學的理論，我們不妨把它接受過來，但也不是盲目地接受，而要用批判的方法，考出那可以適用於中國語文的，我們才採用它。這樣才能把中國修辭學搞好。否則，只是偏重古文或全部販賣外國貨品，所產生的不良後果是不難想像得到的。

我們研究修辭學，除了將傳統的修辭方式在古書裏整理出來之外，也應和研究語法一樣，大可以從習慣於一般人口頭的語言歸納出各種修辭方式，各種使文章增加力量的方式。

陳望道(1891-1977)的《修辭學發凡》所以能夠做出比較美滿的成績，就是能夠運用外國的修辭學理論，兼顧民眾口頭的語言和一直相傳下來的古文。故除了能夠把以往的修辭方式比較完備地整理出一個系統外，還能添上許多新興的辭格。這本書在目前的中國修辭學書籍中，可算較為完善的一本。因此，我很願意把那本書對修辭所下的定義介紹出來：「修辭是調整或適用語辭。」這定義把修辭學的範圍拓展得多了。

能夠懂得語法和修辭未必便能寫一篇好文章。我們還得注意另一種學科，這就是邏輯。因為邏輯是研究思想的學科。我們寫文章時思想要正確，思路要暢通，材料的排列要妥當，文章的結構要謹嚴。這就是應用邏輯的需要了。

中國古時曾經有過公孫龍 (前320-前250)等的名學，也可以說是邏輯的一種；不過他們專門討論名物之學，與現代邏輯有些不同。現代的邏輯所討論思維的範圍較闊；而且以西洋邏輯為主。西洋邏輯發源於希臘，明時天主教徒把它傳入中國，清末此學大盛，嚴復(1854-1921)等翻譯過來的邏輯書籍很多。此後研究的人也隨著多起來了，邏輯幾乎成為研究文學者必修的學科。

如果你批評過某篇文章錯誤，某篇文章結構散漫，某篇文章凌亂無章，那你遇著的一定都是些不注意邏輯的文章了。思想是一篇文章的靈魂，如果思想陷入錯誤，就算寫得怎樣通怎樣美，也沒有價值。我們不能亂發謬論，我們要思維正確。當我們寫

作的時候，就算你找到很多寫作上的好材料，怎樣把它編織成一篇好文章也是煞費苦心的事。材料配置得妥當與否會影響全篇文章的好壞。這正如同是一種絨綫，曉得編織的人便會把它織成一件美觀稱身的外衣，不曉得或不善編織的人也許會把它織成一個蜘蛛網。我們必須好好地配置我們的材料。配置材料的方法，最好運用邏輯上的順序，把材料按照一定方法有次序地順利排列下去，文章便會結構謹密，段落分明，像連接火車卡的扣子，把一卡一卡扣緊成為一列長長的火車。於是，一切重複，雜亂或顛倒的弊病，都可以避免了。寫文章與閒談的分別，便在於有沒有結構，有沒有層次。文章要講求結構，要講求首尾呼應，絕不能像談天般東說一句，西扯一句。從課室的佈置講到地獄的可怕，從耶穌的宗教思想講到孟子(前 372-前 289)的文學觀念，這在說話裏可以，在文章裏便不應該。

運用邏輯的方法，在議論文和說理文中，尤為重要。

在議論文中，往往為著證實一個道理或一個「命題」，便要反覆辯證，反覆申論。如果沒有方法，亂說一通，人家一定抓不到你說話的中心，當然也不敢附和你所欲證明的「命題」。你要好好地運用邏輯的方法，才能寫出一篇有力的論文。在論文中最常用的邏輯方法有三種：便是（一）演繹法（即三段論法）：由廣義的命題以論證狹義的命題；（二）歸納法：由部分的事件以論證整個事件；（三）類推法：由已知的事件以推斷相類的事件。把這三種方法純熟地有效地運用，當然還要經過一番研究的工夫。

至於說明一件事理，也需要運用邏輯的順序，以求層次分明，使人容易了解領悟；而不致給字句迷惑，而歪曲或誤會了你所要表達的意思。許多書籍的目錄所以分「篇」分「章」，甚至分「節」，就是使人易於明瞭，以接受他的思想。作者對章節的分法，便大都採取邏輯的方法，其實，許多書（尤其是科學書），就其文字來說，便是長的說理文，那能不注意邏輯呢！

就是描寫文，不理會邏輯也是不行的。描寫多憑直覺，直覺的描寫卻多是不合邏輯的，這沒有關係，為著達到修辭的目的，不妨暫時不理邏輯。這樣，為甚麼又說描寫文也要注意邏輯呢？這是就寫作的次序先後而說的，不是斤斤計較於字句的真實性。描寫的對象那麼多，描寫的先後，便應該斟酌一番。比方描寫一處風景，我們不

是由遠寫到近，便是由近寫到遠，決不能拉雜地寫寫東又寫寫西。這樣，景物的形象便不能傳給讀者，而描寫也失敗了。

邏輯對寫作的功用真是不少，我們寫作時怎能不講求邏輯呢？但是，這裏有一點卻不可不注意。邏輯和語法修辭有時會有衝突的地方。在語言的結構，有些合語法的句子未必便合邏輯，那時我們便應該不理邏輯，而跟從語法。上面說過語法成於習慣，我們如果把它勉強改為合邏輯的句子，便違反了一貫的習慣，句子反而會使人感到生硬不通。我們在上面說到描寫文時，也曾附帶指出修辭和邏輯有時不能兩全。為著達到修辭的目的，比方保存事物的直覺，增加事物的印象，我們會寫得鋪張誇大一點，我們會不理它合理不合理，而寫出來的，又以不合理的多。不合理便是不合邏輯。說到不合邏輯，李白(701-762)著名的詩句「白髮三千丈」（〈秋浦歌〉）可以說是最不合邏輯的，卻能傳誦至今，古今都承認它的偉大的文學價值。所以當這個時候，我們勢不能不暫時捨棄邏輯而遷就修辭了，否則，你的文字將會一點力量也沒有，人們感覺到的只會是平淡死板，枯燥無味。然而，邏輯在寫作上的用處是不可以抹煞的。它的著眼點是整篇作品的結構方面；句子的構造和修飾有時管不著，這應歸到語法和修辭的範圍。所以三者對寫作同樣重要，功用不同罷了。

由此可知語法，修辭和邏輯，都是一個文藝工作者不可或缺的知識。要文章通順，不能不研究語法；要文章美，不能不研究修辭；要文章結構嚴密，不能不研究邏輯。

原刊《文壇月刊》第九十九期，1952 年 10 月 1 日。

我們要寫甚麼話？

文字是寫下來的語言。我們寫作時把一連串的文字寫下，換句話說，便是寫下一連串的語言。隨著時代的變遷，語言也在變遷著，它決不是一成不變的。現代的口語便和古代的語言有很大的差別了。因此寫作時便會發生一個疑問：「我們要寫甚麼話？」

明達而有新思想的人都會回答：「我們要寫現代的話。」

但一些抱殘守缺的人未必同意。他們腦子裡仍然盤繞著一些陳舊的思想。他們以為現代的話太顯淺了，太平凡了，太粗俗了：故不宜書寫在文章上。於是，他們抱著「獨挽狂瀾」的宏願，不顧一切地說：我們要寫古代的話。

這便是我們首先要討論的兩種文體：用現代的話寫出來的文章，便是白話文；用古代的話寫出來的文章，便是古話文，或者說，是文言文。這兩種文體的擁護者，顯然站在敵對的地位，互相攻擊。這在白話文初興以至現在都是這樣的了。

白話文運動是在五四運動以前醞釀成熟的。胡適(1891-1962)和朋友們通訊，已經主張改用白話文。到一九一七年，胡適的態度更明顯化了。他在北京大學教授合編的《新青年》雜誌上發表〈文學改良芻議〉，開始大刀闊斧地攻擊文言文。陳獨秀(1879-1942)也發表了一篇〈文學革命論〉來支持他。翌年，《新青年》的文章，便完全改為白話文了。這還是五四運動前一年的事。不過，那時提倡白話文，還得不到大多數人的響應。到五四運動的吼聲一起，震撼了整個中國，也震醒了中國人的迷夢，大家才覺悟到文學改革是一件急不容緩的事。文學改革可以分做內容和形式兩方面來說。文學形式的改革，便是要把傳統的文言文改為現代的白話文。於是，白話文便乘著這潮流而湧進知識界，開始嘗試著把文言文驅逐出現代文學的領域去。

提倡白話文的全部過程，當然不會在風平浪靜中度過。其間曾經幾次受著文言文的反擊。最先有古文家林紓(林琴南，1852-1924)挺身而起，以古文的守衛者自居，竭力排斥白話文。可是終於沒法推倒這新潮流和新勢力；只得作幾篇小說（如〈妖夢〉、〈荊生〉），以小說中的人物來影射提倡新文學的人如胡適、陳獨秀、錢玄同(1887-1939)等，假託一個偉丈夫，把他們痛毆大罵。這無非是洩洩憤罷了。一九二一年，南京出現《學衡》雜誌，刊載梅光迪(1890-1945)、胡先驌(1894-1968)、吳宓

(1894-1978)等留學生的文章，他們抹煞了文學進化的真理，主張文學要復古模仿，所以反對白話文。一九二五年章士釗(1881-1973)辦《甲寅週刊》，作進攻白話文的地盤，復興文言文的基地。一方面他更藉著政治上的地位，進行掃蕩白話文的工作。但是，他們的努力終於白費了，白話文不但不倒，反而更流行起來。一九三四年，汪懋祖(1891-1949)、許夢因(?-1946後)等擁護文言，更是曇花一現，強弩之末了。總之，這都是殘餘份子向新興勢力的垂死的掙扎，自然不會發生多大作用的。不過我們不能忽略一件事實，白話文到現在雖說得勢，但文言文始終未能根絕。在香港，彷彿還有人在提倡文言文似的。所以白話文發展的前途，並不康莊平坦，而是滿佈荊棘榛莽。而且，白話文本身還存在著若干缺陷呢！（這點在下面再論）

白話文之值得提倡，是有其理論上的根據的；並不是偶然由幾個人搞起來，一唱百和便可以成功。許多人都會說：文學是時代的產物，文學脫離不了時代。在內容來說，固然受著時代的影響，在形式上也要適應時代，才能和內容配合。所以，唐代的文學是詩，宋代的文學是詞，元代的文學是曲。各種不同的文學隨著各個不同的時代而興起，它表現出那個時代的政治背景，社會狀況，和整個的人生。古代希臘的時代，亞里士多德（Aristole，384-322 B.C.）便曾說過：文學是人生的模擬。人生是非常複雜的，時代愈進化，人生便愈複雜。現在的社會人生已經比從前複雜得多。要表現那樣的人生，便非用那時的語言不行。文言文是古代的說話，無疑是不能負起表達現代的人生的重任了。舉個例來說，「郵票」、「科學」、「飛機」、「坦克」這些名詞，都是在古人說話的詞彙裡找不到的，如果我們要寫到它們的時候，用古文便要束手了。我們要創造現代的文學，一定要用活的白話文。從時間來說，文言可說是死了的，實在不值得再留戀，因為它已不再屬於這個時代。——所以，從時代的進化來說，我們是應該寫白話文的。

語言隨著時代的不同而演變，它的趨勢，一定是由簡單而至繁複，由隱晦而至明白的。文言多用單音詞，現在的白話卻多用複音詞了。例如文言的「生」是單音詞，在白話裡，便成了複音詞的「學生」了。「生」比「學生」簡單，但是意義卻隱晦得多。因為「生」並不一定作「學生」解，它也可以有「生存」、「生員」、「發生」等解釋。

故從意義的清晰來說，白話文當然較勝一籌。許多人以為文言文勝在簡潔，白話文弊在繁冗。這是大謬的見解。文言文雖簡潔而意義隱晦，使人看了反而不懂；就能看懂了，也不知花了多少時間在腦子裡把它翻譯成為現代語。蔡元培(1868-1940)說得好：「白話是用今人的話來傳達今人的意思，是直接的；文言是用古人的話，來傳達今人的意思，是間接的。間接的傳達，寫的人與讀的人，都要費一番翻譯工夫，這是何苦來！」這些話，簡直把一般守舊的人迷信著而且標榜著的文言的優點——簡潔——一槍擊中要害了。所以，從文體的優劣來說，我們是應該寫白話文的。

還有一點最重要的，就是白話文容易學習、因此比較上可以普遍化、大眾化。古文呢？照劉大白(1880-1932)所說，是：「二千幾百年前一般人口頭上流行的言語」。這句話雖然有人以「中國字為象形文字，一向不能言文合一」為理由而反對它，其實大致上可以認為不錯的。人類是進化的，原始人類的思想，當然不及現代人的複雜週到。我們看文言的字句是那末簡單，含義是那末糢糊；故可以推想得到是古人的語言。現代人的腦筋複雜得多了，所以說起話來也清楚詳盡。現代的話，由現代人聽起來和說起來當然不會有甚麼困難。如果現代人倒過來學古人的說話時，由於思想不同，不用說是困難極了。普通人非讀六七年古書不能寫和不能欣賞古文，因為要先學識古人說話的腔調，才能把現代人的意思翻譯過去。所以無論寫作與閱讀文言都是「間接」的。文言文既然難學，自然難博得多數人的理解，所以有人說文言文一直都只是少數士大夫階級的專利品。白話文明白易曉，自然多人學，也就多人懂了。現在我們寫出來的作品，再不會是「藏之名山，傳之其人」的了，如果要大眾都看得懂，我們有甚麼辦法不用白話文呢？正因白話文有普遍化、大眾化的好處，用來推行中國的文化和教育，實在最好不過。這便是五四運動所要求於白話文的。所以，從學習的難易和流行的廣狹來說，我們是應該寫白話文的。

現在，大家再不會猶豫了吧：白話文是應該提倡的，文言文是應該淘汰的。這是時代的潮流使然，決非人力所能左右的進展。不過有一點聲明：上面所說的文言文是指已經死了的古代的語言，白話文是指真正活生生的現代的語言。

其實，文言文和白話文，只是籠統的分法（在上面為著行文的便利，所以這樣）。如果精細一點來說，文言文可以分做幾種。第一種是古文，即是上承周秦的文字，循著唐宋八大家的傳統，以至明代歸有光(1506-1571)，清代桐城派的文章。近人

如嚴幾道(嚴復，1854-1921)、林琴南(紓)等寫的便是古文。古文懸著雅潔來做標準，所以切忌用現代的俗語，而要用古代的文字。第二種文言文，是專門針對白話文而作的，文字不必求古，但求與白話不同。好像「買」字本來是很古的，但因現在口語也這樣說，所以他們不用它而改用「購」字。其實「購」字是不及「買」字古的。此外，如不寫「天」字而寫「靝」字，也是為著這個緣故。這種文言文並不古雅，只是白話文的反動罷了。第三種是淺近文言，這可以說是梁啟超(1873-1929)式的文言，也可以說是「新民體」。這因為梁啟超在《新民叢報》發表的文章而得名。這種文章，形式上仍然是文言的格調文法，但力求淺近，並採用近代的和歐西傳入的新名詞。由於淺近，所以一時得到許多仿效。至於白話文，也可以再分為兩種。舊式的白話文是從宋人的平話，語錄一直發展到《水滸傳》、《紅樓夢》、《儒林外史》、《兒女英雄傳》等白話小說的文字。新式的白話便是五四以後的白話，它夾雜舊式的白話、現代的口語、文言的詞句和歐化的語法。此外，在文言和白話之間，有一種很特別的文體，它已經採用白話的語法字句，卻捨不得文言的「之」、「乎」、「者」、「也」。這樣可笑的文體，恍如現代的人還戴著一頂瓜皮小帽。

　　上面所說的幾種文體，雖然有流行廣狹的不同，但仍然都可以在時下的書報上發現的。其中的文言文，因為是死了的語言，無疑是應該廢棄了。可是我們也不能說：白話文就是活生生的語言，因為它不是純粹的現代口語。我們看看提倡白話文最力的胡適的論調吧。他說：「白話文但須『明白如話』，不妨夾幾個文言字眼。」這可見他反對文言文並不徹底。當然，要一時肅清文言是很難的工作，不過白話文既然作了有限度的容納文言，便不是完全的現代口語了，只落得個「明白如話」，不過是和梁啟超式的文言有著同一作用而已？胡適因為找不到標準的國語來模擬，便只能用「水滸、西遊、儒林外史、紅樓夢、宋儒語錄，元人戲曲，明清傳奇的說白，唐宋的白話詩詞」來模擬，甚至直截地把它們說做模範的白話文學。當「模範的白話文學」的文字不夠用時，才用現在的白話和文言補助。後來，歐西文化輸入，歐化的語法，便大量向中國語法的領土上進軍，白話文更蕪雜了。許多文言和歐化語法，都不是大眾所能懂的，因為究竟不是大眾口頭所說的語言。於是白話文變成了知識階級才懂的文字。目的是走向十字街頭，結果卻踏進象牙塔裡，這無可否認是白話文的悲哀，這才

真正是白話文的缺陷。因此，思想偏激一點的人便會罵它做「非驢非馬」的文字，從而有改革文字之議。

五四至現在的白話文，不是一般人活生生的語言，主要的原因，是中國的語言太分歧了。北京話、上海話、福建話、廣東話……等等，都有很多人說。用那一種話來做標準呢？這確是傷腦筋的事。雖然有人劃定北京話為國語，但這對南方人便覺不妥。例如老舍(1899-1966)的小說，常常有許多北方的土話，南方人便看不懂了。我們將要怎樣辦呢？至此提倡「大眾文藝」的人，如瞿秋白(1899-1935)、魯迅(周樹人，1881-1936)等也感到困難，只得一方面提出採用方言土話，一方面歸咎於中國文字的惡劣。因為是象形文字，所以不能語文一致。於是掀起了文字改革的巨浪，如提倡國語羅馬字和拉丁化文字。可是，這些問題，一直到現在，都是夾纏不清，成了毫無結果的懸案。

要把中國的方塊字改為拼音字，並不是一件易事。這必須逐漸進行，決不能急驟。方塊字被中國人使用了幾千年了，深種在人們的腦中，要一時把它消滅，把它推翻，簡直是夢想罷了。

然後我們再走回本題吧！由於文字方言種種問題，白話文成了「四不像」，當然不是活生生的白話文了。那麼，白話文還有沒有力量，有沒有理由去推翻文言文呢？我以為白話文還是有前途的，還是可以打倒文言文的。因為它的「活」的程度究竟比文言文高。如果我們肯來一番改革，至少它和現在口語不致相差太遠。這樣則白話文還不失其存在的價值。

我們明白了文字方言的困難，要寫出完全的純粹的白話文，使人聽起來好像說話的白話文，似乎很難辦到了。而且，語言和文字總有不同的地方：文字比較有修飾和組織的餘裕，不像語言那樣衝口而出，拉扯夾雜。所以，白話文要做到力求淺近，力求接近大眾語言的地步，已是很難能的了，實在不能再苛求。我們知道白話文所以和大眾口語日漸脫節的原因，主要是文言和歐化語法在作梗。因而我們要改革白話文，也要從這兩方面入手。

有時，在白話文裡夾幾個現代人還懂的文言字眼，也許不妨事，不過顯然不好了。如果生吞活剝地，忽然在白話中來幾句古雅深奧的文言，非但使人看起來不順眼，讀起來不順口；而且會使人莫名其妙，迷失了文章的真意義。我曾經看過一個有

名學者的文章，便是這樣：「我作成這本書，為時實匪云暫，嘔心瀝血，耗盡精神。所搜集的材料，或者也可以幫助青年學子們的研究乎？」在短短幾句話中，竟然插入這麼多文言句語，看起來多麼的不調協啊！你說它是文言文，它卻明明是在寫白話文。總之，這種不文言不白話的文章，只會令人看了茫然無緒，啼笑皆非。對於文章的「美」，早已破壞無餘了。所以我們要寫好淺白的白話文，首先要澄清這類文言的句語。

至於歐化語法，並不是絕不可取，這要看中國現代語法所能容納為限度。如果硬把中國字，套入外文文法，便會成了鬼子的文章，中國人也看不懂的文章。例如我們把「的」（形容詞語尾），「底」（領有位介詞），「地」（副詞語尾）來分用，是受了外國語法的影響。這可以說是歐化語法，不過因為可以使文字的關係更分明，所以我們容納它。可是太慕歐化的人竟然會大膽到把「底」「地」連用。這在英文是許可的，如 "Respectfully" 中， "ful"相當於「底」（這個「底」是形容詞語尾。「的」「底」的用法是有點分歧的，也有人把「底」當形容詞語尾，「的」當領有位介詞。） "ly"相當於「地」。翻譯為中文，便成了「尊敬底地」了。這種不通的用法，居然有許多人用著，真是可悲歎的事。本來，中國的形容詞或副詞，並不是像英文一樣，一定有語尾的。如我們說「紅的花綠的草」，也可以說成「紅花綠草」的。把「底」「地」連用，只是盲目歐化罷了，是毫無好處，毫無根據的。這還是從小處來說。如果你更留意一下，便知道歐化語法常常是冗長費解的。舉例來說：「他是一個老農人，有一個女兒，兩個兒子。」這是中國語法。歐化語法便要說成「他是有一個女兒和兩個兒子的老農人」了。這多麼難讀，也多麼叫人不慣。五四以後作家中，徐志摩(1897-1931)、陳西瀅(陳源，1896-1970)便是最喜歡寫歐化句子的人。如陳西瀅寫的：「中國人最初不管他人鄰家的瓦上霜，久而久之，連自己門前的雪也不管了，如果有人同住的話。」這是何等離奇怪誕的倒裝法，在活人的口語上，是找不到的。幸而他們的技巧還有點工夫，所以他們的文章還不失清麗，不過已飽受抨擊了。最可憐的便是有些青年，寫作技巧既然欠缺，實際又不懂外文，只是間接學來歐化語法，便把它變本加厲，寫出了「我說不出我的痛苦，當我的愛人移情別向的時候」的鬼子文章。這種文章，實在比著名的香港中文「如要停車，乃可在此」高明不了許多。

　　大抵上了年紀或受舊文學感染太深的人，常常會把文言摻入白話裡。一般初學寫作的青年，卻容易犯了盲目濫用歐化語法的弊病，這也許因為青年們愛好新奇的緣故吧。

　　總之，我們要寫作，便要寫現代的白話。要白話文寫得純粹一點，必須努力剷除文言的渣滓和歐化語法的妖孽。我很誠懇地勸告初學寫作的朋友們注意一下。

　　　　　　　　　　原載《新青年週刊》，1953 年 8 月 19 日及 8 月 26 日。

「讀」、「解」和國文程度

「國文課本裡的選文，我們都懂得讀和解釋了，為什麼我的國文程度總不改進，文章也總不通順呢？」一個行將參加中文中學會考的學生，悵惘徬徨地發出這些疑問。

這種現象的形成，一般中學國文教師應該負大部分責任。香港缺乏優良的中學國文師資，是「眾所周知」的憾事。因此一般中學國文教學的失敗，亦是意料中事。我們要解除這個危險現象，就不能再遲疑因循而不謀補救。

據我所知，一般中學國文教師(當然也有例外的)的教學程序是這樣的：打開國文教科書，第一件事是要學生懂得讀音，其次是詞語解釋，再下去是課文中心，作者生平等。他們以為能夠圓滿做到這幾項的，算是頭等好教師，學生和家長也將滿意。能夠做到前三項的還算不錯；讀解都不正確的才是誤人子弟的教師。

連讀解都不正確的教師，自是誤人子弟，不必再提他；我們要注意的，是能夠做到上述幾點的是否就配稱良好的國文教師呢。答案是否定的。一個中學生，雖從教師的循循善誘下懂得課文的讀法和解釋，也許更略知作者的生平和文章的中心思想。但這對學生的國文程度有什麼裨益呢？就一般學生來說，在那篇文章範圍以外的知識，便一無所獲；更難希望他由此找到寫作的南針。(當然聰明的學生不在此例)他們僅有的收穫，只是文學史上或國學上的一鱗半爪罷了。

這樣說來，中學生的國文程度低落，就是由於教師與學生雙方都太著重課文的讀音和解釋。其尤弊者，則以此為研究國文的不二法門。教師從小處著眼，從小處用功，從小處入手。到頭來學生所得的也是一個「小」字。

因此，要改善中學生的國文程度，我們要懸「大」字為圭臬。換句話說，是要從大處著眼和學習。授課時不單是要求學生懂得讀音和解釋等便算，而是要學生吸收和消化課文的精華，由此而得到啟發。要達到這目標，我以為國文教學應從下列三點進行：

一、分析文章的內容，以求明白作者寫作時的思路發展。這可以幫助學生學習思想的方法。

二、分析文章的形式，使學生懂得作者的寫作技巧；進一步「神而明之」。這可以提高學生的寫作水準。

三、介紹有價值的參考材料，主要是使學生知道作者的時代背景和師友淵源，以及當時學術風氣或文壇變遷。這可以使學生的胸襟張開；使他們在廣漠的學問領域中，自由地尋找所愛好的和所需要的。

我以為上述三點才是國文教學之「本」，詞語讀音和解釋是「末」而已。前者具見教師的素養、學識、和見解；後者只是翻檢辭典的工夫。故得其本難，求其末易。一般教師，遂不得不捨本而逐末。其實，翻檢字典的能力，是每一個中學生都應有的，又何必老師「代勞」。有些教師和學生都心裡明白，可是不教這些，還有什麼可教呢！唯有因循下去。當教師教到一篇白話文的時候，往往不自然地說：「這是很易懂的，不教了，你們自己看吧！」學生也就輕輕的把書本翻過算了。這可說是互相「敷衍」。一般教師頭痛的只是白話文，而不是文言文，因為文言文多艱深詞句，有可「教」之處；不必尷尬地「敷衍」一番。

捨本逐末究竟是自欺欺人的方法，是一個優良教師所痛心疾首的。韓昌黎(韓愈，768-824)便說過：「小學而大遺，吾未見其明也。」(〈師說〉)我們主張教師把學問的大本大源傳授給學生。至於讀音和解釋，可以仿照一些英文書院英文教學的方法，上課前要學生自已翻查辭典，及有關書籍，以求預先理解全文，上課時教師便可省回一些時間，而專力求講授更有價值更有啟發性的事理。這樣，學生自然如坐春風，心領神悟，在不自覺中而日進千里了。

最後，希望那些徒以咬正一兩個字的讀音和「捉拿」別字俗字來嚇學生的教師們，多在「大」處用功，雖然這是頗為困難的，但是為了下一代著想，同時為了達到「教學相長」的目的，請勉為其難吧！

原載《中國學生周報》第三百零四期，1958 年 5 月 16 日。

整 體 和 片 段

許多指導寫作的書籍，主張初學者閱讀到詞采華贍或精警深會的句子，便摘錄下來，作為寫作時的參考，甚至引用在文章裡。這粗看好像也是一條很有效的寫作門徑；但如果加以深思熟慮，便會發覺它很可能帶給初學者一種不良的影響。

我們要指出的是：初學者的目光，如果只是注射在文章的片段上，便會忽略它的整體。結果，除了吸收到一些詞彙，或領悟到零碎的寫作技巧外；文章的意境，作者的情感和用意，都像跑馬看花一般溜過了。這叫做如入寶山空手回，也叫做因小失大。

誰都不能否認，凡是藝術作品，都有一種完整性。我們欣賞一幅名畫，不能單看一花一草，一山一石；更不能只看顏色和線條。藝術品的美，是從整個表現出來；而不是由於局部的拼湊。許多美麗的顏色堆在一起，絕不能成為一幅名畫。

文學作品是藝術的一種，它也有著完整性。它的美，也是由整體表現出來，而非堆砌美麗的詞句可得。所以，我國的詩詞，最高的境界是「渾成」。它是自然的，不造作的，天衣無縫的。不要說刪去其中的一兩句，有時一個字也掉換不得；否則便會破壞了原有的美感。宋人張玉田(張炎，1248-1320)批評吳夢窗(吳文英，1200-1260)的詞，說是「七寶樓台，眩人眼目；拆碎下來，不成片段。」我們可以借用來說；凡文學作品，都是不能拆碎的。如果把它分割成一段一句，各不相連；它的美感也將隨著而煙消雲散。

每一篇文學作品，都洋溢著作者的情感。情感是抽象的，要把它表現出來，絕不能倚靠一兩個感歎詞，一定要把它感染在全篇文章的每一個字上。作者的情感，是流露在字裡行間。讀者要得到這一份情感，不能憑一字或一行，而要從全篇文章的若干字和若干行去體會。

有價值的文學作品，都會表現出一種特有的情調或氣氛，有一些人稱此為風格。風格比情感更是不可捉摸，它是一種純精神的表現。我們說那一篇文章沉鬱，那一篇文章輕倩，完全是從整篇文章玩味得來的感覺。

　　對於文章的内容，我們也不能憑隻言片語去求得理解。「斷章取義」很容易誤會作者的本意。我們對那些文學意味比較稀淡的說理文章，更要統觀全文，才能看出文章的條理和作者的思路。

　　因此，當我們閱讀一篇文章時，不論它是純文學作品也好，說理議論的文章也好，都要全篇仔細咀嚼。這樣，才能了解作者的真意，接受作者的情感，涵泳作者的意境，欣賞作者的風格。只是著眼於文章的佳詞妙語的人，並非真正懂得欣賞的。我們要學習別人的文章，也要整篇來學。所謂「窺其全豹」，總勝於「僅見一斑」。

　　至於引用別人的詞句，更是初學寫作的人不宜輕試的。欣賞文章、學習文章要注意它的整體，創作文章何嘗不是。我們寫文章，必須有自己的内容，自己的情感，自己的風格；内容、情感和風格合起來成為一個整體。如果胡亂把別人的詞句用在自己的文章裡，便是勉強加上了別人的意境、情感、或風格。在文章上便表現出不調和，整體美也給破壞無餘了。在不好的文章裡，加上些別人的好詞句，往往是弄巧反拙的。有些詞句，在別人的文章裡非常精警；可是移到自己的文章裡，便覺生硬不妥。有時由於別人的比較好，更映襯出自己的不行，猶如在一塊淡色的粗麻上，綴上一幅五彩斑斕的美錦，其後果是不堪想像的。唐朝的韓昌黎(愈，768-824)主張「唯陳言之務去」，就是這個道理。

　　所以，我勸初學寫作的人，千萬不要以為摘錄好句是學習寫作的唯一法門，更不要生吞活剝地拿來引用。如果為著增加對某一段文字的印象；那就抄下來當然不妨事的，不過還得記著作品整體的重要性才行。

　　　　　　　　　原載《中國學生周報》第三百一十期，1958 年 6 月 27 日。

描寫要竅

要描寫一個環境的狀況、一個人物的性格、或一件事情的性質，最普遍而簡單的方法，就是用一些適當的「形容詞」，或其他修飾性的詞或片語，加在環境、人物或東西上面。譬如說：「青葱的」樹木，「仁慈的」老人，或「有趣的」遊戲。有些深受西洋語法影響的人，更會把形容詞廣泛地當成名詞用。如「莽林的抑鬱」、「時間的灰暗」等。但是我們看了這些句子，往往只得到一些平淡的、乏味的甚或費解的感覺，並沒有得到明確的、深刻的印象。

原因在那裏呢？

首先，我們要知道：這些形容詞常常是陳舊而缺乏感染力的。無論一個怎樣美妙的形容詞，頭一次用的時候，才會給人一種鮮明的、奇特的印象，以後再用它，便會使人覺得平淡和庸俗了。一般中學生作文，常愛用什麼「時代的巨輪」、「時代的前哨」、「世紀末的風情」、「黯淡的黃昏」等以致被老師評為濫調套語，它的毛病就在這裡。

由此我們可以推想得到，要善用形容詞，一定要有「推陳出新」的本領，而切忌「因襲相承」。能推陳出新，就能自鑄新詞，要描寫什麼，就拿什麼詞來描寫。這樣，不但詞的本身是新穎的；而且詞的數量也源源不絕，用之不竭。反過來說，因襲前人的華詞麗藻，既無新鮮感覺，又要搜索枯腸，去找尋適當的詞彙。兩者相比，優劣判然。但是為什麼有人還喜歡用陳言套語呢？無他，用陳言套語只要倚憑記憶和抄錄的工夫，自鑄新詞卻要張開眼睛觀察和運用腦筋思索。好逸惡勞的人，當然會自甘於陷入陳腐的圈套中。

但是，「自鑄新詞」說來容易，做到實難。除了要動腦筋之外，還要讀書多，見識廣；而尤其重要的，就是要懂得描寫的要竅。猶如一個深通武藝的人，什麼兵器都可以運用自如，得心應手，而且可以自製尅敵的奇形兵器。形容詞和描寫的關係，正和兵器和武藝的關係相同。

所謂描寫的要竅，就是把所描寫的對象看成整體的，而不是片段的。我以前說過：研究和創作文學作品，必須從整體著眼，不要掇拾片段。描寫手法是創作過程中必須用到的手段。因此，唯有能著眼形象的整體，才能有細緻的和精闢的描寫。細緻

的描寫往往來自從留意整體所得的繽紛耀目的印象；另一方面，由於把描寫對象作過整個的細密觀察，也可以看出它的特出或應該加意渲染的地方。這樣的描寫，常是不凡的，出人意表的；而所鑄的詞藻，也多是精闢的、深入的。

所以，懂得描寫的作者，能把事物的寬廣呈獻給讀者，也能帶領讀者尋幽搜秘，到達事物的深刻特異之處。他們所以能夠做到這地步，用的就是這種方法。譬如我們描寫一個環境的狀況，必須東南西北遠近高低各方面觀察，攝取整個景象，然後把它有條不紊地描寫出來。那麼，要把它全形象寫出來固然容易，就是把它的局部強調地描寫出來，也必是精彩動人的，因為你連未寫的幾分也瞭然於胸，下筆時自然能夠控送自如，毫不沾滯。反之，如果對事物只作過片面的觀察，那便無法作具體的真切的描寫。於是又有什麼辦法不求助那些毫無生氣的濫調套語？描寫環境的狀況如此，描寫人物的性格或事情的性質當然也是如此。聰明的讀者，自能舉一反三，我們也不必再多舉了。

原載《中國學生周報》第三百三十期，1958 年 11 月 14 日。

寫作材料的取捨

不知是誰說過這麼的一句話：初學寫作的時候總寫不出長文，寫慣了以後卻寫不出短文了。這是一句頗為耐人尋思的話。現在有許多人，動輒下筆萬言，好像毫不費力的樣子。這本來是一個好現象——假如那些長文都夠得上水準的話。可惜擺在我們面前的作品，往往是重量不重質的，不是冗長得像滿清統治下女人的纏腳布，便是繁雜得像鬧市中雜貨店的多年賬簿。——這些酸壞果實的種子，就是散佈在一般人腦海裡的「文章愈長愈好」的觀念。

其實，文章的好壞，絕不能用長短來衡定；要寫一篇文章的時候，絕不能也不應預先限定它的字數。一篇文章的長短，不是取決於作者的一念，而是取決於寫作材料(包括作者的情思)的多少。作者所能觀察、體會、蒐集的材料多，文章要不長也不行；否則自然短。而文章的好壞，乃在於那些材料能否得到適當和合理的處置。其中「取捨」便是材料處置的一個重大項目。

冗長繁雜的纏腳布型或多年賬簿型的文章的出現，便是由於作者忽略了題材的取捨方法。很可能在那些文章中，也有不少出色的見解、美妙的描寫、或清晰的敘述，可是金子與泥沙混在一起總是一件煞風景的事，若看不出來便給埋沒了，便是看出來也只贏得數聲於事無補的歎息。所以，作者(尤其是上述的作者)對著一堆題材，必須經過一番「淘沙取金」的工作。引用一個現成的詞來說這句話，那就是要作者「割愛」那些多餘的不必要的材料。

俗語說：「家有敝帚，享以千金。」(曹丕(187-226)〈典論論文〉)誰都會認為自己的東西是盡善盡美的，尤其是嘔心瀝血才寫成的文章。有些初學寫作的人，會以為這樣的材料也好，那樣的說法也行，於是兼收並蓄，細大不捐，務求博得「內容充實」的美譽。在這樣的觀念下，旁人刪去其中片言隻字也會不高興。希望他們自己來下手嗎？那末，他們便注定一輩子寫不出好文章來了！但也有一些人，他們自覺到文章裡有許多不必要的東西，要「割愛」卻不忍下手，便央求一些朋友替他們大刀闊斧地斬去。於是，文章馬上粲然可誦了。然而與其求助於人，何不自作主張呢？要做到這個不難，只要注意材料取捨的標準便行了。

每一篇文章，必有一個中心思想(有時雖似有一個以上中心思想，但也必歸結匯集到一個大的中心思想。)它可以說是文章的靈魂，沒有了它，文章簡直可以不必作。換句話說，作者一切控詞駕字的努力，都是為了表現與闡明這一個中心思想。因此，我們毫不懷疑地說：凡與中心思想有關而對它足以發生作用的材料，我們都應該盡量採取；無關的雖本身精彩，也須放棄，因為它在此顯然不能發生意義和作用。(那些詞意精警而與中心思想無關的材料，雖在此被捨棄，但它可能放在另一篇文章中非常適切，甚至可以演化為另一篇有價值的文章。這可以說是作者「割愛」材料後的一種慰藉。)——這是就材料性質來說的取捨標準。

作文章的目的，是要使讀者對中心思想明瞭或信服，共鳴或同感。我們要用最適當和最經濟的手段來達到此目的。目下有許多所謂「學術論文」，往往在每一點結論之後，盡量把所知的例證排列出來，以至有一百幾十條的，據說這樣便不是「孤證」了。可是讀者常常讀了兩三個有力證據後，其他的便不看了。這正好說明這種做法除了可以表示作者的「博覽」外，對讀者的取信並不能超過兩三個有力的證據，很清楚地，這也是由於不忍「割愛」所致啊！因此，對於能夠收到同等效果的兩種或以上的寫法，我們要毫不猶豫地採取那最簡明的一種——這是就材料的處理技術來說的取捨標準。

我們若能依照這兩個標準來取捨材料，那便不會有茫然如入太虛之感；也不會有目不暇給如入山陰道上之感；更不會有寫不出長文或短文的困惑。因為那些繁雜的材料，通過作者理性的、有條理的淘洗後，已漸歸於集中和統一，而做到劉勰(465-521)所說的「定與奪，合涯際」。這樣寫成的文章，一定是簡潔易明，遒勁有力的，絕不會有時人的離題萬丈，或愈扯愈遠的通病。宋代文豪歐陽修(1007-1072)的〈醉翁亭記〉，便曾成功地使用過這步「割愛」的功夫。他將「環滁皆山」之前一大段文字都刪去了，就是因為它的量最多只能與「環滁皆山也」相等，甚至不如。這種當機立斷的做法，正好作後人寫作的模範。

原載《中國學生周報》第三百三十二期，1958 年 11 月 28 日。

主題的形成和擴大

現在，差不多誰都承認「先有內容，後有題目」這句話了，但仍有人為了一些特定的「題目」而寫文章。在學校裡，國文教師出題目給學生作文，原是為了學生練習寫作的方便。同樣地，有些報刊舉辦徵文比賽，也多擬下題目。但讀者如果對該類題材素來沒有研究的話，是不會貿然應徵的。這就是說，那些應徵的文章還是早有內容的。這兩種做法都是不得已之舉，姑不置論。這裡所指的是那些本無寫作需要或寫作衝動而握管揮毫的人，那些附庸風雅的無聊文人(他們的作品是所謂「唱酬之作」)，那些不負責任的唯利主義者時(他們的作品，是應時應世的低級趣味的小說或公式化的文章，也可以歸入這一類)。這兩種人的目標不同，一在名，一在利；但文章沒有健全的主題(內容的中心)卻是一致的。

健全的主題，就是一種通過理性或感覺而生的意念，一種內心迫切要求發表的意念。這種意念，和一般作家所重視的「靈感」稍有不同，雖則它們同是浮游於作者的腦海中。所謂「靈感」，大抵是指「潛意識」的忽然顯現；它像電光石火一般，一閃即滅。因此有許多人在注意捕捉它和保留它的辦法。代表著文章主題的意念，卻是需要時日的培養才能成熟美滿的。它起初可能是簡陋的、粗糙的；慢慢便變成豐富的、精巧的了。在學問來說，便是「心得」；在文學藝術來說，便是「意象」。沒有心得的學術論文，和沒有意象的小說同樣沒有價值。因此，這種慢慢形成的意念，遠比來去無蹤的「靈感」來得重要。固然，能把握住偶發的靈感，也可以發展成這種意念的，可是，不論是靈感也好，心得和意象也好，它們大都是從下列兩條路來的：一是從閱讀書籍而得到啟發，一是從耳濡目染而形成印象。

誰都知道書籍是知識的寶庫，我們可以從書中吸收到別人的見識和經驗。這些見識和經驗，往往被人誤認或有意剽竊為自己的心得和意象，而加以翻新重寫。這種沒有意義的做法，無疑地不能產生傑出的文章。因為它缺乏作者獨特的心意和意象。目下坊間的文學史便大都是這類東西。話雖如此，別人的見識和經驗，本身卻有其存在的價值，我們對它的處理，應以融會貫通為方法，以達到吸收的目標。那麼，它們便像植物的種子一樣，埋藏在我們的思想田野裡，一到時機成熟，或受到別的觸引，便

馬上顯現出來，而成為一種新意念，一種值得發表的意念。那就是我們所重視和日夜追求的。

我們的見識和經驗，另一更重要和更廣漠的來源便是那無窮的宇宙和複雜多變的人生。但並不是說，每一個人都可從宇宙和人生中尋出有價值的東西來。要達到這目的，一定要有深刻的觀察力；要培養觀察力，便要耳聰和目明；要耳目靈活，便要運用思想。能夠做到這地步，便可以在一般人茫無感覺的事物中生出感覺，在一般人不可了解的事物中尋得了解。於是，一種新意念便在心中活躍起來。

由閱讀書籍得來的知識是間接的，印象比較淺淡而平板；由觀察宇宙人生得來的知識是直接的，印象比較深切而活潑。所以，得力於前者的文章，很容易流於抽象、空泛和陳腐；而得力於後者的文章，卻常是具體、真實和鮮明的。據說漢代大文豪司馬遷(前 145-前 90)遊歷名山大川後，文章煥然一新，當然是觀察加強見識的結果。關於閱讀和觀察的重要性和相互的關係，已有不少人說過，所以這裡從略；但有一點必得指出的，便是由這兩個不同的源頭得來的主題，關係也很密切。它們常常交互成為觸發新意念的引子，而兩種不同的知識也就跟著配合起來。

我們在心中形成寫作主題的雛型後，當然會懷著迫切發表的心情。但如果馬上倉卒地把它寫出來，卻很容易陷入揠苗助長的覆轍。我們必須做一番化簡陋為繁富，化粗糙為精巧的工作。那便是根據所得的意念，再閱有關的書籍和觀察有關的事物；然後，運用我們的聯想力與推想力，把那意念慢慢擴大、擴大，直至成為一個成熟的主題。那時，把它用優美的形式表達出來，便覺斐然可觀了。

古往今來的學者或作家，他們不斷的讀書，不斷的觀察，也就不斷產生有價值的新意念、新主題，從而寫下許多不朽的作品。他們的思想，像滾滾東流的大江，總不見有乾竭的一日。《南史》上說：「江郎才盡」是由於江淹(444-505)夢見郭璞(276-324)要回他的五色筆。其實這是一種難以入信的誑語。我以為一定是江淹晚年日趨疏懶，以致把自己的「才」源塞了，才會感到下筆困難。因此，我們如果不想演出「才盡」的悲劇，而希望不斷寫出好文章，那麼，便要在濬深知識河道上不斷努力——多讀書和多觀察事物。

原載《中國學生周報》第三百三十九期，1959 年 1 月 16 日。

你知道文章的類別嗎？

　　要把一篇文章硬歸入哪一類，或把天下的文章硬納入若干個範疇之中，都是瑣碎而無謂的事，而且是沒法得到眾所承認的結果的。在一篇文章裡，往往雜有抒情、敘事、或論理的成分，因而涉及多方面的事物，它們都是緊密地凝成一個整體而不容割裂的。在文學的世界中，我們還勉強可以劃分出幾個畛域，如戲劇啦，小說啦，散文啦，詩歌啦等——然而它們也不是壁壘深嚴的，有時也會混在一起，故又有所謂散文詩和詩劇等名目。這裡所指的文章，只是文學中的散文，圈子愈窄，自然愈難分類了。

　　在古今中外的許多書籍和文章中，也曾有不少冀圖將文章來加以分類的，這些大抵都是文學理論或指導寫作的書籍。而他們這樣做的目的，純在求得解說和分析某些文章的方便，可說是不得已之舉，但也不免招致識者的譏評。像著名的《昭明文選》，分文章為三十九類，便被後世章實齋(學誠，1738-1801)斥為「無識」。

　　我國古代的文章，在六朝的時候，有文(有韻者)筆(無韻者)之別，及後有駢(對偶排比者)散(不論句法字數者)之分。這樣的分法，是籠統地包括整個中國文學而言，我們姑不置論。這裡只就散文的分類來談談。清代桐城派健將姚惜抱(鼐，1732-1815)的《古文辭類纂》，是我們首先不能忽略的，書中便分有論辨、序跋、奏議、書說、贈序、詔令、傳狀、碑誌、雜記(今人的所謂隨筆和小品，也可入於雜記類)箴銘、辭賦、哀祭等類(其實後二類也不是散文，尤以辭賦為顯明，但姚氏也把它們算在內)。其次，我們要說到近代夏丏尊(1886-1946)和劉薰宇(1896-1967)合著的《文章作法》，他們把文章分記事文(Description)，敘事文(Narration)，說明文(Exposition)，議論文(Argument)四種。前者是清代著名的文選，它對當時文人的影響之大暫且不提，只說它對文章的分類，乃是完全就內容的性質來著眼的，結果仍然跟《昭明文選》一樣，類別既繁，而又仍像有所未盡；後者自稱取材於日本的書籍(見自序)，其實這種四分法還是受歐風美雨影響的產品，它就寫作形式方面來分類，雖說頗能以簡馭繁，但也不免有暗晦費解之處。

　　說到本身價值，姚氏的書當然遠比夏、劉的文章作法為大。但對於目下一般學習語體文的莘莘學子的影響，卻又似乎後者重要一些。因此，我們不妨詳細地討論一下

它的文章分類法。它的最大的缺點，無疑是只見形式而忽視內容，所以，書中所討論的文章本質，只是「事」和「理」，而這兩者之不能概括一切文章的內容，是童稚都可以了解的事。其次，由於從西洋寫作理論的書籍翻譯過來的緣故，其分類名目的意義不免含混不清。最顯而易見的，便是「記事文」和「敘事文」，在字義上全無分別。他們以為前者記靜止的空間的事，後者記動態的時間的事。這樣看來，這兩種文章的寫法固然是大有歧異的，但它們的名稱卻明明白白可以互通。學生看了(因為許多學校用此書為輔助讀本)，自是丈八金剛，摸不著頭腦，他們怎樣也想不透為什麼那「記」字是靜止的，而「敘」字是動作的。(這是任何人也不會明白的)。其實，這兩種文章的性質是差不多的，作者不妨歸併為一類，而在解說時指出有兩種寫法，那麼，這困難便能解決了。無奈那兩位作者卻不敢打破外國的成說啊！

為了補救這些缺陷，我以為必須兼顧到文章的形式和內容兩方面，才可以勉強分出它的類別來。我們首先要研究，文章的要素有哪幾種？它們所用的形式又有哪幾種？從這樣所得的結論是：一篇文章，可能具有情感、形象、事件和理論四種要素，或僅得其一，或兼有數種。而表達的方式，則至少有抒發、描寫、記敘和論說四種。於是，我們便見到下列四種文章：

一、抒情文——這種文章以抒發作者的特殊情感為主，在散文中最富文學意味，而且很難寫得好，它必須具有感染讀者的能力，從而使讀者發生共鳴。

二、描寫文——這種文章以描寫形象為主。作者看見一幅美妙的風景，或親近一個有典型性的人，胸中都會浮起一種生動的形象；把它適當地表現出來，便是描寫文。這也是文學意味比較濃厚的文章。

三、記敘文——這種文章以事件為中心。作者對某一事件，或目擊，或身歷，把它具體地、有條不紊地寫出來，便是記敘文。

四、論說文——這種文章以理論為中心。一般人所說的說明文和議論文都屬於這一類。如是說明某一理論的便用純粹分析解剖和歸納演繹等技巧，如是議論某一道理的更必須有個人的主見，以求駁倒相反的理論。因此，論說文必須借助於邏輯學的方法。

上述的四種文章的類別，固然也不能囊括一切文章，但一般來說，是比較簡明賅要的，至少可作撰寫指導寫作書籍者的參考。而我們歸納出這四種文體的目的，也純

乎為了指導初學寫作者的方便，決不敢強人苟同。所以，讀者看後可以進一步研究各種文章的作法，但千萬不要硬派那一篇文章是什麼文體，而陷入形式主義的圈套裡。這是我們在篇首已經鄭重說明的。

原載《中國學生周報》第三百五十三期，1959 年 4 月 24 日。

詞彙的吸收和運用

　　一般初學寫作的人，最容易犯著下列三種毛病：一是詞不達意，一是詞句重複，一是文字陳腐或艱澀。

　　詞不達意的主要成因，是用詞不確和失當。例如許多人常說的「不經不覺」，便是不確的詞，實在是「不知不覺」之誤。許多人常把「一斑」、「一般」、「一班」這幾個詞亂用，那是不應該的，它們各有不同的意義和用法。又有些人以為「學者」的意義和「文學家」相等。這都是由於字形、字音的近似而混淆的。為什麼會把它們混淆呢？原因是作者對某些詞彙的意義和用法沒有徹底的了解和認識。

　　詞句重複(不是指修詞上的有意重複)是語法上的毛病，或由於不曉變換句法，或由於不明詞的省略，或由於所能掌握的詞彙太少。這裡主要是說後者。一個作者如果認識的詞彙不多，寫作時便有捉襟見肘的感覺。他常會發覺心中的意象找不到適當的詞來表達，最後只得拉近似的詞來客串。而那近似的詞句可能在同一篇文章裡已盡過本分。這樣便形成了詞的重複。此外，許多人在短短一段文章裡運用好幾個「因為……所以」或「雖然……但是」等詞。這雖是句法的重複，但同時是詞的重複，也是詞彙缺乏的惡果。

　　文字的陳腐和艱澀雖然同樣令人厭惡，但它們的病源卻是極端相反的。在陳腐的文字中，一定有許多早已死去的或氣息懨懨的詞彙。凡現在大多數人不認識的文言的詞，都可以說是死去的，這樣的例子很多，如「靡不有初」的「靡」字，「鮮矣仁」的「鮮」字都是，而它們仍然時常閃縮地出現在許多白話文中。有些詞雖然貌似新鮮，但出現不久便為人鄙棄，此刻可說是氣息懨懨的了。例如說時代的進展用「巨輪」來譬喻，說敵對者的行動為「反動」等。艱澀的文字剛巧相反，它們的作者一定是愛好標奇立異的，他們毫無根據，不顧語言發展的情況，亂做新詞，結果寫出來的便成了「天書」般的難懂。例如把「捐款」和「救助」兩詞合成「捐救」，把「伉儷」說成「儷伉」等。犯這兩種的作者，他們認識的詞彙既少，對它們的認識也不見得深刻。

　　我在上面指出三種語文的通病，目的完全在表明詞彙在文章中的重要。如果要替這三種病人開藥方，那一定是教他們如何吸收和活用詞彙了。

詞是語文中表現概念的最低單位(詞和字不同，它可以是一個字的單音詞，可以是兩個字的雙音詞，也可以是兩個字以上的多音詞)，詞彙就是許多不同性質和意義的詞的總稱。每一個人都會有他自己的一套詞彙，這和他的籍貫、職業、和階級等有莫大關係。因此，詞彙有雅俗之分。以前的人作文章務求雅，現在的人比較進步了，已懂得雅俗並採。這顯然是更困難的工作，因為作者除了要熟識屬於自己那一階層的詞彙外，更要兼識其他階層的詞彙。所以偉大的作家所識的詞彙必是很多的，據說英國大文豪莎士比亞(William Shakespeare, 1564-1616)的詞彙竟有一萬二三千之多。

要豐富自己的詞彙，我以為下列兩種辦法是值得採用的：

第一是多留意各階層人物口頭上的語言，把它們牢牢記住。那些言語，都是有生命的，它們可以供給我們許多不同種類的活的詞彙。雖然有些人的語言可能是很鄙俗猥褻的，然而當你要描寫一個這樣的人的時候，那些說話便可以派用場了。何況在他們的說話中，常常夾著許多關於那一行業的術語，那是圈外人所不能諳熟的。而且，社會裡有各種不同的職業，各種不同的人物，他們或文或野，或善或惡，不一而足。如能把他們的說話逐一細考，再作比較，這是多麼有趣的一回事。一般人教人寫作，總是提出多觀察社會人物，我以為留意人們的語言是這項工作的開始。

其次是閱讀與寫作時留心辨別、比較各詞的含義、情味、性質和作用。依語法學者說，詞可分為若干種。但這個我們姑且暫不加以理會，反正詞類之分至今仍無確論。我們只要依從語言的習慣便行了。凡是大多數人常常掛在口頭而能令人了解的話，都是合語法的。我們可以拿這個標準去認識和了解每一個詞，閱讀與寫作時仔細地加以辨別和比較，那麼，我們對既認識的詞一定認識更深，對未識或不很識的詞也能了解。一般人教人寫作，常提出所謂「三多」——多讀、多作、多商量。我以為辨認詞的意義、作用……等是這三種工作的開始。

有了比較豐富的詞彙，我們怎樣驅使它們替我們服務呢？這也是一個很重要的問題。

要解決這個問題，我們必先要做一番消極的工作。那便是把人們公認為已死的和未生的詞彙排除不用，因為它只能發生不良的後果。我國古代大文學批評家劉勰(465-521)說得好：「今一字詭異，則群句震驚；三人弗識，則將成字妖矣。後世所同曉者，雖難斯易；時所共廢，雖易斯難。趣舍之間，不可不察。」(〈練字篇〉)所以，

詞彙的生死決於群眾的「曉」與「不曉」。就拿文言的詞彙來說，一般是被認為已死的，但有些文言詞彙到現在仍為人們了解，它的含義也不是現代語所能代替，因此仍然常出現在口頭(或紙上)。如「狼藉」、「為虎作倀」、「見義勇為」等都是。這樣的詞彙，我們還承認它是有生命。另一方面，外國來的詞彙，卻大多數是未有生命的。由於外國文化的輸入，許多時髦的人喜用譯音的外國詞，甚至明明中文有這樣的詞，也用音譯的詞來代替。例如說「手杖」做「士的克」，說「商店」做「士多」等。這樣的詞，當然不為大多數人所承認與了解，又怎能發生語文的作用呢？所以我們說它是未被賦予生命的。只有那些中文本無的外國詞，我們才採用它的音譯，如涅槃、幽默等。當然它們由外國帶來的生命是依然存在的。

除去了那些已死或未生之詞，留下來的就是有生氣的、活躍的詞了。我們要珍惜它們，就不能把它們用錯，我們要把它們放在句子中最適當的位置上，來表達最貼切的意思。關於這一點，十九世紀法國大作家福樓拜(Gustave Flaubert,1821-1880)曾留給後人一個很寶貴的教訓：「不論我們要說的是什麼東西，要將它表現，只有唯一的名詞；要對他賦予運動，只有唯一的動詞；要對他賦予性質，只有唯一的形容詞。我們應該苦心搜索，非發見這唯一的名詞、動詞與形容詞不可。僅僅發見了這些名詞、動詞、形容詞的相似詞，千萬不可滿足。更不可因為這種搜索困難，便用隨便的詞句來搪塞了事。」我們如能細味這段話，便會懂得詞彙的用法。我們不必固執著某一個詞應怎樣用，只要認識清楚它們在習慣語言上的意義、情味性質和作用，寫作時審慎不苟，便是活用了它們。吸收了多量的詞彙，又能活用它們，那麼，我們的文章還愁詞不達意、重複、陳腐和艱澀麼？

原載《中國學生周報》第三百八十一期，1959 年 11 月 6 日。

句式的變換

當我們吸收了多量的詞彙後，我們怎樣才能把它們一個個送到文章中最適當的位置上呢？要圓滿地做到這地步，就必得注意句子的形式。句子是由詞累積而成的，在一個通順的句子中，每一個詞都發揮著它特有的功用；換句話說，在每一個句式中，都預備了許多位置給各種詞來就任。所以，能適當地運用句式，也就能適當地安放詞彙。

詞在句中所處的各種位置中，以作主語的和謂語的最重要，它們是構成句子的骨幹。尤其是謂語，負著更多的表達意思的任務。由於飾演謂語的詞不同，謂語的功能便跟著不同了。於是句式被分為下列三種(這裡的分類法採自王力(1900-1986)《中國現代語法》)：

一、敍述句——以動詞為謂語的靈魂，它敍述出主語的動作和遭遇等。例如：「鮑文卿到城北去尋人。」「莊徵君遇著順風，到了燕子磯。」

二、描寫句——以形容詞為謂語的主體，目的在描繪出主語的性質、形狀、和態度等。例如：「王冕天性聰明。」「秦老八十多歲，鬚鬢皓然。」

三、判斷句——以「是」字作全句的關鍵，目的在肯定或否定主語的性質、形狀等等。例如：「這點心是素的。」「賢婿老爺，剛纔不是我敢大膽，是你老太太的主意，央我來勸你的。」

這三種句式，可說是最基本的。無論甚麼「疑問句」、「感歎句」，都包括在內；無論甚麼「複合句」、「包孕句」，都用它們連結而成。因此，這三種句式表面似乎很簡單，要靈活地運用它們卻是不容易的。它們暗藏著許多變化，每種句式中又可細分為若干句式。倘若死板板地只會使用一二句式，那末寫出來的文章便奄奄無生氣，甚至連活的詞彙也白白給悶死哩。所以，我們粗略地懂得這三種句式的基本構造和性質後，便要仔細觀察各種複雜的句子，認出它們是屬於哪一句式；並且進一步研究各種句式間的關係，它們所能發生的變化。這樣才能把句式操縱自如。

要懂得句式的變化雖然較辨別詞句式為困難，但這工作是比較有趣的。

我們首先要說的，是那三種句式可以互相變換；敍述句常常被改為判斷句，判斷句卻很易變成描寫句。現舉例如下：

敍述句——「老師教書。」(主要是說「教書」)

判斷句——「老師是教書的」(主要是肯定「老師」是教書的，而不是幹其他行業
的人)

描寫句——「她很漂亮。」(含有直覺的讚賞)

判斷句——「她是很漂亮的」(同時說明她是不醜的)

其次，上面說過，每一種句式之中含有許多句式，它們之間也存在著很多變化。
其中以敍述句的變化最多。現舉數例於下：

「我走不動了。」「我還走得動。」(比較溫和婉曲的說法)

「我不能走了。」「我還能走。」(比較直率的說法)

「我打碎了那花瓶。」(普通的敍述)

「我把那花瓶打碎了。」(包含「處置」的意思)

「我打碎了那花瓶。」(主動的，以「我」為中心。)

「那花瓶被我打碎了。」(被動的，以「花瓶」為中心。)

「那花瓶被你打碎了。」(普通的敍述)

「那花瓶不是被你打碎了麼？」(有強調的語氣)

在上舉的例子中，雖然有些句法變換了，還能保存與原來相近的意思；但大多數是換
了另一種意味。這一點是關係重大的。我們不能亂用句式，也不能隨便掉換句式。下
筆時，除了要認識清楚心中的意思外，更要認識所寫的環境、情味，以決定應採用哪
一種句式來表達，否則不能把心中的情意完整地如實地表現出來。所以，懂得變換句
式的第一種好處便是文章的意義明確。

能夠參悟句式的變化，對於了解各種句式自然是一個很大的幫助。作者把各種句
式使用純熟後，才能使它們「各盡所能」，應該描寫的地方用描寫句，適宜用被動的
敍述句時，也能放棄那慣用的主動形式。這樣寫成的文章，既無板滯重疊之弊；它的
句子，也能做到繁簡皆妙，修短隨意。許多人以為文章要簡練才有力；又哪知道許多
繁褥的文字卻能表現出更壯濶、華麗的意境來！許多人喜歡用冗長的句法(尤其是指那
些歐化語法)，以為這樣才說得明白；又哪知道短峭的句子給人的印象更深刻和鮮明！
所以，文字的繁簡，句子的長短，各有它們的作用，本身沒有優劣可言，用得其當則
優，不得其當則劣。一方面，每一個人的思想和情感，都是複雜、活潑的，如果用文

字的桎梏(假如只曉得用一二句式，那便成了文字的桎梏)來限死它們，那未免太可惜了。我們要讓它們自由抒發，就要懂得句式的變化才行。這是懂得變換句式的第二種好處。

懂得句式變化，還可以免除了許多不必要的小錯誤。在一段文字裡，句子與句子間實有著不可分離的關係。例如在一段文字裡抽去幾句，那麼，那段文字馬上變成前後不銜接，或意思不完整了。所以，每一個句子除了要表達出本身的意思外，還要照應上文，引出下文。要達到這目的，作者必須能靈活地使用那變化多端的句式。例如：「哥哥很聰明，弟弟卻是愚蠢的。」這句其實沒有甚麼不通，但唸起來總覺不順口。原來是構成那複合句的兩個句子得不到調和的統一。那兩個句子，一是描寫句，一是判斷句，如果把它們都改成描寫或判斷句，這不順口的感覺便馬上消失了。又如：「香港是他出生的地方，但他的故鄉是上海。」這裡所包含的兩小句都是判斷句，但一以香港為主語，一以故鄉為主語，故覺得有點不調和。假如把下一句的「上海」調作主語，和上一句的「香港」照應，改成「香港是他出生的地方，但上海才是他的故鄉。」這樣便整鍊得多了。這一類的例子很多，如果我們發覺文字有拗口或不順的地方，試把上下文的意義和關係先弄清楚，然後把句式調整一下吧！這可以說是懂變換句式的第三種好處。

總括來說：懂得句式的變化，在適當的情況下常常加以變換使用，便不會有意思含混，文字呆滯，或前後脫節的毛病了。最後，把韓愈(768-824)〈送孟東野序〉中的一小段文章轉錄於下，那是極句式變化之能事的，希望讀者能細心閱讀和體會它，從而悟出更多的變化來：

> 其在唐虞，咎陶、禹，其善鳴者也，而假以鳴。夔弗能以文辭鳴，又自假於韶以鳴。夏之時，五子以其歌鳴。伊尹鳴殷。周公鳴周。凡載於詩書六藝，皆鳴之善者也。周之衰，孔子之徒鳴之，其聲大而遠。

原載《中國學生周報》第三百八十四期，1959 年 11 月 27 日。

引用和抄襲

前幾年有幾個大專學生和中學生在報章上開過一次小型的筆戰，辯論的中心是「甚麼是抄襲」的問題，最後卻似乎得不到結論。我當時並沒有細看雙方的文章，不久也便淡忘了。最近，有一位青年朋友在閒談中又和我說起這件事。他說：「抄襲是寫文章的大忌，這是誰都曉得的。但是，那時被指稱抄襲的人卻在侃侃自辯，好像他的抄書是天公地道似的。這真是奇了，難道抄襲在某一些情況之下是容許的嗎？」

那位朋友的疑問，是很有意義的，很值得我們注意。我先肯定地答覆了他：在任何情況下抄襲都是一種罪過，因為這是一種剽竊和欺騙的行為，既對不起原作者，又對不起讀者。這樣說來，那位被指稱抄襲的人豈非在「文過飾非」？這一點我不敢說，因為我沒有看過他的文章；但我相信他既能自辯，必有他的理由。假如他能證明他的抄書不是剽竊，而是「引用」，那麼，他就馬上得到開脫了。——引用是修辭學上的一種手法，既引別人的話語或文章來加強自己文章的力量，或則幫助描寫，或則成為例證。所以，它是寫文章的一種合法技巧。(至於用僻典之被攻擊，那是另一回事。)不過，抄襲和「引用」是很容易被誤認為一事的。有些人誤引用為抄襲，也有些詭稱抄襲為引用。如果辯論的雙方對這兩者的分別都不清楚時，那是決然得不到結論的。

引用和抄襲被人誤認惟一的原因，主要是它們都有一些選用的對象。用比較好聽的話來說，那便是參考書或參考資料；其實是古人、近人、或外國人的陳言老調。而它們把那些陳言老調擺設出來的方式也有一點類似。現在把它們分為三類略說如下：

一、全部的：全部的抄襲是一字不易，整段整篇、或東拼西湊的抄書；抄襲者自己不著一字，卻把自己的名字放到作者的地位去。這是一種狂妄而笨拙的舉動，容易被人發覺，所以只有那些無恥的笨蛋偶一為之。全部的引用也是一字不易，整段整篇、或東拼西湊的抄書；但引用者尊重原作者的主權，指明出處。最普通的全部引用有集古人詩句而成的詩。例如文天祥(1236-1283)在獄中便做了些這樣的玩意，現舉其中一首悼張珏(?-1280)的詩如下：「氣敵萬人將（〈楊監又出畫鷹十二扇〉），獨在天一隅（〈遣懷〉），向使國不亡（〈九成宮〉），功業竟何如（〈別張十三建封〉）？」那是完全集自杜甫(712-770)詩的。

二、部份的：部份的抄襲最常見，那就是俗語說的「拉別人裙來掩自己腳」。自己缺乏創作的能力，便偷別人的東西來裝門面，希望把自己的東西烘托得美麗些(結果卻往往是相反的)。例如本港有一種中學的歷史教科書，便是拾了許多別人彩裙料子，來蓋在自己破爛的袴子上的。部份的引用也是最常用的。目的也是希望叨別人的光。一般人說的「用典」或「用事」，固然是屬於這一種；就是論文的徵引，也屬於這一種。

三、改頭換面的：改頭換面的抄襲是比較有寫作經驗的人才能用的欺騙技倆，也稱做「炒冷飯」。那是把別人的內容偷到手後，用自己的文字再表達出來。這一種文人可說是最缺德，最不負責任的了。他們不是沒有寫作的能力，而是不肯去開拓寫作的田園；既不肯努力，又不願放棄稿費的收入，結果便出此狡獪的下策。如果你說他抄襲，他還可能不承認的，因為他抄的東西大都是大家都懂得的常識(當然他在未抄時卻是未懂的)；有時即使抄了別人的創見，他也可以詭辯是思想偶合而已，因為文字不同，你便沒法奈何他了。前幾年我在某大晚報上看過一篇連載的插圖小說，竟完全出自毛姆(William Somerset Maugham，1874－1965)的一篇短篇小說，不過把外國名字換過中國的，把故事發生的地點由蒙地卡羅改為澳門罷了。至於改頭換面的引用也是比較有寫作經驗的人才能做的；但他一定說明原作者是誰，以及改作的原因。最著名的如蘇東坡(1037-1101)的〈洞仙歌〉(冰肌玉骨，自清涼無汗……)，據他自己說是把蜀主孟昶(919-965)的詩(冰肌玉骨清無汗……)增刪而成的。

上面三種抄襲或引用，前二者是文字上的，後者主要卻是內容的改易。不論是哪一種抄襲或引用，它們之間至少存在著三個很顯著的不同點：第一、二者動機不同。引用在於修飾文字，所以大都指明出處(就是引用時也可由它的修飾目的看出是引別人的話)。抄襲在於欺騙讀者，當然不會露出原作者的姓名。第二、引用的人，胸中必先自有丘壑；引用的話，只有錦上添花的用途，刪去亦無不可。(指部份的引用而言。「集詩」和〈洞仙歌〉那一類，迹近於文字遊戲，引用的文字就是全篇的內容，當然不能加以刪削。)抄襲的人，腦海裡一片空白，全靠剽竊得來的東西填滿它。第三、引用的話，多是名人說的或寫的，目的是藉以自重；剽竊的話，卻多是不見經傳的人說的，因為難於被人發覺。

我們了解引用和抄襲的性質與形式的同異後，便不會再懷疑抄襲是否有存在的價值了，也不會找出別人的狐狸尾巴也給縮回去。最後，我誠懇地告訴那些曾犯抄襲的人：古人、近人、或外國人的有價值的文章，是任何人都有享用的權利的，只要你不把原作者的身份埋沒，不把讀者的眼睛遮蔽便行了。

原載《中國學生周報》第三百八十六期，1959 年 12 月 11 日。

句式舉隅

上次說過，敍述句主要是由動詞造成，描寫句主要是由形容詞造成，判斷句主要是由「是」字造成。結構簡單的句子，就在這些字的前後加上名詞或代詞便成了；但比較繁複的句子，更會利用到許多屬於其他類別的詞，如數詞、副詞、聯結詞等。其中聯結詞(如「和」、「與」、「而且」等)常常被用來把兩個以上的簡單句子綜合在一起；副詞(如「更」、「都」、「再」、「可」、「能」、「不」、「非」等)常常被用來規定動作或性質的程度、範圍、時間、可能性、必然性等，所以它們在句子的結構上是相當重要的。若單拿聯結詞和副詞比較，前者卻又遠不及後者重要，前者的作用簡單，是任何人一看就明白的；後者的作用比較廣泛而難明，許多常用的句式都要靠它們一臂之力才能成立，而這些句式，都是學生們容易搞錯的。例如最普通的「非……不可」式(例句：我們非教訓他一頓不可)，便完全用副詞造成。當然，也有許多句式不是用副詞造成的，但副詞畢竟造出了大多數的句式來。這是我們說到句式時不能不先指出來的。

現在於下面舉出十個最常用和較繁複的句式(其中大多數是以副詞為骨架的)，略加解釋，希望初學寫文章的人能因此而把這裡未列出的句式也悟出來。

1. 或(或「也許」)……或(或「也許」)——說出兩件(或以上)未決定的事情。

    例：明天放假，我們或去看足球，或去看電影。

2. 還是……還是——也是說出兩件(或以上)未決定的事情，但帶詢問的口吻，有期望決定取捨的意思。許多時前一個「還是」是略去不用的。

    例：我們還是去看足球呢？還是去看電影呢？

3. 不是……定是(或「便是」)——說出兩件有著同樣可能性的事情，但仍然不能決定那一件是事實(或可能成為事實)。

    例：他不是去了看足球，定是去了看電影。

4. 一面(或「一壁」、「一邊」)……一面(或「一壁」、「一邊」)——表示兩件事情同時同地進行。

    例：她一面跳舞，一面唱歌。

5. 一方面……另一方面——這句式的用法和「一面……一面」相同；但它表示出較繁複的事情，代表著較長的時間和較大的空間，而且兩件事不一定同時同地發生。

   例：他一方面天天去看醫生，一方面做著過勞的工作。

6. 前者……後者——如果有兩件事情，在上面已經說過；跟著要再把它們申說，又不想用重複的文字；那麼，便用得著這句式了。「前者」代表前一件事，「後者」代表後一件事。

   例：空想是荒唐怪誕的，理想是切於事實的。前者是不能實現的，沒有道理的；後者是可能實現的，合於道理的。(前者代表「空想」，後者代表「理想」。)

7. 第一點(或「第一層」、「第一」、「其一」、「一則」)……第二點(或「第二層」、「第二」、「其二」、「二則」)……第三點(或「第三層」、「第三」、「其三」、「三則」) ——這句式可以表示出兩件以上的事情，那些事情不一定同時同地發生，但都為了同一的目的才被寫出來。這句式也可以乾脆地用「一、……二、……三、……」來代替。

   例：他們的足球隊失敗的原因有三：第一點是球員身材矮小，體力不足；第二點是球員疏於練習，技術很差；第三點是缺乏一個有經驗和學識的人來做教練。(為了說明「失敗」的原因，那三件事情才被說出來。)

   以上七種複合的句式(前三種句式都以副詞造成)，它們所包含的各個句子的分量是相等的，所以有人叫它們做等立句。

8. 愈(或「越」)……愈(或「越」) ——表示後一件事情是由前一件事情影響而成的。

   例：他愈勤力讀書，成績便愈好了。(意思是說讀書勤力一點，成績便好一點，成績的如何好繫於讀書如何勤力。)

9. 如果(或「如」、「若」、「若果」、「要是」)……便(或「就」) ——表示前一件事情是後一件事情的先決條件。「再……便」這一句式是「如果……再……便」式的省略式，故和本式的意義和作用是一樣的。

   例：a.如果你多讀名作，你的文章便有進步。

   b.你再這樣疏懶，便很難有升級的希望了。

10. 縱然……也(或「都」)——表示後一件事情絕對不受前一件事情的影響。「就是……也(或「都」)」「那怕……也(或「都」)」，這兩個句式的意義、用法和本句式完全相同。這三個句式前面的詞(縱然、就是、那怕)，有時都可以省去。

例：a.縱然你派人來接我，我也不赴你的宴會。

　　b.就是他不走，我也要叫他走了。

　　c.那怕你跪下來，我也不答允你的要求。

原載《中國學生周報》第三百八十九期，1960 年 1 月 1 日。

關於句式的一點補充

上次舉出了十個最常用和較繁複的句式，前面七個都是等立句；後面三個，卻是主從句。在結構上，主從句和等立句有很大的分別。等立句中的各小單元，在句中的分量和重要性是同等並立的；主從句中的各小單元，在句中所處的地位卻隱然有主要和從屬之分。在主從句中，主要的單元其實就是整個句子的主體，它代表著這句話的主要內容，所以叫做主句；其他的單元都是由這主句而來的，所以叫做附屬句。但是，主句和附屬句的關係也相當緊密，它們不是隨便一拍便合的，也不是隨便分離的，因為附屬句常常有陪襯、限定，或影響主句的作用。現在不厭其詳，再把四個屬於主從句的句式介紹如下：

一、雖然（或「雖」）……但是（或「但」，「然而」，「可是」，「不過」，「卻」）——這句式的意義和作用，與「縱然……也」有點相似，但語氣比較溫和。它的前面或後面的副詞，都可以省去，有時甚至完全省去，還要看寫作時的情景和前後文怎樣而定。

例：雖然他這幾個月來讀書很是努力，但是考試還是不合格。

二、無論……也（或「都」）——表示後一件事情不會受前一件事情影響。

例：無論你說得怎樣動聽，我也不會再聽信你的話。

三、既然……也該（或「也應該」）——表示前一件事情是後一件事情的理由。這一式也可簡作「既然……便（或「就」）」，語氣是溫和一些。

例：a.他既然肯改過自新，我們也該原諒他。

b.他既然不願意離開，我們便留他住一晚吧。

四、因為（或「由於」）……所以（或「故此」）——表示前一件事情是後一件事情的成因。有時，「因為」或「所以」可以省去，甚至兩者都省去亦可。完全是看文氣和文意而定。許多時如果省去「因為」，便用「因此」來代替「所以」；如果省去「所以」，便用「由於……緣故」（或只用「由於」）來代替「因為」。

例：a.他因為到車站時遲了一分鐘，所以搭不到這一班火車。

b.他到車站時遲了一分鐘，因此搭不到這一班火車。

c.由於他到車站時遲了一分鐘的緣故，他搭不到那一班火車。

除了這些較瑣碎的句式外，有些由一個句子造成的句式也是值得注意的。例如「反過來說」這一個句子，實貫串著正反兩件事情，在它前後的兩件事情是恰恰相反的。（這是映襯法的運用）「總括來說」這一句子，也貫串著兩件事情，不過，在它之前的事情是複雜的，可能包括許多小事情；在它之後的事情是簡明的，是由在它之前的許多事情歸納得來的結論。（這是歸納法的運用）「由此看來」這一個句子，在它前面有著許多小事情，在它後面也可能有許多小事情，但後面的事情是由前面的事情推衍而成的。（這是演繹法的運用）

這裡所介紹的句式，自然都屬於敘述、描寫、判斷這三種基本句式的範圍，它們只是其中某一種句式的連續運用或幾種句式的混合運用罷了。我們如能認識較多的句式，懂得它們的結構和作用，那麼，便不會寫出形式不完整或內容不明確的句子來。而且更能有效地廣泛地變換句式了。

原載《中國學生周報》第三百九十二期，1960 年 1 月 22 日。

句子的帽和鞋

坊間有一本極淺易的作文參考書，叫做《讀和寫》（沐紹良著），很適宜於初學作文的兒童閱讀。它寫得相當俏皮輕鬆，而且用了許多譬喻，大都是貼切的。例如書中的第九篇，把句末的助詞比作文句的鞋子；第十篇，把句首的歎詞比作文句的帽子：都能給予讀者很鮮明的印象。因此，我們借用它們作標題，來討論一下助詞和歎詞的性質和用法。

《讀和寫》對於句子的帽和鞋，只是粗略地介紹了幾個「哼」、「哈」（按即歎詞）和「啊」、「喲」之類（按即助詞）的詞，既沒有說明它們的詞性，也沒有討論它們在位置上的變化。究竟是不是只有「哼」「哈」等詞配作文句的帽子，只有「啊」、「喲」等詞配作文句的鞋子呢？這兩類詞可否更易位置，或放在句子的中間呢？這些都是值得我們探討的問題。

讓我們先來談談助詞吧。

在六十多年前，馬建忠(1845-1900)寫了一本有系統的文法書，叫做《馬氏文通》，他在書中給予助詞的定義是：「凡虛字用以結煞實字與句讀者，曰：助字。」對於助詞的作用，他也說明：「字以達義。意之實處，自有動、靜諸字寫之。其虛處，曰語氣之輕重，口吻之類似，動、靜之字毋是也，唯有助字傳之。助字所傳之語氣有二：曰信，曰疑。故助字有傳信者，有傳疑者。二者固不足以概動字之用，而大較則然矣。」綜合這兩段話來說，助詞便是放在句子的後面，用以表明「語氣」或「口吻」的一種詞。這說法給予後來的語法學者很大的影響。他們大都承認表「語氣」是助詞的最大特徵。例如王力(1900-1986)的《中國現代語法》，便乾脆叫那些位於句末的助詞做「語氣詞」。至於助詞是否一定用於句子的後面呢？事實上並不如此，它也可放在句子的前面和中間。因此，陳承澤(1885-1922)的《國文法草創》提議分助辭為語末助字、語首助字和語間助字三種，楊樹達(1885-1956)的《高等國文法》也採取這樣的分法。在這三種助詞中，以位於句末的最多，位於句中的最少。現在為了使讀者清楚起見，將這三種由位置不同而分成的助詞，按馬建忠所說的「傳信」（即有確定性的）與「傳疑」（即未有定性的）這兩種語氣，細分成五種，並各舉例如下：

一、句首助詞：

a 傳信的——如文言的「夫」（或「蓋」、「維」、「所」、「其」），加在句子的前面，可使主語得到一種確定的性質。

例：「夫天地者，萬物之逆旅。」（李白(701-762)〈春夜宴桃李園序〉）「所不與舅氏同心者，有如白水。」（《左傳》）「諺所謂輔車相依，唇亡齒寒者，其虞虢之謂乎？」（《左傳》）

b 傳疑的——如白話的「可」、「難道」（相當於文言的「豈」）等，表示謂語所述的事未能確定。

例：「可有什麼消息？」「難道你不認得這字？」

二、句中助詞：這種助詞在主語和謂語之間，並非作為一種連接的橋樑，而是使二者的意義更趨明顯。所以都是屬於「傳信」方面的。如文言中的「之」，白話中的「得」、「個」都是。

例：「民之歸仁也，猶水之就下，獸之走壙也。」（《孟子》）「豈得眉飛色舞。」「哭個死去活來。」

三、句末助詞：這種助詞最多，又最常用。王力把它們分成十二種，其實是「傳信」與「傳疑」兩大類的演繹罷了。

a 傳信的——表示事情有了決定性或必然性。如文言的「也」、「矣」、「耳」（或「而已」、「已」等，白話的「了」、「的」、「呢」、「罷了」等。）

例：「吾聞其語矣，未見其人也。」（《論語》）「堯舜與人同耳。」（《孟子》）「自夏以往，其流不可聞已。」（《漢書》）「等回明了，我們自然過去的。」（《紅樓夢》）「只要他發一點善心，拔一根寒毛，比咱們的腰還壯呢！」（同上）「那也瞧我的高興罷了。」（同上）

b 傳疑的——表示事情未能確定。如文言的「乎」（或「歟」）、「哉」、「耶」（或作「邪」）等，白話的「嗎」（或作「麼」）、「呢」、「罷」等。

例：「亦將有以利吾國乎？」（《孟子》）「是邪非邪？」（《漢書》）「你現在還認得我嗎？」「如今你覺得快樂罷？」

其次，讓我們談談歎詞吧。

歎詞的涵義和用法沒有助詞那麼煩瑣，所以比較上易於了解。馬建忠說：「凡虛字以鳴心中不平者曰：歎字。」由於歎詞代表著一種由情感激動而引起的聲音，故可運用它（加在句子的前或後來做成一種修辭現象。因此，它和助詞雖然同屬虛字，但在語言的效果上完全不同。助詞是語法成份的一種，需要它的時候是不能不用的，歎詞卻是附屬於語言上的獨立詞，適當地使用它，可以使文字增加動人的力量，但沒有用它，於文意也沒有多大損害。

歎詞代表著人的情緒，情緒是變化無端的，雖然大致可以歸攏為喜、怒、哀、怨、歎等類，但終嫌不很妥當，所以要把歎詞歸納為若干類，這工作是多餘的。至於它的位置，卻以放在句子的前頭為正常。雖然也有把它用在句子的中間或後面的，但只是它的活用而已，它的性質和作用還是和放在句首一樣。因此，它和助詞的分成句首、句中、句末的用意不同。常用的感歎詞，在文言中有「嗚呼」（或作「於戲」）、「噫」、「嘻」、「嗟」等，在白話中有「啊」、「唉」、「哼」、「噯喲」（或作「哎喲」）等。現舉數例如下：

「於戲！前王不忘。」（《大學》）

「噫！天喪予。」（《論語》）

「噫嘻！悲哉！此秋聲也。」（歐陽修(1007-1072)〈秋聲賦〉）

「嗟乎！子乎！楚國亡之日至矣。」（《戰國策》）

「啊！論語這等講法，亦吾夫子之厄運也。」（《兒女英雄傳》）

「噯喲！這樣說來，就得三年功夫。」（《紅樓夢》）

這都是歎詞放在句子前頭的例，至於放在句子中間的，如「雖至愚者不忍為，嗚呼！而謂遠之賢而為之邪！」（韓愈(768-824)〈張中丞傳後敘〉）「嗚呼」這個歎詞，亦可以移放在「雖至愚者不忍為」之前，韓愈所以把它插在兩個子句的中間，是要使文章活潑一點罷了。歎詞放在句末的，如梁鴻(約26-?)的〈五噫歌〉，每句詩的後面都放一個「噫」字，如把「噫」字移在前面，文意毫無增減。

最後，我要特別舉出一種形式上是助詞，而實則上是歎詞的詞兒，我們叫它做感歎性的助詞。因為它兼有兩種詞的性能，所以我們談及助詞時沒有說到它。它是被用在句子的後面的，所表示的語氣，就是感歎的語氣。如文言中的「哉」、「乎」、「矣」，白話中的「啊」、「呀」、「啦」、「哪」、「喲」等都是。現舉例如下：

「必也正名乎！」（《論語》）

「玉帛云乎哉！鐘鼓云乎哉！」（同上）

「甚矣！吾衰也。」（同上）歎「這會子翻尸倒髮的，作了藥也不靈！」（《紅樓夢》）

「也不該拿我的東西給那些混帳人哪！」（同上）

　　由上所述，我們知道助詞和歎詞雖然同樣地有句首、句中、句末這三種用法，但在大多數情形下，都是助詞用在句末，而歎詞用在句首的。換句話說，助詞常做文句的鞋子，而歎詞卻常做文句的帽子。

　　　　　　　　　　原載《中國學生周報》第四百零二期，1960 年 4 月 1 日。

再論引用和抄襲

去年十二月，我在本報寫過一篇文章，題目是「引用和抄襲」。那篇文章是為了解決一些朋友對於引用和抄襲的疑似問題而寫的，所以內容側重二者在形貌上和寫作動機上的比較，此外的問題便沒有詳細的討論。

在那篇文章裡，我曾指出：引用和抄襲在形貌上頗為相似，但在寫作動機上卻是極端相反的。由這句話可以想到：引用不得其法，其結果和抄襲沒有多大分別；雖則作者自以為在引用，但實際上可能在不知不覺之中已誤蹈於抄襲的泥淖裡。因此，我們不能不講求引用的方法，在引用時更須審慎將事，否則弄巧反拙，便悔之莫及了。

引用是古代文學作品中常見的修辭手法。唐代大詩人杜少陵(杜甫，712-770)被宋人譽為「無一字無來歷」。我們的文章也常常引用別人的詞句。所以，歷來的文人都注意這種修辭手法的運用，批評的也不少。我們如果從引用的方法上著眼，可以把它分為兩大類：

一、直引法：

直引法的對象，主要是些優美的詞藻，和膾炙人口的名句。這些詞藻和名句被引用後，沒有經過怎樣的改動，故能保存原來的面目。而且，作者引用時，往往把它的出處說明（有人說這是明引法）；雖然也有不說明出處的（有人說這是暗引法），但這樣的引用多表現在詩詞上。近代文章趨勢，要把所引的說話注明，以表示不掠別人之美。直引法又可細分為兩種：一是一字不易的原文照錄，照現在的寫法，便要在引文的前後加上引號，使眉目清楚。例如辛稼軒(辛棄疾，1140-1207)〈南鄉子〉（登京口北固樓有懷）的末句，便直用曹操(155-220)說的「生子當如孫仲謀(孫權，182-252)」這一句話。一是為了某種語言上的方便（如句法、押韻等），在引文中可能掉換或增減一兩個字，但本來面目絲毫無損。如張九齡(678-740)〈感遇〉第十首云：「漢上有游女，求思安可得。」便是把《詩‧周南》〈漢廣〉的「漢有游女，不可求思」增改而成。（以上所舉的都是暗引的例，明引注明出處，一看便知，故不舉例。）

二、隱括法：

隱括法的對象，以古人的事蹟為主。事的內容，可能相當曲折複雜，勢不能完全抄出來，只能把它扼要地撮成數語，所引用的事經過作者改做，雖然原來的意思仍然存在，但在表面上可能看不出原來的面目了。而且，作者引用時再也不把它的出處說明。例如王摩詰(王維，699-761)〈老將行〉中兩句：「衛青不敗由天幸，李廣無功緣數奇。」便是把《史記‧衛青傳》和《漢書‧李廣傳》中所載二人的事蹟隱括而成。我們常用的成語「狐假虎威」，原是《戰國策》中的寓言，也屬於這一類。

無論我們用哪一種引用法，都不能忽視它的兩個標準。那就是「貼切」和「平易」。所謂貼切，是典故（所引用的說話或事情）所包含的意義和情景完全和作者心中的相吻合，讀者看了這些典故後，得到某種意義和情景，也便是得到作者心中的意義和情景；所謂平易，是讀者一看就能了解，從而生出明確的觀念或活潑的意象來。如果引用而不貼切平易，讀者便得不到真切的觀念和意象。

寫到這裡，我不由得想到胡適(1891-1962)在民國四年(1915)所提出的八不主義，其中一項便是不用典。但是他的不用典是不徹底的。他把典分成廣義的和狹義的兩種，廣義的典固然可用，就是狹義的典，「其工者偶一用之，未為不可。」他所痛絕的是狹義的典而用得拙的，如比例而不切，僻典使人不解，刻削古典成語，用典失其原意等，其實都是犯了不貼切和難明的毛病罷了。這樣說來，胡先生並沒有反對用典，他只是對不懂得用典的人看不過眼。如果引用得當，他還是要讚賞一兩句的。（詳見胡適〈文學改良芻議〉）

照此說來，好像引用只要巧妙，便有利而無弊。可是事實亦不然。我們知道：晚唐大詩人李義山(李商隱，813-858)作詩，不免被人稱為「獺祭」；江西詩派的宗祖黃山谷(黃庭堅，1045-1105)，雖然在用典上有「點鐵成金」、「脫胎換骨」之能，亦不免被王若虛(1174-1243)指斥為：「特剽竊之黠者耳」；南宋詞人辛稼軒，亦以掉書袋過多而為後人譏誚呢！

引用得不好，像胡適所說的：「文人詞客不能自己鑄詞造句以寫眼前之景、胸中之意，故借用或不全切，或全不切之故事陳言以代之，以圖含混過去。」這樣的人被斥為抄襲是不足為奇的。出奇的是以黃山谷用典的技巧那末高明，還是逃不過無情而公正的批判。原因在哪裡呢？

原來黃山谷的用典竟變成了抄襲，就是吃了誤流為源的虧。讀書是源，用典是流，平素讀書多，下筆便能用典，這些典和作者是打成一片的，完全沒有牽強接合的痕迹；為了用典而讀書，用典便成故事陳言的堆砌，當然不能算做作者的東西，既非自己的東西而硬要拿來裝門面，不是剽竊是什麼！我們如拿杜甫和黃山谷來比較，便很容易明白這個道理。杜甫作詩，並不蓄意要每字都有來歷，但因「讀書破萬卷」，古人的行事、言語和他的行事、言語打成一片，所以下筆就有許多典故聚攏過來。這些典故不用說都是貼切的，而且是渾成的。換言之，杜甫雖在引用而實則在創作。故元遺山(元好問，1190-1257)說：「謂杜詩無一字無來處可也，謂不從古人中來亦可也。」黃山谷便有點不同，他一心一意以杜甫為模範，看見杜甫無一字無來處，他也要無一字無來處。由於他蓄意要這樣做，便在事先以潛存著一個剽竊的念頭。所用的典，雖或工巧非常，實際上已和作者的心思隔了一層，也就是貌似貼切而實在不貼切。因此，引用的典故愈多，自己的創作成份便愈少，也就無法洗掉抄襲的惡名了。

總括來說，對於引用這種修辭手法，我們不必加以排斥，但也不要勉強亂用。蓄意要引用古人的事、語，很難做到貼切，即使能夠貼切，已費了很大的勁，假如結果還蒙上抄襲的惡名，豈不是太不值得？我們知道：引用的來源是書籍，與其要引用時才看書、翻書；不如平素多讀書，下筆自能旁徵博引。那時所引用的典，才是平易的、貼切的、能增加文字效果的。

原載《中國學生周報》第四百零四期，1960 年 4 月 15 日。

中國學生的苦難與徬徨

中國近幾十年來都在苦難中過日子，由革命、北伐，抗日以至現在，人民無一日不陷於水深火熱之中。作為知識份子的中國學生，自然也比常人受著更多的苦難。在教育不普及的中國，能夠享受教育已是很難得的事，而時勢環境偏還把壓力加在他們的身上！使他們不能好好地讀書，要在驚濤駭浪中捧著書本，這對他們的進益當然有著很大的障礙。他們本來都可作為未來中國的支柱，但在那兇猛的狂流衝激之下，有多少人還能站起來？我們不但要為中國學生惋惜，而且要為祖國喪失人材而悲哀！幸而這卻養成了中國學生堅忍不屈的個性。

隨著政局的轉移，強寇的侵略，中國學生面臨最悲慘的命運。因為學生是知識份子，力量相當雄偉；因為中國學生是熱血充沛的青年，思想很容易便發生衝動；於是給野心的政客看上了，收買他們來作自己的兵丁。由於甜言蜜語，他們便不知不覺為某一派系所利用，向另一派系攻擊，有著數不清的次數，如果我們記憶還新，當能明白沒有一次結果對學生有利的；相反地，學生是受到了災害。罷課遊行，首先犧牲了學業；而在進行中，又往往遇到被屠殺或被拘捕的危險。我並不是斤斤計較地以學生的利益為大前提，也不是絕對反對罷課與遊行；而是反對那沒有意義的罷課與遊行。我以為做一件事總要看它有沒有價值，為著維護一種真理，我們不但犧牲了學業，甚至犧牲了性命也是值得的。但不理智的妄動，只是對少數人有益，這有什麼意義?犧牲了自然更不值得。不過，青年人的情感往往會埋沒理智，一時的衝動，使他們忘記了或忽視了後果，他們不是不知道，當道者對他們根本便沒有怎樣憐惜。祇是怒火掩蓋了他們的眼睛，熱血運行在他們的身軀，他們便不顧一切地做去。

所以，往往一個政治團體的起來，首先犧牲了不知多少年青有為的學生。學生們有的是熱情，為人家工作了而無怨，犧牲了也以為值得。誰不知一個勢力之未長成以前，每每舉起誘人的幌子。到本來面目揭露之後，你才後悔做了人們的工具，你才知道他們也像從前的政府一樣，把你們重重壓迫。你以前對它的功績都付諸流水；而且，你還得提防狡兔死，便會走狗烹的！

國內政治腐敗與連年內戰，自然引起強鄰的覬覦，中國遂蒙上次殖民地的悲哀。乘著軍閥自私自利的弱點，割地、賠款、租借，不平等條約，便紛紛向著中國壓迫。為著

鞏固自己的勢力，軍閥們往往不惜和外國訂立了喪權辱國的條約。但貪婪的豺狼有著永遠填不滿的慾壑，於是一次又一次地向著我們進迫。這又怎能不激起全國人民的公憤，學生的思想更是沸騰起來。於是，這時的罷課遊行，乃有一點意義，這才是我們值得犧牲的時候。不過，此時中國學生所遭受的命運似乎更慘。軍閥們還認得我們是他的同胞，但那黃眼碧睛的人，簡直當我們如狗。遊行的隊伍經過外國租界，往往遭受殘酷無人道的屠殺。好像上海慘案(即五卅慘案，1925.5.30)、漢口慘案(1925.6.11)、廣州沙基慘案(即六二三事件，1925.6.23)，都會倒下許多有為的青年。此外，記不完的慘案，都在中國近代史上塗上鮮明的血跡，發著永不散去的腥味！

中國全面還未真正統一，列強的壓力還未鬆弛，中國又遭受更悲慘的命運。日寇全面向我國侵略。由於軍政的落伍，中國很快便喪失了許多地方。在戰爭進行中，當然犧牲了不少中國學生，在淪陷區域的中國人民更不見天日。中國學生是愛國的，愛國就觸犯敵人之忌；敵人最憎恨的是我國的民族思想；因為這會推翻他的政權。於是，敵人一方面用槍砲刺刀來掃蕩我們的愛國思想，一方面用大東亞共榮的口號，想迷惑中國人的心靈，瞞騙中國人的眼睛。但是中國學生是清醒的，他們不甘這種奴化教育，自然有不少暗中從事復國的運動，事發時便難免受到挫折，而且株連喪命的也不少。中國學生這時已沒有讀書的可能，就是在偽校裡的學生，由於受著深切的欺侮，蒙著亡國的恥辱，受著殘酷的統治，他們還能好好地讀書嗎？

在另一方面未受敵人荼毒的地方，中國學生也不能好好地過著求學的生活。常常正在講堂上課，一陣嗚嗚的警笛，便會把他們驅進防空洞，在侘傺的歲月中，只會令人懷著更多的悲哀，實在不能學到什麼東西！

而且戰事的進展是那樣速，這裡今日如此寧靜，明天竟然滿是砲聲隆隆。隨著學校的遷徙，中國學生踏上險嶔的長途。途中不幸遇著炮火，自然連性命也丟掉。就能逃到後方的學生，在顛沛流離中，又怎能振起學習的情緒。所以，戰爭直接毀滅了許多人的學業，間接把我國教育的水準壓低。

中國學生心靈上的痛苦，遠比肉體上所忍受的為大。愛國始終是他們最大的特點，在從前眼見祖國四分五裂而變為次殖民地，自然痛心疾首；如今眼見敵騎縱橫於祖國的原野，亡國的恥辱就在面前，心靈上便添上了更大的創傷。愛國之心催促他們暫時拋棄了學業，慷慨地走上投筆從戎的路途。

經過幾許艱難，才走上了勝利建設的坦途，學生們滿以為可以好好地讀他們的書了。誰料另一方面正醞釀著一個更大的危機。戰火又重新被點燃，而且開始由北向南蔓延。中國又一次同室操戈，中國學生陷入荊棘叢中。戰火固然毀滅了人類的生命與財產，並且毀滅了我們的學業。而未蒙戰爭威脅的地方，有些學校也蒙了醜惡的陰影·學生脆弱的心，抵受不住那職業學生的引誘，常常會被捲入政治的漩渦，一股熱誠已不放在書本上，而是爬上理想主義的塔尖·這樣還能讀什麼書！一旦東窗事發時，也許會莫名其妙地失了踪。誰知道是被關進黑牢裡？抑或已被槍殺？於是人心惶惶，又怎能安心讀書，明天此地也許會易手，讀了書也沒有好處，他們往往這樣想。是以在當時的學校裡不能找到真正讀書的一個，我們能不深切地痛惜？

為著逃避戰神的魔掌，人們一直往南走，他們終於棲止在這個大陸邊緣的小島。他明知這不是長久的安樂窩，但亦聊且作為躲避風雨的茅寮。中國學生在這裡想繼續學業更是困難的事。學店不能學到什麼東西，而要繳交一筆巨大的款子。在流亡的日子中，一般逃難連生活都不易支持，更能負起這重擔的人當然不會多，幸運的雖然能進入學校，但在唯利是視的學店中，他們得到的代價，只是一張代表著幾年學費的文憑。在這樣的情形下，中國學生又怎能不深深自慚與暗地悲傷！

由於大陸全面易幟，流落到這裡的中國學生，更帶著苦難而走入徬徨的境地。

目前最徬徨的還算是剛剛跨過中學大門的學生，大學的門牆已橫在目前，但有沒有辦法進去，卻是一件最成問題的事。一向在中文學校唸書的中學畢業生自然難以考進英文的大學。然而在這殖民地，除了升學外又有什麼地方給你求深造？於是兩條路浮現在他們的腦海：回國內還是去臺灣？這兩地都似乎可能延續他們的學校生活，然而任憑這兩種思想怎樣互相衝激，終於各各化為幻影。青年們回國內的固少；到臺灣的也不多。既然進退維谷，不如暫時居留在香港，讀讀英文書院，或是遊手好閒，奈何終難掩盡那顆徬徨的心。

徬徨已是難堪，何況更有許多不如意的打擊，中國學生走進了窘境。祖國雖然不在面前，但難免時常牽罣，純潔的心，當然希望祖國踏上強盛的大道，而許多事實的報導，都不如你的理想那樣美麗與天真。失望重疊了失望，自然你又產生了憂鬱。你曾立志把祖國弄好，但現在顯然你是無能為力，你怎能不暗自悲傷。徬徨、憂鬱、悲傷的各種情緒，就在胸中交戰，不讓你有片刻的安寧。

然而，中國學生愛國的熱忱，不會就此變冷，它還能冒出一點點火花。雖然形式上的教育，我們沒法享受，但是我們仍能自己充實自己的學問。我們必須仍然抱著這樣一個信心：國家不會永遠捨棄我們而不顧，我們仍是國家將來建設的重要的一員。我們的能力愈充實，將來發輝的力量便愈大。何妨暫時拋卻一切煩惱，而去做一番研究學問的功夫。

與其在千錘百鍊下才是鋼，中國學生能在時代的浪潮沖刷淘洗而還能屹立不動才為可貴。既然現在我們所遇到的是苦難與徬徨，好在我們已經鍊就一顆堅忍的心，我們就迎上前去捱受罷！苦難熬過會出現好景，黑雲過後便是青天。至此更切要把那徬徨的心情拋上九天，徬徨歧路是一種精神的浪費。我們要積極地學習以為日後的準備，為國家服務的準備。這才是現在中國學生唯一的辦法，才能把失去的學業找回來。

原作獲《中國學生周報》1952年徵文比賽大學組第三名，原刊於《中國學生周報》第十九期，1952年11月28日，〈獎學金徵文專頁〉。

談青年的修養問題

社會愈混亂，人類生存便愈困難；需要有良好的修養，才能應付周遭的壓力。今日的青年，正處在一個非常混亂的社會中：一切醜惡向我們戲弄，一切奸詐向我們欺侮，一切冷酷向我們嘲諷，一切妖邪向我們誘惑；假如一失足，便會陷入永劫不復的境地。我們必須堅強地立定腳步，不但不向魔鬼低頭屈膝，而且要努力掃蕩那些魔鬼，以建立起我們的理想社會。但是這談何容易呢！我們必須齊心協力，以集體的力量，才有成功的可能。而構成力量的每一個單位，都應有相當的修養，才能發揮偉大的力量；否則我們只有仍然浮沉於這個醜惡的狂濤裡，遲早被撒旦的大口所吞噬了。這樣說來，構成力量最大的青年底修養問題，無疑是現在最切要的問題了。

其實中國何止現在才是這樣混亂和黑暗呢！近幾十年一直都是如此的了。因此談青年修養的書籍也出過不少，可惜大都只是漂亮地作皮相之談，沒有進一步具體地給予青年們甚麼啟示，甚麼益處。事實上，青年的修養確是一個很重大的題目，無怪其難做得完滿的。而以一個還在修養自己的人，要談這個重大的問題，似乎是更困難了。不過我以為還是可以談的，因為我們本身就是青年，當然比較懂得青年的心理，青年的憧憬，青年的長處，以及青年的弱點。然後就著這些來研究青年所急需的修養，也許能夠對現在的青年有些裨益。

所以，我們不必放言高論，不必脫離現實，也不必只顧一些微末的問題；而要徹底地尋出這個混亂的社會的癥結，尋出青年們的缺陷，然後對症下藥。

以這種觀念來做出發點，我以為青年應有的修養至少有下列六項：

一、哲學的修養

簡單來說，哲學就是綜合地研究世界和人生的學問，它的目的在徹底尋求事物的真相，所以哲學有「諸學之學」之稱，實在是一門很深奧的學問。可是，青年們切不要因此而被嚇倒，哲學同時也是很普通的。在我們日常的生活裡，隨時都可以發現它的踪跡(不過這是片段的，不是綜合的)，我們也許不自覺罷了。好像我們對世界人生都有一種看法，這便是哲學裡面的世界觀和人生觀。而我所提出的哲學修養，也只是要求青年們培養起一種正確的世界觀和人生觀而已；並不是叫大家扳起面孔，跑到圖書館去鑽研下一些高深玄妙的問題，這是哲學家的工作，不是個個人都做得到的。

296

　　對世界的看法便是世界觀，世界觀有很多種的，青年們的世界觀大都屬於下列兩種之一。一種是享樂的世界觀：城市的青年，常常抵受不住外物的引誘，因而浸淫於酒色之鄉，沉湎於玩樂之土，漸漸地便產生出一種壞觀念來。以為人生在世是為了享樂的，所以不必勞作；這個世界就是供給他享受的，什麼奇花異卉，是為他的眼而生的；什麼山珍海錯，是為他的口而有的；什麼絃管笛簫，是為他的耳而設的……。另一種是厭世的世界觀：有些青年剛剛和上述的青年相反，他們厭惡世界，以為這世界是漆黑一團的，沒有一線光明；是污穢不堪的，沒有一方淨土。於是終日長吁短嘆，無病呻吟了。

　　這兩種世界觀，當然都是不正確的。我們生存在這個世界，如果單為享樂，我們還能做什麼事呢？我們還有什麼用呢？只配扔到廢物箱裡去罷了！如果我們對一切都懷著悲觀，對一切都失去希望，便暮氣沉沉，毫無振奮之心，更不能有大作為了。我們應先正確地認識這個世界。世界上各種物質，不是為了個人的享樂，我們應該利用它來為人群謀最大的幸福。在另一方面，這個世界誠然有許多令人不滿之處，但我們不能宣洩一股幽怨便算了，更應積極地改造它，換句話說，我們要克服惡劣的環境。

　　和世界觀一樣，人生觀也是每一個人所必具的；這是每一個人對人生的看法，對人生的態度。因為時代環境的不同，而發生許多種不同的人生觀。對於現代青年，有一種人生觀是應該深惡痛絕的，這便是個人主義的人生觀。人類生在這個自私自利的社會裡，薰陶於這個自私自利的氣氛中，難免不受其影響。因此大多數人都只顧自己的利益，而不顧及別人，更不理會到社會的利益了。青年們不但不應有這種思想，而且要設法改變別人這種思想。如果每一個人都自私自利，這個社會只有渙散，只有停頓，只有衰落，沒有一點同情，沒有一點溫暖了。所以，我們的人生觀必須是為大多數人謀利益的。大家分工合作，和衷共濟，以大眾的利害為自己的利害，共同努力，以謀促進社會的進步，增加人群的幸福。

　　二、道德的修養

　　沒有一個人會喜歡被人批評為缺德或無行的，社會都在頌揚善人。善人所以值得頌揚，就是因為他們有很好的道德修養。道德的修養，關係一個人的品德，尤其是青年所不可缺少的，否則作奸犯科，卒至身敗名裂，對自己，對社會都是一種極大的不幸。

在現在這個人吃人的社會中，真正注重道德的人已經很少了。為了個人的利益，什麼傷天害理的事都做得出來，也許是明目張膽地作惡，也許是偷偷摸摸地作惡。青年們應該負起糾正這個社會人心的責任，首先便要充實自己的道德修養。

究竟道德是什麼呢？古今中外對這個問題研究的人正多著。外國人大都以為一個人受了理性的指示，能夠抑制自己的衝動，盡到當然的義務，由此實踐而成習慣的，就是道德。我國則以為仁義忠恕之有所得者為道德。《禮記》說：「德者，得也。」「得於身也。」《說文解字》說德是「外得於人，內得於己。」總之，道德的目的就是維繫人與人之間的關係的。

我們不妨就我國傳統的道德觀念——仁義與忠恕——來談談罷：

仁義忠恕是儒家的思想，孔子(前 551-前 479)的中心學說就是「仁」。「仁者，人也。」(《孟子》)就是做人的道理。所謂做人的道理，就是博愛。孔子答樊遲(前 515-?)說：「仁者，愛人。」(《論語》)故韓愈(768-824)〈原道〉一開首便說：「博愛之謂仁。」孟子(前 372-前 289)說：「愛人不親反其仁。」都把仁字解作愛人的意思。現在提倡博愛的人太多了，大家都認為博愛是最好的德性。這當然也是青年所應有的德性了。

曾子(前 505-前 435)說：「夫子之道，忠恕而已矣。」孔子是以忠恕來實行他的「仁」的。忠就是盡心的意思，我們可以對某一個人盡心，對某一件事盡心，或對人群盡心，對國家盡心；這就是說，我們可以忠於某人，忠於某事，或忠於人群，忠於國家。可惜從前人只把忠來用於某一個人，便形成了一種忠君的思想。這是歷代帝王所提倡的，為的是要鞏固他的政權，使人民根除了反對他的念頭，由此便使人有一種錯誤的想法，以為忠是對君王而發的。現在封建制度已經消滅了，專制帝王已經消滅了，便不再需要「忠」了。其實不然，現在我們更應該盡忠，我們要忠於人群，忠於國家。

孟子說：「無為其所不為，無欲其所不欲，如此而已矣。」這就是「恕」的解釋。我們如果事事能顧到別人，能體諒別人，則可以減少許多紛爭。所以「恕」是維繫社會安寧的一個重要的因素。

孔子的思想以「仁」為主，孟子的思想卻以「義」為先。孟子是私淑孔子的，自然吸收了孔子的道德理論，所以他也提到仁。他說：「仁，人之安宅也；義，人之正

路也。」因為戰國亂世，人尚功利，他便極力反對，大叫「上下交征利，而國危矣。」一方面提出義來，說是完成人格的必經途徑，雖捨生也要取義。他的所謂義，就是做人的正道。

上面所說的仁義忠恕，都是我國固有的道德。到了今日，雖然有人把它們唾罵，但我以為它們仍然有其價值，仍然可以作為青年的道德修養的基礎。當然，時代是轉移了，許多觀念都改變了，所以我們一定要活用它，便不會流於迂腐。好像說到「忠」，從前要忠君，現在便要忠國了。此外，我們還得隨時隨地檢討自己的行為，以求達到至善的境地。

三、藝術的修養

每一個人都需要有藝術。如果沒有藝術，則人生只是刻板的，枯燥的，沒有什麼意義，更無什麼美感。因為人是有情感的動物，不是無生命的機器；故除物質上的享受外，還需要有精神上安適。藝術的目的正是融合情感，把它傳給我們，以滿足我們精神上的安適。當我們凝神欣賞一幅名畫的時候，或凝神傾聽美妙音樂的時候，我們便會忘記一切現實的苦惱，擺脫一切現實的縛束，而和藝術打成一片，進而做到物我兩忘的境界。那時，精神上是多麼舒適與愉快啊，李白(701-762)詩云：「相看兩不厭，惟有敬亭山。」正是說到了這個境界。

人類既然要求精神上的安適，便不能不有藝術的修養，以調劑日常的生活。這樣，生活才會美滿潤澤而不庸俗枯槁。

藝術所包括的範圍很廣：音樂、繪畫、雕刻、文學等等都是。青年們應該具有各種藝術的認識，各種藝術的修養。雖則我們不一定都有創作藝術的能力，但是我們最好能夠練就欣賞藝術的本領。

四、科學的修養

在二十世紀六十年代的今天，科學的重要已是無人不知的了。社會所以日益複雜，人類生活所以日益進步，物質文明所以日益發達；完全由於科學有了長足的發展。所以從前人可以缺乏科學的頭腦，現代的青年不可不具備科學的修養。

為了更求人類的舒適，為了更求社會的進步；科學的研究是一天不能停頓的。青年們的興趣也許不放在科學的研究上，但是對科學的知識是不能缺少的。高深的科學原理或科學發明當然是常人所不能做到；可是普通的科學知識是人人都必須知道的。

如果很簡單的常識，如像天怎樣會下雨，人怎樣能生存，這類的問題也不明白，便是孤陋寡聞了。下雨、打雷和閃電，從前人以為是龍王、雷公和電母弄的把戲；如果我們現在還是這樣說，便真要笑掉人家的下巴。因此，具有普通的科學知識是必需的。中學裡有幾門功課，如物理、化學、數學、生物學等，目的就是灌輸給中學生以普通的科學知識。

此外，我們做學問功夫，或做其他工作，或解決什麼困難，如果能夠應用科學的方法，也許可以事半功倍。如果生活得有秩序，便更非科學化不可。

五、國學的修養

今日的青年，尤其是僑居在海外的青年，大都不注重國學。我提出國學的修養也許可以說是針對時弊了吧！無可諱言，許多青年對自己國家的認識實在太少，對自己的學問——國學茫然不識；甚至不及他們的外國知識來得豐富。這在外國人說是多麼笑話，在我們中國人看是多麼悲哀！中國近幾十年來一蹶不振，相信與此也不無關係。青年們一定要有國學的修養，才能認識自己的國家；認識清楚祖國以後，才能揭出固有的優點加以闡揚，針對過去的錯誤加以補救。這樣才會對祖國有些裨益，否則空具其他的學問，空具熱烈的愛國心，也不知如何做好。而且，你對自己國家的學問全無認識，便沒法認識自己的國家。那末，任你怎樣說愛國，又有誰肯相信呢！

青年們切不可以為國學研究的困難，而忽略了它。我們如果下決心去學習，決不會怎樣困難的。試想學習自己的東西也說困難，還能學習別人的東西嗎？我們應該先研究國學，才去研究其他學問。雖然國學的範圍相當廣闊，但我們可以先從基本方面入手。如果我們肯隨時注意中國歷史的知識，和國文上的知識如經史子集等，漸漸便可以植下國學的根柢；然後循序漸進，便不會困難了。

六、政治的修養

鑒於許多青年常常於不知不覺中做了政治工具，甚至糊裡糊塗便犧牲在政治舞台上，我特地要求青年們培養政治的修養。犧牲，原來不是可怕的事，如果為了正義而犧牲，則更是可敬可佩的。我們害怕的只是無價值的犧牲，如果為了某一種政治團體達到欺詐人民的目的，我們固不值得為它犧牲，就是為它工作也是不可以的。除了甘心墮落的人，誰願意幫助別人完成其奸惡的行為。然而，那些政治團體事前決不會在

你面前露出猙獰的面目；相反的，你見到的只是仁慈和藹的面目。那你又怎能不翕然從之呢？

我們要洞悉他們的陰謀，找出他們的狐狸尾巴，便非有政治修養不可了。我不想在這裡談政治問題，因此我不謳歌那一種主義，也不詆斥那一種主義。不過，我希望青年們要警惕提防，不要掉進人家的陷阱裡。毒藥裹著糖衣是最易入口的。青年們如果有了高深的政治修養，便有了判別是非的能力，便可以決定取捨。我們不妨在這裡立下一個取捨的標準：真正為祖國為人民謀取最大幸福的政治主張，才是值得信從、值得擁護的。

上面我提出了六條修養，自然不能包括全部的青年修養。但是我以為這都是當今青年所最需要的，所以粗略地談談(因為不是專論各種問題，而且限於篇幅，故不能作深刻的探討)，藉此以引起同學們的注意。六點中，前三點包括了真善美三方面，可說是每一個人的基本修養；後三點是針對現代青年的需要，和現代青年的通病而說的。我相信青年們如果有了這些修養來做底子，更輔以意志的訓練(如立定志向、不屈不撓、或腳踏實地、埋頭苦幹等等)，則怎樣的困難不能解決？怎樣的環境不能征服呢？這樣的青年，才可以稱為現代的青年而無愧。

原載中國學生周報主編：《學生徵文選》(香港：友聯出版社，1953 年)，頁 1-10。

略論古詩十九首

四言詩到了漢代，其形式漸漸不能適用於當時的內容，於是能兼詩經與楚辭二者之長的五言古詩便代之而興。五言古詩的起源，歷代說者頗多。有些人看到《詩經》上已有五言的詩句，便說起於《詩經》；有些人考證出漢初也有五言詩，便說起於西漢。其實，他們指的都是五言詩的雛形罷了。《詩經》是四言體，雖然偶爾夾入些五言的句子，但實際則以四言為主；而其中的五言詩，當然不能算是成功的作品。西漢時也確實有不少五言之作，如〈戚夫人歌〉《漢書·外戚傳·呂后傳》，李延年(?-前90)的〈佳人歌〉（李夫人傳），《鐃歌》中的〈上陵〉，成帝(劉驁，前51-前7)時的民謠（五行志），但都不見得怎樣完美，而且不是純粹的五言，內中夾雜三言六言不等。這些雖然在論及五言詩的起源時不能不注意及它，但五言詩真正成為一種完整的詩體，當然以古詩十九首為始祖。

五言古詩經過許久的醞釀，到東漢末已經逐漸成熟，大抵古詩十九首就在那時完成。雖然那時先後都已有許多五言詩產產生，但都不及古詩十九首偉大。如班固(32-92)的〈詠史詩〉，雖已穿上了五言詩的外衣，但可惜「質而無文」（鍾嶸(468-518)語）。而張衡(78-139)的〈同聲歌〉，秦嘉的〈贈婦詩〉，蔡邕(133-192)的〈飲馬長城窟〉，孔融(153-208)的〈雜詩〉，蔡琰(177-250)的〈悲憤詩〉，大都遠不如古詩十九首。故雖時代相去不遠，我們還得以古詩十九首為代表。

雖則我們指出古詩十九首產生於東漢，但前人都不是這樣說。他們各持一說而不能確定。誠以時代太久，考證自難，就是我們也只能根據歷代遺傳下來的材料，用客觀的批判的方法來研究它。雖不能說已經清楚，可也澄清了不少謬說，現在先來看看前人各說罷：

六朝最流行的說法，便是說十九首作於枚乘(?-前140)。這說發生也很早，梁劉勰(465-521)《文心雕龍》已經提及。到陳朝徐陵(507-583)編《玉臺新詠》，便索性把古詩十九首中的〈西北有高樓〉、〈東城高且長〉、〈行行重行行〉、〈相去日已遠〉、〈涉江採芙蓉〉、〈青青河畔草〉、〈迢迢牽牛星〉、〈明月何皎皎〉八首，加上〈蘭若生春陽〉一首，題為雜詩九首，枚乘作。依這一說，則古詩十九首至少有一部分作於枚乘；而枚乘是文景時人，換句話說，便是古詩十九首產生於西漢。但這

一說有許多地方令人懷疑，我們實在不能贊同。且莫說十九首中所表現的情調生活和枚乘遺傳下來的賦中所表現的大異其趣，如果枚乘有那樣偉大的作品，《史記》和《漢書》的〈枚乘傳〉和〈藝文志〉一定會有詳細的記載，但現在竟然隻字不提。這已足以證明枚乘沒有作過這樣的詩了。而五言詩盛於東漢末，距離那時相當遠，如果文景時已有那樣完美的五言詩，怎會突然停止了發展，到漢末魏初才復興呢？我們可以再證以與枚乘同時的文人，如司馬相如(前 179-前 117)、王褒(前 90-前 51)、揚雄(前 53-18)等，都沒有五言詩的創作。大凡一種新文體的興起，總會成為一時的風尚，好像漢人皆競為賦，六朝人皆競為駢文，如果枚乘發起創作五言詩，同時的文人一定會起而模倣。何況枚乘在那時又是那樣著名的文人，他的名作〈七發〉便曾轟動當時的文壇，模倣的實在不少。而現在偏就只有枚乘有這類的作品，其他文人都沒有，似乎不能令人置信。所以這說是不對的，也許是徐陵他們隨便附會到枚乘的身上罷了。可笑那清代的朱彝尊(1629-1709)，還深信這說不疑：「十九首枚乘居其八。」並且加以考證：「生年不滿百一首，乃《文選》樓中諸學士掇輯古體，裁翦而移易之，雜置十九首中者。」這當然不值一駁，大家都知道這是錯誤的了。其實唐代注《文選》的李善(630-689)，早已對此說發生懷疑。他說：「五言並云古詩，蓋不知作者，或云枚乘，疑不能明也。詩云：驅車上東門；又云：遊戲宛與洛。此則辭兼東都，非盡是乘明也。」由此可見詩中有東漢人所詠的情事，自然不是西漢的枚乘所能寫出。蘇(武)、李(陵)的五言贈答詩已證明是東漢人偽託的，何況在蘇、李以前的枚乘，那裡會有五言詩呢！

劉勰則另有見解，他說：「古詩佳麗，或稱枚叔。孤竹一篇，則傅毅之辭。比采而推，兩漢之作乎？」（《文心雕龍‧明詩篇》）他對當時流傳的說法，不置可否，卻說〈孤竹〉一篇是傅毅(?-90)作的。我看這說也不太對，雖然傅毅已是東漢明帝(28-75)時的人，但他並沒有作過五言詩是可以推溯得到的。他留傳下來的〈述志詩〉，只是四言體而已。既然劉勰提不出怎樣有力的證據，我們便不能輕率地加以相信。

還是梁《昭明文選》所說的比較允當，蕭統(501-531)因為找不到是哪人作的，便乾脆地說是無名氏作。（雖然他的心目中，似乎是把它作為西漢的作品。）我們從十九首所表現的複雜的內容，民間的思想，平民的生活，顯淺的詞句來看，無疑地該是民間的創作。而且在各詩中常常有相同或相似的詞句。如〈行行重行行〉一首中有

「思君令人老」之句，〈冉冉孤生竹〉中也有；〈西北有高樓〉一首中有「音響一何悲」之句，〈東城高且長〉中也有；〈孟冬寒氣至〉一首中有「客從遠方來」一句，並且說及「長相思」，而〈客從遠方來〉中也有這兩句話；〈今日良宴會〉一首中有「人生寄一世」之句，與〈驅車上東門〉中的「人生忽如寄」也很相似。此外如「青青」「鬱鬱」「盈盈」「纖纖」「浮雲」「人生」等詞也是十九首中最常用的。若再和其他留傳至今的漢五言詩對照，同樣發現很多相同和極相似的詞句。那些相同或相似的詞句，相信都是那時在民間極流行的語調。那麼，這更足以證明十九首是民間的作品，決不是甚麼文人作的。不過古人都愛把有名的作品附會到有名的文人身上去，因為古人一向輕視民眾的力量，不信民眾有那樣偉大的成就。實則民間偉大的文學作品很多，民眾的力量未必比一二個文人少，古詩十九首便是一個著例。

也有人懷疑它們曾經東漢文人的潤飾，我們看十九首用字雖然淺近，但寫作技巧運用得很成熟，故此說也不無可能。鍾嶸《詩品》說：「去者日已疏……雖多哀怨，頗為總雜，舊疑是建安中曹王所製。」說是曹植(192-232)、王粲(177-217)他們所作未免太武斷一些，因為沒有確實的證據；但經曹、王等潤飾是可能的。王世貞(1526-1590)在《藝苑卮言》裡也說：「……意者中間雜有枚生或張衡、蔡邕未可知。」也許原本是雜言體，到東漢末蔡邕或曹植等為之修飾才成為那麼整飾完美的五言體。好像〈去者日已疏〉一首，便有人說是修改當時的葬歌而成。不過，這一說始終只是一種推測罷了，放在我們眼前的古詩十九首，竟是那麼完美自然，實在看不出怎樣斧斲的痕跡。

古詩十九首的作者無疑是無名氏了，昭明太子這點是很對的；但是他把這十九首詩放在李陵(前 134-前 74)之前，似乎也有認錯時代之嫌，因為這樣便等於說十九首是李陵之前的作品，也等於承認它們是西漢的作品。而古詩十九首斷斷不是西漢所能產生的，這在上面已經證明過了。此外還有許多有力的證據，如十九首所表現出來的時代背景，完全是東漢亂離時代的背景，不是西漢宴安時代的人所能寫出來的。而第五首〈盈盈樓上女〉，「盈」字分明是犯了惠帝(前 210-前 188)的諱，西漢人怎敢這樣？只有東漢的人才會不避應用。

現在的人，幾乎都相信古詩十九首是東漢的作品了。但是這裡還存留著一個問題。這問題發生在詩中的第七首上，那首詩是：

明月皎夜光，促織鳴東壁。玉衡指孟冬，眾星何歷歷！白露沾野草，時節忽復易。秋蟬鳴樹間，玄鳥逝安適！昔我同門友，高舉振六翮。不念攜手好，棄我如遺跡。南箕北有斗，牽牛不負軛。良無磐石固，虛名復何益！

詩中第三句「玉衡指孟冬」，李善在下面注著：「春秋緯運斗樞曰：『北斗七星，第五曰玉衡。』《淮南子》曰：『孟秋之月，招搖指申。』然上云促織，下云秋蟬，明是漢之孟冬，非夏之孟冬矣。《漢書》曰：『高祖十月至灞上，故以十月為歲首。』漢之孟冬，今之七月矣。」清王士禎(即士禛，1634-1711)《居易錄》引閻若璩(1636-1704)說：「此孟冬乃建申之月，指改時而言。下文秋蟬鳴樹間，為明實候，故以不改者言。」考中國的曆法，歷代不同。夏以正月為歲首，而正月為寅月，故稱建寅，又稱夏正；殷以夏曆十二月為歲首，而十二月為丑月，故稱建丑；周則稱為建子，以夏曆十一月為歲首，而十一月為子月；秦則稱為建亥，以夏曆十月為歲首，而十月為亥月。漢初依循秦曆，也以十月為歲首。這麼一來，詩中所說的孟冬，乃是依循漢初的曆法的了。那時正是夏曆的七月，自然有初秋的景物。所以李善的解釋是很正確的。但因漢武帝太初元年(前 104)以後廢棄秦曆而改用夏曆，故從表面看，那首詩便是武帝(前 156-前 87)以前的作品了，而且也可能在枚乘、傅毅以前了。但我們始終不相信西漢會有這樣的作品。於是有人這樣推測：也許漢廷宣佈改曆而未遍於民間，故民間還有沿用秦曆的。這不無一點理由，民間大都是保守的。你看民國以後，政府不是已經宣佈改用陽曆廢除陰曆嗎？但在民間陰曆還是盛行。陰曆新年許還較陽曆新年熱鬧哩！由此可以推想得到那時所改用的夏曆並未普及也是很可能的事，因此東漢人還在應用漢初所行的秦曆也不足為奇了。

此外，關於這個問題另有一種說法。這說是以為詩中的「孟冬」是「孟秋」之誤。《文選》旁證引張庚(1685-1760)《古詩十九首解》說：「《史記·天官書》：『斗杓指夕，衡指夜，魁指晨。堯時仲秋，夕杓指西，衡指仲冬。』此言衡指孟冬，則是杓指申為孟秋七月也。然白露為八月節，『促織鳴東壁』即豳風『八月在宇』義，『玄鳥逝』又即月令『八月元鳥歸』。然則此詩是八月之交。舊注以為孟冬者謬也。」如果指夏曆的八月，詩內便應作「孟秋」。而第十七首「孟冬寒氣至，北風何慘慄」也指明「孟冬」，但所寫的景色卻又是凜烈非常，十足嚴冬的景色。故那首提

及秋蟬玄鳥的詩可能是「孟秋」而非「孟冬」了。否則兩首詩都說「孟冬」，怎麼所描寫的會截然不同呢？如果這說成立，則此詩更不一定作於太初以前了。

總之，那首詩雖似作於西漢，但也未必不是東漢的作品，兩說都足以證明這點。(但這都是後人的臆測；這首詩至今實在仍然成為一個問題——關於古詩十九首時代的問題。)因此，有人以為十九首所作的時代，有在東漢，有在西漢。清沈德潛(1673-1769)說：「十九首非一人非一時作。」（《古詩源》）

看過了上面各種說法，對古詩十九首的時代與作者問題，應該得到結論了：它是東漢的民間的作品，作者姓名不可考，而可能是東漢末的文人曾加潤飾。

古詩十九首雖然作者名字失傳，卻不因此而失去價值。鍾嶸說它：「人代冥滅，而清音獨遠。」（《詩品》）能夠清音獨遠，自有其不朽價值。它承接了西漢那些未成熟的五言詩的成果，吸取了四言詩《詩經》與六言詩《楚辭》的精華，為中國詩壇開闢另一新路，為後來的五言詩植下鞏固的根基。但是後來的五言詩都不及它偉大，魏初的大詩人劉楨(180-217)、曹植，亦只能做到升堂入室的地步，（鍾嶸語），其餘更不足論。這更顯出古詩十九首的偉大，難怪其照耀一時，傳誦千古了。

論到它的價值，無論內容或形式（文字的技巧），都臻上乘的境域，尤其能夠寫出當時的背景，刻劃出當時人民的生活、情緒、與憧憬。故歷代文學家都看作《詩經》以後最偉大的作品。清張庚(字浦山)說它「組織風騷，鈞平文質，得性情之正，合和平之旨，義理聲歌，兩用其極。故能紹已亡之風雅，垂萬世之規模，有志斯道者，當終身奉以為的。」（《古詩十九首解》）可謂推許備至。而劉勰也曾許為「五言冠冕」。鍾嶸也曾許為「一字千金」。

現在先來研究它的形式。它寫作的技巧，可謂登峰造極，現就其大者分述於後：

（一）用字自然淺近，而能表達深遠的意思。詩中所寫的事，莫不直抒胸臆，沒有一點阿諛晦澀，沒有一點矯揉造作，與漢代的郊祀歌真有天淵之別。因為它純任自然，故不求工而自工，好像天衣無縫一般。真是「篇不可句摘，句不可字求。」（張庚《古詩十九首解》引胡氏說）《文心雕龍·明詩篇》也讚道：「觀其結體散文，直而不野，婉轉附物，怊悵切清，實五言之冠冕也。」

（二）音韻諧協。漢代音韻之學未承發達，四聲八病之說還未產生，所以十九首是不受那些音律縛束的。卻非常諧協，非常自然，完全出於天籟，一點沒有俗世的做作。例如「行行重行行」五字都是平聲，在後世的詩歌中斷斷不敢這樣；但這句卻使我們感到一種聲調的和諧，感到一種溫柔敦厚的感情。後世沈約輩自定音律，所謂八病之說，徒自縛束而不工，不及十九首遠甚。

（三）善用疊字和對偶。疊字和對偶都是修辭的技巧，十九首的修辭技巧很是高明，尤善於用這兩種方法。在十九首中，疊字的運用觸目皆是，這大概是受了三百篇的影響。例如「行行重行行」、「青青陵上柏」、「洛中何鬱鬱」所用的疊字都很妥貼，能達出情緒，描出形象。第二首所用的疊字更是神奇：「青青河畔草，鬱鬱園中柳。盈盈樓上女，皎皎當窗牖。娥娥紅粉妝，纖纖出素手。」一連六句都用疊字來描寫，把樓頭怨婦，表現得神氣活現，栩栩如生，真可作後世用疊字者的模範。十九首中所用的對偶也很多，都是非常工整的。例如：「胡馬依北風，越鳥巢南枝。」「去者日以疏，來者日以親。」「上言長相思，下言久離別。」「不惜歌者苦，但傷知音稀。」詩中用的對偶，還有一個獨特的地方，就是善用疊字屬對，例如：「青青河畔草，鬱鬱園中柳。」「青青陵上柏，磊磊澗中石。」不但對偶工整，而且用字巧妙。更有連續用兩對疊字句的，如「迢迢牽牛星，皎皎河漢女。纖纖擢素手，札札弄機杼。」我們讀起來，不能不嘆它用字遣詞有鬼斧神工之妙。

（四）善用譬喻。譬喻也是一種修辭技巧。十九首中的譬喻，真能做到能近取譬觸類旁通的地步，使人很容易了解它的意思。例如「願為雙鴻鵠，奮翅起高飛。」以鴻鵠來比有大志的人。「昔我同門友，高舉振六翮。」也是以大鳥作比，但這是說他的同門友得意而不顧他。「燕趙多佳人，美者顏如玉。」以玉比佳人，這詩已經普遍地應用了。其第八首更妙：「冉冉孤生竹，結根泰山阿。與君為新婚，兔絲附女蘿。兔絲生有時，夫婦會有宜。……傷彼蕙蘭花，含英揚光輝。過時而不采，將隨秋草萎。」全首用的譬喻最多，含意也最深遠。這是一首怨婦的詩，首用孤竹來比喻自己，

用泰山來比喻丈夫；再用兔絲來比喻自己，女蘿來比喻丈夫。都有倚託良人之意。由於夫婦離別，便自比於蕙蘭花，傷悲著隨秋草萎謝了。比喻中用比喻，技巧純熟，讀了能不感動？

（五）能運用背景寫法，襯出當時情緒。如第一首行行重行行為別離之詩，便用胡馬、北風、越鳥、浮雲、遊子等令人傷感的詞句。第二首〈青青河畔草〉為怨婦之詩，便用河畔草、園中柳等令人幽怨的背景。第十二首〈驅車上東門〉為傷感之詩，便用郭北墓、白楊、松柏等荒涼景物為背景。第十三首〈去者日以疏〉為感慨之詩，故也用丘墳、白楊來作映襯。由此可見詩中所描寫的背景都是因詩中的情緒而施的，故能予人以深刻的印象，這和許多人作文先寫寫天寫寫雲完全不同。

（六）能運用寓言。十九首中，雖然不致如有些人說的那樣完全是臣不得志於君者的比興之辭，但確有幾首是以物自況的。如第十首「迢迢牽牛星，皎皎河漢女。纖纖出素手，札札弄機杼。終日不成章，泣涕零如雨。河漢清且淺，相去復幾許。盈盈一水間，脉脉不得語。」寫牽牛織女，相會維艱，暗指君子不得與明君相遇。第十二首〈東城高且長〉意思也差不多，是以美人比能者，雖欲為國效力，但會合不偶，徒自「沈吟聊躑躅，思為雙飛燕，銜泥巢君屋。」

　　上面說的是古詩十九首所用的修辭方式，是形式方面的。但這只是我個人的看法，揀最顯著的來說說罷了，也許不衹這些。由於優美的文字，熟練的手法，形成一種溫厚委婉的風格。沈德潛在《古詩源》裡說得好：「十九首大率逐臣棄妻朋友闊別死生新故之感，中間或寓言，或顯言，反覆低徊，抑揚不盡，使讀者悲感無端，悠然善入，此國風之遺也。」又說：「言情不盡，其情乃長，後人患在好盡耳，讀十九首，應有會心。」「情和平遠，不必奇闢之思，驚險之句，而漢京諸古詩，皆在其下，五言中方圓之至。」可謂切中肯綮之言。

　　現在來看十九首的內容，更是包羅萬有，琳瑯滿目。反映出東漢末的亂離情形，人民生活的困苦境況，及由此而形成的頹廢苟安的思想。尤其是這種思想，表現於十九首中特別濃厚。此外如夫婦分飛，良朋判袂，生離死別，相思之苦，也常常在詩中表現出來。現在就我的愚見，依十九首的內容，大約把它們分為下列五類：

（一）表現社會思想的——東漢末年，天下大亂。黨禍、黃巾之禍接踵而來，天災瘟疫相繼而至，以致農村破產，百姓顛沛流離，呻吟於水火之中，掙扎於風雨之際。生命財產，隨時都有毀滅的可能。因此對一切思想都不感興趣，一切信仰都摒棄於心扉之外。他們只顧眼前片刻的歡娛，因為這是最實在不過的。這便是當時的社會思想，一種苟安的思想。於是，儒家的聖賢之道，道教的求仙之術，都成了他們嘲笑的對象。性命也保不了，誰還希罕甚麼聖賢神仙！第十三首把這點表現得很明白：「……浩浩陰陽移，年命如朝露。人生忽如寄，壽無金石固。萬歲更相送，聖賢莫能度。服食求神仙，多為藥所誤。不如飲美酒，被服紈與素。」第十五首也是這樣：「生年不滿百，常懷千歲憂。晝短苦夜長，何不秉燭遊。為樂當及時，何能待來茲。愚者愛惜費，但為後世嗤。仙人王子喬，難可與等期。」他們都懷著「行樂當及時」的苟安思想，自然不希冀做甚麼聖賢，仙人也不能等待了。

（二）感慨世情險惡的——亂世時，政治上固然是紊亂，姦臣國賊擾亂朝綱；而民風因之大壞，整個社會被勢利的洪流所淹沒。這裡有許多首詩就是詠歎世情的。如第七首：「昔我同門友，高舉振六翮，不念攜手好，棄我如遺跡。」到有禍難時，便沒有朋友了，這是亂世常常發生的事。

（三）歎息懷才不遇的——亂世大都盜賊興於外，狐鼠亂於內。奸人竊奪國柄，賢人便往往被黜，故常有懷才不遇之歎。如第十首用牽牛星、河漢女寓自己與明君不能遇合便是（詩見前）。

（四）描寫思婦之怨的——或怨所遇非人，或歎相思之苦，這都是亂世所常有的。如第二首便是棄婦之詩，她懊悔為蕩子婦，因為「蕩子行不歸，空床難獨守。」第八首詩是歎惜與情人不能相見的，所謂「千里遠結婚，悠悠隔山陂。思君令人老，軒車何來遲。」何等幽怨而深情！所謂「傷彼蕙蘭花，含英揚光輝。過時而不采，將隨秋草萎！」何等哀怨而愴涼！第十六首寫思婦懷遊子之情，更為悽切，你看她何等體貼而多情。她因歲暮而想到遊子無衣，獨宿而夢見容輝。於是她祈求著：「願得常巧笑，攜手同車

歸。」爭奈造物弄人，他「既來不須臾，又不處重闈。亮無晨風翼，焉能凌風飛。」惟有「眄睞以適意，引領遙相睎。徙倚懷感傷，垂涕沾雙扉」罷了。讀之能不愴然而生同情之感？

（五）懷念故舊別情的─在顛沛流離之時，在孤獨無助之中，知己良朋，常縈心曲；親戚故舊，時繞腦際，於是發而為詩了。如第一首可作驪歌看，「相去萬餘里，各在天一涯。」「思君令人老，歲月忽已晚。」這表現出來的友情多麼誠懇真摯！張庚的《古詩十九首解》說是「此臣不得於君而寓言於遠別離也。」未免歪曲了這首詩的真意了。第十四首「去者日已疏，來者日以親。」蘊藏無限感慨。第十八首和第十九首都說到朋友遠方寄來的信札和贈物。你看他多麼珍惜這一份友情，他得到一匹端綺，便喜歡得忙把它「裁為合歡被」，原來是用來記「長相思」之情啊！

上面的分類，雖然未必盡善，但大體相信也差不多了。

古詩十九首有這樣偉大的價值，當然會有一個偉大的影響。它們為魏晉的五言古詩掙下一份不少的產業。此後曹氏父子，建安文人都能憑著這份遺產發揚光大。雖然他們的成就都不能超過古詩十九首，但能使五言詩興盛一時，成為一種文學體裁，在中國詩歌史上寫下輝煌的一頁；沒有辜負了古詩十九首為他們奠基的辛苦。而古詩十九首畢竟也不朽了。所以我們論到五言詩，漢初的未成形的五言詩可以不理，魏晉以後的五言詩雖可以不理，甚至魏晉文人如曹植、王粲等大作家的作品也可以不理，但古詩十九首決不可以不研究。

原載《文壇月刊》第九十九期，1953 年 6 月 1 日。

仇恨與寬容

記得幼年時曾經看過一篇小說，雖然現在連篇名和作者都忘記了，但內容很動人，至今仍然有一個清晰的印象留在我腦子裡。

故事發生在日本：一個忘恩負義的武士私通了主人的愛妾，被主人發覺了，他失手把主人擊斃後，亡命而去。後來這武士受到良心的譴責，出家為僧，以贖從前的罪過。一日，見有一山阻住前路，他便立意在山中開一條路，來利便行人。於是他努力從事募捐的工作，作為開山的費用。最後，武士年老了，便坐在山中，每日誦經一次，鑿山一次。忽然有一天，見山已裂開了，露出一線光明，心中大喜。也就在這時候，主人的兒子尋仇來了。武士好像知道末日已到，也不畏懼，也不反抗，也不求饒，只引頸待死。

假如你是那主人的兒子，你對那武士，能不天天詛咒，天天想著報這血海深仇嗎？這時，你也許會一刀殺了武士，而且恨恨地痛罵他幾句吧？

可是，那主人的兒子沒有這樣做。他舉起的刀忽然跌了下來，並擁著那武士抱頭痛哭。他跋涉長途，為的是報不共戴天之仇；仇人找到了，為什麼竟然輕輕地放過呢？因為在一剎那間，他們之間得到了諒解。他明白武士已經悔改了，而且成了一個仁愛慈祥的法師。他不願意殺死一個這樣仁慈的人，便寬恕了他以往的一切。

從這個故事看來，那主人的兒子的做法對呢？抑或殺死仇人對呢？

讓我們在下面細細討論罷：

有句諺語說：「有仇不報非君子，有恩不報枉為人。」古書上也說過：「一飯之恩必償，睚眥之怨必報。」這都是叫人恩怨分明：有恩報恩，有仇報仇。人有恩德於我，當然要報答的；但有仇怨於我，卻不一定要報復。一般人對付仇敵，都和上面那幾句話一樣，要採取報復的方法。這是很普通的道理：你對人好，人自然待你好；你待人壞，人自然對你壞；你對人有怨仇，人自然也仇恨你了。有些人覺得和仇敵共戴一天是一件奇恥大辱的事，寧可犧牲性命，也得報仇雪恨，好像非這樣不能一吐胸中的悶氣。這一來，便形成一種復仇的思想，久而久之，甚至小如「睚眥之怨」也非報不可了。在戰國時代，所謂任俠的人，便是指那些恩怨分明的人。那時社會上有一種風氣，就是有仇必報，自己報不了仇也會有俠義之士前來相助。如姬為了信陵君(魏無

忌，?-前 243)替她報父仇，不惜冒險幹出盜兵符那樣驚天動地的事來。這種復仇思想，一直普遍地佔據著人們的心。我們試翻閱流行的武俠小說，都是以仇恨為中心構成的故事，以復仇來表現主人翁的英雄氣概。

到了近代，這種仇恨心理已經發揮到了極致。因為不相信仇人能翻然悔改，恐怕仇人再來報復，要用斬盡殺絕的方法，來對付仇敵，絕對反對寬容。這樣，人與人之間的仇恨，便愈結愈深，循環不已，世界也沒有和平這件事了。

人們這種仇恨心理，被極權國家看上了，便充份加以利用，來實現它的陰謀。他們要排除異己，便挑撥人們的仇恨，來遂其借刀殺人的詭計。他們提出了「有冤報冤，有仇報仇」的口號，煽起人們心頭上的仇恨之火；人們一時衝動，便做了他們「清算」「鬥爭」的工具。如果他們要打倒地主，便利用農民；要打倒資本家，便利用工人。結果，他們的目的便毫不費力地達到了。

群眾的仇恨心理，常常是盲目的，衝動的，沒有理智的，不分皂白的。我們看法國大革命，平民得勢後，便瘋狂屠殺、報仇，因之無辜而死的，不可勝計。現在極權國家發動階級鬥爭，含冤屈死的人當然更多了。世上很少能夠做到面面俱圓的人，說不定偶然於不知不覺之間開罪了人。所以當極權政府發動清算某人的時候，他的無意中開罪了的「仇敵」，可能乘機起來一報那也許是「睚眥之怨」的仇恨。衝動的群眾，便一唱百和，立刻說成了萬惡不赦的大罪，用兒戲的方式，很快便會把某人定讞。於是這個未必有罪的人，就糊裡糊塗地犧牲了。這豈不是極大的笑話？

而且，做了清算工具的人們，也不是絕對安穩太平的。今天你清算了你的仇敵，明天別人可能也把你視為仇敵而清算。這次工人階級清算了資產階級，下一次農民階級也許要清算工人階級了。現在中國大陸上，就有不少這樣的例子，曾經鬥爭過別人的人，不久他自己又被人清算了。所以，在深垂的鐵幕裡面，瀰漫著恐怖可怕的氣氛。

從這方面看來，仇恨的心理簡直是人們的弱點。它能使人與人之間距離日遠，矛盾日甚，誤會日深；社會混亂不寧，世界失去了和平。因此，用報復來對付仇敵，不是解決仇恨的辦法。當你快意地報了仇的時候，便已種下另一仇恨了，別人也要向你報復。這樣地冤冤相報，便永無了期。希臘大悲劇家愛斯庫羅斯(Aeschylus，前 525-前 456)的名作《奧瑞士提亞》*(Oresteia)*便是寫冤冤相報的故事：米克奈(Mykenai)的國王

被他的王后所弒，太子奉日神阿波羅(Apollo)之命，弒母以報父仇。而報復的女神們(The Turis-eumenides)卻深為王后不平，要懲罰太子。但太子有日神為其庇護，於是兩方面的神在山上爭吵一頓之後，卒以和解終場。這個故事，顯示了報復不是解決問題的方法，仇恨一定要和解才能化除。但要用和解來化除仇恨，首先必須是當事人能夠寬容。

用寬容去對待仇敵，看來似乎吃虧；其實不然。寬容和「不知羞恥，靦顏事仇」不同；而是一種偉大精神的表現。因為寬容的對象，一定是經過悔改的人，事實上已不再是仇敵了。仇敵的悔改，也許出於自己的良心發現，也許由於對方的感化。當他在懺悔以往過失的時候，他內心的痛苦是難以形容的，精神上所受的懲罰未必會比肉體上的輕些。如果我們了解到這一點，便只有憐憫和同情，不會有什麼仇恨了。因此，我們在前面所提出的疑問可以得到解答：那主人的兒子的做法是對的，而且是偉大的。

自然，能夠寬容是很不容易的，首先要有宏大的器量，然後才能不究既往，不念舊惡。胸襟狹窄的人，只知尋仇覓恨，那裡容得下別人呢？宋代的蘇東坡(1037-1101)和王安石(1021-1086)的政見不合，二人在朝廷上很不對勁，東坡常常吃虧。後來，王安石罷職了，居於鍾山之下，過著優游的歲月，那時蘇東坡恰巧路過金陵(今江蘇南京市)，便立即去拜訪他，和他談笑言歡。把酒唱和，毫無半點芥蒂。這裡證明兩個賢人的寬宏大量，各以寬容來對待過去的政敵，成為歷史上的美談，留給後世一個好榜樣。

人的心是善的，孟子(前372-前289)說過：「惻隱之心，人皆有之；羞惡之心，人皆有之；恭敬之心，人皆有之；是非之心，心皆有之。」無論怎樣罪大惡極的人，都不過暫時把這種善的心湮沒了罷了。這種所謂「善的心」，也可以說是本來的人性。一切把它回復過來，便會變為好人，所以天下沒有不可以感化的人，也沒有始終作惡的人。惡人之將死，也會有良心發現的一刻。我們不必堅持報復主義的思想，不必用斬盡殺絕的方法；而應該寬大為懷，盡可能去感化仇敵，去寬恕仇敵。我們要化敵為友，化干戈為玉帛，化戾氣為祥和。

要是大家都能夠有寬容的精神，那麼，什麼怨恨不冰釋？什麼冤仇不消散呢？正如俗語所說：「大事化小，小事化無」一樣，一切仇恨、嫉視、矛盾、戰爭，都會消弭於無形了。「冤家宜解不宜結」這句話，是值得我們仔細玩味的。

我國抗戰勝利以後，對待日本人的情形，可以說是寬容的表現。在八年漫長的歲月中，我們受盡日本人幾許的荼毒、壓迫、屠殺、蹂躪……。相信當時沒有一個人不切齒痛恨，也沒有一個人不想著報仇的。真是殺盡了日本人，也未必能夠抵償我們的損失，消除我們的仇恨啊！最後，日本失敗在我們的手裡，我們報復國仇家恨的機會到了。可是我們對著成了俘虜毫無抵抗力的日本人，卻絕對沒有加以任何苛待和侮辱，也沒有施以任何殘酷的報復。相信這也是日本人始料不及的。這樣做法，並不是忘記了國仇家恨，因為我們已經把他們打倒了。這只是一種大國的風度，一種偉大的寬容。

古書上說：「克寬克仁。」又說：「有容德乃大。」我們應該發揚這種美德，因為寬容是偉大的，是值得歌頌的；而仇恨卻是偏狹的、自私的。

現在這個世界，正處於一個混亂、黑暗、殘酷、醜惡的情況之中；人們都在互相歧視、互相殺伐、互不相容、互不了解。這裡戰神剛剛離去，那裡的戰火已被點燃了。人類遭受空前的劫難，旦夕呻吟於水火裡面。難道人們都是那樣殘忍，都是那樣愛好戰爭的嗎？我絕對不相信。我堅信除了戰爭販子之外，人人都憎惡戰爭，愛好和平。可是，人道主義者也曾多方努力，聲嘶力竭地呼籲和平，而和平卻老不能實現。這是什麼原因呢？其癥結就是：大多數的人們沒有寬容的精神，只知一味仇恨、仇恨、仇恨……

我們要世界和平，社會安定；要人類互相了解，消除歧視，我們就必須首先養成偉大的寬容精神，袪除偏狹的仇恨心理。

原撰於 1953 年 11 月，獲《中國學生周報》1953 年度舉辦之徵文比賽大學組第一名，後載中國學生周報主編：《學生徵文選》第二集(香港：友聯出版社，1953 年 12 月)，頁 1-7。

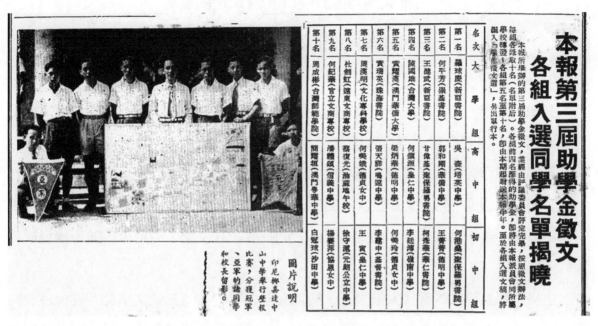

羅球慶教授榮獲《中國學生周報》1953年度舉辦徵文比賽大學組第一名

《中國學生周報》第七十三期，1953年11月27日。

相片左為錢穆先生，中立者為羅球慶教授

《中國學生周報》第七十四期，1953年12月18日。

論文學批評家應有的態度
——由本港的文學批評界說起

文學的進展，除了靠許多作家不斷地耕耘，以產生偉大的作品外，還要靠文學批評家的努力。他們負起一個重大的責任，要把那些偉大作品的價值評定，而加以發揚：一方面使作者得到更多的鼓勵與警惕，去創作更偉大的作品；一方面使讀者與作者的心靈互相感通。因此文學批評家對整個文壇來說，是發揚光大的人；對作者與讀者來說，是一座交通的橋樑。由此可見偉大的批評家在文學上的地位，並不稍遜於偉大的作家。

由於文學批評家的責任太重大了，所以有些慎重的人便主張文學批評要保持於文學大師之手，而不可委任於初出茅廬的生手。這論調雖然稍嫌偏激，但明顯地指出了文學批評的重要。它不可隨便草率，否則不但不能發揚文學，反而會埋沒許多優秀作品，使文壇黯然失色，而充斥著一些劣拙的作品。不少作者的天才無辜遭受壓抑，讀者的目光也被迷亂。所以文學批評家做得不好，是會發生相反的效果的。而批評家的好壞，除了看他的文學素養和批評眼光如何外，主要還要看他們的態度正確與否。

我們試觀香港的文壇：作者可不少，自命為文學批評家的也很多。那些文學批評家的態度如何？他們能夠切實負起推進文學的責任呢？抑或在幹著蒙騙讀者的勾當呢？假如我們能夠虛心一點去看，則香港的文學批評界並不如理想中的美滿！有些人把壞的作品捧到天一般高，而別人也把他的作品大加讚賞。這樣互相標榜，便大家都擠身於作家之林了：也成為文學批評家了。而一些後起的作者，任你寫出多麼優秀的作品，也很難有出頭之日。這只是其中的一種情形，但已足夠延滯本港文壇的進步了。

所以，要發揚本港文風，必先求文學批評家養成正確的態度。甚麼才是批評家應有的態度呢？針對目前的情形而論，我以為下列幾點是必須注意的。

第一，不存有偏見：文學批評者首先要排除一切偏見，才能耳目清楚，而評論得當。這裡又可分三方面來說：

（甲）不就政治立場下批評——許多情感衝動的批評者，受政治潮流所冲擊，往往戴上了有色的眼鏡，來評論一切。文學作品落在他們手裡，便遭受到不可測的命運。也許他們以為你是同道中人，便加以吹捧；否則便不留餘地加以貶抑。文學本來不是政治的工具，假如果真做了政治的宣傳品，也就不是文學了。同樣道理，文學批評也不能是政治的工具，文學也不必用政治思想來衡量。

（乙）不以派別關係來批評——文人常常就其出身或地域，而分為許多派系。在從前，宋有江西詩派，清有桐城文派等；在近代，文派愈來愈多，而且互相攻訐，如民初的文學研究會與創造社便處於敵對的地位。此外還有語絲派、新月社等也捲入論戰的漩渦。作者既有了派別，而且要從事文字戰爭，文學批評自然成了他們最銳利的武器。他們對不同派別的作品，不惜吹毛求疵，以打擊其地位；反之，對同派的作品，便力加扶掖。這樣的文學批評，當然不能給予讀者正確的理解與指引。

（丙）不以私人恩怨立論——由於私人恩怨而在文中加以褒貶，是自古已有的事。陳壽(233-297)作《三國志》，謂諸葛亮(181-234)「治戎為長，奇謀為短；理民之幹，優於將略。」後人以為不是的評，故謂陳壽藉此報怨。這事當然未必確實，不過可見當時人已想到這點了。古人亦有以恩怨來論文的。這種風氣，延到現在，更見劇烈。吹捧文章每天都可以在報章上看到，不論是甚麼壞的書，也先來一頓讚揚。那些批評家美其名曰為朋友捧場，實在是欺騙讀者罷了。一方面因為一些睚眥之怨而攻擊別人作品的，也屢見不鮮。他們用潑婦罵街的姿態，用含意粗鄙的言詞，以盡尖酸刻薄的能事，還美其文曰「匕首一般銳利的短評」多麼可笑可嘆！

總括來說，存有偏見來批評，作品便不能得到應得的評價，或平步青雲，或無端被抑。前者影響讀者，後者更糟蹋作者。

第二，不吹毛求疵：上面說過，作者是不應無辜受壓抑的，否則可以令到文壇零落，繼起無人。所以存有偏見來貶抑別人固然不該，而無目的地貶抑別人更是可鄙的事。說起來好像很奇怪，有些批評家與作者既無宿怨，又無其他衝突，但偏要吹毛求疵，從事破壞。曹丕(187-226)說：「文人相輕，自古而然。」好像班固(32-92)輕視傅

毅(?-90)，說他「下筆不能自休。」現世文人相輕的風氣更屬害，文人多存自高自大的思想，以為別人總不如自己。從這種心理出發，自然看不起別人的作品。這種態度是要不得的，我們應該明白文學批評的工作是積極的有建設性的，而不是消極的有破壞性的，否則文學批評成了擾亂文壇的惡魔了。

第三，不盲從附和：有些人寫得通兩三篇文章，便自稱作家；再看過兩三篇時下作品，便做起文學批評家來了。這種「批評家」，本身既沒有充份的修養，也沒有批評的見解，只抱著湊湊興的心情來嘗試。由於沒有修養，便失卻欣賞作品的能力，也沒有判斷的眼光。因此，他們評論前人的作品，只有拾人牙慧；評論今人的作品，便不惜做傳聲筒和應聲蟲。這種批評家是作家最歡迎的，因為可以加以利用而收吹噓之效啊！只可憐讀者受了這些文學批評的指示，便蒙受了費時失事破財的損失了。所以偉大的批評家，是不肯盲從附和的，他一定自有見解，不會受別人影響而動搖。

第四，不用陳套格式：用陳套格式來批評文學作品的人，也不是真正的文學批評家，因為他們無法衡量出作品的價值，他們所以做起批評家來，大都是應酬朋友的需求，於是套幾句陳腐語或用格式來批評一下，或用模稜兩可或空泛不堪的詞句來應酬作者和讀者。因此，他們眼中的作品，都是「有份量的」「現實的」。……現在更有許多崇拜唯物論的人，把文學套上一個公式來批評，凡好的文學便有「革命思想」「戰爭精神」，壞的文章便有「封建殘餘」「資本主義流毒」。這類套格式的文章，和今人痛詆的八股文章並沒有分別，自然是沒有價值的。

第五，不輕易批評：作家要有嚴肅的寫作態度，文學批評家又何嘗不是。如果批評家能注意到這點，便可以減少許多不正確的貽誤讀者的批評。所以我以為批評不是隨便而發的，先要看批評的對象是否有批評的價值，才加以褒貶；切不可為了一時的請託，明知其不值得批評而批評之，那麼怎能不流於俗套吹捧呢？

以上是從消極方面來說，文學批評家如能做到，便可以進一步注意積極方面：

首先，批評家要尊重作者，正視作品的價值，把自己看成一個讀者，而不是一個批評家。這樣才不會發生自大狂妄的心理，或其他錯誤的觀念，以致把作品的價值減損。同時也易於理解作品的意思和內容，探尋作者寫作的動機和背景。正確的理解，才是讀者真正要求的。所以文學批評家應有虛懷若谷的態度，才能得到讀者與作者的信託，而他的言論才發生效力。

其次，批評家當認清文學批評的任務，在於促進文壇的進展，一方面要幫助讀者了解，一方面要鼓勵作者進步。因此，批評家對有批評價值的作品，應盡量揚其長處，但不掩飾其短處。前者可以促使作者更努力創作，後者可使作者得到警惕而有所改進。

總之，批評家是作者和讀者的明燈。批評家應注意本身地位之重要，與任務之艱巨，除了養成正確的態度來批評外，更要充實自己的學識。至於文學批評的目的，範圍、標準……等問題，因不在本文論列之內，只可留在日後再談了。

原刊《文壇月刊》第一百二十三期，1955 年 6 月 1 日。

關於歷史小說

　　也許是由於香港人的「歷史癖」太深吧，近年來香港的文壇上，歷史小說風行一時。看歷史小說，原可說是一舉兩得的事，既能達到欣賞文學的目的，又能吸收到歷史上的知識，豈不盛哉？可是這類小說也不是沒有問題的。

　　就一般來說吧。不要以為歷史小說有現成的題材，就會比其他的小說易於著筆。相反地，它卻是小說中比較難寫的一種。困難就發生在那現成的題材上。當我們選擇了一段歷史來作題材的時候，問題馬上隨著來了：第一、我們怎樣才能把握和表現那段歷史的核心和精神？第二、我們怎樣從史實的範圍內發揮想像能力？第三、我們怎樣才能雕塑出活生生的歷史人物？第四、我們怎樣才能描繪和點染出適如當代的歷史背景來？

　　由這幾個問題，我們可以了解到：作者時刻面對著被歷史材料縛死的威脅。他們對於這一種縛束，通常是採取下列兩種態度：一種是順服的，一種是反動的。

　　持順服態度的作者，大抵是對歷史頗有認識的。他們寫作歷史小說的時候，往往有意無意間以良史自居，審慎地真實描寫，不敢越歷史的雷池半步。在這些小說中，可能有很正確的歷史背景，但作者的才華、情感和想像都被冷藏了。寫作技巧較高的作者，還可以在結構佈局方面取勝，使讀者得到如讀正史列傳的感覺。最糟的是那些不大懂得文學而又自以為很有史識的人，也來寫歷史小說，結果除了綴拾史事之外，更加以己意批評，作成了小說不是、歷史也不是、史論也不是的三不像怪物。這一類小說，和以前的甚麼演義差不多，故胡適(1891-1962)名之為「演義體」；又因作者以學識標榜，故又有人稱之為「教授小說」。

　　持反動態度的作者，大抵是對文學頗有修養的。他們借歷史來作幌子，實在是寫自己嚮壁虛構的故事。他們興之所至，便會大逞才華，將想像的馬放開韁勒，任憑它亂跑亂縱，不管天高地厚，不管東南西北，也不管李唐趙宋。結果，雖能引人入勝，但往往發生下列幾種弊端：一、內容與史實有出入甚至互相抵觸；二、小說背景不符實情；三、歪曲了歷史人物的性格或行為。我們看這些小說，就等於看現代小說，雖然書中鑲嵌著許多歷史名詞，但所表現出來的感情、想像、風俗習慣都是現代化的。看這種小說最大的危險，就是吸收了一些不正確甚至荒謬的歷史觀念。由於小說動人

的力量很深，如果它灌輸給讀者的是不正當的毒素，那麼，作者的寫作技巧愈高，而遺害也愈烈。

上面所說的兩種歷史小說，一是「全用歷史」，一是「違背歷史」，都犯了胡適所說的歷史小說的大忌，當然都不能說是優良的。我以為前者有「學識」而無「才華」，簡直不能列入小說之林；後者有「才華」而無「學識」，雖是小說而不配稱歷史小說。如在文學的觀點來說，則前者不如後者；但如在社會道德的觀點來說，則後者又遠遜前者。大抵在幾十年前，人們所寫的歷史小說，多類前者；而在香港新興的歷史小說，卻是近乎後者的較多。

那麼，怎樣的歷史小說才是健康的呢？這還是要回到我開頭所說的那幾個困難的問題。作者必須把文學和歷史冶為一爐，以文學為本質，以歷史為間架。文學為主，而歷史為賓。歷史小說家應該算是文學家，而不是歷史家；但他不能不有相當的歷史修養。由於他本身是文學家，故能順著歷史的發展來刻畫歷史的人物，穿插合理的故事，描繪當時的背景；由於他有歷史的修養，故能選擇最精彩的歷史題材，他所想像或誇張的事物，都是當時可能發生的(也就是「想當然」的事)。於是，歷史知識與文學技巧相得而益彰。這樣寫出來的作品，不會是歷史的教科書，也不會是荒唐的無稽之言，而是不折不扣的歷史小說。

原載《自由人半周刊》(香港：1958 年 7 月 16 日)。

文學家的時代使命——韓愈〈送孟東野序〉辨

　　唐代最偉大的文學家韓愈(768-824)，他不僅在散文創作上建立了輝煌的業績，而且在創作理論上，更有不少獨到的心得。他的創作理論，多見於書牘和贈序裡，〈答李翊書〉和〈送孟東野序〉便是其中的表表者。可是後人對這兩篇文章的毀譽，卻不一致。前者是公認的大文章，後者卻招致了不少「微辭」。如宋洪邁(1123-1202)、謝疊山(枋得，1226-1289)、清方望溪(苞，1668-1749)等，雖然都很佩服〈送孟東野序〉的文字，說它極翻騰變化之能事，但同時竭力攻擊他立論不確。洪邁更決然指出他自相矛盾的地方：

> 韓文公〈送孟東野序〉云：物不得其平則鳴。然其文云：在唐虞時，咎陶、禹其善鳴者，而假之以鳴，夔假於韶以鳴，伊尹鳴殷，周公鳴周。又云：天將和其聲而使鳴國家之盛。然則非所謂不得其平也。(《容齋隨筆》卷四)

　　韓愈被後世譽為「文起八代之衰」，竟連一篇短文也處理得不能自圓其說嗎？這是令人驚異和懷疑的。假如我們能細心精讀這篇文章，我們就會明白：這只是宋人的誤解罷了。我以為韓愈這篇文章，不但議論通達，而且向後世提示了很重要的一點，就是文學家的時代使命。

　　篇首云：「大凡物不得其平則鳴。」這是整篇的綱領。宋人所誤解的就在那「平」字，他們把它解作「公平」或「合理」的待遇，「不得其平」便是「受了委屈」或「遭遇不合理的事情」。在他們不很清明的腦海中，咎陶、禹、夔、伊尹、周公等既然都是生當盛世，又怎會「不得其平」呢？後世的人不加深察，從而和之，以訛傳訛，以致韓愈的意思給蹂躪曲解了。其實，那「平」字是指一種「靜止」的狀態，對於人來說，便是「心理的靜止狀態」。(近人有解「平」字為「平衡」的，雖略矯前人之失，但也嫌不切當。)一個人受了委屈或遭遇到不合理的事，心裡自然會引起激動；可是，遇到喜歡的事，又何嘗不激動呢？因此，怒固然是「不平」，喜也是「不平」，推而廣之，凡情緒激動便是「不平」。所謂「其歌也有思，其哭也有懷」，都是「不得已而后言」的。那麼，文學家們「鳴國家之盛」又有什麼妨礙呢？

　　明乎此，我們才能看出韓愈的真意：「鳴國家之盛」固好(如咎陶和禹等)，「鳴國家之亂」(如蘇秦(?-前284)和張儀(?-前309)也好；以「道」鳴固然可以(如孟子(軻，

前 372 前-289)和荀卿(況,前 313-前 238)等),以「術」鳴也無不可(如楊朱和墨翟(前 479-前 390)等),總之,把當時的社會環境從各方面用自己的方法表現出來,那就是盡了文學家的時代使命。每一個時代的社會背景不同,人民生活方式和風俗習慣也跟著變化,因而對精神上的需求也是日新月異的。近人常說:一個時代有一個時代的文學。文學家的時代使命,便是創造出那個時代的文學來。韓愈在文中既引《論語》「天將以夫子為木鐸」,又說「(天)尤擇其善鳴者而假之鳴。」可見他很重視文學家(善鳴者)的工作,以為是向「天」負責的。在以「天」為一切主宰的時代中,這一句話也就表示出:文學家的工作和責任是何等重要和偉大!

韓愈是唐代散文復古運動的倡導者,他以「文以載道」為口號,主張文道合一。所謂「文以載道」,就是把文學看成傳播和發揮聖人道理的工具。因此,文學的本身價值和藝術的生命便給一筆抹煞了,而變成道德的附庸。在現代看來,這是一種落伍而迂腐的文學理論。在〈送孟東野序〉中,他說到文學家的時代使命時,雖也暗示出一些移風易俗匡救世道的意思;但是,他同時卻承認了文學是發自人之情緒衝動。他說:「凡出於口而為聲者,其皆有弗平者乎!」就是這個意思。不但如此,他更承認這種由情緒衝動而產生的文學的價值。這種論調,與韓愈一向的理論顯得頗有異趣,也許這就是宋以後自命為聖人之徒的文人輕視這篇文章的緣故吧。謝疊山便曾因他拿荀卿比孟子,以及說臧孫辰以道鳴,而大發牢騷哩!

原載《中國學生周報》第三百五十七期,1959 年 5 月 22 日。

我們對舊詩應有的態度

在我國輝煌而豐富的文學遺產中，詩佔了很大的部分。至遲在公元前七百年時(春秋時代)，詩這一種文學已在中國產生而且確立了。我們看了詩三百篇的內容和技巧，便不得不驚嘆當時的詩人(幾乎全是無名詩人)的偉大。在公元前三百年間(戰國時代)，南方有大詩人屈原(前 343-前 278)誕生。他寫下不少極有價值的作品(即所謂《楚辭》)。此後，中國詩便得到多方面的發展：五言詩成熟於東漢(一、二世紀間)，七言詩產生於魏晉南北朝(由三世紀至六世紀)。到了唐代(七、八世紀)，詩人們承受了前人的業績，而加以發揚光大，便把詩的創作帶入黃金時代。宋時(九世紀至十二世紀)卻把產生於晚唐的詞培養至花葉茂盛。詞在當時的文壇上取詩之位而代之。但自宋之亡，元之興(十三世紀)，詞又不得不退位而讓於散曲。此後明清兩代的詩，都只是詩、詞、曲三者的擬古之作罷了。

所謂詞，所謂曲，在中國傳統的說法和詩有分別的，其實都是詩體的一種。我們在這裡統稱它們為舊詩，以別於現世紀所產生的詩。

現世紀是中國文學大轉變的時代，也是中國文學新舊交替的青黃不接的時代。許多所謂文人都在這大時代中迷路了！或則對新的文學加以不必要的懷疑，或則對舊文學視同敝屣；或則以為新舊文學可以齊頭並進。其通病是摸不著中國文學發展的關鍵，以致忽略了文學遺產的價值，或文學進化的原理。拿舊詩來說，就普遍流行著下述三種看法：

第一種看法是說新詩不足以稱詩，故不作詩則已，作詩就非吟律絕或填詞曲不可。抱持這種看法的，大都是略有舊文學素養的人，例如許多中學裡的國文教員，他們拿來教學生的還是這一套。這種看法存在著兩個極大的錯誤：一是昧於文學進化的原理，一是誤認模仿為創作。我們都知道：文學是要配合時代的要求的，有這樣的時代，就有這樣的文學。這樣，文學才能得到日新月異的發展。如唐詩和宋詞，在本質和形式兩方面都有很大的區別。唐代國勢強盛，人民安泰，故表現於詩者為波瀾壯闊，溫潤豐腴；宋代國土日蹙，上下皆務苟安，故表現於詞者為微波蕩漾，婉約纏綿。就是宋人所作的詩，其本質雖與唐詩大異其趣；但其形式襲自唐人，故雖窮極變化，亦無法超越前人而成為當代的代表文學。因此，我們以為詩在唐以後，詞在宋以

後，曲在元以後皆為絕響。明清兩代的詩人，儘管整天價嚷著什麼性靈、格律、神韻等口號，也無法再作出有生命的詩來。我們如果仍要用詩詞曲的體制來創作，豈不是跟明清人一樣白費氣力？所以，我們要創作屬於現代的中國詩是無疑問的了。創作雖不是憑空可得，但它絕不是等於模仿的作品。模仿只可以看為創作前的準備，換言之，這是達到創作階段的一種手段而已。把模擬作品看成創作的人，未免太輕視創作的價值了。雖然有些主張作舊詩的人，也懂得模擬只可用作手段；但舊詩的時代既已結束，如不跳出它的圈子，是永遠創作不出新詩體的，所以，到頭來我們的所謂創作還是模擬的作品，頂多是略變面目罷了。

第二種看法是說舊詩已失去了生命，所以不值一盼。說這話的人多是一些一知半解、人云亦云的青年。他們受了五四新文學運動的過激理論影響，以為舊的一切都成陳迹；文藝工作者必須面對現實，努力將來，以求建立嶄新的生氣蓬勃的文學。不錯，新的文學亟需要我們的創建，但不能因此而抹煞舊文學的價值。真正偉大的作品是永遠不朽的，它的本身就有著存在的價值。像屈原的〈離騷〉，它所表現的時代精神和偉大人格，我們雖生晚二千多年，還可活生生的體驗得到。它在當代是活的文學，以後便永遠活著了。死去的只是那種體裁罷了。所以我們不能亂罵舊文學為死文學，只有模擬舊文學的作品才是沒有靈魂的。我們反對再做舊詩，卻毫沒有唾棄舊詩的意思。

第三種看法是說新詩可以作，舊詩亦可以作，所謂「道并行而不相悖」。持此論者學養必較前兩種人為高，他們明知新詩的園地急待開墾，卻因一向對舊詩做的工夫深，對它不忍放棄。他們不是不懂得文學進化的道理，但卻寧願拿出另一個理由來。那就是：只要本質是詩，那麼用文言寫的是詩，用語體寫的是詩，甚至用英文寫的也是詩。這理由粗看似乎很堅強，其實也是不堪一擊的。假如我們找到現實的詩的題材，我們一定要考慮用最適當的形式來表達，否則便有糟蹋了它的危險。舊詩的時代早經結束，我們又怎會選到它呢？要是固執地用舊詩來表達，那便變成「借屍還魂」了，近人亦有工舊詩的，他們的「傑作」便是這一類東西。

上述三種對舊詩的看法，前二者各走極端，錯誤易見；後者貌似折衷，實無確論。我們如能洞察它們的蔽失，便可以知道怎樣才是對舊詩的應有態度。這態度必須是持平、正確，而有積極意義的。循著這幾個標準，我以為我們對舊詩應表示珍愛和

尊重。這一方面肯定了舊詩的本身價值，一方面也有吸取舊詩的精華來滋育新詩的意思。

我們珍愛舊詩(當然是指優美的有生命的舊詩而言)，是因為它們是一種有藝術價值的精品。於是引起我們對舊詩的欣賞，一如我們欣賞古人的名畫書法。在欣賞舊詩的時候，我們往往沉浸於那高逸的境界中，我們的心靈與作者的情思混成一體，再分不出讀者與作者來。這就是所謂「物我兩忘」，是一種不可名狀的快樂。一方面我們的思想和情性，也會因而得到美化。性子急躁暴戾的人，讀多些溫柔敦厚的詩，說不定會因此變化氣質。一般人說詩能陶冶性靈，指的就是這一點。

我們尊重舊詩，是因為它們有著高尚的本質和圓熟的技巧。於是引起我們對舊詩的學習。我們雖然提倡新詩，但不能不坦白承認新詩還未成長。五四以後的新詩，有價值的絕少。即使是較好的新詩，和李白(701-762)、杜甫(712-770)的作品比較起來，也還有天地之隔。因此，現代的文學工作者除了要努力耕耘詩的田園外，更要對舊詩下一點工夫。所謂學習舊詩，並不是死板的仿作；而是研究它們的價值，希望能得到性靈的啟發和技術的改進。這樣可以幫助我們養成詩人的氣質，提高我們創建新詩的能力。

由此看來，如果對舊詩懷著錯誤的觀念，便會流於迂腐與無知；如果對舊詩抱著正確的態度，便能受用不盡。這的確是有志於詩的創作的不可不注意的。

原載《中國學生周報》第三百七十八期，1959 年 10 月 16 日。

關於文學的不朽問題
——曹丕和曹植的文學見解

　　東漢建安(196-220)末年是中國歷史上的一個大變動時代，也是文學史上的一個轉捩點。那時的文壇，在曹氏父子（操、丕、植）的領導下，在文學的創作上加添了新內容（五言詩因此而得到發展），在文學的理論上提出了新見解，使中國文學自覺地走上獨立之路。

　　原來中國的文學，一向都是道德和學術的附庸。詩三百篇所以被人看重，是因為曾被聖人刪削，也曾被聖人表揚過它的功用，說是可以群，可以怨，多識鳥獸草木之名。在建安以前不論作者也好，讀者也好，都沒有人正視文學價值，自然沒有人真真正正地重視文學。所以，東漢的大學者揚雄(前 53-18)以為賦是一種雕虫篆刻，是壯夫不為的。那時雖然有資格稱為文學家的人著實不少，但是似乎並沒有人挺身出來反對這種說法。一直到建安時，曹丕(187-226)的〈典論〉出來，人們才知道文學是一種本身有著不朽價值的東西。

　　在對於後世文學思潮的影響而論，建安時代的文學理論比文學創作更來得重要。說到文學理論，曹丕可說是前無古人的文學批評家。他的弟弟曹植(192-232)，卻還保守著東漢人對文學的看法。他們一個代表著嶄新的思想，一個代表著傳統的觀念。若把兩人的理論比較，便可更清楚地看出我國的文學批評是怎樣建立起來的。

　　曹丕和曹植雖然身上同樣流著曹操(155-220)的血液，但是二人的性格卻有著顯著的不同。據史書記載，曹植「性簡易，不治儀威」，又「任性而行，不自彫勵，飲酒不節。」曹丕則「御之以術，矯情自飾，宮人左右並為之說。」（俱見《魏志・陳思王傳》）這是曹丕所以奪得帝位的原因。而我們也由此可以見到：曹植儼然有古代儒者高士之風；而曹丕卻完全師法他的父親，以權詐為尚。由於二人在性格上有著這樣大的距離，所以在文學理論上也各唱異調。

　　曹操這個蓋世梟雄，對於東漢的道德社會是不會滿意的，他有意提高才能的價值，使它離開道德的藩籬。他說過：「今夫有行之士，未必能進取；進取之士，未必能有行也。陳平豈篤行，蘇秦豈守信耶？而陳平定漢業，蘇秦濟弱燕。由此言之，士

有偏短，庸可廢乎？」（〈敕有司毋廢偏短令〉）他用人的第一個標準，就是有才能；道德退居第二位。這一種做法在當時發生了一定的影響，自然有人會感覺到；才能既然能夠脫離道德而獨立，文學亦何嘗不能。明白了這一點，便知道曹丕為什麼要把文學價值提出來了。

春秋時魯國的叔孫豹(?-前 538)論三不朽，有所謂：「太上有立德，其次有立功，其次有立言。」（見《左傳》襄公二十四年）這是說：道德、事業、和著作都有不朽的價值。照儒家的看法，固然是道德第一、事業第二、著作第三；而且那些所謂「言」，也是以能有助道德和事業的建立為標準，所以實際上不朽的只是立德和立功罷了。曹丕的看法稍有不同，他說：「生有七尺之形，死為一棺之土，為立德立名，可以不朽，其次莫如著篇籍。」（〈與王朗書〉，見《魏志‧文帝紀》注引《魏書》）又說：「蓋文章經國之大業，不朽之盛事，年壽有時而盡，榮樂止乎其身，二者必至之常期，未若文章之無窮。」（〈典論論文〉）雖然他也承認立德，立功是最好不朽之道，但假如這兩者做不到，能夠立言也可以不朽了。因為立德、立功、立言本來是並列的。立言不必以道德和事業為依歸，它本自有其價值。於是，立言的範圍給擴大了，無關「德」「功」的純文學也在其內。隨著著作脫離了道德的羈絆，文學也在學術中露出頭角，顯示出它獨立生命。

曹植對不朽的看法，剛巧是上段所說的儒家的看法。雖然他的詩文都能夠獨步當代，但他並不以為貴。他說：「辭賦小道，故未足以揄揚大義彰示來世也。昔揚子雲先朝執戟之臣耳，猶稱壯夫不為也。吾雖德薄，位為藩位，猶庶幾戮力上國，流惠下民，建永世之業，留金石之功，豈圖以翰墨為勳績，辭賦為君子哉！若吾志未果，吾道不行，則將采庶官之實錄，辯時俗之得失，定仁義之衷，成一家之言，雖未能藏之名山，將以傳之於同好。非要之皓首，豈今日之論乎！」（〈與楊德祖書〉）這完全是儒者的口吻。他雖然自謙德薄，但卻有志於「立功」。魏明帝太和二年(228)，他上表求自試，以伐蜀、吳，表中有云：「……若使陛下出不世之詔，效臣錐刀之用，使得西蜀大將軍，當一校之隊，若東屬大司馬，統偏師之任，必乘危蹈險，馳舟奮驪，突刃觸鋒，為士卒先，雖未能擒權馘亮，庶將虜其雄卒，殲其醜類，必效須臾之捷，以滅終身之愧，使名掛史筆，事列朝榮。雖身分蜀境，首縣吳闕猶生之年也。如微才弗試，沒世無聞，徒榮其軀而豐其體，生無益於事，死無損於數，虛荷上位而忝重

祿，禽息鳥視，終於白首，此徒圈牢之養物，非臣之所志也。」他渴求立功存名之心，可謂情見乎辭。假如「立功」也不成功，他才準備「立言」，立那能「辯時俗之得失，定仁義之衷」的言。他有詩云：「孔氏刪詩書，王業粲已分，馳我逕寸翰，流藻垂華芬。」（〈薤露行〉）可見他不「立言」則已，要「立言」便以孔子(前551-前479)為模範。文學（如辭賦）因為「未足以揄揚大義」，所以不能算是「立言」，也就不能「不朽」。這種論調和曹丕的比較起來，相差太遠了：曹丕雖然重視文學價值，但也不敢輕視道德和功業，故所論不失中道；曹植因為重視道德和功業，便把文學恣意貶抑，未免偏而近迂。難怪當日楊德祖(修，175-219)看了也不同意，回信說：「若乃不忘經國之大史，流千載之英聲，銘功景鐘，書名竹帛，斯自雅量素所畜也，豈與文章相妨害哉！」（〈答臨淄侯牋〉）可笑清代的丁晏(1794-1875)，還要稱讚他這種迂論，說是「所見甚大」。（《陳思王詩鈔》序）他不想想曹植之名，所以能夠流傳到現在，是靠道德、功業，一家之言，還是「小道」的詩賦？

原載《中國學生周報》第三百九十八期，1960年3月4日。

文人相輕，其故安在？
——論曹丕和曹植的文學見解

「文人相輕，自古而然。」在東漢末年的士林中，顯然普遍地存在著互相輕視的惡劣風氣，所以曹丕(187-226)要特別提出這句話來，並且表示反對。他的有著儒家氣質的弟弟曹植(192-232)，在這件事上，是和他同一意見的。曹植說：「蓋有南威之容，乃可以論其淑媛；有龍泉之利，乃可以議其斷割。」（〈與楊德祖書〉）一個人倘若沒有過人之才，是沒有資格批評別人的。即使自己學有專擅，也不能妄評別人。所以，當他的朋友丁敬禮(丁廙，?-219)拿一篇文章請他潤飾，他也不敢答應。

我以前說過，曹植和曹丕的文學見解大致上是相反的，因此在反對「文人相輕」這一點上雖然相同，但引申出來的理論並不一致；可是也不是站在相反的地位上，只是所注意的地方不同罷了。

曹丕找出了文人相輕的兩個懲結，同時也引出兩個和創作有關的見解：第一、文章有許多種體裁，各體的修辭標準不同，一個人是很難對各體都揮灑自如的。因此，由於自己能把某一種文體寫得有點成績便以為了不起，或因為別人對某一種文體寫得不好便看輕他，都是不應當的。可是世人往往「善於自見」，便會在不知不覺中犯了「各以所長，相輕所短」的弊病。跟著，曹丕舉出四種最普通的文體，和它們的修辭標準來：「蓋奏議宜雅，書論宜理，銘誄尚實，詩賦欲麗。此四科不同，故能之者偏也。唯通才能備其體」（〈典論論文〉）。這種文體論雖然簡單，但我們不能不承認他有開風氣的價值。其次、文章最重要的是「氣」，它是全篇所表現的精神，所瀰漫的氣氛。作者才性的高下，可從文「氣」看出來。才性是天賦的，因此文「氣」也是天賦的，不能強求。他說：「文以氣為主，氣之清俗有體，不可力強而致。譬諸音樂，曲度雖均，節奏同檢，至於引氣不齊，巧拙有素。雖在父兄，不能以移子弟。」（同上）由於文氣有清俗之分，便有些人自命才高，而目空一切。其實，這種文「氣」，就是文章的「風格」，風格雖有高低不同，但無優劣之分，我們不能說陽剛的文章比陰柔的文章好。因此，由「氣」而引起「文人相輕」的觀念是不對的，但文「氣」卻可以拿來作文學批評的標準。曹丕便曾經拿「氣」來批評過同時人的文章。

他說：徐幹(170-217)「時有齊氣」，孔融(153-208)「體氣高妙」，（見同上）又說：劉楨(180-217)「有逸氣」。（見〈與吳質書〉）可見曹丕很重視這種文「氣」之論。這可以說是雛型的風格論，但已給予後人很重要的影響，劉勰(465-520)的《文心雕龍‧風骨篇》便是引他的話而加以發揮而成。

曹植以為文人相輕的懲結，是人的好惡不同，對文學的批評意見便很難一致：你擊節讚賞的文章，我可能要拿來覆瓿。這一好一壞的批評都不能成為絕對正確的評價，尤其是後者，很容易便犯了「文人相輕」的弊病。他說：「人各有好尚，蘭蓀蕙之芳，眾人所好，而海畔有逐臭之夫；咸池六莖之發，眾人所共樂，而墨翟有非之之論。豈可同哉！」因此，他反對拿自己的好尚來作文學批評的標準，這和曹丕之反對拿自己的專長來作文學批評標準如出一轍。可是，大概由於受儒家的道德觀念濡染太深吧，曹植這點理論只能發展成一種虛心和嚴肅的寫作態度。他雖然反對隨便「詆訶」別人的文章，卻很喜歡別人挑剔他的文章，希望由此得到改進。他說：「世人之著述不能無病，僕常好人譏彈其文，有不善者應時改定。」（〈與楊德祖書〉）由此可見他肯虛心接受別人的批評，對創作也抱著一種嚴肅不苟的態度。這是一個文學工作者應有的態度，卻不是理論的開拓，比起曹丕的文體論和風格論來，自然又遜一籌。

文學的創作和批評是兩件有關連而本質不同的事。文學家未必兼是文學批評家。曹植的詩儘管「粲溢今古，卓爾不群」（鍾嶸(468-518)《詩品》語）；但其文學理論庸俗如此，我們卻也不必強為之諱，（如前述的丁晏那樣是太無謂了！）反正他的文學作品已經把他簇擁到建安文壇的盟主寶座上。另一方面，我們也不能因為鍾嶸列曹丕的詩為中品而忽視了他的才華，單是一篇〈典論論文〉，也足以使他「不朽」了。他們兄弟二人，正是各有專擅，後人是不應替他們來一番「相輕」的。

原載《中國學生周報》第三百九十九期，1960年3月11日。

從文學作品的時代性談到
歷史小說及其他

　　現在談文藝批評的人，都不會否認文學與時代有著密切的關係吧。研究中國文學的人，常常說到唐詩、宋詞、元曲。在詩詞曲這三種崇高文學的上面，冠以朝代的名稱，那就是特別強調這三種文學的時代性。換句話說，唐是詩的代表時代，宋是詞的代表時代，曲是元的代表時代。但這不是說：唐以前和以後沒有詩，宋以前和以後沒有詞，元以前和以後沒有曲；我們同樣可以漢魏六朝詩，宋詩，五代詞，清詞等；然而，這些詩詞畢竟還脫離不了它的時代。

　　文學作品的時代性所以被人重視，在外國顯然是受現實主義的影響。人們認識了文學是人生的反映，懂得了從生活裡汲取寫作的經驗後，便不能忽視那和人生一體而不可分離的時代。現實主義作家所反映的人生，就是他們深深地感受到的當代的人生。這樣，作品的內容才是有血有肉，而動人的。在我國，由於注重現實和教化的儒家學說，在漢武帝以後便一直是思想界的主流，所以中國人很早便注意到文學作品的內容，當然也注意到它的時代性。《詩序》說：「治世之音安以樂，其政和；亂世之音怨以怒，其政乖；亡國之音哀以思，其民困。」這是說，從文學作品所表現的時代性，可以看出當時的政治社會環境，亦即從文學作品的時代性看出它所代表的人生。劉勰(465-520)《文心雕龍・時序篇》說：「時運交移，質文代變，古今情理，如可言乎！昔在陶唐，德盛化鈞，野老吐何力之談，郊童含不識之歌。有虞繼作，政阜民暇，薰風詩於元后，爛雲歌於列臣。盡其美者何？乃心樂而聲泰也。……故知歌謠文理，與世推移，風動於上，而波震於下者。……」這指出時代不斷推移，而文學作品的內容也跟著發生變化。近人所說的一時代有一時代的文學，其實就是這個道理。大抵文學作家因所處的時代環境的不斷變化而發生哀樂的情緒，發而為文章，便不能脫離這時代和環境。不但一個時代與另一個時代的文學作品所表現的內容有不同，即使是同一時代，假如社會發生前後截然不同的急劇變化，在這變化的前後所產生的作品也是不同的。最顯著的便是唐詩人杜甫的詩，在安史之亂以前的和以後的，無論在意境上和文字技巧上都有很大的差別。那是二者所含有的時代性，隨著社會生活的轉移而轉移了的緣故。我們既知每一篇文學作品都有著它的時代性。那麼，假如我們放手

去創作，我們怎樣才能使自己的作品裡洋溢著正確的時代性呢？那就不能不說回作品所反映的人生。一篇作品缺乏正確的時代性，主要的原因就是它表現人生不夠深刻，或不夠正確。文學作品能否表現出正確的時代性，繫於能否深刻地觀察和了解當時的人生。因為人生不斷在變化，能正確地表現出這人生的當然能夠掌握它的時代性。這就是所謂時代精神。

要掌握當前的時代精神已不容易，假如要妄想把以前的時代精神來表現簡直是不可能的事。所以歷史小說很難寫得成功。許多人喜愛閱讀歷史小說，但這不是等於說那些歷史小說已經成功，這是好奇和渴望暫時脫離現實的心理引起讀者的興趣罷了。歷史小說作家對筆下的時代認識不深，但讀者的認識更淺，讀起來才覺津津有味。所以，歷史小說雖然盛行於一時，但它的價值是不會持久的。據說法國十九世紀大作家福樓拜(Gustave Flaubert，1821-1880)為了寫一篇歷史小說——《薩朗波》（Salommbo），曾翻閱一千五百餘本有關這段史實的書籍，而結果這篇小說還寫得不算成功。由此可見，假如要創作有價值的作品，必然要寫現實的人生。從事歷史小說的寫作是難以有大成就的，也是吃力不討好的事。至於內容脫離人生更遠的武俠小說，現在雖然風行一時，但甚至喜歡看武俠小說的人，也異口同聲地說這類作品毫無文學價值，因為它們大都脫離現實，實無時代性可言。讀者看它的心理，是聊借以暫時脫離現實生活的苦惱罷了。

創作不可忽視作品的時代性，欣賞作品甚至批判作品何嘗不是這樣。然而許多自命為文藝批評家的人卻往往在不知不覺中忽略這一點。這種錯誤常常發生在批評古代作品上。古代的作品，假如是有時代性的那必然是屬於它的作者的時代性。我們要批判它的價值，也是從這點時代性著眼，才能看出作者的感受。假如我們用現代的觀念來作標準，就很容易枉屈古人。現在的政治、社會、環境，一切都和古代不同。有些觀念古人以為是，而今人則以為非。譬如說：古人以盡忠於君王為當然的義理，今人可能罵此為愚忠，甚至罵為忠於一家一姓的奴才。宋代的岳飛(1103-1142)，精忠報國，受莫須有之冤而死，一向人們對他備致尊崇，而現在卻有人對他發出微辭了。明末的流寇李自成(1606-1645)、張獻忠(1606-1647)，殺人越貨，實無所謂理想，卻又被人無端端捧成起義英雄。這都是時代觀念影響人們對古人的批判。這種批判是漠視古人所處的時代、環境、和立場的。用這種方式去批判古人的作品，當然謬誤更大。舉

例來說；明末清初的文學家金聖歎(1608-1661)，他刪改《水滸傳》，使這部古典名著燁燁發光。他刪改《水滸》時的態度，是擁護中央政府，而排斥興亂的綠林英雄的。這完全是時代風氣的影響。後人儘管不滿他這種態度，但他在當時當地就未必不對，那經他刪改後的《水滸》，所表現的這種時代性更是不容排斥的。《水滸》的最大成功處，就在它寫出許多典型人物來，那以假仁假義和金錢來籠絡英雄的宋江(1073-1124)就是典型人物之一。金聖歎可能在這方面渲染過宋江的性格，但這只會使這典型表現得更突出、更深刻而已。那些人說金聖歎在誣蔑農民起義英雄，難道是從文學技巧上來立論的嗎？這只是一種形式主義的批判。我們如果能夠了解金聖歎所處時代和人生，就不會肆意去詆斥他。

所以，我們對古典作品的批判，一定要從了解那本作品的時代性入手。我們無法要求古人寫出符合現代人的思想標準的作品，這猶之乎我們不必枉費掉氣力，去寫作那些要表現古人的時代性的歷史小說一樣。

原載《中國學生周報》第四百零八期，1960 年 5 月 13 日。

敬悼孫國棟學兄

驚聞孫國棟學兄(1922-2013)在香港逝世，心中悲痛，不能自勝！自國棟回港定居於新亞書院知行樓以來，我每年必於十月回港和他相會，去年見面時他為二豎所困，已無法言語，豈料竟成永訣！

我和國棟相識於五十八年前。一九五五年秋，新亞研究所正式成立，公開招考研究生，取錄五人：國棟和我之外，還有柯榮欣、石磊和余秉權(1926-1988)。那時農圃道六號尚未建成，研究所設於嘉林邊道臨時校舍。開課之日，認識四位同門。他們有一共通點，都是年齡較大，比我年長八至十三歲，看起來成熟穩重，很有學問。他們都畢業於國內著名大學，且從事文化教育多年。我剛從新亞書院文史系畢業，和他們同列，頓覺幼稚無知，又感到非常榮幸。

時國棟正值盛年，溫文儒雅，風度翩翩，待人親切誠懇。相識不久，他送給我兩本出版不久的著作，是在報章雜誌上刊登的文章的結集。記得書是《強烈的生命》與《生活和思想》。兩本書都是講青年修養問題的。我讀中學時也曾讀過冰心(1900-1999)和朱光潛(1897-1986)所寫的同類書籍，總覺得有些格格不入；但讀國棟的書，卻能產生共鳴，更多了一份親切感，不由心生敬佩！當我就讀中學的時候，他已是一間中學的訓導主任；當我嘗試投稿報刊的時候，他已是一家報章的主筆。我見他用「孫慕稼」作筆名，便問他是否由於仰慕辛稼軒(辛棄疾，1140-1207)的為人。他沒有直接回答，只是告訴我一段往事。一九四四年，抗日戰爭已近尾聲，但重慶政府仍號召十萬知識青年從軍。時國棟在政治大學讀三年級，毅然放棄學業，投筆從戎，隨軍遠征緬甸。入營時，只有一本《稼軒詞選》相隨。辛稼軒為南宋抗金名臣，不但以詞名，文章見識亦自不凡，曾獻〈美芹十論〉與〈九議〉，惜不為當道者所用。國棟心儀其人，遂以「慕稼」為筆名。我聽罷對他的敬佩又增了幾分。想當年我尚是童稚，在長輩呵護下豐衣足食，而國棟正在槍林彈雨下和敵人拼命，思之能不慚愧！

新亞研究所的研究範圍涵蓋文、史、哲三方面，名家如雲。我們同屆五人皆有志於治史，雖然也修讀唐君毅師(1909-1978)的課，但主要是受教於錢賓四師(1895-1990)和牟潤孫師(1909-1988)。錢師命我們先細讀他的《國史大綱》。《國史大綱》成於日寇侵華前期，國家民族存亡於一線。錢師堅信中國不亡，從國史的大體可以驗證，故

此書存有深意，與當時通行的大學課本，如周谷城(1898-1996)、呂思勉(1884-1957)等的《中國通史》不同。我以前也曾讀過此書，但只是草草翻閱，囫圇吞棗。今次認真學習，花了一天時間，只讀完〈引論〉，也僅領悟一二而已。錢師在書端敬告讀者，請必須對其本國已往歷史有一種溫情與敬意，此語現在常為新亞師生所引用，成為學習國史者的格言。我們研究歷史，必先對國家民族文化有充分的尊重與愛護，斷不能鄙棄其歷史。國棟對《國史大綱》的寓意體會特深，我們由他暮年批判柏楊(郭定生，1920-2008)的文章中可見。

一九五六年初，我們擬定研究範圍和論文題目，錢師自為孫國棟和柯榮欣的導師，我和石磊、余秉權則由牟潤孫師指導。國棟的論文題目是「唐代三省制之發展研究」，柯榮欣的是「西周的政治思想」。榮欣多采新說，其觀點間與錢師不合。國棟讀書精細，一絲不苟。他研究三省制度，先從研究宰相入手，遂廣蒐資料，寫完〈唐書‧宰相表初校〉一文。錢師閱後大為讚賞，即擬刊於《新亞學報》。時錢師高弟嚴耕望先生(1916-1996)在臺北中央研究院，為唐史名家，所著《唐僕尚丞郎表》是這方面的權威著作。錢師遂囑嚴先生訂正孫文。國棟獲嚴先生之意見，受益匪淺。其後，國棟論文完成，亦獲刊於《新亞學報》。此二文奠定日後他研究唐史的基礎。

我們在研究所修讀兩年，完成論文，一九五七年畢業。國棟為錢師器重，聘為新亞書院講師，主講中國通史；我和柯榮欣加上唐端正、章群(1925-2000)、何佑森則受聘為助理研究員。石磊因病未能依時完成論文，延至第二屆畢業。余秉權獲獎學金到美國華盛頓大學深造，兩年後返港，在香港大學任教。孫、余二人是我們中出路最順利的。一九六三年，中文大學正式成立，由新亞、崇基和聯合三間學院組成。一九六五年，國棟主持新亞歷史系系務，而我在新亞歷史系為兼任講師，講授宋遼金元史。國棟欲助我轉為專任，可惜功敗垂成。翌年，我受聘於崇基學院史地系。新亞和崇基同是中大成員，我在崇基工作愉快，直至退休。但自念出身新亞，受益良多，總以不能為新亞服務而耿耿於懷，而對國棟之相助厚愛，則時刻銘記於心。國棟自一九五五年入讀新亞研究所，兩年後任教新亞，直至一九八三年退休，晚年選擇在新亞宿舍終老，可謂不折不扣的「新亞人」。

國棟在新亞歷史系先教中國通史，後轉教隋唐五代史，又負責行政職務。講課之餘，研究工作不輟，仍以唐代政制史為主。一九六八年八月，他休假十閱月，期間到

英國倫敦大學作訪問研究。他利用這段時間，把隨身攜帶的《舊唐書‧列傳》各人的官歷抽出，成各人的官歷表。回港後，以此表為基礎，撰寫《唐代中央重要文官遷轉途徑研究》，歷時五年，書成。一九七四年，遂以此書作論文取得香港大學的博士學位。此書博大精深，分析細密，所附「官職遷轉表」達一百零三張之多。此書令國棟的唐史研究更上一層樓。門人趙雨樂鑽研國棟著作多年，曾撰〈學者孫國棟及其唐宋變革的史學視野〉一文，國棟閱後大呼「深得我心」，在我面前讚賞不絕。中文大學歷史系將於十二月舉行「中大史學五十年」學術研討會，趙雨樂將參加盛會，希望他能再進一步，把國棟的研究業績和學術地位，作一全面性的闡述。

在五十年代，由於香港是英國的殖民地，大多數人對祖國認識不深，也缺乏愛國情懷。中學雖設有中國歷史一科，但不為校方重視，也不受學生歡迎。那時有一部中國歷史教科書，是一位教育司署的視學官名叫錢清廉編寫的，人稱為「官定的教科書」，為一般中學所採用。一九五六年九月，有人投書報章，指該書內容很多不符史實，觀點謬誤，貽害年輕學子。如說秦始皇(前 259-前 210)焚書坑儒，作者以同情的口吻原諒暴君；論鴉片戰爭，作者說是中西文化衝突的結果，目的是替英國侵華及販賣鴉片的惡行開脫。關於焚書坑儒那一段，記者曾走訪錢賓四師，錢師以為教科書大致尚符合史實，但此二事本身有問題，學者們也曾有過不少爭論。他慨歎地說：「中國歷史有待解決的問題太多了，要寫一本大家公認無問題的歷史教科書實在太難！」六十年代初期，有出版商請錢師薦人編寫一套中國歷史教科書，錢師便把這困難的重擔落在國棟身上。這是一項學術研究以外很重要而有意義的工作。國棟對我說：「編寫教科書比撰寫論文難，其難處不足為人道。」國棟編寫此書固然竭盡心力，而錢師對此期望甚高，每一冊必親自審閱，力求完善。

因此國棟的心理壓力很大。此書出版後，很多中學都採用，它是否能做到「大家公認為無問題」不可知，不過似乎沒有受到公開的指摘。編寫到最後數冊時，國棟以事忙，委蘇慶彬(1932-2016)、胡詠超(1933-2005)代為完成。這套教科書的出現，宛如給香港的中國歷史教育注入新動力，大學生報讀歷史系的也多起來。可惜自九七回歸以後，年輕人對中國歷史的興趣轉趨沉寂。聽說近年中學會考報考中國歷史科的人甚少，主要是因中國歷史在中學不是必修科。香港人不重視中國歷史的現象，彷彿回到五十年代。錢師和國棟等的一番心血，可能白費了！能不扼腕歎息！

　　國棟退休近三十年，這段時期雖然沒有寫成巨大的著作，卻也寫了不少有價值的文章。其中最重要的是批判柏楊的文章。柏楊是台灣文人，曾入獄，在獄中仍然寫作。出獄後到美國著名大學演講，講稿輯成《醜陋的中國人》一書。他言論偏激，譁眾取寵，揭露當前中國人種種醜陋的面貌不遺餘力，對中國民族與文化充滿怨恨。國棟秉承錢師《國史大綱》之訓，認為中國民族與文化不容惡意曲解和醜詆。一九八六年十一月，他在《明報月刊》開始發表批評《醜陋的中國人》的文章，引起很大的回響。台灣和大陸的報刊都有轉載。同時，所謂《柏楊版資治通鑑》陸續出版，那是柏楊用白話文譯的《資治通鑑》。由於文字淺易，風行一時。此書錯譯百出，為學術界詬病。其中最可笑的是把漢代的大司農譯作農林部長。但此書最大的弊病並不在此，而是不瞭解原作者之思想與感情。於是國棟為文大張撻伐。時居於美國東部的前中大歷史系教授許冠三先生(1924-2011)馳書稱許，願作桴鼓之應，但請國棟不要稱柏楊為史家。國棟示我該函，非常興奮。

　　國棟晚年的宏願，是中國能實現民主政制。他最恨極權、專制和暴政。一九八九年，北京六四屠城一役，他雖身在異國，卻感同身受，為取義成仁的烈士而哀痛不已。每年六四，三藩市花園角都有流亡海外民運人士舉行悼念活動，國棟和嫂夫人必定參加，以示支援。國棟回港定居後，因年老多病，很少外出。二零零九年冬天，我回香港，司徒華(1930-2011)很高興地對我說，那年的維園六四燭光晚會，孫國棟坐輪椅來參加。那時他已八十七歲高齡，對民主的信念與支持，可謂老而彌堅。因此，寄語經武、緯武諸姪：中國大陸或香港出現真正民主政制之日，「家祭毋忘告乃翁」！

　　我在中文大學退休後，一九九七年也移居美國加州的灣區，和國棟的寓所距離不遠，驅車約半小時可達，故過從甚密。每次相見，必憶述當年初進研究所時的情景。我們同屆五人，余秉權不幸因車禍於一九八八年去世，柯榮欣和石磊皆年長於國棟，石磊移民加拿大溫哥華，數年前音訊忽斷，柯榮欣不知所在。人生聚散無常，今國棟亦棄我而去。自聞噩耗，連日心神恍惚，不知所措，勉為此文，稍憶五十餘年老友相交情誼，以為悼念！

二零一三年六月

懷念趙令揚教授

　　接到香港傳來趙令揚教授(1935-2019)逝世的消息，感到十分悲痛和難過。去年秋天我回港時，老友陳炎生兄約我和他一起在翠亨村的酒樓午膳，他臨時因事未能赴約。當時我們都不以為意，只是期待下一次的約會；豈料數月後他便一病不起，我已失去了和他最後一面的機會，永遠無法彌補。只歎人生聚散無定，非人力所能安排！

　　我和令揚兄相識六十年。當他還在香港大學中文系讀書的時候，友人告訴我港大中文系有三位傑出的學生，日後必成大器。他們是趙令揚、陳福霖和陳學霖(1938-2011)。合是有緣，不久我便先後和這三位學界精英結識了。由於年齡相若，志趣相投，而所學又相近，我們成了時常見面傾談的好友。

　　一般讀書人都愛好書籍，不僅是為了學習的需要，也為了好書的魅力，令人希望擁有和收藏。我和令揚等都是愛書之人，在學生時期便有逛書店和買書的習慣。當時有一間位於樓上的書店，名叫萬有圖書公司，是我們常到的地方。萬有的老板徐炳麟先生(1909-1991)，是文化界德高望重的人物，交遊廣闊。我們和他認識不久，便結為忘年之交。令揚兄和我在大學教書後，和他來往更加頻密。陳炎生兄也是徐先生的老友，所以我們四人時常見面。由於對徐先生的敬佩仰慕，我們稱他為徐師傅。萬有附近有一間以名茶美點著名的食店，叫陸羽茶室，徐師傅是它的老主顧，他常常和我們在那裡品茗和用膳。久之，我們也成了陸羽的常客。令揚兄晚年特別喜歡在陸羽飲茶吃飯，可以溯源於此。

　　令揚兄在港大中文系任教授兼系主任，三十年來，調教出不少英才。我曾多次應邀擔任中文系碩士生和博士生的校外考試委員，有機會閱讀他的弟子們的論文，多為內容充實，見解超卓的佳構。從考試過程中，知令揚兄要求嚴格，一絲不苟。事實上他對弟子們期許殷切，提攜扶掖，不遺餘力。而弟子們亦能光大師門，在各大學任教者不少。

　　由一九八三年起我擔任考試局高等程度會考中國歷史科的試卷主席，兼高級程度會考中國歷史科的審題員。而高級程度會考中國歷史科的試卷主席正是趙令揚兄。因此，十多年來，每年我都要和令揚兄開會二十餘次，相處的機會很多。他主持會議，要而不繁，決斷英明，給了我不少借鏡之處。試題的擬定，經多次討論，反覆推敲，

審慎異常，故題目從未出過亂子。我提出的意見和改動，無不獲得接納。十多年來，我們合作愉快。因此，我在中文大學退休後，仍然擔任高級程度會考的審題員多年。

令揚兄博聞強記，雅善詞令，又精通多種方言。他知道很多時人的軼事，和鮮為人知的掌故。無論公私場合，令揚兄在座時，大家總是談笑風生，氣氛融洽。新亞研究所是我的母校，趙潛(?-1994)做總幹事的時候，每年舉行一次聚餐，宴請所內的教授和有關人士，我和令揚兄都在被邀請之列。席上我和他往往坐在一起，常見他侃侃而談，妙語連珠，和老一輩的教授談及新亞舊事，如數家珍，有些竟是我所未聞的。他和唐君毅師(1909-1978)談話，操流利的四川話，仿如老鄉異地重逢。

令揚兄精於飲食之道，足以稱為食家。他對那些稍有名氣的食店，都能道出它的獨特菜式並評其優劣。晚年喜歡到陸羽和翠亨村酒樓用膳，便因為這兩家食店的點心和菜式與別不同，我們一班暮年老友，在一起飲茶或吃飯的時候，都推舉他點選食物，便不愁享受不到佳肴美饌。有一次，我在翠亨村吃到久違了的錦鹵雲吞和窩蛋免治牛肉飯等懷舊食品，便是由他指令廚師特別精製的。

我自一九九七年移居美國，每年都回香港小住一月。每次回來，都由炎生兄約同令揚兄相聚一二次，暢談往事，樂此不疲。偶有約會未成，便悵然若失。今年秋天我又將踏上歸程，我和炎生兄又將會在陸羽或翠亨村會面。陸羽依舊，翠亨村依舊；可是已見不到令揚兄肥胖的身影，也聽不到他豪邁的雋語。這一切，都只能在記憶中追尋了。故舊零落，不勝欷歔！

二零一九年七月二十日

羅球慶老師門生名錄

序號	學位	姓名	指導老師	論文題目	遞交日期/ 畢業年份
1	碩士	何冠環	羅球慶	論宋太宗朝之趙普	1979
2	碩士	何德琦	羅球慶	宋季襄陽國防地位之地緣政治分析	1981
3	碩士	吳火有	羅球慶	韓侂胄與開禧北伐	1981
4	碩士	曾昭明	羅球慶	宋代徽宗、高宗、孝宗、光宗四朝內禪之研究： 兼論北宋末至南宋初政治之發展	1981
5	碩士	黃美玲	羅球慶	金人統治下漢族士人對政治的態度	1983
6	碩士	曾瑞龍	羅球慶	北宋种氏將門之形成	1984
7	碩士	伍伯常	羅球慶	中唐迄五代之軍事傳統與北宋之統一戰略	1986
8	碩士	楊炎廷	羅球慶	北宋的職役制度	1987
9	碩士	白智剛	羅球慶	北宋州縣的刑獄	1988
10	碩士	張月嬌	羅球慶	章獻明肅劉皇后與北宋真、仁二朝之政治	1988
11	碩士	趙雨樂	羅球慶	唐末五代迄宋初三班官制之嬗變	1988
12	碩士	吳志華	羅球慶	中國史學的新趨向	1989
13	碩士	張志義	羅球慶	宋代東南地區佛教寺院與地方慈善公益事業研究	1990
14	碩士	王章偉	羅球慶	宋代河南呂氏家族研究	1991

香港中文大學歷史系 HIS 220　宋遼金元史課程綱要

1. 宋代之統一中國

2. 北宋之中央集權政策

3. 北宋與遼夏之關係

4. 變法與黨爭

5. 北宋末期之政治

6. 金之興起與宋室南渡

7. 南宋與金之對峙

8. 南宋之權相

9. 兩宋之社會經濟與學術之發展

10. 蒙古之興起與西夏、金、南宋之滅亡

11. 元太祖之得位及其宇內之經營

12. 定(宗)、憲(宗)王位遞變之內訌與憲宗外征軍之復起

13. 元世祖之武功與文治

14. 成(宗)、武(宗)、仁(宗)、英(宗)諸君繼位之概況與元帝國之崩潰

15. 元朝之社會經濟

16. 遼金元之漢化

參考書目

(此書目以坊間可見及圖書館可借閱為限)

I.　　基本參考書

　　1. 金毓黻：《宋遼金史》

2.　鄧之誠：《中華二千年史》第四冊(商務)

3.　方豪：《宋史》(臺中華文化出版事業委員會)

4.　馮承鈞(譯)：《多桑蒙古史》(中華)

II.　　工具書

1.　《四十七種宋代傳記綜合引得》

2.　《遼金元傳記三十種綜合引得》

3.　宋晞：《宋史研究論文與書籍目錄》(1966)

4.　《宋代研究文獻提要》(東洋文庫)

5.　《蒙古研究文獻提要》1900-1950(日本京都大學人民科研所)

6.　張興唐：《蒙古參考書目》(臺中華叢書)

7.　《元史參考書目、新元史參考書目》(附開明版正史後)

8.　徐自明：《宋宰輔編年錄》

9.　萬斯同：《宋大臣年表》(開明廿五史補編)

10. 吳廷燮：《北宋經撫年表》、《南宋經撫年表》

11. 余秉權：《中國史學論文引得及續編》

12.《中國中古及中世紀史報刊論文資料索引》

III.　　資料書

1.　脫脫：《宋史》、《遼史》、《金史》

2.　宋濂：《元史》

3.　馮琦、陳邦瞻：《宋史紀事本末》(商務)

4.　陳邦瞻：《元史紀事本末》(商務)

5.　李燾：《續資治通鑑長編》(中華)

6.　畢沅：《續資治通鑑》(中華)

7.　王稱：《東都事略》

8. 曾鞏：《隆平集》

9. 徐夢莘：《三朝北盟會編》

10. 李心傳：《建炎以來繫年要錄》

11. 徐松(輯)：《宋會要輯稿》

12. 馬端臨：《文獻通考》

13. 柯維騏：《宋史新編》

14. 葉隆禮：《契丹國志》

15. 宇文懋昭：《大金國志》

16. 柯紹忞：《新元史》

17. 邵遠平：《元史類編》

18. 屠寄：《蒙兀兒史記》

19. 朱熹：《五朝名臣言行錄》

20. 李幼學：《三朝名臣言行錄》

21. 蘇天爵：《元朝名臣事略》

22. 周君達(編校)：《徽欽北徙錄》

23. 朱希祖：《偽楚錄校補》

24. 繆荃孫等校刊：《儒學警悟》

25. 洪鈞：《元史譯文證補》

26. 蘇金源等編：《宋代三次農民起義史料彙編》(中華)

27. 陶宗儀：《輟耕錄》

IV. 論文集及專題著述

1. 顧頡剛編：《文史雜誌》第二卷第四期

2. 宋史研究會編：《宋史研究集》

3. 大陸雜誌編：《宋遼金史研究論集》

4. 大陸雜誌編：《元明史研究論集》

5. 存萃學社主編：《宋遼金元史研究論文集》(崇文)

6. 趙翼：《廿二史箚記》卷廿三至三十

7. 王夫之：《宋論》

8. 王國維：《觀堂集林》卷十四至十六(中華)

9. 陳登原：《國史舊聞》第二分冊

10. 姚從吾：《東北史論叢》上下冊

11. 倫偉良編：《張蔭麟文集》

12. 劉子健：《歐陽修的治學與從政》(新亞研究所)

13. 漆俠：《王安石變法》(上海人民)

14. 蔡上翔：《王荊公年譜考略》(中華)

15. 梁啟超：《王安石評傳》(廣智)

16. 桑原騭藏：《蒲壽庚考》(陳裕菁譯，中華)

17. 藤田豐八：《宋代之市舶司與市舶條例》(魏重慶譯，商務)

18. 李劍農：《宋元明經濟史稿》

19. 張家駒：《兩宋經濟重心的南移》

20. 加藤繁：《中國經濟史考證》第一、二卷(吳杰譯)

21. 加藤繁：《唐宋時代金銀之研究》

22. 戴裔煊：《宋代鈔鹽制度研究》

23. 陳垣：《南宋初河北新道教考》(中華)

24. 陳垣：《沈刻元典章校補》

25. 陳垣：《校勘學釋例》(中華)

26. 陳垣：《元西域人華化考》

27. 蒙思明：《元代社會階級制度》

28. 陶晉生：《金海陵帝的伐宋與采石戰役的考實》

29. 馮家昇：《遼史證補三種》

30. 陳述：《金史拾補五種》

31. 林孟工譯：《成吉思汗帝國史》(中華)

32. 馮承鈞：《成吉思汗傳》(商務)

33. 箭內亙著，陳捷、陳清泉譯：《遼金糺軍及金代兵制考》(商務)

34. 箭內亙著，陳捷、陳清泉譯：《兀良哈及韃靼考》(商務)

35. 箭內亙著，陳捷、陳清泉譯：《元朝怯薛及斡耳朵考》(商務)

36. 箭內亙著，陳捷、陳清泉譯：《元代蒙漢色目待遇考》

37. 箭內亙著，陳捷、陳清泉譯：《蒙古史研究》(商務)

38. 箭內亙著，陳捷、陳清泉譯：《元代經略東北考》(商務)

39. 箭內亙著，陳捷、陳清泉譯：《元朝制度考》(商務)

40. 格魯賽著，馮承鈞譯：《蒙古史略》(商務)

編後記

　　2018 年中我們同門一次聚會，志義言及他因教學工作越來越教人乏味，打算暑假後便提前退休。他因計然有術，故有意經營書店回饋社會，我們建議重新恢復羅老師的龍門書店。老師於是年十月回港，我們這一意念很快便得到老師的贊同，老師認為可將書店名改為「新龍門書店」，會省去登記注冊的問題。志義很快便辦妥書店的注冊登記的手續。

　　我們一致同意新的龍門書店，應該首先出版老師的著作。事實上許多宋史研究的朋友，特別是國內的，一直想閱讀老師那幾篇關於宋代兵制和宋夏戰爭的堡寨的開創性論文，而苦不易找到。而我們知道老師在七十年代曾於《書譜》發表了好幾篇甚有份量的書法史論文，但《書譜》停刊多年，也要到圖書館或才得見。另外，老師還有兩篇未刊的有關宋代胥吏的論文，而且老師早年還撰有許多篇讀史箚記和藝文隨筆，刊於不同的報章和雜誌，一直未有結集出版。得到老師的首肯後，今年初我們在團拜時商量好，由我負責收集老師的文章，然後由已退休的同門將稿件打成文字檔。

　　我從《新亞學報》、《崇基學報》、《書譜》、《新亞校刊》、《中國學生周報》等學報及期刊找到老師大部份的學術論文及雜文，另我手邊也有兩篇老師研究宋代中央及地方胥吏的手稿、老師為瑞龍遺作寫的兩篇序跋，和老師紀念孫國棟老師和趙令揚教授的文章。後來張曉宇弟又幫忙從友聯出版社出版的《學生徵文選 1953》找到老師早年的一篇文章，而老師於 2019 年初又電郵給我他幾篇手稿及在其他報刊登載的文章，這本文集的內容就相當充實。我編了一個目錄以及擬了書名，經老師審定後，德琦、火有、炎廷、志義、章偉和我就分別將這些文章打成文字檔，火有、伯常、雨樂等就負責文稿的校對工作，月嬌、美玲於封面、排版及印刷作了不少建議。而由炎廷及志義負責最後的出版編印及發行的工作。我們當中最得老師書法真傳的智剛，就負責題寫封面的書名。另為

了方便讀者閱讀，以及配合現在學術書刊的規範，這本文集以橫排腳注編印。徵得老師的同意，我將文集中幾篇學術文章的注釋，改用較新的版本，並加上頁碼，另也將引文校對一遍。另外本書各篇引述的人物，盡量加入其生卒年，提及的地方也盡量加入今日地名。

　　本來在 2020 年初，本書的編輯工作已進展得順利，然如暴雨狂風襲來的社會運動，以及隨之而來新冠惡疫，就大大打亂我們的工作，特別是無法通關，教編印的工作無從展開。幸而最近疫情緩和，通關有望，而老師明年喜逢九十大壽，我們就排除一切技術困難，將本書盡快付印，以此書呈獻年底返港的恩師，以稍報老師多年教導之深恩。

2022 年 9 月受業何冠環暨眾同門謹識於香江